Systematik und Grenzen der Zueignungsdelikte

Europäische Hochschulschriften

Publications Universitaires Européennes
European University Studies

Reihe II
Rechtswissenschaft

Série II Series II
Droit
Law

Bd./Vol. 3190

PETER LANG
Frankfurt am Main · Berlin · Bern · Bruxelles · New York · Oxford · Wien

Daniel Gehrmann

Systematik und Grenzen der Zueignungsdelikte

PETER LANG
Europäischer Verlag der Wissenschaften

Die Deutsche Bibliothek - CIP-Einheitsaufnahme

Gehrmann, Daniel:

Systematik und Grenzen der Zueignungsdelikte / Daniel Gehrmann. - Frankfurt am Main ; Berlin ; Bern ; Bruxelles ; New York ; Oxford ; Wien : Lang, 2002
(Europäische Hochschulschriften : Reihe 2, Rechtswissenschaft ; Bd. 3180)
Zugl.: Köln, Univ., Diss., 2000
ISBN 3-631-38235-9

D 38
ISSN 0531-7312
ISBN 3-631-38235-9

www.peterlang.de

Danksagung

Die vorliegende Dissertation ist im wesentlichen in dem Zeitraum von April 1998 bis Dezember 1999 entstanden. Die Anregung zu dem Thema gab mein Doktorvater, Herr Prof. Dr. Dr. h.c. mult. Hans Joachim Hirsch, den äußeren Anlaß bildete das 6. Strafrechtsreformgesetz, welches am 01.04.1998 in Kraft trat. Während des Jahres 2000 erfolgten noch einige geringfügige Änderungen. Rechtsprechung und Literatur sind bis Ende 2000 berücksichtigt worden.

Auch wenn der Doktorand sein Thema selbständig bearbeitet, so ist er doch nicht nur „Einzelkämpfer", sondern auch auf die Unterstützung anderer angewiesen. An erster Stelle möchte ich selbstverständlich meinem Doktorvater herzlich danken, der die Arbeit von Anfang an mit teilnehmendem Interesse begleitet und durch zahlreiche kritische Anregungen gefördert hat. Mein besonderer Dank geht auch an den Korreferenten, Herrn Prof. Dr. Klaus Bernsmann.

Schließlich möchte ich meinen Eltern danken, die mich in jeder Hinsicht unterstützt und die ganze Last der Korrekturen getragen haben. (Wer je auch nur fünfzig Seiten korrekturgelesen hat, ahnt, was das heißt.) Ihnen ist die Arbeit gewidmet.

Inhaltsverzeichnis

Teil I. Einführung

Das 6. StrRG hat die Zueignungsdelikte nunmehr ausdrücklich auf Fälle der Drittzueignung ausgedehnt und den Unterschlagungstatbestand (§ 246[1]) grundlegend verändert. Dieser Umstand bietet den äußeren Anlaß für die vorgelegte Untersuchung. Dabei sollen die bisherigen Ansichten einer kritischen Würdigung unterzogen werden und zugleich versucht werden, die systematische Einordnung der Zueignungsdelikte in das Gesamtsystem der Vermögensdelikte aufzuzeigen und die innertatbestandliche Dogmatik der Zueignungsdelikte nach dem Stand des 6.StrRG zu entwickeln.

Das 6. StrRG selbst ist in der umfangreichen Diskussion auf fast einhellige Ablehnung und praktisch nirgendwo auf Zustimmung gestoßen[2]. Letztlich wirft es mehr Fragen auf, als es beantwortet. Auch von einer "Harmonisierung der Strafrahmen" mag man angesichts der einheitlichen Anhebungen[3] der Strafrahmenobergrenzen nicht ohne Vorbehalt sprechen, es sei denn, man sieht auch die Nivellierung als eine Form von "Harmonisierung" an. Von einem "Abschluß" der

---

1 *Paragraphen ohne Gesetzesangabe sind solche des Strafgesetzbuches (StGB).*

2 Zur Kritik vgl. etwa *Boetticher/Sander* NStZ 1999, 292, 297; *Dencker (usw.)*, Einführung in das 6.StrRG, S.2; *Duttge/Fahnenschmidt* ZStW 110 (1998), 884 (918); *Jäger* JuS 2000, 651; *Krey*, BT 2, S.1f, 66 (Rn.129a), 92f (Rn.165d); *Murmann* NStZ 1999, 14f, 17; *Schroeder* NJW 1999, 3612ff. *Küper* JZ 1999, 615 (616) spricht gar von dem "inzwischen schon berüchtigte[n] 6.StrRG"; *Bussmann* StV 1999, 613 (620) fragt, "ob Rechtsprechung und Lehre aufgrund eines vom Gesetzgeber deformierten Strafrechts ihrerseits die juristischen Auslgegungsregeln deformieren sollten". Gemäßigt kritisch *Kudlich* JuS 1998, 468 (473); *Kreß* NJW 1998, 633 (644). - Selbst der *Bundesgerichtshof* fühlte sich in einem Beschluß zu § 250 (veröffentlicht in NStZ 1999, 301 (302)) "angesichts der anerkanntermaßen wenig geglückten Neufassung der Vorschrift über den schweren Raub durch das 6.StrRG" zu einigen erläuternden "Hinweisen" zu der Vorschrift veranlaßt, ein Vorgehen, das (neben der bissigen Randbemerkung) für sich spricht. - In der in NJW 1999, 2198f=StV 1999, 375ff=JuS 1999, 1135=JZ 1999, 1060ff veröffentlichten Entscheidung hat der *Bundesgerichtshof* kritisiert, daß der Strafrahmen des § 250 Abs.2 n.F., der demjenigen für vollendeten Totschlag entspricht, unangemessen erscheint, wenn durch die Verwendung einer Waffe im konkreten Fall ausnahmsweise keine Gefahr entsteht.

3 *Dencker (usw.)*, Einführung in das 6.StrRG, S.2. *Stächelin* StV 1998, 98 (102) spricht von einer "'Harmonisierung' nach oben". Kritisch auch *Schroeder* NJW 1999, 3612 (3614).

großen Strafrechtsreform, wie es der Gesetzgeber vollmundig angekündigt hatte, kann jedenfalls keine Rede sein[4].

Eine sinnvolle Würdigung erscheint dem Verfasser nur möglich, wenn man die historische Entwicklung der Delikte in die Untersuchung mit einbezieht und zugleich fragt, welche *Dogmatik* dem Gesetz am ehesten gerecht wird.

Die Gesetzesänderung bringt drei zentrale Neuerungen: Das Erfordernis, daß der Täter die Sache "in Besitz oder Gewahrsam hat" (sog. "Gewahrsamsklausel"), ist ersatzlos gestrichen worden, die Drittzueignung ist als Begehungsform nunmehr ausdrücklich aufgenommen worden, und in Absatz 1 ist eine Subsidiaritätsklausel eingefügt worden. Die Bedeutung und genaue Tragweite dieser Änderungen ist noch umstritten, aber es dürfte unumstritten sein, daß damit eine (z.T. erhebliche) Ausweitung des potentiellen Anwendungsbereichs der Vorschrift verbunden ist. Das gilt insbesondere für den Wegfall der Gewahrsamsklausel und die Drittzueignunsvariante: Schon *Bittner*[5] hatte warnend prophezeit, "daß eine Änderung der Tatbestände des Diebstahls und der Unterschlagung, wie sie etwa von *Lampe* und *Maiwald* befürwortet wird, nicht zu einer Verbesserung, sondern vielmehr zu einer empfindlichen Störung des Systems der Vermögensdelikte führen würde. Bisher bedeutet Diebstahl im Grunde immer noch diebliches Nehmen und Unterschlagung diebliches Behalten. Würde dieser historisch gewachsene besondere Typus der Zueignungsdelikte verändert werden, dann müßte Hand in Hand damit eine Neugestaltung des gesamten Vermögensstrafrechts, das als eine homogene Einheit zu betrachten ist, in Angriff genommen werden. Eine solche Neugestaltung mag sich unter Berücksichtigung neuerer soziologischer und psychologischer Einsichten empfehlen. Bis dahin aber - so scheint es - ist [es] noch ein weiter Weg. Der Entwurf 1962 kann jedenfalls nicht einmal als ein Schritt auf dem Wege zu einem verbesserten (geschweige denn zu einem reformierten) Vermögensstrafrecht angesehen werden ... ." Eben dieser Entwurf hat nun die Vorlage für die Reform der Zueignungsdelikte geliefert. - Die Subsidiaritätsklausel wirkt sich dagegen vorwiegend auf die systematische Einordnung der Vorschrift aus, läßt dadurch aber auch mittelbar Rückschlüsse darauf zu, wie weit der potentielle Anwendungsbereich der Vorschrift nach den Vorstellungen des Gesetzgebers gehen soll.

Durch die gesetzliche Neufassung des Unterschlagungstatbestandes (insbesondere durch die Beseitigung der Gewahrsamsklausel) wird nach dem gegenwärtigen Stand der Dogmatik im Bereich der Zueignungsdelikte nunmehr auch eine Reihe von Fällen erfaßt, deren Pönalisierung jedenfalls im Bereich der Zu-

---

4 Ebenso *Wolters* JZ 1998, 397 (400); *Hörnle* Jura 1998, 169 (182).

5 in: Gewahrsamsbegriff, S.242.

eignungsdelikte sowohl nach ihrer Strafwürdigkeit als auch nach allgemeinen Aspekten zumindest fragwürdig erscheint[6]. Zu nennen sind insbesondere folgende Fälle, die bereits vor den Änderungen durch das 6.StrRG diskutiert wurden[7]:

"Kartoffelsack"-Fall (Gewahrsamslosigkeit des Tatobjekts): Bauer B verliert, ohne es zu merken, während der Fahrt nach Hause mehrere Kartoffelsäcke, die vom Anhänger seines Traktors auf einen Feldweg fallen. T, der den Sachverhalt und den Fundort der Säcke kennt, verkauft seine Information an D. – Wenn D die Säcke später abholt und dadurch "sich zueignet", dann hat T sich einer Drittzueignung schuldig gemacht. (Während D auch eine Wegnahme, also einen Diebstahl begeht, könnte T sich einer Teilnahme am Diebstahl des D [Anstiftung oder Beihilfe] und einer täterschaftlichen Unterschlagung schuldig gemacht haben. Dabei taucht die zusätzliche Frage auf, ob T die Säcke "sich" oder "einem Dritten" [dem D] zugeeignet oder womöglich eine Selbst- und eine Drittzueignung in Idealkonkurrenz begangen hat.) - Eine Vielzahl von Autoren will schon das Verkaufsangebot bzw. den Vertragsschluß als für die Zueignung ausreichend ansehen. Nach der bisherigen Tatbestandsfassung hätte aber gleichwohl nur Versuch vorgelegen, wenn D die Säcke aus irgendeinem Grund nicht abgeholt hätte (z.B., weil B den Verlust inzwischen bemerkt hat und die Säcke wiedergefunden hat). Nach der Neufassung dagegen ist für eine Unterschlagung weder Besitz, noch Gewahrsam erforderlich. Damit könnte sich, sofern man für eine Vollendung schon das Verkaufsangebot oder die Weitergabe der Information genügen läßt, zumindest T einer Zueignung schuldig und damit wegen (vollendeter!) Unterschlagung strafbar gemacht haben[8].

"Viehmarkt"-Fall (Wegnahme der Sache durch den Erwerber): T verkauft dem D auf einem Viehmarkt den Ochsen des O, der sich auf seiner Weide befin-

---

6 *Dencker (usw.)*, Einführung in das 6.StrRG, S.23f resümiert die Analyse der diskutierten Beispielsfälle unter dem Aspekt des bisherigen weiten Zueignungsbegriffs wie folgt: "Bliebe die Rechtsprechung bei einer solchen Auffassung von der Zueignungshandlung, wären unter dem neuen Gesetz ganz unhaltbare Ergebnisse die zwangsläufige Folge." Ähnlich *Küper*, BT, S.448; *Radtke* GA 1999, 497 (499); vgl. ferner auch *Gropp* JuS 1999, 1041 (1045); *Murmann* NStZ 1999, 14 (17).

7 Weitere Fälle sind bei *Schmid-Hopmeier*, Drittzueignung, S.202ff zu finden.

8 Dazu abl. *Otto*, Struktur, S.257: "Wer den Ort kennt, an dem der Eigentümer eine wertvolle Sache verloren hat, und sein Wissen an einen bösgläubigen Dritten verkauft, eignet sich die Sache nicht mit dem Verkauf zu. Der Berechtigte wird in seiner Vermögenslage durch den Verkauf nicht weiter geschädigt. Es wird nur die Gefahr einer über den bisherigen Schaden - Besitzverlust - hinausgehenden Schädigung begründet. Diese genügt den Anforderungen an die reale Vermögensentziehung nicht."

det. Denkbar ist, daß T den D über die Eigentumslage aufklärt (Bösgläubigkeit des Erwerbers: Täterschaft des D, Anstiftung oder Mittäterschaft des T); denkbar ist aber auch, daß T dem D gegenüber erklärt, er (T) sei Eigentümer des Tieres (Gutgläubigkeit des Erwerbers; vgl. den parallel gelagerten "Bahnschwellen"-Fall des Reichsgerichts[9]: Dann ist D vorsatzlos handelndes Werkzeug des T, der seinerseits eine Wegnahme in mittelbarer Täterschaft, also einen Diebstahl begeht; im Abschluß des Kaufvertrages könnte aber bereits eine Unterschlagung liegen, und zwar selbst dann, wenn es zu einer Wegnahme des Ochsen und damit zu einer Gewahrsamsverschiebung letztlich nicht kommt[10]).

"Schenkungs"-Fall (Gewahrsam des Berechtigten bleibt unberührt): T "schenkt" seiner Freundin F während eines Telefonats einen im Gewahrsam des Berechtigten O stehenden Pkw. – Nach bisherigem Recht war für Vollendung erforderlich, daß T oder F den Wagen in ihren Gewahrsam bringen (denn nur dann konnten sie ihn unterschlagen). Nach der Neufassung könnte dagegen nach verbreiteter bisheriger Auffassung schon das Verschenken am Telefon zur Strafbarkeit des T wegen Vollendung genügen, und zwar auch dann, wenn F von vorneherein keine Chance hat, den Gewahrsam an dem Pkw jemals zu erlangen, wenn also das Tatobjekt und damit auch das Rechtsgut zu keinem Zeitpunkt auch nur gefährdet war[11].

"Entziehungs"-Fall (Ermöglichung der Drittzueignung): A leiht sich eine Sache von B und stellt sie irgendwo an einem allgemein zugänglichen Ort ab; dabei rechnet er mit der nicht fernliegenden Möglichkeit, daß vorbeikommende Dritte sich die Sache zueignen könnten[12]. - Mehrere Autoren[13] nehmen an, daß nach dem bisherigen weiten (man könnte auch sagen konturenlosen) Zueignungsbegriff schon die Ermöglichung der Drittzueignung Täterschaft begründe, sofern der Handelnde die Möglichkeit der Zueignung durch Dritte vorausgesehen und in Kauf genommen habe. Damit, so die Kritik, würden nach der Reform auch Fälle

---

9 RGSt 47, S.147ff. Dazu *Otto*, Struktur, S.267f.

10 Dazu kritisch *Otto* Jura 1998, 550 (552); *ders.*, Struktur, S.173; vgl. ferner *Bittner*, Gewahrsamsbegriff, S.95ff m.w.N., der einer solchen Auffassung zu Recht vorwirft, den Zueignungsbegriff nicht richtig verstanden zu haben. Vgl. auch *Dencker (usw.)*, Einführung in das 6.StrRG, S.23; *Roth*, Eigentumsschutz, S.52f.

11 *Duttge/Fahnenschmidt* ZStW 110 (1998), 884 (907ff). Vgl. auch die Nachweise beim "Kartoffelsack"-Fall.

12 Vgl. dazu unten das ähnlich gelagerte Fallbeispiel 5 in der "Einführung".

13 Vgl. etwa *Duttge/Fahnenschmidt* ZStW 110 (1998), 884 (887, 899ff); *Schlüchter*, Bochumer Erläuterungen, S.74f; *Tröndle/Fischer* § 246 Rn.14 m.w.N.

erfaßt, die bisher nur eine Sachbeschädigung oder gar eine bloße Sachentziehung darstellten.

"Papierrollen"-Fall[14] (Mittäterschaft bei Gewahrsam nur eines Mittäters): A und B vereinbaren, sich Papierrollen, die die Firma des B an die des A liefern soll, rechtswidrig zuzueignen. Dabei soll A, der in der Verwaltung arbeitet, die Lieferpapiere fälschen, während B auf einer seiner Fahrten heimlich einige Papierrollen von seinem Lkw entfernt. – Obwohl auch vor der Änderung weitgehende Einigkeit bestand, daß A und B als Mittäter einzustufen seien[15], sah sich eine beachtliche Meinung daran gehindert, zu diesem Ergebnis zu gelangen, da A die Rollen zu keinem (relevanten) Zeitpunkt "in Besitz oder Gewahrsam hat".

Einzig im "Papierrollen"-Fall bringt die Neufassung des § 246 eine Verbesserung gegenüber der bisherigen Situation[16]. In allen übrigen Fällen aber sind die Ergebnisse zumindest fragwürdig. Bislang konnte eine Strafbarkeit solcher Fälle über die Gewahrsamsklausel vermieden werden[17]. Die bisherige Dogmatik hatte sich allerdings darum bemüht, dies Merkmal so weit wie möglich in den Hintergrund zu drängen, um den potentiellen Anwendungsbereich der Zueignungsdelikte (speziell der Unterschlagung) möglichst weit auszudehnen. Dies wurde von den Anhängern dieser Auffassung als kriminalpolitisch geboten oder doch wünschenswert bezeichnet[18]. Nach der Reform scheint es nun freilich, als sei die Unterschlagung "kein Vermögensentziehungsdelikt mehr, das gekennzeichnet ist durch die Entziehung einer Sache, die dem Täter nicht gehört, aus dem Vermö-

---

14 BGHSt 2, S.317ff.

15 A.A. aber *Dencker (usw.)*, Einführung in das 6.StrRG, S.17, der meint, "die durch eine weniger extensive Rechtsprechung denkbaren Mittäterschafts'lücken' wären i.ü. in Anbetracht der verbleibenden Teilnahmestrafbarkeit nicht sehr schmerzhaft gewesen".

16 Vgl. schon *Charalambakis*, Unterschlagungstatbestand, S.66.

17 *Dencker (usw.)*, Einführung in das 6.StrRG, S.23f resümiert: "Das Problem einer zutreffenden Definition der Zueignungshandlung des § 246 ist keineswegs neu. Neu ist nur, welch ungeheure Menge an - bisher durch das Gewahrsamserfordernis sicher ferngehaltenen - fragwürdigen bis unsinnigen Ergebnissen möglich wird, wenn man es bei den bisherigen Unschärfen der Definition beläßt." - Vgl. ferner das Beispiel bei *Maiwald*, Zueignungsbegriff, S.115, daß dem Eigentümer vom Täter eingeredet wird, eine im Besitz des Eigentümers befindliche Sache gehöre in Wahrheit dem Täter, er, der Eigentümer, dürfe sie aber behalten, der Täter "schenke" sie ihm. In den seit dem 6.StrRG abgegebenen Stellungnahmen setzt sich das Bewußtsein durch, daß der jahrzehntelang vertretene Zueignungsbegriff erheblich zu weit war. Daher wird jetzt vielfach eine Restriktion gefordert, insbes. dadurch, daß "Gewahrsam" als Teil der "Zueignung" verstanden wird.

18 Kritisch dazu *Duttge/Fahnenschmidt* ZStW 110 (1998), 884 (890ff, 893f).

gen eines anderen und Bereicherung durch Zueignung derselben Sache, sondern ein bloßes Zueignungsdelikt, das die rechtswidrige Zueignung einer dem Täter nicht gehörenden Sache unter Strafe stellt"[19]. Die "Schuld" für die befremdlichen Ergebnisse, die die Neufassung des § 246 zeitigt, liegt also in Wirklichkeit nicht beim Gesetzgeber, dessen Reform letztlich nur die Versäumnisse der Dogmatik der letzten Jahrzehnte deutlich macht, sie liegt vielmehr bei den Gesetzesanwendern, die den Zueignungsbegriff über die Jahre mehr und mehr zum "Phantom"[20] haben verkommen lassen[21]. Was bei der Reform wiederum im Ergebnis (wie noch zu zeigen sein wird) häufig vernünftig ist, beruht z.T. auf recht merkwürdigen Motiven (wie die Erfassung der Drittzueignung anläßlich einer BGH-Entscheidung zur Entnahme von Wertsachen aus Paketen durch MfS-Bedienstete zugunsten des Staates)[22]. Mag dem Ergebnis auch zuzustimmen sein, so bleiben die Beweggründe des Gesetzgebers doch fragwürdig. - Die Aufgabenstellung für die Dogmatik nach dem 6.StrRG ist damit klar: Nur wenn es gelingt, den Begriff der Zueignung möglichst exakt zu bestimmen und ihm Konturen zu verleihen, kann der Unterschlagungstatbestand sinnvoll eingegrenzt werden.

Am Anfang der Untersuchung hat daher eine eingehende Analyse des Zueignungsbegriffs zu stehen. Dabei ist die Zueignung gegenüber anderen (strafbaren und straflosen) Verhaltensweisen wie der Gebrauchsanmaßung, der Sachbeschädigung und der Sachentziehung abzugrenzen. Zugleich gilt es, die Kernelemente der Zueignung herauszuarbeiten und Mindestanforderungen für Versuchsbeginn und Vollendung aufzustellen. Schließlich sind das Wesen der Zueignung und die Möglichkeit einer "tätigen Reue" zu prüfen. In diesem Rahmen sind auch die Fragen von Täterschaft und Teilnahme sowie das Verhältnis von Selbst- und

---

19 *Friedl* wistra 1999, 206 (208). - Die Konsequenzen will offenbar SK-*Hoyer* § 246 Rn.7 ziehen, der eine Zueignung auch dann für möglich hält, wenn die Sache im Gewahrsam des Opfers verbleibt; es ist unklar, worin dann die Zueignung bestehen soll.

20 Symptomatisch wirkt daher die Warnung *Maiwalds*, auf der Suche nach dem richtigen Verständnis der Zueignung nicht einem "Phantom" hinterherzujagen.

21 Ähnlich *Rengier*, in: Lenckner-FS, S.801 (809). - *Dencker (usw.)*, Einführung in das 6.StrRG, S.22 ortet die Auslegungsprobleme des § 246 zutreffend "bei der bisher nicht befriedigend beantworteten Frage, was eine Zueignungshandlung genau ist. Die üblichen 'Manifestations'-Formeln lösen dies Problem keineswegs, sie übertünchen es bestenfalls." Auch *Kahlo*, in: Vom unmöglichen Zustand des Strafrechts, S.123 moniert, daß es bis heute nicht gelungen sei, bei Diebstahl und Gewahrsam "zu der gebotenen Klarheit der Begriffe zu gelangen".

22 Dazu *Dencker (usw.)*, Einführung in das 6.StrRG, S.16f. - *Bussmann* StV 1999, 613 (615) spricht von "einer historisch sicherlich einmaligen Konstellation", die alleiniges Motiv für die Einführung der Drittzueignung (jedenfalls aber das einzig genannte) gewesen zu sein scheint.

Drittzueignung (Frage der Aneignung[23]) zu erörtern. In einem weiteren Abschnitt sind dann die systematische Einordnung des neugefaßten § 246 in das System der Zueignungsdelikte sowie sein Verhältnis zu anderen Delikten (insbesondere zum Diebstahl zu untersuchen. Daran anknüpfend ist schließlich die Subsidiaritätsklausel (konkret: ihr praktischer Anwendungsbereich) zu würdigen. Um die Betrachtung zu vervollständigen, sollen auch Raub und räuberischer Diebstahl eine kurze Erwähnung finden.

Allein die letzten eineinhalb Jahrhunderte haben eine kaum übersehbare Fülle an Abhandlungen und Stellungnahmen zu den Zueignungsdelikten hervorgebracht. Wollte man buchstäblich alles sichten und auswerten, was dazu geschrieben worden ist, so würde selbst eine Habilitationsschrift an ihre Grenzen stoßen. Soweit ersichtlich, hat zuletzt *Maiwald* vor nunmehr dreißig Jahren den Versuch einer umfassenden Untersuchung des Zueignungsbegriffs gewagt. Dabei hat er nicht unmittelbar mit der Diskussion diffiziler Einzelfragen begonnen; er war gut beraten, seiner Abhandlung eine umfängliche "vorjuristische" Untersuchung des Eigentumsbegriffs, seines Wesens und der Arten seiner Verletzung voranzustellen und sich dem Thema schrittweise zu nähern, und zwar von außen. - Leider hat die Arbeit in der Wissenschaft nicht die erhoffte Klärung auch nur der grundsätzlichen Streitfragen herbeigeführt, wofür allerdings keineswegs *Maiwald* verantwortlich zu machen ist; vielmehr haben sich in der Jahrzehnte währenden Diskussion kaum überbrückbare Gräben aufgetan. Dabei sind bereits gewonnene Erkenntnisse zum Teil wieder aufgegeben und abgesteckte Grenzen von Tatbeständen und Tatbestandsmerkmalen aus "kriminalpolitischen" Gründen eingerissen worden. Schon um die vorige Jahrhundertwende hatte *Schütze*[24] den "trostlosen Zustand, in welchem dieser Stoff des heutigen Strafrechts großenteils liegt", beklagt. Am Ende des Jahrhunderts steht die resignierende Erkenntnis, daß seit den herausragenden Beiträgen von *Frank* und *Harburger* aus dem Jahr 1907[25], die eigentlich nur Grundlage für eine Strafrechtsreform sein sollten, kaum wesentliche neue Erkenntnisse auf den Gebieten von Raub, Erpressung, Diebstahl und Unterschlagung erzielt worden sind[26] (vielfach haben sich nur die Meinungsblök-

---

23 *Küper* JZ 1999, 615 (616); *Mitsch*, BT II/1, S.66f (Rn.127ff)

24 *Schütze*, Lehrbuch (2.Auflage), S.419; zitiert nach *Harburger*, VDB VI, S.188.

25 in: "Vergleichende Darstellungen des deutschen und internationalen Strafrechts", Band VI, S.1ff und 183ff.

26 So finden sich beispielsweise die heute zum Verhältnis von Raub und Erpressung von Rechtsprechung und h.L. vertretenen Thesen in dieser Form schon bei *Frank* (VDB VI). Schon 1907 findet sich bei *Harburger* praktisch der komplette Meinungsstand zur Problematik der Zueignung von Sparbüchern, und zwar mit allen Nuancen und den wesentlichen Argumenten. Selbst über die verschiedenen Mög-

ke verschoben[27]) und überhaupt nur noch selten so klar, scharfsinnig, umfassend und vor allem weitsichtig über diese Delikte geschrieben worden ist. Vielmehr hat sich die weitere Untersuchung auf Detailfragen konzentriert und dabei oft den nötigen Überblick vermissen lassen; nicht selten hat sie Lösungen für Spezialprobleme angeboten, die sich schon deshalb verbieten, weil sie nicht mit dem übrigen Deliktssystem harmonieren, dieses vielmehr in Frage stellen.

In der Einführung zur vorliegenden Abhandlung sollen daher einige Fälle auf "vorjuristischer" Ebene diskutiert werden; die Ergebnisse dieser Untersuchung sollen dann eine Leitlinie für die juristische Untersuchung (eine Art Kompaß) bilden.

Fall 1 (Zueignung durch Behalten): A hat von B ein Buch geliehen. Bald darauf beschließt er (A), das Buch zu behalten.

An diesem einfachen Fall wird deutlich, wie stark die Stellung des unmittelbaren Besitzers der Sache (A) ist: Selbst der Eigentümer (B) ist faktisch von seiner (des A) Rückgabebereitschaft abhängig. In dem Moment, in dem A beschließt, das fremde Buch zu behalten, ist es für B verloren. Hält A an seinem Entschluß fest, dann bleibt B nichts anderes übrig, als auf Herausgabe seines Buches zu klagen. Die Konsequenz aus diesem Umstand verdeutlicht

Fall 2 (Rücktrittsfall): *wie Fall 1*

Variante 1: Bald reut den A sein Entschluß, und er beschließt, das Buch wieder für B zu besitzen und zurückzugeben.

Variante 2: Als B das Buch zurückfordert, erklärt A, er denke nicht daran, das Buch zurückzugeben. Als ihn zwei Tage später sein Entschluß reut und er zu B geht, um ihm das Buch zurückzugeben, erklärt B, er habe bereits Anzeige erstattet.

Stets hat der Entschluß, das fremde Buch zu behalten, eine gewisse Endgültigkeit und läßt den Verlust des Buches für den Eigentümer (B) vermuten. In den beiden Varianten des zweiten Falles zeigt sich aber auch ein Unterschied: Beide Male konnte A das Buch durch einfachen Vorsatzwechsel (Aufgabe seines Entschlusses) wieder dem B zurückgeben und den Eigentümer so wieder in seine

lichkeiten, den Unterschlagungstatbestand systematisch einzuordnen (als selbständigen Tatbestand [so wohl das PrStGB von 1851 und das RStGB], als allgemeinen bzw. Auffangtatbestand [so *Binding*] oder als Grundtatbestand) war man sich im wesentlichen schon um die damalige Jahrhundertwende im klaren. Auch die jetzige Entscheidung des Gesetzgebers für einen "Auffangtatbestand" dürfte kaum geeignet sein, die Diskussion in der Wissenschaft zu beenden.

27 So z.B. in der Frage des Verhältnisses des strafrechtlichen zum zivilrechtlichen Sachbegriffs: Um die Jahrhundertwende galt er als selbständig, heute als vom Zivilrecht bestimmt.

Rechte einsetzen. In der ersten Variante ist anzunehmen, daß B gar nichts von seinem "Verlust" gewußt hat, obwohl er die ganze Zeit über auf den Rückgabewillen des A angewiesen war. A hatte in der ersten Variante lediglich einen Entschluß gefaßt. Wäre er bei diesem Entschluß auch geblieben, so hätte B sein Buch vielleicht nie wiedergesehen. Andererseits ist aber in dieser ersten Variante "noch nicht viel passiert"; eine Bestrafung wäre daher nach wohl einhelliger Auffassung unangemessen. In der zweiten Variante hat man dagegen als unvoreingenommener Betrachter das Gefühl, daß seine (des A) Reue "zu spät kommt": "Die Tat" ist schon abgeschlossen, es handelt sich um bloßes Nachtatverhalten. - Ist der Verlust in diesen Fällen des Behaltens zwar als endgültig geplant, aber doch nur vorläufig festzustellen (nämlich so lange, wie der Entschluß zum Behalten aufrechterhalten wird), liegen die Dinge anders als in

Fall 3 (Veräußerungsfälle): A hat von B ein Buch geliehen und veräußert es an C.

Zunächst fallen zwei grundsätzliche Unterschiede zwischen den Fällen 1 und 3 auf: In Fall 1 hat A nur einen Entschluß gefaßt, weiter nichts, während er in Fall 3 eine Handlung vorgenommen (das Buch veräußert) hat. Auch läßt sich hier präzise der Zeitpunkt festlegen, von dem an das Buch für B (endgültig) verloren ist, wie folgende Varianten zu Fall 3 verdeutlichen:

Variante 1: A bietet das Buch dem C zum Kauf oder als Geschenk an und übergibt es ihm.

Variante 2: Nachdem A dem C das Buch zum Kauf angeboten hat, reut ihn sein Entschluß, und statt es dem C zu übergeben, gibt er es an B zurück.

In der zweiten Variante ist wiederum letztlich nichts geschehen, was für eine Zueignung relevant wäre: A hat seinen Entschluß, das Buch zu veräußern, nicht in die Tat umgesetzt, sondern ist zum rechtmäßigen Zustand zurückgekehrt. In der ersten Variante dagegen hat A das fremde Buch aus der Hand gegeben. Sein Entschluß ist damit in seiner Wirkung endgültig geworden, weil A ihn nicht mehr rückgängig machen kann. Während also beim Behalten die Beantwortung der Frage, ob das Buch bei A verbleibt oder an B zurückgelangt, maßgeblich davon abhängt, ob A seinen Entschluß aufrechterhält, kann bei der Veräußerung sehr genau bestimmt werden, wann das Buch aus dem Einflußbereich des B endgültig ausgeschieden und einer neuen Sphäre zugeordnet worden ist. - Auch die Veräusserungsfälle weisen aber eine große Bandbreite von Varianten hinsichtlich der Art auf, wie sich A betätigt; das demonstriert

Fall 4 (Fälle der Mittäterschaft, der mittelbaren Täterschaft, der Beihilfe und des straflosen Verhaltens): A hat Zugang zu einer Sache des B.

Variante 1: A und C bringen gemeinsam die Sache des B an sich.

Variante 2: A bringt C dazu, die Sache ansichzunehmen, wobei er dem ahnungslosen C erklärt, dies sei seine (des A) Sache.

Variante 3: A verschafft dem bösgläubigen C Zutritt zu der Sache, damit C die Sache ansichnehmen kann.

Variante 4: A gibt sein Wissen über den Ort, an dem sich die Sache befindet, an C weiter. (*Grenzfall*)

In der ersten Variante haben A und C beide Tatherrschaft und handeln gemeinschaftlich (Mittäterschaft). In der zweiten Variante beherrscht A das Geschehen kraft Irrtumsherrschaft über C, den er als sein gutgläubiges (vorsatzlos handelndes) Werkzeug einsetzt (mittelbare Täterschaft). In der dritten Variante schließlich "veräußert" A die Sache zwar in gewisser Weise, in Wirklichkeit aber ist es C, der die Sache an sich bringt, wozu A nur Hilfe leistet (Beihilfe). In der vierten Variante, in der A nicht einmal den Zugang zu der Sache verschafft, sondern lediglich eine Information weitergibt, mag man differenzieren: Wenn C die Tat nicht ohne die Information des A hätte begehen können, ist A Gehilfe; wenn A in C erst den Tatentschluß geweckt hat, dann ist er Anstifter; wenn A dagegen nur beiläufig erwähnt hat, er wisse, wo sich die Sache des B befinde, ohne dabei die Tat des C "gewollt" zu haben, kann man auch strafloses Verhalten annehmen.

Ohne Bedeutung für den Transferakt (die Sachverschiebung) ist es dagegen, aus welchen Motiven A gehandelt hat und ob er sich davon einen Vorteil (insbesondere einen wirtschaftlichen) versprochen hat. Ob er das geliehene Buch lesen, verheizen oder aus bibliophilen Gründen in sein Regal stellen wollte oder ob er es nur dem B nicht gönnte, ist für die Zueignung vollkommen belanglos. (Bedeutung kann dies allerdings für die Abgrenzung zur Sachbeschädigung und zur Sachentziehung haben: Will der A das Buch zum Heizen verwenden und verbrennt es, um sich am Feuer zu wärmen, so liegt darin eine Zueignung; will er das Buch dagegen zerstören, so ist Sachbeschädigung anzunehmen; im Falle des Versteckens ist regelmäßig eine Sachentziehung gegeben.) Ob der A das Buch bei der Veräußerung verkauft oder verschenkt hat, ob er aus Eigennutz oder zugunsten des Dritten (des Erwerbers) handelte, ob er oder der Dritte von der Tat überhaupt irgendeinen Vorteil (und sei es auch nur im weitesten Sinn) hat, kann bei konsequenter Betrachtung ebenfalls keine Rolle spielen: Wichtig für die Zueignung ist nicht, *warum* sie stattfindet, sondern *daß* sie stattfindet, daß also etwas geschieht, was die Sache dem Einflußbereich des Eigentümers dauernd entzieht und sie einem neuen Einflußbereich (dem des Täters oder eines Dritten) zuführt. *Wie* dies geschieht, ist ebenfalls offenbar unwichtig: Je mehr Macht der Täter über die Sache hat, um so leichter fällt es ihm, sie sich oder Dritten zuzueignen. Umgekehrt können die Zugriffsmöglichkeiten des Eigentümers in unterschiedlichem Grad beschnitten werden: Wenn der Eigentümer die Sache schon nicht mehr hat, dann wird vom Täter sozusagen nur noch das "letzte Band" zur Sache, die faktische (vom unmittelbaren Inhaber anerkannte) Rückforderungsmöglichkeit durchschnitten. Es kann sein, daß der Eigentümer aufgrund eines

Mietvertrages ohnehin verpflichtet war, die Sache einem anderen zu überlassen. Was er verliert, ist die Aussicht, seine Sache einmal wiederzubekommen oder über ihr weiteres Schicksal zu bestimmen (sie etwa auf Dritte zu übertragen), da er insoweit de facto vom "guten Willen" des unmittelbaren Besitzers abhängig ist. Wenn der Eigentümer dagegen selbst unmittelbarer Besitzer ist, so ist erforderlich, aber auch ausreichend, daß ihm die Sache weggenommen wird, um sie zu behalten oder einem Dritten zu übergeben. - Hat der Täter schließlich überhaupt keinen Einfluß auf die Sache (wie im "Viehmarkt"- oder im "Schenkungs"-Fall), so bleibt die Sache im Einflußbereich des Eigentümers und ist der Einflußnahme durch den Täter entzogen. Eine Zueignung ist mangels Sachtransfers gar nicht möglich.

Wenn man einmal unbefangen fragt, was das Wesentliche der Zueignung und der Kern ihres Unrechts sei, so ist es doch wohl derjenige Umstand, daß der Täter eine fremde Sache dem Eigentümer nimmt, indem er sie sich oder einem anderen verschafft. Präziser formuliert: Die Sache muß dem Zugriff des Eigentümers (und zwar jeglichem Zugriff) auf unabsehbare Zeit entzogen werden (sonst allenfalls Gebrauchsanmaßung); der Täter muß sich oder Dritten eben diese Zugriffsmöglichkeit verschaffen (das ist das Mindeste). Es muß gerade so sein, als werde die Sache übereignet und als gehe mit der Zueignung die Sachherrschaft (verstanden als die Möglichkeit, nach Belieben mit der Sache zu verfahren) vom Eigentümer auf den "Erwerber" (den Täter oder den Dritten) über. Insofern ist es gerechtfertigt, bei den Zueignungsdelikten von einem "Sachtransfer" zu sprechen, und zwar auch dann, wenn der Standort der Sache oder überhaupt ihr äußerlicher "Zustand" durch den Akt der "Zueignung" nicht berührt wird. "Sach*transfer*" ist hier also nicht physikalisch im Sinne eines Bewegens der Sache ("*movere*"), sondern im Sinne eines "Übergehens" oder "Überleitens" vom Eigentümer auf eine andere Person ("*transferre*") zu verstehen.

Offensichtlich geht es bei der Frage, wann eine (vollendete) Zueignung vorliegt, also darum, den Zeitpunkt des Sachtransfers (des Übergangs der Sache vom Eigentümer auf eine andere Person) zu bestimmen. Die wenigen Beispielsfälle haben auch bereits gezeigt, daß es dabei die unterschiedlichsten Begleitumstände geben kann, wobei stets zu fragen ist, ob der jeweilige Umstand sich in irgendeiner Form auf den Transfer auswirkt oder z.B. nur dessen Motiv bildet. Entscheidend für die Frage nach Täterschaft und Teilnahme (oder auch straflosem Verhalten) ist offenbar, ob und wie die betreffende Person zum Sachtransfer beiträgt.

Der Vergleich von Fall 1 und Fall 3 hat auch bereits ergeben, daß der Täter den Eigentümer dauernd von der Einwirkung auf die Sache ausschließen kann, wenn er (der Täter) sie selbst in Händen hält. Solange er faktisch über den weiteren Verbleib der Sache bestimmen kann, kann er sie aber auch zurückgeben. In dem Moment, in dem der Täter beschließt, die Sache zu behalten, scheint sie für den Eigentümer verloren, doch steht dies noch keineswegs fest, da der Täter seinen Entschluß wieder aufgeben kann. Der dauernde Verlust der Sache für den Eigentümer kann in solchen Fällen offenbar nur prognostiziert, aber nicht sicher festgestellt werden. Daraus ergeben sich zwei Folgefragen: (1.) Muß der Eintritt der Dauerwirkung abgewartet werden? – (2.) Gibt es eine zeitliche Grenze, nach deren Überschreitung eine Zueignung angenommen werden muß (Beispiel: Der Täter behält die Sache zwanzig Jahre lang, bis ihn schließlich die Reue packt.)? - Wenn man zu dem Ergebnis kommen sollte, daß das unendliche Andauern der Sachverschiebung nicht abgewartet werden muß, dann wären das Behalten und die Veräußerung wohl unterschiedlich zu beurteilen, weil ein Veräußerungsakt (die Weitergabe an einen Dritten) durchaus abgewartet werden kann.

An Hand dieser Grundsätze lassen sich die folgenden Fälle bereits lösen:

Fall 5: A bittet E, dem C ein Buch des E zu leihen. A rechnet dabei mit der nicht fernliegenden Möglichkeit, daß C das Buch behalten werde; so geschieht es auch.

Lösung: Täterschaft des C; allenfalls Beihilfe des A, falls man im Verhalten des A eine (bewußte) Förderung der Haupttat sieht (was dann zu bejahen ist, wenn A bewußt das besondere Vertrauen nutzt, das er bei E genießt, damit dieser dem C das Buch leiht).

Fall 6: B hat ein Buch erhalten, das dem E gehört. B besitzt das Buch für A, ohne die tatsächlichen Eigentumsverhältnisse zu kennen; A wiederum hatte das Buch bisher (als mittelbarer Fremdbesitzer ersten Ranges) für E (als mittelbaren Eigenbesitzer zweiten Ranges) besessen.

Variante 1: A hatte das Buch selbst von E geliehen und an B weiterverliehen, ohne den B über die Eigentumslage aufzuklären. Nunmehr besitzt er das Buch (als mittelbarer Besitzer) für sich oder will es veräußern.

Lösung: A hat, vermittelt durch B, Verfügungsgewalt über das Buch; E dagegen hat seine Zugriffsmöglichkeit mit dem Entschluß des A, das Buch nicht mehr als Fremd-, sondern als Eigenbesitzer zu besitzen, verloren (Verlust des mittelbaren Besitzes gem. § 868 BGB). Damit hat A die Sachherrschaft über das Buch von E auf sich selbst transferiert; wenn es nur auf diesen Sachtransfer ankommen sollte, dann hat er (A) sich das Buch des E zugeeignet.

Variante 2: A weist den B an, das Buch künftig für C zu besitzen, an den er es veräußert (verkauft oder verschenkt) hat.

Lösung: E verliert seine Zugriffsmöglichkeit auf das Buch; C erlangt mittelbaren Besitz und eine faktische Zugriffsmöglichkeit. A hat das Buch mit seiner Anweisung an B, es künftig für C zu besitzen, transferiert. A begeht eine Drittzueignung; vollendet ist diese aber erst, wenn C das Buch tatsächlich erhält (bis dahin allenfalls Versuch).

Variante 3: Als E sein Buch bei B entdeckt, verlangt er es von diesem heraus. B verweigert die Herausgabe mit der Begründung, er könne dem E nicht geben, was er (B) von A erhalten habe. Wie solle er (B) wissen, ob E wirklich Eigentümer sei?!

aa) A besitzt seinerseits nach wie vor für E; wäre der E zu ihm gekommen, so hätte A sich das Buch von B zurückgeben lassen und dem E übergeben.

Lösung: E hat seine Sache nicht wirklich "verloren", er hat sich nur an den "Falschen" gehalten. Denn im Grunde hat der ahnungslose B sich korrekt verhalten: Es ist durchaus im objektiv verstandenen Interesse eines Eigentümers, das seine Sache von einem anderen, in dessen unmittelbarem Besitz sie sich befindet, nicht an irgendwelche Fremden übergeben wird, die sich als "wahre" Eigentümer ausgeben. E kann seine Sache sofort zurückbekommen (und auch sonst über ihr weiteres Schicksal bestimmen), wenn er sich nur an A hält.

bb) A will das Buch behalten bzw. dem B oder einem anderen verschaffen; auch er will das Buch nicht an E herausgeben.

Lösung: Wie in Fall 5: E hat den Zugriff auf sein Buch verloren; A hat über B diese dem E fehlende Zugriffsmöglichkeit, also hat A das Buch von E auf sich transferiert. Wenn der Sachtransfer allein ausreicht, dann hat A sich das Buch zugeeignet. Läßt man ferner genügen, daß die Endgültigkeit der Verschiebung intendiert ist, so liegt Vollendung vor, fordert man dagegen den Eintritt der Dauerwirkung, ist nur Versuch anzunehmen.

cc) Als B erfährt, daß das Buch dem E gehört, übergibt er es dem E gegen den ausdrücklich erklärten Willen des A.

Lösung: Versuchte Zueignung des A, da es ihm letztlich nicht gelungen ist, das Buch von E auf sich zu überführen.

Die Analyse der Fälle und ihrer "prima facie"-Lösung ergibt folgenden Befund: Die Frage, ob das Buch des E einem anderen verschafft werden *soll*, entscheidet darüber, ob ein Zueignungsdelikt überhaupt in Betracht kommt. Die Frage, ob dem Eigentümer sein Buch durch den fraglichen Akt tatsächlich genommen *wird*, entscheidet über Versuch und Vollendung. Insoweit sind die Zueignungsdelikte also von einem Erfolg (dem Sachtransfer) gekennzeichnet; es handelt sich um *Erfolgsdelikte*, nicht um Handlungsdelikte.

Eine vollendete Zueignung kann sinnvoll *nur* dann angenommen werden, wenn die Sache vom Eigentümer auf eine andere Person übertragen wird. Im Prinzip könnte sie (rein vom mißbilligten Erfolg her gesehen) auch *schon* dann bejaht werden, wenn dieser Transfer in *irgendeiner* Weise herbeigeführt worden ist. Dennoch ist zu untersuchen, ob und gegebenenfalls inwieweit beide Grundsätze einer Modifikation bedürfen. Bezüglich des Transfers, der die Sache dauernd vom Eigentümer auf eine andere Person verschieben soll, die die Sache mindestens vorübergehend haben muß, stellt sich die Frage, wie sich die *Dauerwirkung* der Enteignung auf die Beurteilung des Vollendungszeitpunkts auswirkt: Einerseits ist es fast nie möglich, genau vorherzusagen, der Eigentümer werde seine Sache *nie* wiederbekommen, andererseits genügt etwa bei der zivilrechtlichen Übereignung schon die Übertragung der Sache "für immer und zur freien Verfügung des Erwerbers", sie gilt damit als aus dem Kreis der Güter des Veräußerers für immer ausgeschieden. - Zum anderen stellt sich die Frage, ob "Zueignung" wirklich nur eine "Sach-Verschiebung" meint oder ob nicht, wie sonst im Strafrecht, auch hier eine "Handlung" erforderlich ist; wenn ja, dann schließt sich die Frage an, wie diese auszusehen hat und ob es mit dieser Handlung sein Bewenden haben kann oder ob diese Zueignungs*handlung* auch einen (näher zu bestimmenden) Zueignungs*erfolg* haben muß.

Die Frage, ob das Buch durch den konkreten Zueignungsakt überhaupt (theoretisch) verschafft werden *kann*, entscheidet über die Grenze zwischen tauglichem Versuch und untauglichem Versuch oder straflosem Verhalten. - Täter ist offenbar der, der den entscheidenden Einfluß auf das Zueignungsgeschehen nimmt, es bewußt steuert und letztlich bestimmt (oder mitbestimmt), was mit der Sache geschieht. Er muß das Gesamtgeschehen beherrschen. Von seinem Willen (seinem Verhalten oder seinem Entschluß) muß der Sachtransfer letztlich abhängen. Teilnehmer ist demnach, wer bewußt einen Beitrag zum Sachtransfer leistet, ihn ermöglicht oder fördert, ohne ihn zu beherrschen.

Steht die Sachherrschaft oder ihr Transfer von einer Person auf eine andere im Mittelpunkt der Betrachtung, dann sind auch hier Unterschiede zu machen: Der Täter, der die Sache in seinem unmittelbaren Besitz hat, muß sich die Sachherrschaft nicht erst "verschaffen". Er kann sich die Sache sofort zueignen. Wer die Sache nicht in unmittelbarem Besitz hat, der muß sie "an sich bringen" mit dem Willen, sie als eigene zu beherrschen. Darauf basiert die gesetzliche Differenzierung zwischen Unterschlagung und Diebstahl. - Verfügt der Täter über eine mittelbare Zugriffsmöglichkeit auf die Sache (mittelbarer Besitz) und ist er somit weiter von ihr entfernt, so fällt ihm die Ausübung der Sachherrschaft schwerer. Um hier von einer "Sachherrschaft" sprechen zu können, wie sie die Zueignung verlangt, ist es erforderlich, daß er das Verhalten des unmittelbaren Besitzers beherrscht, daß sich der unmittelbare Besitzer vollständig dem Willen des mittelbaren Besitzers unterwirft. Handelt der unmittelbare Besitzer dagegen eigenmächtig, so kann der Hintermann dessen Verhalten nicht hinreichend sicher steuern; damit fehlt ihm auch die Sachherrschaft. Das entspricht der Abgrenzung von mittelbarer Täterschaft und Teilnahme durch Anstiftung: Der mittelbare Täter beherrscht und steuert das Verhalten des unmittelbar handelnden, der Anstifter aber nicht; dem Anstifter fehlt es an Einfluß auf den Handelnden, um selbst "Täter" zu sein.

Damit deutet sich eine Unterscheidung bei der Vollendungsfrage in den Fällen von Selbstzueignung durch den unmittelbaren Besitzer und Selbstzueignung durch den mittelbaren Besitzer einerseits und in den Fällen von Selbstzueignung und durch Drittzueignung vermittelter Selbstzueignung an: Wer die Sache in seinem unmittelbaren Besitz hat, braucht sich die tatsächliche Sachherrschaft nicht erst zu verschaffen: Er kann sie sich ohne äußere Hindernisse zueignen. Wird der Besitz durch einen anderen vermittelt, so ist der mittelbare Besitzer vom Besitzmittler abhängig. Wenn der Besitzmittler sich ganz dem Willen des Besitzers unterwirft, insbesondere gutgläubig ist oder unter einem Zwang handelt, der seine strafrechtliche Verantwortung ausschließt, dann beherrscht der mittelbare Besitzer ihn und damit auch die Sache. Handelt der Besitzmittler aber eigenmächtig und strafrechtlich verantwortlich, dann kann der mittelbare Besitzer ihn und mithin auch die Sache nicht hinreichend sicher beherrschen. Es liegt also nur Versuch vor, bis der Besitzmittler dem mittelbaren Besitzer die Sache aushändigt. Das wirkte sich auf die gebildeten Beispielsfälle so aus: Der unmittelbare Besitzer (Fall 1 und 2) konnte sich die Sache durch entsprechendes Verhalten zueignen. Der mittelbare Besitzer, der das Verhalten seines Besitzmittlers vollständig beherrscht, konnte dies ebenfalls (Fall 6 bb). Im Falle einer Drittzueignung kann der Dritte als Erwerber aber frühestens dann eine Selbstzueignung begehen, wenn ihm die Sache ausgehändigt wird, weil er das Verhalten des eigenmächtig handelnden unmittelbaren Besitzers nicht hinreichend sicher beherrschen kann. Der Fall der Drittzueignung ist damit für die Selbstzueignung des Erwerbers anders zu behandeln als derjenige der Selbstzueignung in mittelbarer Täterschaft, ein auf den ersten Blick sicherlich überraschendes, aber gleichwohl sinnvolles Ergebnis.

Teil II. Die Zueignung im allgemeinen

A. Der Begriff der Zueignung

I.) Der Gegenstand der Zueignung und seine Grenzen

Die Zueignung ist das Kernelement, das alle Zueignungsdelikte miteinander verbindet[28]. Sie ist definiert worden als "jedes unbefugte Nutzen und (oder) Haben einer fremden beweglichen Sache, soweit es mit der definitiven Enteignung des Eigentümers verbunden ist"[29], als "Eigentumsanmaßung im Sinne einer Inbesitznahme der Sache als eigene"[30], als "eine auf das Eigentum (formale Rechtsposition einschließlich inhaltlicher Rechtsmacht) an Sachen (so die zivilrechtliche Voraussetzung) bezogene Ent- und Aneignung"[31], als "Herstellung der eigentümerähnlichen Herrschaft über die fremde Sache, das Ausüben des Eigentumsinhaltes unter dauerndem Ausschluß des Berechtigten: 'se ut dominum gerere'"[32], als "Begründung eines umfassenden Herrschaftsverhältnisses über eine Sache in Zueignungsabsicht und unter Ausschluß des Eigentümers"[33], als "(1) die *Enteignung des Berechtigten*, d.h. die Entziehung der Sachherrschaft des Berechtigten, (2) die *Aneignung durch den Täter*, d.h. die Begründung der Eigenbesitzerposition durch den Täter, (3) die *Absicht, die Sache wirtschaftlich zu nutzen*"[34], als "Begründung des Eigenbesitzes unter Ausschluß des Berechtigten mit dem Willen, wie ein Eigentümer über die Sache zu verfügen, sie insbesondere wirtschaftlich zu nutzen"[35], als "die Anmaßung einer Quasi-Eigentümerstellung durch

---

28 Vgl. *Welzel*, Strafrecht, S.340.

29 *Androulakis* JuS 1968, 409 (410). - Ähnlich *Dencker (usw.)*, Einführung in das 6.StrRG, S.19: Der Täter müsse "mit der Sache in einer für ihn selbst nützlichen Weise verfahren wollen".

30 *Kindhäuser*, BT II/1 (*1.Aufl. 1998*), S.47 (Rn.8); vgl. auch S.150 (Rn.15). Ähnlich *ders.*, BT II/1 (*2.Aufl. 1999*), S.70f (Rn.76f), 160 (Rn.8), 172 (Rn.52).

31 *Gössel*, in: GA-FS, S.39 (48).

32 *Welzel*, Strafrecht, S.341. Ähnlich *Haft*, BT, S.144; *Küper*, BT, S.431; *Mitsch* JuS 1999, 372 (373).

33 *Otto*, Struktur, S.110; ähnlich *ders.*, Strafrecht, S.175 (Rn.5).

34 *Otto* Jura 1989, 137 (143); ähnlich *ders.*, Strafrecht, S.156 (Rn.56); *ders.*, Struktur, S.205; *ders.* Jura 1996, 383 (384); auch *D.Meyer* MDR 1974, 809 (811); *Ruß*, in: Pfeiffer-FS, S.61 (63); *Sonnen* JA 1984, 569 (572).

35 *Tröndle/Fischer* § 242 Rn.18.

– wenn auch nur vorübergehende – Einverleibung der Sache selbst oder des in ihr verkörperten spezifischen Funktionswertes in das eigene Vermögen unter dauerndem Ausschluß des Berechtigten"[36]. Gegenstand der Zueignung (*Tatobjekt*) ist eine fremde bewegliche Sache. Das von allen Zueignungsdelikten geschützte **Rechtsgut** ist also das Eigentum oder die Verfügungsgewalt des Eigentümers über seine Sache[37]. Der strafrechtliche Eigentumsbegriff deckt sich nach heute allgemeiner Auffassung[38] vollständig mit dem zivilrechtlichen. Da es nach zivilrechtlichen Regeln nur Eigentum an Sachen (körperlichen Gegenständen, vgl. § 90 BGB) gibt, können auch *nur Sachen* taugliches Tatobjekt der Zueignungsdelikte sein[39].

Das Tatobjekt ist damit abschließend bestimmt; Probleme ergeben sich aber aus der Definition der **Zueignung**. Das Wesen der Zueignung wird von der ganz herrschenden Auffassung in Rechtsprechung[40] und Schrifttum[41] darin gesehen,

---

36 *Ulsenheimer* Jura 1979, 169 (178); ähnlich *Paulus*, Sachzueignung, S.211f.

37 *Binding*, BT 1, S.255; *Eser* StR IV, S.16, 20; *Gössel*, in: GA-FS, S.39; *ders.*, BT 2, S.64; *Heubel* JuS 1984, 445; *Kindhäuser*, BT II/1, S.46 (Rn.6); *Seelmann* JuS 1985, 199 (201); SK-*Hoyer* Vor § 242 Rn.1, 3; *Ulsenheimer* Jura 1979, 169 (175); ähnlich *Otto*, Struktur, S.145 (umfassende Sachherrschaft); *Paulus*, Sachzueignung, S.41f, 148; *Wessels* NJW 1965, 1153 (1154). I.E. auch *Bittner*, Gewahrsamsbegriff, S.62f, der allerdings nicht vom "Rechtsgut", sondern lediglich vom "Gegenstand der Zueignung" spricht.

38 Vgl. etwa *Gropp* JuS 1999, S.1041 (1042); *Kindhäuser*, BT II/1, S.49 (Rn.12); *Lackner/Kühl* § 242 Rn.4; *Mitsch*, BT II/1, S.5 (Rn.7); *Paulus*, Sachzueignung, S.41, 148; *Rengier*, BT 1, S.9 (Rn.12); Sch/Sch/*Eser* § 242 Rn.12; SK-*Hoyer* § 242 Rn.3; *Tenckhoff* JuS 1984, 775 (776); *Wessels/Hillenkamp*, BT 2, S.7 (Rn.17), 23 (Rn.69). - Kritisch nur *Otto*, Struktur, S.143ff (m.w.N.), der für eine abweichende Interpretation des Begriffes "fremd" eintritt, damit bislang aber keine Gefolgschaft gefunden hat, sowie *Tröndle/Fischer* § 242 Rn.2, deren Beispiele für Unterschiede zwischen zivil- und strafrechtlichem Sachbegriff aber keinen wirklich selbständigen strafrechtlichen Sachbegriff etablieren können (auch sie verweisen letztlich auf § 90 BGB). - Anders das ältere Schrifttum: *Harburger* stellte 1907 fest, daß "nunmehr Einstimmigkeit" darüber bestehe, daß der strafrechtliche Begriff der Sache "ein ganz und gar selbständiger" sei und auch inhaltlich von dem in § 90 BGB festgelegten Sachbegriff abweiche (VDB VI, S.189 m.w.N.).

39 *Bockelmann* Anmerkung zu BGH JZ 1959, 493 (496); *Eser* StR IV, S.20; *Gössel*, BT 2, S.66, 122; *Krey*, BT 2, S.2 (Rn.1); *Maurach/Schroeder/Maiwald*, BT 1, S.318; *Mitsch*, BT II/1, S.166 (Rn.8); *Wessels* NJW 1965, S.1153 (1154); *Wessels/Hillenkamp*, BT 2, S.21 (Rn.62).

40 St. Rspr., z.B. RGSt61, 228 (233); RGSt 67, 334 (335); (ähnlich schon RGSt 47, 147 (149)); BGHSt 4, 236 (238); BGHSt 16, 190 (192); BGHSt 17, 88 (92); BGHSt 24, 115 (119); BGHSt 35, 152 (157). Aus der obergerichtlichen Rechtsprechung OLG Hamm JMBl-NRW 1962, 110; OLG Celle NJW 1967, 1921 (1922); OLG Düsseldorf NStZ-RR 1999, 41 (42). - Besonders schön formuliert ist die (gelegentlich als "erste" bezeichnete) Entscheidung RGSt 55, 59 (60), wo es heißt, der

daß der Täter "*die Sache selbst oder doch den in ihr verkörperten Wert*" seinem Vermögen einverleibt. Diese sogenannte "Vereinigungsformel" beschreibt die Tathandlung (genauer: Begehungsmodalität). Diese muß sich nach allgemeinen Grundsätzen auf das Tatobjekt beziehen[42].

Gegenstand anhaltender Diskussionen im Schrifttum ist die Frage, wie der Gegenstand der Zueignung (das Tatobjekt) seinerseits näher zu bestimmen ist bzw. *auf welche Weise* eine Sache "zugeeignet" werden kann. - Ursprünglich hatte sich in enger Anlehnung an das Zivilrecht die sogenannte **Sachsubstanztheorie** herausgebildet[43]. Objekt der Zueignung ist danach (nur) die Sach*substanz*, also die Materie des Objekts. Schon bald hatte sich aber eine Gegenmeinung etabliert, die sogenannte *Sachwerttheorie*[44]. Dieser Theorie zufolge "verkörpert" die Sache einen – möglicherweise über ihren Materialwert hinausgehenden – Sach*wert*. Es hatte sich gezeigt, daß Fälle auftreten können, in denen die Sache vom Täter in einer Weise gebraucht wird, die die Substanz unangetastet läßt (insofern nur sog. "Gebrauchsanmaßung", vgl. unten), den Wert der Sache aber mindert oder aufzehrt. Das war vor allem in den sogenannten "Sparbuch"-Fällen deutlich geworden: Nimmt der Täter ein fremdes Sparbuch an sich, um davon unberechtigterweise Geld für sich abzuheben, und gibt er das Sparbuch anschließend mit vermindertem Guthabenstand an den Berechtigten zurück, so entsteht nach der *strengen Sachsubstanztheorie* eine Strafbarkeitslücke: Da das Sparbuch in seiner Substanz nach der Abhebung unverändert zurückgegeben wird[45], liegt hinsichtlich dieses unberechtigten Gebrauchs nur ein strafloses "furtum usus" vor. Auch die polemische Argumentation des *Reichsgerichts* in der grundlegenden Entscheidung RGSt 39, 151ff, die dies Argument als "nichts als ein Spiel mit Worten" abzutun sucht und von "an die eigentümliche Natur des

---

Täter müsse "den [von ihm entwendeten] Hund selbst oder dessen wirtschaftlichen Wert für sich ausnutzen".

41 *Lackner/Kühl* § 242 Rn.21; *Mitsch*, BT II/1, S.72f (Rn.140ff); Sch/Sch/*Eser* § 242 Rn.47, § 246 Rn.11; *Tröndle/Fischer* § 242 Rn.18, § 246 Rn.11; *Welzel*, Strafrecht, S.340ff.

42 *Maiwald*, Zueignungsbegriff, S.117; *Paulus*, Sachzueignung, S.30.

43 Vgl. dazu *Maiwald*, Zueignungsbegriff, S.38, 39ff. - Die strenge Substanzbezogenheit der Zueignungsdelikte und die daraus resultierende enge Eingrenzung des Tatobjekts stellte um die vorige Jahrhundertwende übrigens eine deutsche Singularität dar, wie das Referat über die ausländischen Rechte bei *Harburger*, VDB VI, S.227f beweist: Diese erkannten z.T. sogar die Sachqualität von Elektrizität an (anders bekanntlich das *Reichsgericht*) und sahen Schuldurkunden (so wie später die Vereinigungstheorie) unproblematisch als taugliche Zueignungsobjekte an.

44 Vgl. statt vieler RGSt 49, 16 (18); *Frank* § 242, S.517f (518); *Schaffstein* GS 103, 292 (294ff).

45 Der Abbuchungsvermerk wird allgemein nicht als (wesentliche bzw. beachtliche) Substanzveränderung angesehen.

Sparkassenbuches als 'Beweisurkunde' klammernden doktrinär-juristischen Zweifel[n], welche hier Schwierigkeiten hervorrufen" (S.153) spricht, kann letztlich nicht umhin anzuerkennen, was ihr i.E. als unannehmbar erscheint. Man hat bei der Lektüre förmlich den Eindruck, das *Reichsgericht* wolle die fehlenden Argumente durch seine polemische, z.T. populistische Rhetorik (es spricht von der "Rechtsüberzeugung des Laien") ersetzen. Immerhin hat der Senat in dieser Entscheidung aus dem Jahre 1894 die Substanztheorie aber noch nicht aufgegeben. Deutlich werden nur die Schwierigkeiten, die diese Theorie hier bereitet. An Stelle einer Verfügungstheorie oder ähnlicher Konstruktionen, welche vom Boden der Substanztheorie eine Strafbarkeit zu begründen versuchen (dazu unten), bleibt nur die Flucht in die recht unbestimmte Aussage, "welche Absicht oder welchen praktischen Endzweck der Dieb verfolgt, ob er die Sache für sich behalten, sie veräußern, verschenken, ganz oder teilweise zerstören will, ist für den Begriff des auf 'rechtswidrige Zueignung' gerichteten Vorsatzes gleichgültig" (S.154). Damit geht das *Reichsgericht* auf das eigentliche Problem, den Inhalt des Zueignungsbegriffs und seine Abgrenzung von der Gebrauchsanmaßung, gar nicht ein. Erst in der Entscheidung RGSt 40, 10ff aus dem Jahre 1907 stellt sich das *Reichsgericht* diesen Fragen. - Obwohl Einigkeit bzgl. der Strafwürdigkeit und der Strafbedürftigkeit des angemaßten wertmindernden Gebrauchs fremder Sachen besteht, muß die strenge Sachsubstanztheorie jedenfalls nach Ansicht ihrer Gegner[46] zur Straflosigkeit eines solchen Verhaltens gelangen. Das wird aber allgemein als unbefriedigend empfunden.

Die schon vom *Reichsgericht* entwickelte sogenannte **modifizierte Substanztheorie**, die vor allem in neuerer Zeit eine Art Renaissance erlebt hat, will als Zueignung auch solche *Verfügungen* erfassen, "welche in die ausschließliche Zuständigkeit des Eigentümers fallen"[47]. In RGSt 10, 369 (371) heißt es, eine Zu-

---

46 Vgl. etwa *Krey*, BT 2, S.27 (Rn. 52f); *Rengier* BT 1, S.23 (Rn.44). Auch *Paulus*, Sachzueignung, S.54f vertritt diese Ansicht.

47 *Kindhäuser*, BT II/1 (1.Auflage), S.151, 153; ähnlich *ders.*, in: Geerds-FS, S.655; *Rudolphi* GA 1965, 33 (54); *Seelmann* JuS 1985, 288 (289f) sowie *Bloy* JA 1987, 187 (190), der aber die Vereinigungstheorie vertritt. Aus dem älteren Schrifttum vgl. *Harburger*, VDB VI, S.212. *Paulus*, Sachzueignung, S.141, glaubt, in den *Motiven* ähnliche Vorstellungen beim historischen Gesetzgeber belegen zu können (vgl. die dortigen Nachweise). - Obwohl *Otto*, Struktur, S.206 seinen eigenen Standpunkt als den einer "modifizierten Substanztheorie" bezeichnet und diesen gegen die Sachwerttheorie abzugrenzen versucht, wird man ihn i.E. den Vertretern der engen Sachwerttheorie zurechnen müssen; denn die "Modifizierung" liegt für *Otto* gerade darin, daß er auch einen von der Sache nicht trennbaren, "in ihr verkörperten Wert" als Zueignungsobjekt erfassen will (etwa denjenigen, der durch Inhaber- und Orderpapiere verkörpert wird, vgl. S.182f). Auch *Roth*, Eigentumsschutz, S.48, der sich ebenfalls zur "modifizierten Substanztheorie" bekennt, vertritt in Wirklichkeit

eignung liege "schon dann" vor, "wenn der Wegnehmende beabsichtigt hatte, über die Sache auch nur eine einzelne Verfügung zu treffen, welche aber als zur ausschließlichen Zuständigkeit des Eigentümers gehörig betrachtet werden muß". Auch in der früheren Phase der reichsgerichtlichen Rechtsprechung, in der das Gericht noch an der Substanztheorie festhielt, hatte es also schon eine Zueignung in den "Sparbuch"-Fällen bejaht[48]. (Auf die Wirksamkeit dieser Verfügungen kann es dabei nicht ankommen.[49]) Dagegen ist eingewendet worden, eine Differenzierung zwischen Verfügungen, zu denen nur der Eigentümer berechtigt sei und solchen, die auch anderen Personen als ihm gestattet sein können, sei prinzipiell unmöglich, da es keine Verhaltensweise gebe, zu der der Eigentümer nicht einen anderen ermächtigen könne (so daß sie auch ihm erlaubt ist)[50]. Außerdem gebe es umgekehrt auch Verhaltensweisen, welche nur dem Eigentümer gestattet seien, die aber keine Zueignung darstellten (so etwa die Zerstörung, Beschädigung oder Sachentziehung)[51]. Mit diesen Argumenten läßt sich die modifizierte Substanztheorie aber nicht zurückweisen. Die Beispiele, welche ihre Vertreter zur Erläuterung vortragen, haben die Qualität einer Zueignung und zeigen eine *Differenzierung zwischen Rechten aus der Eigentümerposition und solchen aus Rechtsverhältnissen zum Eigentümer*, z.B. Miete, Pacht, Verpfändung oder Nießbrauch. Während das *Vollrecht* Eigentum zu schlechthin jedem Verfahren mit der Sache berechtigt, räumen die angesprochenen *Teilrechte* nur bestimmte Nutzungs- oder Verwertungsbefugnisse ein, die aber das Eigentum entweder unangetastet lassen (so die Nutzungsrechte) oder jedenfalls dem Berechtigten keine Aneignung gewähren (so die Verwertungsrechte)[52]. Dabei ist seit langem um-

---

eine Kombination aus Funktions- und Identitätswechsel-Theorie (dazu unten), während er sich (S.45) kritisch gegenüber derjenigen Ansicht äußert, die hier als "modifizierte Substanztheorie" bezeichnet wird. - Ähnlich wie bei der Substanz-, der Sachwert- und der Vereinigungstheorie wird man hier anerkennen müssen, daß auch bei der "modifizierten Substanztheorie" verschiedene Spielarten existieren, die im Detail z.T. erheblich voneinander abweichen. Um einer sinnvollen Unterscheidung der verschiedenen Ansätze willen hat der Verfasser aber versucht, die Kernthese der jeweiligen Theorie möglichst eng zu umreißen und sie von anderen Theorien abzugrenzen.

48 Hinweisend *Miehe*, in: Heidelberg-FS, S.481 (485); *Paulus*, Sachzueignung, S.55ff mit Fn.109 m.w.N.

49 *Kindhäuser*, BT II/1 (1.Auflage), S.151.

50 *Androulakis* JuS 1968, 409 (410). Vgl. auch die Nachweise zum älteren Schrifttum bei *Paulus*, Sachzueignung, S.56 Fn.112.

51 *Miehe*, in: Heidelberg-FS, S.481 (497).

52 Kritisch dazu *Miehe*, in: Heidelberg-FS, S.481 (497), der darauf hinweist, daß die Verwertung eines verpfändeten Sparbuchs gerade durch Verwertung des Guthabens (also Aneignung des Sparbuchs) erfolgt. Freilich stellt die Verwertung verpfändeter

stritten, ob die ***eigenmächtige Verpfändung fremder Sachen*** eine Zueignung darstellt (nicht zu verwechseln mit den Fällen der Duldung der Pfändung fremder Sachen durch den Gerichtsvollzieher im Wege der Zwangsvollstreckung gegen den Täter). Die Diskussion wird allerdings nicht im Zusammenhang mit der modifizierten Substanztheorie geführt. Soweit bei der Verpfändung kein Auslösungswille besteht, wird eine Zueignung allgemein bejaht; ist der Verpfänder bei Verpfändung dagegen willens und in der Lage, das Pfand später wieder auszulösen (und zurückzugeben), wird eine Zueignung vielfach verneint[53]. – Davon zu unterscheiden ist die Frage, ob das ***Wegnehmen oder Behalten einer fremden Sache "als Pfand"*** (d.h. als Druckmittel gegenüber dem Eigentümer) eine Zueignung darstellt[54]. - Der (in der Formulierung korrigierte) Ansatz der modifizierten Substanztheorie lautet also: Eine Zueignung liegt auch dann vor, wenn der Täter mit der Sache in einer Weise verfährt, die den Eigentümer aus seiner Stellung dauernd verdrängt und dem Täter diese Stellung verschafft; gesetzt den Fall, es würde zwischen Täter und Opfer ein Rechtsverhältnis bestehen, welches den Täter zum Besitz oder Gebrauch der Sache berechtigt, so müßte er dadurch auch *gerade zu diesem Verhalten* berechtigt sein. Würde sein Verhalten selbst dann noch als Kompetenzüberschreitung (in der zivilrechtlichen Terminologie des Eigentümer-Besitzer-Verhältnisses als "Exzeßhandlung" des "so-nicht-berechtigten Besitzers") erscheinen, so hat er sich einer Zueignung schuldig gemacht[55].

Ziel der "modifizierten Substanztheorie" ist es, einige der Strafbarkeitslücken zu schließen, welche bei Anwendung der strengen Substanztheorie entstehen und (wenigstens) die "Sparbuch"-Fälle erfassen zu können. Das Abheben von Teilen des Guthabens, so diese Auffassung, sei eine "Verfügung, welche ausschließlich in die Zuständigkeit des Eigentümers" auch eines Legitimationspapiers falle, ebenso natürlich die Realisierung einer in einem Inhaberpapier verbrieften Forde-

---

Sparbücher einen Ausnahmefall pfändungsrechtlicher Verwertungsregeln dar (s. dazu unten).

53 Vgl. dazu BGH JZ 1959, 493 mit kritischer Anmerkung *Bockelmann*; *Krey*, BT 2, S.94 (Rn.166); *Lackner/Kühl* § 242 Rn.5; *Maiwald*, Zueignungsbegriff, S.181f; *Otto*, Struktur, S.201 (m.w.N.); *Paulus*, Sachzueignung, S.206ff; SK-*Hoyer* § 246 Rn.15; für Zueignung *Kindhäuser*, BT II/1, S.168 (Rn.39), 174 (Rn.60). Aus dem älteren Schrifttum *Harburger*, VDB VI, S.214.

54 Gegen die Annahme einer Zueignung BGH NStZ-RR 1998, 235f; *Gössel*, BT 2, S.72; *Kindhäuser*, in: Geerds-FS, S.655 (662); *Lackner/Kühl* § 242 Rn.25; *Roxin*, in: H.Mayer-FS, S.467 (478f); *Wessels/Hillenkamp*, BT 2, S.63 (Rn.185); unter bestimmten Voraussetzungen für Zueignung *Ruß*, in: Pfeiffer-FS, S.61 (63). Aus dem älteren Schrittum vgl. *Harburger*, VDB VI, S.214f m.w.N.

55 Vgl. *Kindhäuser*, in: Geerds-FS, S.655 (671); ähnlich *ders.*, BT II/1, S.86 (Rn.119), 163 (Rn.20).

rung, bei der das "Recht aus dem Papier dem Recht am Papier" folgt[56]. – Indessen ist auch diese Interpretation nicht geeignet, die Lücken der strengen Substanztheorie zu schließen. Ihre Anhänger argumentieren, gem. § 952 BGB folge das Recht am Papier dem Recht aus dem Papier; wer also über das Recht aus dem Papier verfüge, geriere sich damit automatisch als Eigentümer des Papiers[57]. Denn wenn der Täter wertpapierrechtlich nur *als Eigentümer* verfügen kann (da seine Verfügung rechtlich sein Eigentum *voraussetzt*), dann geriert er sich buchstäblich als Eigentümer, eignet sich die Sache also (rechtslogisch notwendig) zu. Damit knüpfen die Vertreter dieser Ansicht zwar ausdrücklich an die Sachsubstanz an, doch ist in Wahrheit auch hier Objekt der Zueignungshandlung nicht das Sparbuch, das wiederum (nach Gebrauch) unverändert zurückgegeben wird[58], sondern die durch das Sparbuch verbriefte Forderung[59].

Möglich ist es aber, die "*Rückverkaufsfälle*" über die strenge Substanztheorie zu erfassen[60]. Denn hier soll der Eigentümer seine Sache nicht in Anerkennung seines Eigentums zurückerhalten, sondern sie neu vom Täter erwerben[61]. Damit handelt der Täter aber "wie ein Eigentümer"[62], denn er maßt sich die Entschei-

---

56 Vgl. BayObLG StV 1999, 255; *Kindhäuser*, in: Geerds-FS, S.655 (664f); einschränkend *Paulus*, Sachzueignung, S.58ff m.w.N. - Im Fall eines **Orderschecks** (ohne Überbringerklausel) hat das BayObLG in der genannten Entscheidung einen Betrug zu Lasten der Bank für möglich gehalten; bei *Inhaberschecks* dagegen erfolge die Unterschlagung schon mit dem Einreichen bei der Bank und der Gutschrift auf dem eigenen Konto, während spätere Verwertungshandlungen wie insbesondere das Abheben des gutgeschriebenen Betrages eine "mitbestrafte Nachtat" zu der vorangegangenen Unterschlagung darstellen sollen.

57 *Bittner*, Gewahrsamsbegriff, S.72; *Kindhäuser*, BT II/1, S.90f (Rn.128); *Maurach/Schroeder/Maiwald*, BT 1, S.337; SK-*Hoyer* § 242 Rn.87.

58 Vgl. auch die Argumentation bei *Maiwald* JA 1971, 147 (149) und *Bittner*, Gewahrsamsbegriff, S.72f.

59 Zutreffend *Gössel*, in: GA-FS, S.39 (48).

60 Vgl. insbes. *Paulus*, Sachzueignung, S.54 sowie die Nachweise in den folgenden Fußnoten; hinweisend *Küper*, BT, S.438.

61 *Kindhäuser*, BT II/1, S.80 (Rn.99), 89f (Rn.125); *ders.*, in: Geerds-FS, S.655 (663); *Krey*, BT 2, S.35f (Rn.74); *Rengier*, BT 1, S.29f (Rn.59); *Rudolphi* GA 1965, 33 (43); *Tenckhoff* JuS 1980, 723 (724); *Wessels* JZ 1965, 631 (636); *ders.* NJW 1965, 1153 (1156f); *Wessels/Hillenkamp*, BT 2, S.55 (Rn.159); ähnlich *Ranft* JA 1984, 277 (282); *Arzt/Weber* LH3, S.43 Fn.2. - Unzutreffend daher die Annahme, es fehle an der Enteignung, da der Berechtigte seine Sache der Substanz nach zurückerhalten solle (so aber *Eser* StR IV, S.46; *Graul* JuS 1999, 562 (563); ähnlich *Mitsch* JA 1999, 388 (389); wohl auch *Gössel*, in: GA-FS, S.39 (52) und *Miehe*, in: Heidelberg-FS, S.481 (497), die Betrug annehmen).

62 *Heubel* JuS 1984, 445 (450); *Paulus*, Sachzueignung, S.172; *Welzel*, Strafrecht, S.343. Beachte ferner *Seelmann* JuS 1985, 288 (290), der allerdings meint, es fehle an der *dauernden* Enteignung und der daher eine Zueignung verneint.

dung darüber an, *ob* er sich von der Sache trennt und *wem* er sie zukommen läßt. - Auch die Vertreter der Vereinigungstheorie kommen z.T. zu diesem Ergebnis[63], allerdings zu unrecht, da der Verkaufserlös der Sache in keiner Weise entzogen wird, "die Sache" hinterher nicht weniger wert ist als vorher[64]. - Damit dürften auch die Einwände bei *Maiwald*[65] entkräftet sein: Der Eigentümer wird dadurch in seiner Stellung verletzt, daß die Entscheidung über das weitere Schicksal der Sache nicht in seiner Hand liegt. *Ob* er seine Sache zurückerhält, erscheint aus seiner Sicht "zufällig" (weil nicht von seinem Willen abhängend), obwohl rechtlich nur *sein* Wille maßgeblich sein sollte. - *Otto*[66] will danach differenzieren, ob der Täter die Sache auf jeden Fall an den Eigentümer zurückgelangen lassen (und nur als Täuschungsmittel einsetzen) will (dann furtum usus) oder ob er sie ggf. auch anders nutzen oder veräußern will, falls das Geschäft mit dem Eigentümer scheitert. - Freilich sind damit auch die Fälle erfaßt, in denen der Täter die Sache zwar unentgeltlich, aber aus eigener Machtvollkommenheit auf den Berechtigten rücküberträgt (etwa indem er diesem die Sache als dem Täter gehörende schenkt)[67]. In einem solchen Fall kann die Strafbarkeit des Täters nur dadurch vermieden werden, daß das Verfahren nach § 153 StPO eingestellt wird.

Die (reine) **Sachwerttheorie**[68] sieht dagegen den *Wert* der Sache als Gegenstand der Zueignung an. Dabei werden zunächst alle Faktoren berücksichtigt, die der Sache einen Wert verleihen können. Dazu gehören selbstverständlich der Materialwert und der Gebrauchswert der Sache, aber auch solche Werte, die im Verkehr mit der Sache verknüpft sind. So nimmt diese Theorie an, daß etwa der Wert eines Sparbuchs nicht lediglich in dessen Materialwert (Papierwert) bestehe, sondern auch im Wert des darin verbrieften Guthabens. Nach Auffassung des Verkehrs sei der Wert eines Sparbuchs gemindert, wenn das darauf befindliche Guthaben ganz oder zum Teil abgehoben wird (es sei nach der Abhebung, so ein häufig gebrauchtes Bild, nur noch eine "Schale, woraus der Kern entwendet wor-

---

63 Sch/Sch/*Eser* § 242 (Rn.50); *Tröndle/Fischer* § 246 Rn.17; *Wessels/Hillenkamp*, BT 2, S.54f (Rn.159); a.A. aber *Gropp* JuS 1999, 1041 (1044); *Stoffers* Jura 1995, 113 (116f)).

64 Zutreffend *Mitsch* JA 1999, 388 (389f); *Rengier*, BT 1, S.29f (Rn.59); abl. auch *Kindhäuser*, in: Geerds-FS, S.655 (663); SK-*Hoyer* § 242 Rn.95).

65 in: Zueignungsbegriff, S.111f.

66 in: Struktur, S.192ff.

67 *Kindhäuser*, BT II/1, S.90 (Rn.125); *ders.*, in: Geerds-FS, S.655 (663); *Ranft* JA 1984, 277 (282, 285). Kritisch abl. dazu *Maiwald*, Zueignungsbegriff, S.114f.

68 Zu deren Genese vgl. z.B. *Küper*, BT, S.433f; *Maiwald*, Zueignungsbegriff, S.45ff.

den ist"[69]). In einem solchen Fall habe sich der Täter einen Teil des Sachwertes des Sparbuchs zugeeignet. Daher sei er aus einem Zueignungsdelikt zu strafen.

Auch die Sachwerttheorie ist aber in ihrer Reinform nicht unproblematisch. Strafbarkeitslücken können sich nach dieser Theorie ergeben, wenn die zugeeignete Sache überhaupt keinen (meßbaren) Wert hat[70]. Daher erscheint auch die Sachwerttheorie für sich genommen als zu eng[71]. Die These von *Bockelmann*[72], bei wertlosen Sachen eigne sich der Täter den Wert der "stofflichen Qualität" der Sache an, "denn dann ist es eben jene Qualität, die ihren Wert ausmacht, und diesen Wert gewinnt, wer sich die Substanz aneignet", hat keine Gefolgschaft gefunden; denn *Bockelmann* spricht von einer Sache, die "einen über ihre stoffliche Qualität hinausgehenden Wert nicht hat" und übersieht dabei, daß einer wertlosen Sache nicht einmal ein stofflicher Wert zuerkannt wird (man denke etwa an ein beschmiertes Blatt Papier). Ob es, wie allgemein angenommen, "wertlose" Sachen wirklich gibt, darf dagegen bezweifelt werden. - Um die Vorzüge beider Theorien verbinden zu können und ihre jeweiligen Mängel zu beseitigen, hat sich daher schon relativ früh die sogenannte **Vereinigungstheorie** herausgebildet, deren Formel oben bereits zitiert wurde. In der Entscheidung RGSt 39, 239ff hatte das *Reichsgericht* noch versucht, die Verfügung über den Sachwert als Verfügung über die Substanz aus der Substanztheorie herzuleiten. Dort heißt es (S.243), die Wegnahme der Sparkassenbücher durch die Angeklagte sei in der Absicht erfolgt, "über ihren wirtschaftlichen Wert und damit über die Bücher selbst ganz oder teilweise zu ihren Gunsten zu verfügen". Auch im folgenden Band hält das *Reichsgericht* in der sog. "zweiten Biermarken-Entscheidung" noch ausdrücklich daran fest, daß "als Gegenstand der Zueignungsabsicht ... unter allen Umständen, dem äußeren Tatbestand entsprechend, lediglich die körperliche *Sache selbst* in Betracht [kommt]. Zu Unterscheidungen nach einzelnen ihrer tatsächlichen oder rechtlichen Eigenschaften, rücksichtlich deren die Zueignung stattfinde, bleibt dabei kein Raum."[73] Dort wird aber der Gedanke aus

---

69 *Bittner*, Gewahrsamsbegriff, S.68; *Bockelmann* ZStW 65 (1953), 571 (575); *Eser* StR IV, S.43; *Mitsch*, BT II/1, S.73 (Rn.142); *Otto*, Struktur, S.180; *Stoffers* Jura 1995, 113 (117); *Ulsenheimer* Jura 1979, 169 (175). Ähnlich *Gribbohm* JuS 1963, 106 (107) ("Hülle ohne Inhalt"), auch *Wessels/Hillenkamp*, BT 2, S.58 (Rn.166) ("Hülse ohne Kern").

70 Vgl. z.B. *Schaffstein* GS 103, 292 (297).

71 *Schaffstein*, a.a.O., S.302 ist der Ansicht, "daß bei konsequenter Durchführung die praktischen Mängel der Sachwerttheorie diejenigen der Substanztheorie noch übersteigen". - Die Kritik bei *Paulus*, Sachzueignung, S.152ff (153), fällt im Hinblick auf die rechtspolitische Bewertung der zu erzielenden Ergebnisse deutlich moderater aus, doch ist die dogmatische Kritik dafür umso dezidierter.

72 in: ZStW 65 (1953), 571 (575f).

73 RGSt 40, 10ff (11). [Hervorhebung im Original]

RGSt 39 aufgegriffen und nunmehr (S.12) formuliert, "daß die körperliche Sache, um deren Eigentum es sich handelt, jedenfalls ihrem Sach(Substanz)werte nach zum Vermögen des Eigentümers gehört". Damit wird auch hier der Sachwertgedanke noch aus der Substanztheorie herzuleiten versucht. Im übernächsten Satz heißt es dann aber: "Unter der Absicht rechtswidriger Zueignung muß danach die Absicht verstanden werden, eine bewegliche Sache *wirtschaftlich* in ein dem Inhalte dieser *rechtlichen* Beziehung *entsprechendes* Verhältnis zu bringen, d.h. ihrem *Sach(Substanz)werte nach* dem *eigenen Vermögen tatsächlich* zuzuführen." Auf der folgenden Seite liest man, der Wert einer Sache bestimme sich "nach der Gesamtheit ihrer tatsächlichen und rechtlichen Beziehungen und nach der Schätzung, die sie danach im Wirtschaftsleben findet. Solche Beziehungen können einer Sache ohne Rücksicht auf den bloßen Besitz-, Gebrauchs-, oder Nutzungswert einen den Stoffwert erheblich überschreitenden Sachwert verleihen." Am Ende der Entscheidung (S.14f) verweist das *Reichsgericht* mit Bezugnahme auf sechs Entscheidungen auf seine "ständige Rechtsprechung" in den "Sparbuch"-Fällen. Insofern schließt sich hier der Kreis der reichsgerichtlichen Rechtsprechung: Anstatt sich einfach auf seine bisherige Rechtsprechung (etwa in Band 10) zu berufen, hatte das *Reichsgericht* in Band 39 mit seiner Polemik gegen die "doktrinär-juristischen Zweifel" offenbar erkannt, daß seine frühere Argumentation (Zueignung durch Verfügen über die Sachsubstanz) keineswegs unanfechtbar war; wenn es in Band 40 die Entscheidung aus dem zehnten Band an erster Stelle in der Reihe seiner "ständigen Rechtsprechung" nennt und betont, daß für die Zueignung nur die Sachsubstanz relevant sei, so kehrt es damit scheinbar zu seinem alten Standpunkt zurück. Doch handelt es sich, wie die weitere Entwicklung zeigt, in Wirklichkeit nicht um eine bloße Präzisierung seiner bisherigen Ansicht. Vielmehr scheint dem *Reichsgericht* die von ihm bis dahin vertretene Substanztheorie seit RGSt 39, 239ff offenbar nicht mehr ausreichend zu sein, um eine Zueignung zu begründen; das Fehlen einer genauen Argumentation und der Umstand, daß die bisherige Rechtsprechung nicht mehr herangezogen wird, beweisen dies. Band 40 ist also gewissermaßen der Versuch, den Bruch mit der Substanztheorie zu verdecken (oder zu vermeiden?), in Band 39 sind dagegen die Wurzeln für die spätere Rechtsprechung gelegt. Direkt bekennt sich das *Reichsgericht* aber erst in RGSt 61, S.228 (233) und RGSt 67, S.334 (335) zur Vereinigungstheorie; dort stehen dann Sachsubstanz und Sachwert als gleichberechtigte Zueignungsobjekte nebeneinander[74].

---

74 Zur genauen historischen Entwicklung vgl. auch *Küper*, BT, S.433f (434), *Maiwald*, Zueignungsbegriff, S.49f, 55f sowie *Paulus*, Sachzueignung, S.55ff (jeweils m.w.N.).

Tatobjekt ist nach der Vereinigungstheorie "die Sache *entweder* in ihrer *Substanz oder* in ihrem *Wert*". Diese Vereinigungstheorie ist bald zur herrschenden geworden und wird heute überwiegend akzeptiert[75]. Obwohl es ihr gelungen ist, die reine Sachwerttheorie vollständig zu verdrängen, ist die Kritik an ihr nie ganz verstummt. Insbesondere hat man ihr wegen der Heterogenität von Wert und Substanz als alternativen Zueignungsobjekten entgegengehalten, sie addiere "Äpfel und Birnen"[76]. Seit Ende der achtziger Jahre finden sich sogar wieder vermehrt Stimmen, die für die Substanztheorie eintreten. Die Frage, welcher der Theorien zu folgen ist, bedarf im Zusammenhang mit dieser Untersuchung der Klärung.

Immer wieder ist auf die Gefahr hingewiesen worden, daß die Zueignungsdelikte durch eine zu weite Ausdehnung der Sachwerttheorie "zu farblosen Bereicherungsdelikten verwässert" zu werden drohen[77]. Die Konsequenzen, die die Rechtsprechung zustimmend gezogen hat, sind im Schrifttum immer wieder aufgezeigt und kritisiert worden, die Ursache aber ist nie näher untersucht worden.

Ausgangspunkt der meisten Ausführungen zu den Eigentumsdelikten ist die Untersuchung des Zueignungsobjekts. Hier wird i.d.R. kurz vermerkt, daß Gegenstand einer "Zueignung" nur eine körperliche Sache sein könne, nicht aber eine (unkörperliche) Forderung oder ein Recht. Das ist für die meisten Autoren so selbstverständlich, daß man auf eine nähere Erläuterung verzichtet[78]. Um so überraschender ist die Einmütigkeit, mit der dann wenige Zeilen später stets die Vereinigungsformel zitiert wird, derzufolge der Täter sich "die Sache selbst oder doch den in ihr verkörperten (Sach-)Wert" zueignen müsse. Das erscheint zunächst etwas umständlich, wenn neben das Haben der Sache auch das Haben des Wertes tritt, könnte man doch letzteres als Teil des ersteren begreifen[79], und wirft

---

75 *Maiwald*, Zueignungsbegriff, S.62, stellte dagegen 1970 fest, die Formel der Vereinigungstheorie werde zwar weiterhin zitiert, in Wahrheit aber deute die zeitgenössische höchstrichterliche Rechtsprechung die Zueignung als "Sachentziehung, aus der der Täter einen Vorteil erstrebt".

76 *Maiwald*, Zueignungsbegriff, S.79.

77 *Arzt/Weber* LH3, S.49; *Eser* StR IV, S.42; *Otto*, Strafrecht, S.155 (Rn.49f); *Ranft* JA 1984, 277 (282); *Roth*, Eigentumsschutz, S.43; *Rudolphi* GA 1965, 33, 42; *Tenckhoff* JuS 1980, 723 (724); *Ulsenheimer* Jura 1979, 169 (177); auch *Mitsch*, BT II/1, S.73 (Rn.141).

78 Vgl. z.B. *Tenckhoff* JuS 1984, 775 (776); *Wessels* NJW 1965, 1153 (1154); auch *Mitsch*, BT II/1, S.5 (Rn.7), 166f (Rn.8), der aber S.72ff (Rn.140ff) ausführlich zu dem Problem Stellung nimmt.

79 So formulierte schon *Bockelmann* ZStW 65 (1953), 571 (575): "Darin wird deutlich, daß die Werttheorie in Wahrheit gar nicht zu einer Doppelung des Zueignungsbegriffs führt. Denn um Wertzueignung handelt es sich natürlich und erst

die Frage auf, ob wertlose Sachen dann noch taugliches Tatobjekt sein können (was allgemein bejaht wird[80]) und ob die Eigentumsdelikte tatsächlich nur Vermögensdelikte im weiteren Sinne sind oder ob sie diese transzendieren[81]. Dabei verschleiert die Formulierung nur die *Kernthese der Sachwerttheorie*: Daß nämlich taugliches Tatobjekt der Zueignungsdelikte *auch Forderungen* seien, die durch entsprechende Verwendung der Sache (Gebrauch – genauer: Gebrauchsanmaßung, da unbefugt) erlangt werden können[82].

Die Gefahr einer Überdehnung des Anwendungsbereiches der Zueignungsdelikte durch die Sachwerttheorie ist relativ früh erkannt worden. Über die Notwendigkeit einer Eingrenzung des Gegenstands der Zueignung besteht im wesentlichen Einigkeit. Im Anschluß an *Bockelmann*[83] unterscheidet deshalb die Mehrzahl der heutigen Vertreter der Vereinigungslehre[84] zwischen einer "engen" und einer "weiten" Variante der Sachwerttheorie. Dabei soll zwischen dem "lucrum ex re" und dem "lucrum ex negotio cum re" zu unterscheiden sein[85].

---

recht auch dort, wo der Täter sogar die Substanz der Sache haben und behalten will." *Maiwald*, Zueignungsbegriff, S.52, weist allerdings darauf hin, daß damit ein besonderes Verständnis der Vereinigungstheorie, nämlich eine wirkliche *Synthese* von Sachsubstanz und Sachwert verbunden ist, vermerkt aber zugleich kritisch: "Die entscheidende Frage, warum Stoff und Wert ein und dasselbe sind, bleibt offen" (vgl. auch S.77).

80 Vgl. z.B. *Bittner*, Gewahrsamsbegriff, S.60f; *Eser* StR IV, S.16; *Gössel*, BT 2, S.70f; *Lackner/Kühl* § 242 Rn.21; *Maiwald*, Zueignungsbegriff, S.76, 231f; *Otto*, Struktur, S.99ff (106); *Paulus*, Sachzueignung, S.72 (mit Nachweisen zum älteren Schrifttum); *Roth*, Eigentumsschutz, S.22; SK-*Hoyer* § 242 Rn.79. Zur historischen Auslegungspraxis vgl. *Harburger*, VDB VI, S.219, *Maiwald*, Zueignungsbegriff, S.49, 58; auch *Frank* § 242, S.508 m.w.N. - Die bei *Harburger*, VDB VI, S.219 und *Paulus*, Sachzueignung, S.65 Fn.168 nachgewiesene Gegenansicht im älteren Schrifttum dürfte überholt sein.

81 So *Gössel*, in: GA-FS, S.39 (44) unter Berufung auf den Fall der wirtschaftlich wertlosen Sachen.

82 Beachte auch die Mahnung bei *Gössel*, in: GA-FS, S.39 (40), der Begriff der "Sache" dürfe nie so definiert werden, "daß sie nicht mehr der inhaltlichen Rechtsmacht des § 903 BGB unterfällt (wie z.B. eine bloße Forderung)". Er spricht daher (S.42) von dem Makel der Vereinigungstheorie, "in dem von einer Sache verkörperten Wert einen Zueignungsgegenstand anzuerkennen, der allein Vermögensbestandteil sein kann, nicht aber taugliches Eigentumsobjekt". Vgl. auch *Gössel*, BT 2, S.66f.

83 in: ZStW 65 (1953), 571 (575f).

84 *Bloy* JA 1987, 187 (189f); *Eser* StR IV, S.42; *Heubel* JuS 1984, 445 (449); *Ulsenheimer* Jura 1979, 169 (177); *Welzel*, Strafrecht, S.341; *Wessels/Hillenkamp*, BT 2, S.54 (Rn.157).

85 *Eser* StR IV, S.43; *Krey*, BT 2, S.27f (Rn.54), 33 (Rn.69); *Küper*, BT, S.432 (kritisch einschränkend aber *ders.* Jura 1996, 205 (206)); *Lackner/Kühl* § 242 Rn.21, 23; *Mitsch*, BT II/1, S.73 (Rn.142); *Rengier*, BT 1, S.23 (Rn.44); Sch/Sch/*Eser* § 242 (Rn.49). So auch *Maiwald* JA 1971, 165f, der sich aber grundsätzlich gegen

- Außerdem soll die Sachwerttheorie gegenüber der Substanztheorie "subsidiär" sein und nur dann zur Anwendung kommen, wenn eine strafrechtliche Erfassung der betreffenden Fallkonstellation über die Substanztheorie nicht zu bewerkstelligen ist[86]. - Der Unterschied zwischen dem "lucrum ex re" und dem "lucrum ex negotio cum re" läßt sich gut an einem Beispiel verdeutlichen, in dem beide vergegenständlicht sind. Als Beispiel mögen ein Sparschwein und ein Schweißgerät dienen. Im Sparschwein sind die Münzen und Scheine, die der Entwender sich zueignen will, körperlich enthalten, im Schweißgerät dagegen sind die Werte aus dem Tresor, den der Täter mit dem Gerät öffnen will, nicht enthalten. Man kann also sagen, wer das Sparschwein in Händen hält, der halte automatisch auch dessen Inhalt in Händen, wer aber das Schweißgerät in Händen hält, der halte damit nicht auch den Inhalt des (mit ihm zu öffnenden) Tresors in Händen. – Bei näherem Hinsehen wird diese Aussage aber zunehmend fragwürdig: Eignet sich der Täter, der ein verschlossenes Behältnis entwendet, um an dessen Inhalt zu gelangen, wirklich das Behältnis (im Beispiel das Sparschwein) oder nicht doch nur dessen Inhalt (das darin befindliche Geld) zu[87]?

Die Sparbuchfälle illustrieren nochmals, daß das abgehobene Guthaben nicht als "Sachwert" im Sinne eines "lucrum ex re" verstanden werden kann: Das Sparbuch ist nach dem unberechtigten Abheben von Geldbeträgen in seiner Wertschätzung objektiv gesunken, aber es ist nicht die *Substanz* des Sparbuchs, die transferiert wird (das Sparbuch wird nach dem "Gebrauch" zurückgegeben, ohne daß sein *Materialwert* oder ein darüber hinausgehender, der Substanz des Sparbuchs zukommender Wert [z.B. der Beweis- oder der Legitimationswert] Schäden erlitten hätte[88]); es ist die mißbräuchliche Verwendung des Sparbuchs

---

die Sachwerttheorie ausspricht, und *Bittner*, Gewahrsamsbegriff, S.73, der der Sachwerttheorie ebenfalls kritisch gegenübersteht (vgl. S.62).

86 *Arzt/Weber* LH3, S.49; *Bloy* JA 1987, 187 (189); *Mitsch*, BT II/1, S.72f (Rn.141); *Rengier*, BT 1, S.21 (Rn.41); *Tenckhoff* JuS 1980, 723 (724); *Tröndle/Fischer* § 242 Rn.18.

87 Letzteres h.M., wenn der Täter am Behältnis überhaupt kein Interesse hat (dies nicht einmal zum Transport des Inhalts nutzt, was wiederum für eine Zueignung ausreichen würde). Vgl. *Kindhäuser*, BT II/1, S.83 (Rn.110); *ders.*, in: Geerds-FS, S.655 (670); *Maiwald*, Zueignungsbegriff, S.277 mit Fn.154 (mit Hinweis auf mehrere unveröffentlichte BGH-Entscheidungen); NK-*Kindhäuser* § 242 Rn.108; *Otto*, Strafrecht, S.159 (Rn.70); *Ruß*, in: Pfeiffer-FS, S.61 (63ff) m.w.N.; Sch/Sch/*Eser* § 242 (Rn.63); *Tröndle/Fischer* § 242 Rn.24. So schon *Frank* § 242, S.521 mit Nachweis zum Stand der damaligen Rechtsprechung. - A.A. *Wallau* JA 2000, 248 (256).

88 Vgl. auch *Kindhäuser*, in: Geerds-FS, S.655 (658) sowie *Miehe*, in: Heidelberg-FS, S.481 (497f), der das Abheben des Sparguthabens daher als nur teilweisen Funktionsentzug ansieht, während für eine Zueignung ein vollständiger Funktionsentzug zu fordern sei.

als "Schlüssel zum Geld"[89], durch die der Täter den Berechtigten um einen Geldbetrag bringt, den er sich oder Dritten zuführt[90]. Auch die enge rechtliche Verknüpfung von Forderungsrecht und Urkunde kann an diesem Befund entgegen verbreiteter Ansicht nichts ändern[91]. Es handelt sich nur um ein "lucrum ex negotio cum re"[92].

Man kann auch nicht sagen, daß es sich um einen in der Sache "verkörperten" Wert handle, welcher "der Sache" entzogen wird[93]. Dies wird einsichtig, wenn man sich zum Vergleich Fälle vor Augen hält, in denen die Sache ihre Wertschätzung nicht oder nicht nur aus ihrer "Schlüssel"-Funktion, sondern aus sich selbst heraus genießt. Verwendete Briefmarken, alte Münzen nicht mehr in Umlauf befindlicher Währungen oder vertelefonierte Telefonkarten haben als Sammelobjekte einen zum Teil erheblichen (vom Materialwert zu unterscheidenden) Wert, den *nur* die Substanz verkörpert, während ihre *ursprüngliche* Funktion völlig aufgehoben, ihre Wertschätzung im Sinne ihrer ursprünglichen Funktionsbestimmung also erloschen ist. Selbst die Münzen einer noch in Umlauf befindlichen Währung können, je nach dem Prägejahr, bei einem unter dem Nominalwert liegenden Materialwert einen weit über dem Nominalwert liegenden Sammlerwert haben. Auf welchen Wert sollte also abzustellen sein, und vor allem mit welcher Begründung? - Bei seiner Untersuchung der "subjektiven Elemente der Vermögensbeziehung" stellt *Otto* daher fest, "daß ein bestimmtes Vermögensgut in der Hand verschiedener Vermögenssubjekte ... einen unterschiedlichen Ver-

---

89 So die ganz h.M. für ***Codekarten*** zur Bargeldentnahme an Geldautomaten. Vgl. statt vieler nur *Kindhäsuer*, BT II/1, S.91 (Rn.130); *Küper*, BT, S.434f; *Otto* JZ 1993, 559 (563); *Seelmann* JuS 1985, 288 (289); SK-*Hoyer* § 242 Rn.88 (jeweils m.w.N.) und *Kindhäuser*, in: Geerds-FS, S.655 (665); *Wessels/Hillenkamp*, BT 2, S.57f (Rn.164ff).

90 Vgl. auch *Kindhäuser*, BT II/1 (*1.Aufl.1998*), S.73f.

91 Vgl. dazu etwa *Wessels/Hillenkamp*, BT 2, S.55 (Rn.160) sowie die Nachweise aus dem älteren Schrifttum bei *Maiwald*, Zueignungsbegriff, S.163f, der auch die Entwicklung der Diskussion um die Zueignung von Sparkassenbüchern (a.a.O., S.163ff) referiert. - Fraglich ist insofern, ob wenigstens Inhaberpapiere angesichts der unmittelbaren Verknüpfung von Papier und Forderung (das Forderungsrecht und mit ihm die Gläubigerstellung ist dort unmittelbar an den Besitz des Papiers geknüpft) durch Geltendmachen der Forderung "zugeeignet" werden können. So wohl *Maiwald*, Zueignungsbegriff, S.164ff; *Otto*, Struktur, S.182f (Inhaber- und Orderpapiere).

92 I.E. ebenso *Gössel*, in: GA-FS, S.39 (52); *Maiwald* JA 1971, 147 (151f).

93 Zutreffend *Otto* Jura 1989, 137 (144 Fn.59): "Das Sparkassenbuch verkörpert weder den Forderungswert, noch ist dieser nach Art und Funktion des Sparkassenbuchs mit diesem verknüpft." (Zustimmend *Bittner*, Gewahrsamsbegriff, S.74; vgl. auch *Kindhäuser*, BT II/1, S.75 (Rn.87); NK-*Kindhäuser* § 242 Rn.93; *Otto*, Strafrecht, S.157 (Rn.64); *ders.* JZ 1993, 559 (563); ferner *Ranft* JA 1984, 277 (284).)

mögenswert haben kann. Ein objektiver Wert wohnt einer Sache nicht inne, sondern der Wert eines Gutes ist intersubjektiv im Rahmen eines bestimmten *Wirtschafts*kreises zu bestimmen."[94] Damit ist aber der Sachwerttheorie der Boden entzogen, da sie von einem objektiven Wertbegriff ausgeht. (Ob sich darauf ein tauglicher Vermögensbegriff gründen läßt, ist eine andere Frage, die an dieser Stelle keiner Erläuterung bedarf.) - In Wirklichkeit geht es der Sachwerttheorie also um einen von der Sache unabhängigen, mit ihr nur verbundenen, über die Wertschätzung der Substanz hinausgehenden Wert[95]: Nicht der Wert des Sparbuchs, der Telefonkarte, der Briefmarke oder sonstigen Beweisurkunde selbst, sondern der mit ihr zu erlangende, gleichsam *hinter* dem Papier stehende Wert ist gemeint. Dieser Wert ist aber nur rechtlich-abstrakt mit der Sache verbunden und gerade nicht in ihr enthalten. Wie auch immer die Beziehung von Recht und Sache konkret ausgestaltet sein mag: Der Wert, auf den sich die Sachwertthorie bezieht, ist in der Sache gerade *nicht* verkörpert.

Die "modifizierte Substanztheorie" ist im Ergebnis den gleichen Bedenken ausgesetzt wie die Sachwerttheorie[96]. Auch für Inhaber- und Orderpapiere gilt: Wertpapierrechtlich gesehen ist es zweifellos geboten, hier entsprechend zu differenzieren, strafrechtlich aber kann diese Unterscheidung nicht überzeugen. Denn das Strafrecht baut nicht auf das Wertpapierrecht auf. Entscheidend ist vielmehr die Frage, ob sich der Täter die Sache in ihrer Sachsubstanz oder nur einen mit der Sache verknüpften Wert zuführt. Diese oben entwickelte Unterscheidung ist insbesondere wegen der Systematik der Vermögensdelikte geboten: Während die "Vermögensdelikte im engeren Sinne" das ganze Vermögen schützen, dabei aber als Bereicherungsdelikte ausgestaltet sind und mithin auf den wirtschaftlichen Wert einer Sache abstellen, zählen die Zueignungsdelikte zu den "Vermögensdelikten im weiteren Sinne": Sie schützen nur Sachen, die allerdings keinen wirtschaftlichen Wert zu haben brauchen, um vom Schutz erfaßt zu werden. Damit ist der Schutzkreis betroffener Rechte bei den Vermögensdelikten im engeren Sinne weiter gezogen, während er sich bei den Zueignungsdelikten auf die Sachsubstanz verengt. Alle mit der Sache verknüpften Werte und Rechte sind

---

94 in: Struktur, S.56. [Hervorhebung im Original] (Vgl. auch a.a.O., S.176.)

95 Das betont schon die Entscheidung RGSt 40, 10 (13), wo sich das *Reichsgericht* formell aber noch zur Substanztheorie bekennt und wo keinerlei Anhaltspunkte für eine restriktive Bestimmung des Sachwerts vorhanden sind; diese tauchen erst in späteren Entscheidungen auf.

96 Ebenso *Gössel*, in: GA-FS, S.39 (47f); *ders.*, BT 2, S.66. Vgl. ferner auch *Roth*, Eigentumsschutz, S.45, der aber die Substanztheorie zurückweist und meint, die modifizierte Substanztheorie treffe den Kern der Sache besser, sowie *Wessels/Hillenkamp*, BT 2, S.55f (Rn.160), die zu recht feststellen, die modifizierte Substanztheorie könne ihr Ergebnis "in Wahrheit nur mit einer Anleihe bei der Sachwerttheorie" erzielen.

daher zwingend aus dem Schutzbereich der Zueignungsdelikte auszuschließen. Somit kann auch die wertpapierrechtlich begründete Differenzierung im Strafrecht nicht überzeugen, weil sie auf anderen systematischen Kriterien basiert als das strafrechtliche Deliktssystem. *Eser*[97] fragt ganz zu Recht: "...ist es überhaupt richtig, daß die Einlösung verbriefter oder sonstwie zeichenhaft verkörperter Rechte von so feingesponnenen schuld- und wertpapierrechtlichen Überlegungen abhängen soll?"

Dies sollte gezeigt haben, daß es überhaupt logisch unmöglich ist, in den von der Sachwerttheorie (die richtig "Theorie der Wertverschiebung durch Sachgebrauch" heißen müßte[98]) avisierten Fällen von einem "in der Sache verkörperten Wert" zu sprechen, der "zugeeignet" werde. *Bockelmann*s theoretische Unterscheidung des "lucrum ex re" vom "lucrum ex negotio cum re", die seit ihrer Entwicklung stets zitiert wird, basiert also letztlich auf einem Mißverständnis: Gemeint ist nämlich stets das "lucrum ex negotio cum re" (der sich am treffendsten wohl mit "Gebrauchswert" übersetzen läßt), wobei *Bockelmann* unter dem "lucrum ex re" den mit der Sache bestimmungsgemäß verbundenen, durch ihren Einsatz *rechtmäßig* zu erwerbenden Wert, unter dem "lucrum ex negotio cum re" einen durch ihre Verwendung (vor allem als Täuschungsmittel) *rechtswidrig* zu erlangenden Vorteil versteht[99].

Bei richtiger Betrachtung wird der wahre "Sachwert", wenn es ihn denn geben sollte, nur bei dauerndem Haben und bei Verbrauch der Sache zugeeignet

---

97 in: StR IV, S.42.

98 Ähnlich *Maiwald*, der ebenfalls an der Berechtigung des Begriffs "Sachwerttheorie" zweifelt und stattdessen die Bezeichnung "*Wertzueignungs*theorie" vorschlägt (vlg. *Maurach/Schroeder/Maiwald*, BT 1, S.336), sowie *Otto*, Struktur, S.130, der von einer "Vermögensentziehung in Vorteilsabsicht" spricht, auf die die Sachwerttheorie hinauslaufe; *Androulakis* JuS 1968, 409 (411) bezeichnet sie unzutreffend als "Sachentwertungstheorie", was aber nur der Enteignungskomponente Rechnung trägt.

99 Vgl. das Beispiel der Entwendung eines Personalausweises, "um mit seiner Hilfe die unrechtmäßige Auszahlung einer Geldsumme zu erreichen, dann aber das Papier zurückzugeben" bei *Bockelmann* ZStW 65 (1953), 571 (575), ferner die praktischen Fallbeispiele bei *Heubel* JuS 1984, 445 (450) sowie den Hinweis auf den (nicht für eine Zueignung ausreichenden) "Täuschungswert" der Sache, z.B. bei *Eser* StR IV, S.47. - *Otto*, Struktur, S.174f sieht dagegen alle hier in Rede stehenden Werte als mit der Sache verknüpft an, kommt aber gleichfalls zu dem Schluß, daß eine Grenzziehung, wie sie die Unterscheidung zwischen dem "lucrum ex re" und dem "lucrum ex negotio cum re" vornehmen will, nicht möglich ist. - *Gropp* JuS 1999, 1041 (1043f) will noch weiter differenzieren und bezeichnet diesen "Täuschungswert" als "lucrum ex stellionatu cum re", das er vom "lucrum ex negotio cum re" als dem "Wert der Sache als Handelsobjekt" unterscheidet; letzteren will er bei "Handelswaren" als Verkaufswert zum "spezifischen Sachwert" rechnen.

(Verfeuern von Brennstoff, Verzehr von Lebensmitteln). Genau diese Fälle erfaßt aber auch die Substanztheorie, und zwar schon in ihrer engsten Auslegungsvariante. Beim "lucrum ex re" geht die (richtig verstandene) Sachwerttheorie also gar nicht weiter als die Substanztheorie[100]. Sie ist ungeeignet, deren Lücken zu schließen. Damit gibt es überhaupt keine Legitimation für die sogenannte "enge Sachwerttheorie". - Das bedeutet: Das "lucrum ex re" ist nicht nur ein Phantasiegebilde, weil eine Sachsubstanz keinen meßbaren, unveränderlichen Wert hat[101]; es ist spätestens mit der Aufgabe des "animus lucri faciendi" unerheblich geworden[102].

Die gesamte Konzeption der Sachwerttheorie ist also in sich schon nicht stimmig: Einerseits sollen Forderungen schon kein taugliches Tat*objekt* sein, andererseits soll sich aber die Tat*handlung* insbesondere auch auf *Forderungen* beziehen können. Die sogenannte Sachwerttheorie versagt also nicht nur in ihren bisherigen Ausprägungen, sie kann gar nicht funktionieren, weil die Tathandlung sich bei ihr auf ein *untaugliches*, weil tatbestandlich gar nicht erfaßtes *Tatobjekt* bezieht[103]. Was soll es da noch helfen, die (angebliche) "Subsidiarität" der Sachwerttheorie zu postulieren, wie will man da noch zwischen einer (zu befürwortenden) "engen" und einer (abzulehnenden) "weiten" Sachwerttheorie unterscheiden?

Auch die Ergebnisse der Sachwerttheorie sind zweifelhaft, zumindest unklar. *Gössel* stellt fest, die Grenzen zwischen einem aus der Sache selbst resultierenden "lucrum ex re" und "jenem, der aus einem Geschäft mit der Sache (lucrum ex negotio cum re) erzielt wird, [erscheinen] mindestens fließend, wenn nicht als bloß scheinbar"[104]. Wenn beim Betrug zum Versuch schon die Täuschung, zur

---

100 So auch *Gössel*, in: GA-FS, S.39 (51); *Otto*, Strafrecht, S.155 (Rn.49). Vgl. ferner die Argumentation bei *Otto*, Struktur, S.171, 176f sowie *Maiwald*, Zueignungsbegriff, S.166f, der darauf hinweist, daß "sich das Problem der Zueignung eines Sparkassenbuches nicht dadurch lösen [läßt], daß man Sache und Wert einander entgegensetzt, sondern dadurch, daß man fragt, ob die Sache zugeeignet sei, *indem* eine ihrer Funktionen vernichtet wurde". [Hervorhebung im Original]

101 Wer das bezweifelt, möge an das Beispiel einer Tageszeitung vom August 1914 denken: Am Tag ihres Drucks den Wert ihres Preises "verkörpernd", war sie zwei Monate später schon "nichts" mehr wert, während sie heute im Verkaufsfall einen guten Preis erzielen dürfte.

102 Ähnlich *Maurach/Schroeder/Maiwald*, BT 1, S.336.

103 I.E. ebenso *Gössel*, in: GA-FS, S.39 (43f, 49f); auch *Maurach/Schroeder/Maiwald*, BT 1, S.336, die den Begriff "Sachwerttheorie" als Tarnung bezeichnen, die "offensichtlich die eindeutige Überschreitung des Gesetzeswortlauts verdecken [soll]".

104 in: GA-FS, S.39 (42f). I.E. ebenso *Wessels/Hillenkamp*, BT 2, S.62 (Rn.179), die aber gleichwohl die Vereinigungstheorie vertreten; *Otto* Jura 1996, 383f. Kritisch auch *Roth*, Eigentumsschutz, S.41.

Vollendung schon die Vermögensgefährdung genügt, dann reicht bei der Zueignung als unmittelbares Ansetzen (nach verbreiteter Ansicht gar zur Vollendung[105]) das Anbieten zum Kauf (vgl. dazu unten). Reicht aber auch eine Vermietung? Nach der Sachwerttheorie ist dies kaum zu entscheiden: Einerseits gehört die Vermietung zu den Möglichkeiten wirtschaftlicher Nutzung einer Sache[106], andererseits wird die Sache "nach Gebrauch" zurückgegeben, weshalb man bei nicht verschleißendem Mietgebrauch auch zur Straflosigkeit kommen könnte[107].[108] – Immerhin kann der Berechtigte zivilrechtlich vom nichtberechtigten Vermieter wie auch vom Mieter Schadensersatz (gem. § 823 BGB) oder Nutzungsentschädigung (über die Vorschriften der §§987, 989 ff BGB) oder den zwischen beiden vereinbarten Mietzins (gem. § 281 BGB) verlangen. Das breite zivilrechtliche Instrumentarium läßt ihn also keineswegs schutzlos dastehen. Wozu also unbedingt das Strafrecht bemühen, wenn eine Strafbarkeit nur über zweifelhafte Konstruktionen erreicht werden kann?

Auch in den "Sparbuch"-[109], den "Biermarken"-[110], den "Fahrkarten"-[111] und den "Telefonkarten"-Fällen[112] wird nichts weiter erlangt als eine Forderung,

---

105 RGSt 17, 59; RGSt 34, 374 (376); *Bockelmann* JZ 1960, 621 (622); *Lackner/Kühl* § 246 Rn.5; *Maurach/Schroeder/Maiwald*, BT 1, S.368; Sch/Sch/*Eser* § 242 Rn.13, 16; *Tröndle/Fischer* § 246 Rn.16, 22; *Welzel*, Strafrecht, S.344 sowie schon *Binding*, BT 1, S.270. Kritisch dagegen auch *Kargl* ZStW 103 (1991), 136 (173 Fn.123, 183); *Roth*, Eigentumsschutz, S.52f. Zu recht ablehnend *Mitsch*, BT II/1, S.188f (Rn.42), *Seelmann* JuS 1985, 699 (701) und SK-*Hoyer* § 246 Rn.27 sowie *Rengier*, in: Lenckner-FS, S.801 (811), der aber (Fn.43) Versuch für möglich hält. Vgl. ferner die Argumentation bei *Bittner*, Gewahrsamsbegriff, S.233f (234) (anders aber, i.S.d. h.M., S.302).

106 Deshalb zählen *Fahl* JA 1999, 539 (541) und *Haberkorn* MDR 1962, 704 (707) den Fall namentlich zur Zueignung.

107 *Rudolphi* GA 1965, 33 (34) konstatiert daher zu Recht, die Sachwerttheorie versage "vollends bei der Abgrenzung der Zueignung vom furtum usus".

108 Die Abgrenzung bei *Schaffstein* GS 103, 292 (305) danach, ob eine "Ausnutzung des Wertes der Eigentümerstellung" oder nur "des Wertes, den der Besitz oder irgendein anderes Recht" gewährt, vorliegt, scheint unpraktikabel und hat in dieser Form keine Gefolgschaft gefunden. Man mag diese Theorie aber als der sog. "modifizierten Substanztheorie" (vgl. dazu oben) verwandt ansehen.

109 Dazu *Kindhäuser*, in: Geerds-FS, S.655 (658); *Wessels/Hillenkamp*, BT 2, S.55f (Rn.160f). - Zum älteren Schrifttum vgl. *Harburger*, VDB VI, S.190 Fn.6 (m.w.N.).

110 Eingehend dazu *Otto*, Struktur, S.186f Fn.342 (m.w.N.). - Für Zueignung *Kindhäuser*, BT II/1, S.91 (Rn.129); *ders.*, in: Geerds-FS, S.655 (665).

111 Vgl. dazu *Otto*, Struktur, S.180. - Für Zueignung *Kindhäuser*, BT II/1, S.91 (Rn.129); *ders.*, in: Geerds-FS, S.655 (665).

112 A.A. *Kindhäuser*, BT II/1, S.91 (Rn.130); *ders.*, in: Geerds-FS, S.655 (665).

wenn das Papier nach "Gebrauch" zurückgegeben wird[113]. Ausgerechnet die vom Schutzbereich her enger gefaßten Eigentumsdelikte werden also herangezogen, um eine Lücke bei den Vermögensdelikten zu schließen[114]. Das ist nicht nur sachwidrig, das ist sogar verfassungswidrig, weil es gegen den Wortlaut und die von ihm festgeschriebene tatbestandliche Konzeption der Eigentumsdelikte und damit gegen die Grenzen zulässiger Auslegung verstößt[115].

Ein schematischer Vergleich von Sachsubstanz- und Sachwerttheorie soll dabei den Überblick in der Diskussion erleichtern.

Schema zur Sachwert- und Sachsubstanztheorie am Beispiel des § 242 StGB

Sachsubstanztheorie	**Sachwerttheorie**
Eigentum knüpft an Substanz an	Wert knüpft an allgemeine Wertschätzung an
- *unmittelbar aus dem Gesetz abzuleiten*	- *aus Eigenschaften der Sache (nur mittelbar aus dem Gesetz) abzuleiten*
- konkret gefaßt	- nicht konkret faßbar
- auch "wertlose" Sachen erfaßt	- Idee des "animus lucri faciendi" enthalten
> entspricht dem Gesetz	> findet keine Stütze im Gesetz

Konsequenzen

Enteignung	dauernder Entzug der Substanz	dauernder Entzug eines Wertes
Aneignung	mindestens vorübergehende Aneignung der Substanz	mindestens vorübergehende Zuführung dieses Wertes
Transfer	Sache (Sachsubstanz)	Wert

113 Ebenso *Binding*, BT 1, S.265f; *Gössel*, in: GA-FS, S.39 (48); *ders.*, BT 2, S.66. Ablehnend gegenüber der Sachwerttheorie auch *Kargl* ZStW 103 (1991), 136 (148ff). - A.A. *Kindhäuser*, BT II/1 (*1.Aufl. 1998*), S.82f.

114 Ebenso *Maiwald*, Zueignungsbegriff, S.167ff, der sich daher gegen die Sachwerttheorie wendet, aber Betrug für möglich hält; ähnlich *Gribbohm* JuS 1963, 106 (108), der aber *für* die Sachwerttheorie eintritt.

115 *Gössel*, in: GA-FS, S.39 (51); *Kindhäuser*, BT II/1, S.74f (Rn.86); ähnlich schon *ders.*, in: Geerds-FS, S.655 (657), wo er die "Gefahr" eines Verstoßes gegen Art.103 Abs.2 GG durch die Anwendung der Vereinigungstheorie erkennt.

lucrum ex re	Haben der Sache	Haben der Sache (wenn Sache einen Wert hat)
lucrum ex negotio cum re	-	wertmindernde (aber substanzerhaltende) Verwendung der Sache
Vollendung	Transfer der Substanz - *dinglich* - *Rechtsgut: Eigentum*	Transfer eines (Sach-)Wertes - *obligatorisch* - *Rechtsgut: Vermögen* (!)
Versuch	(Möglichkeit des) Zugriff(s) auf die Substanz	(Möglichkeit der) Verschaffung eines Wertes

Beispiele

Verkauf(sangebot)	noch kein Transfer > *Rechtsgut nicht verletzt (aber: § 263)*	Transfer (?) (mit Kaufpreiszahlung?) > *Rechtsgut verletzt* (?)
Sacherlangung	Transfer > *Rechtsgut verletzt*	?

Zwischenergebnis

Der Vergleich von Sachsubstanz- und Sachwerttheorie hat ergeben:
1.) Die Sachwerttheorie ist *unvertretbar*, weil
- sie nicht nur keine Stütze im Gesetz findet (gegen dessen Wortlaut sie verstößt[116]), sondern dessen System widerspricht (Vermögens- statt Eigentumsschutz betreibt)
- sie das falsche Rechtsgut schützen will (weshalb Tatobjekt - Sache - und Objekt der Tathandlung - Substanz *oder Wert* – auseinanderfallen)[117]
- sie dadurch gravierende Verschiebungen in der Dogmatik der Eigentumsdelikte herbeiführt, welche zu Friktionen im Gesamtsystem führen[118],

116 Ebenso *Kindhäuser*, BT II/1, S.74f (Rn.86); auch *Paulus*, Sachzueignung, S.157; *Schmid-Hopmeier*, Drittzueignung, S.149.

117 Vgl. auch die Ausführungen bei *Kindhäuser*, in: Geerds-FS, S.655 (657, 658).

118 Ebenso *Bittner*, Gewahrsamsbegriff, S.81. - *Miehe*, in: Heidelberg-FS, S.481 (495), lehnt die Sachwerttheorie dagegen aufgrund der Brüche ab, die sie innerhalb der Dogmatik der Eigentumsdelikte provoziert (vgl. dazu seine Untersuchungen S.490ff; zustimmend *Schmid-Hopmeier*, Drittzueignung, S.149).

die ihrerseits auch durch "Kunstgriffe" in der Auslegung nicht mehr zu beheben sind.

2.) Diese Probleme sind im Schrifttum zwar zumindest ansatzweise erkannt worden[119], aber nach der Neufassung durch das 6.StrRG meist unzutreffend der Drittzueignung oder dem nunmehrigen Fehlen des Erfordernisses von "Besitz oder Gewahrsam" bei der Zueignung angelastet worden.

3.) Das einzige Argument, das für die Sachwerttheorie je vorgebracht worden ist und Grund ihrer Entwicklung war, ist die Vermeidung von Strafbarkeitslükken[120]. Das kann aber als dogmatische Rechtfertigung dieser Theorie nicht ausreichen, da *Strafwürdigkeit allein niemals Strafbarkeit begründen kann*!

4.) Vertretbar ist allein die *strenge Substanztheorie* in ihrer ursprünglichen Ausprägung[121].

5.) Die damit bestehende Lücke im Strafrechtsschutz ist sowohl beträchtlich als auch mißlich[122]. Sie zu schließen ist Aufgabe des Gesetzgebers, nicht des Gesetzesanwenders[123]. Erforderlich wäre ein *neuer Deliktstypus*, der eine besondere, im StGB bislang nicht enthaltene Art von Vermögensdelikt erfordert, nämlich ein ***Wertverschiebungsdelikt***[124]. Dabei ist an das Charakteristikum der hier diskutierten Fälle anzuknüpfen, daß der Täter sich unberechtigterweise einer Sache bedient, mittels derer er sich einen bestimmten Wert verschafft.

---

119 Auf die Unmöglichkeit einer sauberen Eingrenzung der Sachwerts und damit einer sinnvollen Begrenzung des Anwendungsbereichs der Zueignungsdelikte hat im Zusammenhang mit dem 6.StrRG *Otto* Jura 1998, 550 (552) hingewiesen.

120 Vgl. etwa *Küper*, BT, S.438; *Paulus*, Sachzueignung, S.62f; *Schaffstein* GS 103, 292 (295); hinweisend *Roth*, Eigentumsschutz, S.42 m.w.N.

121 Vgl. auch *Gössel*, in: GA-FS, S.39 (50f) sowie unter dem Eindruck des 6.StrRG *Duttge/Fahnenschmidt* ZStW 110 (1998), 884 (917f), die allerdings den schwer nachvollziehbaren Vorschlag unterbreitet haben, die Fälle des "sich"-Zueignens über die Substanztheorie und die "Drittzueignungs"-Fälle über die Sachwerttheorie zu lösen.

122 So auch *Miehe*, in: Heidelberg-FS, S.481 (499f). - A.A. *Gössel*, in: GA-FS, S.39 (53). Er fragt, "ob der Gesetzgeber nicht völlig zu Recht und in weiser Selbstbeschränkung darauf verzichtet hat, einen selbständigen Straftatbestand zu schaffen, der die unberechtigte Verfügung über Forderungen zum Nachteil des rechtmäßigen Forderungsinhabers oder die sonstige unberechtigte Beeinträchtigung von Gläubigerpositionen in der Absicht, sich oder Dritten einen rechtswidrigen Vermögensvorteil zu verschaffen, erfaßt".

123 *Gössel*, in: GA-FS, S.39 (51, 52). Vgl. auch *Schmid-Hopmeier*, Drittzueignung, S.149.

124 Diesen Ausdruck verwendet auch *Paulus*, Sachzueignung, S.158, mit Bezug auf die Sachwerttheorie, der er zu Recht vorwirft, sie deute die Zueignungsdelikte von Sach- in Wertverschiebungsdelikte um.

II.) Die Wertverschiebungsfälle

Zunächst gilt es, zwei Funktionen von Sachen zu unterscheiden. Dabei geht es von vornherein nur um Fälle eines "lucrum ex negotio cum re". Entweder handelt es sich um eine bestimmte Funktion, die der Sache von ihrem Hersteller oder (bei Rohstoffen) Vertreiber für den Gebrauch ausdrücklich beigelegt wird (Geldbeträge von einem Sparbuch abzuheben, Einheiten von einer Telefonkarte zu vertelefonieren, mit einer Scheckkarte Geld von einem Konto abzuheben etc.), oder es handelt sich um eine der unzähligen Möglichkeiten, Sachen wertbringend zu verwenden (Geld, das man verwahren soll, zinsbringend anzulegen und bei Rückgabe die Zinsen zu behalten, eine Telefonkarte durch Manipulationen "aufzuladen" oder eine Scheckkarte zum Öffnen einer nicht abgeschlossenen Tür zu verwenden etc.). In den letztgenannten Fällen wird bald Betrug, bald Sachbeschädigung, bald strafloses furtum usus und gelegentlich auch nur eine straflose Sachentziehung, niemals aber ein Zueignungsdelikt vorliegen.

Aus dem so gezogenen (übrigens recht weiten) Kreis von "Funktionsträgern" (also Sachen, deren Zweck darin besteht, dem Verwender Werte zu verschaffen) sind diejenigen mit bloßer "Schlüsselfunktion" auszuscheiden. Sie sind bis jetzt dem Bereich des "lucrum ex negotio cum re" zugeordnet worden (in unrichtiger Abgrenzung vom "lucrum ex re"). Hierher zählt insbesondere nach heute wohl einhelliger Auffassung die Scheckkarte (die, wie das Sparbuch, Legitimationspapier ist). Ihre Funktion ist es lediglich, einen anderen Wert zugänglich zu machen. Erfaßt werden können nur solche Funktionsträger, die (ganz speziell) als "*Vehikel eines Wertes*" konzipiert sind, die diesen Wert also selbst transportieren und nicht nur einen Schlüssel zu seiner Erlangung bilden sollen. Abgrenzungsschwierigkeiten ergeben sich deshalb nicht, weil schon bei der Herstellung der Sache ihre Funktion als Wertträger vorgegeben wird, womit von Anfang an feststeht, daß es nur um *den* Wert gehen kann, den diese Sache verschaffen *soll*. Hier kann insbesondere auf das Wertpapierrecht zurückgegriffen werden; denn auch und gerade das Recht legt Funktionen von Sachen fest. Allerdings ist bei der Konzeption des neuen Deliktstyps sorgsam zu überlegen, ob die wertpapierrechtliche Unterscheidung von Inhaber- und Orderpapieren einerseits und Legitimationspapieren andererseits die Grenze zwischen Strafbarkeit und Straflosigkeit markieren soll. Beide Arten von Mißbrauch sind nämlich kriminalpolitisch gleich strafwürdig und gleich strafbedürftig. Es ist daher nicht einzusehen, weshalb hier bewußt eine neue Strafbarkeitslücke geschaffen werden sollte. Außerdem kann auch hier das Strafrecht dem Wertpapierrecht nicht vollständig folgen: Während wertpapierrechtlich Sparbuch und Scheckkarte die gleiche Gruppe bilden, ist strafrechtlich zwischen dem wertverkörpernden Wertträger (wie dem Sparbuch und der Telefonkarte) und einem bloßen "Schlüssel" zum Wert (wie der Scheckkarte) zu unterscheiden.

Ausgangspunkt des Gedankenganges ist es, daß Forderungen und Werte (als unkörperliche "Gegenstände" im Rechtssinne) vor allem zu Beweiszwecken (Legitimationszweck), aber auch zur Veranschaulichung im Rechtsverkehr und zur Erleichterung ihres Transfers (Publizitätszweck) vergegenständlicht worden sind. Das ist bei Fahrkarten, Eintrittskarten oder Telefonkarten nicht anders als bei Sparbüchern. Daher ist auch die wertpapierrechtliche Unterscheidung zwischen Inhaber- und Legitimationspapieren für das Strafrecht im Ergebnis unbefriedigend und nicht sachgerecht. Sie wird aber von der h.M. übernommen[125]. Häufig ist die Forderung nur der Art nach und unter Angabe des Schuldners bestimmt (Eintritt in ein bestimmtes Museum, Fahrschein für eine Person zur einmaligen Verwendung auf einer bestimmten Strecke), manchmal auch nur der Art und Höhe nach (50 Einheiten einer bestimmten Währung auf einem Geldschein[126]) und manchmal der Höhe und der Person des Gläubigers nach (1000 DM Sparguthaben für X[127]). Wie auch immer die rechtlichen oder tatsächlichen Modalitäten sein mögen, stets wird (a) *eine bestimmte Sache* (b) *als körperlicher Träger eines selbständigen, von der Sache nur symbolisch und technisch verkörperten* (c) *Wertes verwendet, der in irgendeiner Form in konkrete Werteinheiten umgerechnet ist, die die Höhe der so "verkörperten" Forderung präzise angeben.*

In diesen Fällen kann man über die strenge Substanztheorie nicht zur Annahme einer Zueignung gelangen[128]. Auch die enge Sachwerttheorie müßte bei richtigem Verständnis eine Zueignung verneinen, weil der Wert des Wertträgers (Materialwert und Legitimations- sowie Publizitätswert) unangetastet bleibt. Die weite Sachwerttheorie ist in sich nicht stimmig und kann daher nicht zu klaren Ergebnissen gelangen. Das vorgeschlagene Delikt würde also eine Strafbarkeitslücke füllen.

Dafür sei als Diskussionsgrundlage folgende Fassung vorgeschlagen:

---

125 Vgl. statt vieler *Kargl* ZStW 103 (1991), 136 (183 mit Fn.158) sowie unten.

126 In diesem Fall würde freilich schon der Geldschein in seiner Substanz zugeeignet, so daß es eines Rückgriffs auf den Wert auf dem Wertträger nicht mehr bedarf.

127 Natürlich ist und bleibt die Bank, bei der X sein Konto hat, Schuldner der Forderung, doch kann X seine Forderung auch bei einem anderen Geldinstitut realisieren, das dadurch die Forderung gegen die Bank des X erwirbt. Die Person des Schuldners bleibt also strenggenommen unverändert; X kann aber die Person des Leistenden wählen und so "seinen" Schuldner mittelbar wählen.

128 Vgl. auch *Arzt/Weber* LH3, S.45.

Wer sich oder einem Dritten mittels einer Sache[129] auf Kosten des Eigentümers einen Vermögenswert verschafft, welcher nur dem Eigentümer zusteht[130], ist *gleich einem Dieb oder Betrüger* zu strafen.

Erfaßt werden also die Selbst- und die Drittverschaffung. - Straflos wäre nach der hier vorgeschlagenen Fassung eine Bereicherung des Täters, die (falls ein solcher Fall denkbar ist) das Vermögen des Opfers (Eigentümers bzw. Berechtigten) nicht schädigt; damit wird klargestellt, daß das furtum usus straflos bleibt, weil es nicht "auf Kosten des Eigentümers" erfolgt - diskutabel etwa in den Fällen des eigenmächtigen Geldwechselns oder der eigenmächtigen Leihe fremder Sachen). Zugleich wird das von den Vermögensdelikten her bekannte *Unmittelbarkeitserfordernis* festgeschrieben. - Zum "Verschaffen" genügt jede Begehungsmodalität, die den beschriebenen Erfolg herbeiführt. Zugleich ergibt sich aus der Formulierung ("*sich oder einem Dritten*"), daß eine bloße Wert*entziehung* (in Parallele zur Sach*entziehung*: kein Transfer, sondern reine Schädigung) straflos bleibt. *Vollendung* tritt erst *mit Vollzug des Werttransfers* ein. In Parallele zu den Eigentumsdelikten, bei denen der Besitzer bzgl. der Zueignung nicht geschützt/verletzt ist (und zwar unabhängig davon, ob er bei einem Diebstahl durch den Gewahrsamsbruch verletzt wird), wird auch hier der Kreis der Geschützten/Verletzten eng gezogen: Pfandgläubiger, Nießbraucher und andere Nutzungs- oder Verwertungsberechtigte werden bewußt ausgeschieden.

Wie sich aus der Wortwahl ("*zusteht*") und aus dem Umstand ergibt, daß hier *mit* (nicht *aus*) der Sache "Gewinn" erzielt werden soll (und zwar ein Vermögenszuwachs bei dem zu Bereichernden), steht das Delikt insoweit den Vermögensdelikten näher, weshalb nach allen Ansichten ein durchsetzbarer (d.h. fälliger und einredefreier) obligatorischer Anspruch genügt. Wegen der *Verwandtschaft mit den Eigentumsdelikten* und aus allgemeinen Erwägungen wäre aber zu überlegen, ob nicht der Anspruch wenigstens *gattungsmäßig* gerade auf den avisierten Vermögenswert gerichtet sein muß. Mindestens muß er aber *der Art nach* vergleichbar sein. (Sonst könnte z.B. der Gläubiger eines noch nicht durch Urteil

---

129 An sich genügt der Gebrauch der Sache (lucrum ex negotio cum re). Aus Gründen der Lesbarkeit wurde auf den Zusatz "...welcher nur dem Eigentümer *kraft seines Sacheigentums* zusteht..." verzichtet. Dabei sollte allerdings klar sein, daß zwar der Berechtigungsnachweis genügt (nicht nur Inhaber-, sondern auch Legitimationspapiere sollten erfaßt werden), nicht aber die Verwendung zur Identitätstäuschung (vgl. das viel diskutierte Beispiel des gebrauchten fremden Personalausweises: Hier kommt allenfalls Betrug in Frage).

130 Damit erübrigt es sich, die "*Rechtswidrigkeit* des Vermögensvorteils" gesondert zu erwähnen. Wer an der bisher herrschenden Auslegung festhält, muß ohnehin auf den obligatorischen Anspruch abstellen.

festgestellten Schmerzensgeldanspruchs diesen dadurch realisieren, daß er einen entsprechenden Betrag vom Sparbuch des Schuldners abhebt oder – noch weitergehend – eine Konzertkarte des Schuldners, deren Preis der Höhe seines Anspruchs entspricht, für sich gebraucht und dann zurückgibt [keine Substanzzueignung].)

Die identischen Strafdrohungen von Diebstahl und Betrug weisen auf den identischen Unwertgehalt (Handlungs- und Erfolgsunwert) hin. Diesen Unwert teilt das vorliegende Wertentziehungsdelikt. – Gleichzeitig wären Privilegierungen und Qualifizierungen der Eigentumsdelikte auch auf diesen Tatbestand anwendbar (vgl. die Verweisung auf den Raub bei räuberischem Diebstahl und räuberischer Erpressung). Ob im übrigen eine Einheitsform (wie beim Betrug) oder eine Abstufung nach Begehungsmodalitäten (wie bei den Eigentumsdelikten) vorzuziehen ist, mag der Gesetzgeber entscheiden. Jedenfalls würde die gewaltsame Begehung *immer* zu §§ 253, 255 StGB führen, so daß für Privilegierungen dann kein Raum bliebe. Auch die Strafdrohung scheint in einem solchen Fall angemessen.

Auch die Abgrenzung der Wertverschiebung zu anderen unerlaubten Verhaltensweisen ist danach möglich. Wer eine Chipkarte magnetisiert, entzieht dem Berechtigten lediglich den durch sie verkörperten Wert. (Nach dem Vorschlag des Verfassers wäre eine solche "Wertentziehung" in Parallele zur Sachentziehung straflos, und zwar auch *de lege ferenda.*) Wer den Wertträger selbst beschädigt oder vernichtet, begeht eine Sachbeschädigung (in Tateinheit mit – ggf. strafloser – Wertentziehung). Wer einen Wertträger manipuliert und sich so einen Wert verschafft, der auch dem Berechtigten rechtens nicht zustehen würde (z.B. "Aufladen" einer Telefonkarte, manipulative "Erhöhung" des Sparguthabens im Sparbuch), begeht (soweit er nicht auch den an der Sache Berechtigten schädigt) "nur" einen Betrug bzw. Computerbetrug zu Lasten des Wertschuldners, hinsichtlich der Verwendung des Wertträgers dagegen nur einen furtum usus, weil nur das erlangt wird, was bislang als "lucrum ex negotio cum re" bezeichnet wurde, also bei richtiger (genauer) Definition ein *Wert, um den der Täter bereichert wird* (Parallele zur Aneignung), *ohne daß das Opfer dadurch um diesen Wert entreichert wird* (Parallele zur Enteignung = bloße straflose Gebrauchsanmaßung). – Denkbar ist freilich, daß das Opfer durch die Manipulation anders geschädigt wird. Hier gilt es aber, die Lage jeweils genau zu analysieren und unter keinen Umständen vom "gewünschten" Ergebnis her zu argumentieren. Sonst verwischen die eben erst mühsam gezogenen Grenzen wieder. Büßt der Funktionsträger infolge der Manipulation seine (technische) Funktionsfähigkeit ein, so liegt Sachbeschädigung vor. Muß dagegen der Berechtigte aus ersatzrechtlichen Gründen für die Schäden aufkommen, die der Täter durch die Verwendung des manipulierten Wertträgers angerichtet hat, so ist ihm gleichwohl nicht *der* Wert entzogen worden, den der Täter erlangt hat, sondern ein anderer. Denn der Wert, den der Täter sich (durch "Aufladen", Fälschen des Guthabenstandes etc.) verschafft hat, hat auch dem Berechtigten nie zugestanden, auch der Berechtigte hätte ihn nur widerrechtlich erlangen können. Man kann also nicht sagen, daß er um einen Wert ärmer geworden wäre, der ihm früher einmal zugestanden habe. Umgekehrt ist die Schadensersatzforderung gegen ihn keine Minderung des Wertes, den sein Wertträger enthielt, sondern ein Schaden aus einer Straftat gegen den Schuldner der Wertforderung, für den der Berechtigte aufgrund interner Regelungen zwischen ihm als dem Berechtigten am Wertträger und dem ausgebenden Schuldner aufzukommen hat. Es fehlt also an der Stoffgleichheit, die bei allen Vermögensdelikten einheitlich und nach einhelliger Auffassung zu fordern ist.

Damit bleibt der wirkliche Anwendungsbereich der Wertträgerfälle übrig, der *Werttransfer.* Nur dann kann von einer Wertverschiebung im Sinne des oben entworfenen Delikts gesprochen werden, wenn (a) *ein von diesem konkreten Wertträger der Art und Höhe nach exakt verkörperter Wert*, (b) *der von diesem bestimmungsgemäß verkörpert wird*, (c) *durch funktionsgerechte* (d.h. weder betrügerische, noch manipulative) *Verwendung* (d) *vom Vermögen des Berechtigten* (Enteignungsparallele) *unmittelbar* (Stoffgleichheit) *in das Vermögen des Täters* (Aneignung) *transferiert wird.*

III.) Ergebnis

Diese Ausführungen haben zwar wesentliche Parallelen zu den Eigentumsdelikten aufgezeigt, sie unterstreichen aber zugleich, daß über die Sachwerttheorie eine Strafbarkeit *begründet* werden soll, für die es im bisherigen Strafrecht keinen gesetzlichen Tatbestand gibt. Sie bedeutet einen gravierenden Verstoß gegen den Grundsatz "nulla poena sine lege" und ist Ursache fast sämtlicher dogmatischer Probleme in diesem Bereich.

Mit der Sachwerttheorie ist dann aber auch die sie enthaltende Vereinigungstheorie der herrschenden Auffassung zurückzuweisen[131]. *Kahlo*[132] bezweifelt sogar, daß man überhaupt von einer "Theorie" sprechen könne, da der theoretische Ansatz wenig entwickelt sei. - Der "Rettungsversuch" von *Paulus*[133], Sachsubstanz und Sachwert als konträres, aber gleichermaßen von dem fiktiven Oberbe-

---

131 *Kindhäuser*, BT II/1, S.76 (Rn.88); *ders.*, in: Geerds-FS, S.655 (656); *Otto*, Strafrecht, S.155 (Rn.51). Vgl. auch die Kritik bei *Paulus*, Sachzueignung, S.158ff.

132 in: Vom unmöglichen Zustand des Strafrechts, S.123 (124 Fn.4).

133 in: Sachzueignung, S.162ff.

griff des "Zwecknutzens" erfaßtes Begriffspaar zu deuten und so die herrschende Vereinigungstheorie doch noch zu legitimieren, muß aus den oben genannten Gründen als schon im Ansatz gescheitert gelten. *Paulus* bedient sich zunächst (S.162f) einer begrifflich unscharfen Argumentation. Dabei kann es nur um eine Verwässerung der zuvor gewonnenen Erkenntnisse gehen. Letztlich ist nämlich auch der "Zwecknutzen" nicht Gegenstand der Eigentumsdelikte; er kommt weder als Rechtsgut, noch als Tatobjekt in Betracht: Rechtsgut ist allein das Eigentum, Tatobjekt ausschließlich die Sache. - Es geht, um es noch einmal zu betonen, nicht um eine Auslegungsfrage, die man mit entsprechenden Argumenten so oder so entscheiden könnte: *Vertretbar* ist *allein* die **strenge Substanztheorie**[134]. Die dadurch entstehenden "Strafbarkeitslücken" dürften im Ergebnis eher zu ertragen sein als die durch die Sachwerttheorie provozierte Unsicherheit in der Beurteilung zahlreicher Einzelfragen; die Sachwerttheorie muß zu einer erheblichen Rechtsunsicherheit führen, weshalb sie wohl kaum geeignet sein dürfte, das Bedürfnis nach einer "gerechten" Lösung zu befriedigen.

B. Das Wesen der Zueignung

I.) Sachherrschaft als Voraussetzung der Zueignung

Gegenstand aller Eigentumsdelikte ist die (rechtswidrige) **Zueignung** fremder beweglicher Sachen. Eine Bereicherung ist damit zwar typischerweise, aber nicht notwendig verbunden[135] und wird auch tatbestandlich nicht vorausgesetzt[136], da

134 So auch *Binding*, BT 1, S.264ff (265f). Diese vertritt auch *Gössel*, BT 2, S.179.

135 *Binding*, BT 1, S.274; *Harburger*, VDB VI, S.217f; *Lackner/Kühl* § 242 Rn.21; *Welzel*, Strafrecht, S.341. - *Otto*, Struktur, S.158f, 206ff, 254, 338, geht allerdings davon aus, daß die Herrschaftsmacht über eine Sache einen Vermögenswert darstelle. Da er außerdem annimmt, daß alle Sachen einen (wenn auch nicht unbedingt in Geld meßbaren) Wert haben, den er bereits als für eine Bereicherung ausreichenden "Vermögenswert" anerkennt (S.161, 207, 254, 338), kommt er zu dem Ergebnis, daß mit der Zueignung einer Sache stets eine Bereicherung verbunden sei (ähnliche Überlegungen finden sich schon bei den Beratungen zum PrStGB von 1851, dazu Mat., S.465, und auch bei *Kindhäuser*, BT II/1, S.70 (Rn.76), 159 (Rn.7); abl. dazu *Harburger*, VDB VI, S.218); gegen ihn *Gössel*, BT 2, S.125, der betont, daß es im Unterschied zum Betrug keines Vermögensschadens bedarf. - Der dogmatische Vorteil der Lösung *Otto*s soll darin liegen, daß damit "der bereits von *Binding* gerügte Widerspruch zwischen dem Vermögensschutz der sogenannten Eigentumsdelikte und der Vergehen gegen das gesamte Vermögen" beseitigt sei. Indessen bringt dieser Widerspruch keine gravierenden systematischen, sondern allenfalls formal-ästhetische Probleme mit sich. (Eine gewisse Relevanz ist ihm nur bei wertlosen Sachen zuzubilligen, die nach h.M. gestohlen oder geraubt, aber nicht durch

sich der Gesetzgeber schon bei Schaffung des PrStGB von 1851 gegen das Erfordernis einer Bereicherungsabsicht ("*animus lucri faciendi*") beim Täter entschieden hat. Vielmehr wird die Zueignung durch einen *animus rem sibi habendi* (also den Willen, eine Sache *für sich zu haben*) charakterisiert[137]. Die Formulierungen der *Motive* von 1869 sind allerdings mißverständlich und weisen in ihrer Ambiguität auf Unklarheiten beim Gesetzgeber selbst hin[138]. Sie haben daher zu unterschiedlichen Interpretationen der *Motive* geführt. - Nach *Otto*[139] wollte der Gesetzgeber mit dem Verzicht auf das Erfordernis einer Bereicherung nur einer historischen Theorie den Boden entziehen, "wonach z.B. die Entwendung einer Pistole zum Zwecke des Selbstmordes deshalb nicht als Diebstahl gestraft werden konnte, weil der Thäter sich damit selbst nur ein Leid zufügen wollte"[140]. Es ließe sich darüber streiten, ob der Gesetzgeber, der sich an sich in der zitierten Textpassage nur gegen die ausdrückliche *Erwähnung* des animus lucri faciendi im Tatbestand wendet, damit lediglich der besagten Theorie entgegentreten wollte oder ob er diesen nicht vielmehr (nach allen übrigen Erwägungen, die sich auf den Vorseiten in den Materialien finden) tatsächlich für überflüssig hielt. Immerhin findet sich bei *Goltdammer* auch das Argument, daß die gewinnsüchtige Absicht sich bei extensiver Auslegung so ins Allgemeine verliere, "daß sie gar nicht mehr zu fassen sei, und am wenigsten ausdrücklich erwähnt zu werden brauche; denn irgend eine Befriedigung suche jeder, welcher sich fremdes Gut zueigne"[141]. Damit wäre nämlich die gewinnsüchtige Absicht, wie sie auch *Otto* versteht, gar kein *besonderes* Deliktsmerkmal mehr.

Betrug oder Erpressung erlangt werden können.) Indessen stellte schon *Frank* § 242, S.508 zutreffend fest, diese "Unstimmigkeit" erkläre sich daraus, "daß das Gesetz zum inneren Tatbestand des Betrugs Bereicherungsabsicht fordert, dagegen nicht zu dem des Diebstahls".

136 RGSt 61, S.228 (232); BGH JR 1978, 171; *Binding*, BT 1, S.274; *Maiwald*, Zueignungsbegriff, S.56; *Maurach/Schroeder/Maiwald*, BT 1, S.334; *Mitsch*, BT II/1, S.63 (Rn.121); Sch/Sch/*Eser* § 246 Rn.26; *Tröndle/Fischer* § 242 Rn.25, § 246 Rn.2; auch SK-*Hoyer* § 242 Rn.79. So schon *Frank* § 242, S.521 und *Harburger*, VDB VI, S.210, 217ff. - Zur historischen Entwicklung *Harburger*, VDB VI, S.218f; *Otto*, Struktur, S.159ff; *Wallau* JA 2000, S.248 (250f). - Obwohl schon das PrStGB von 1851 auf einen "animus lucri faciendi" verzichtete, wurde dieser dem Diebstahl in der Rechtspraxis noch längere Zeit subintelligiert, vgl. *Harburger*, VDB VI, S.218, *Maiwald*, Zueignungsbegriff, S.32ff und *Paulus*, Sachzueignung, S.138.

137 So schon Mat., S.466. Ebenso *Maurach/Schroeder/Maiwald*, BT 1, S.334.

138 Vgl. Mot. S.164, 166f sowie *Maiwald*, Zueignungsbegriff, S.225f und *Paulus*, Sachzueignung, S.136.

139 in: Struktur, S.159, 199 (jeweils m.w.N.).

140 in: Mat, S.466.

141 A.a.O., S.465.

Wesentlich ist also stets die Zueignung (bzw. beim Versuch die theoretische Möglichkeit einer Zueignung) der Sachsubstanz[142]. Erst wenn sich dem Täter diese Möglichkeit eröffnet, sei es durch Wegnahme, sei es in anderer Weise, ist die *Grenze von der straflosen Vorbereitung zum Versuchsbeginn* überschritten[143]. Eine solche Möglichkeit zur Zueignung kann aber theoretisch wie praktisch erst mit der *Möglichkeit des Zugriffs auf die Sache* bestehen, denn vorher kann der Täter die erforderlichen Tatmodalitäten nicht erfüllen (weshalb im übrigen auch keine konkrete Gefahr für das Rechtsgut – die Sachherrschaft, also das Haben der Sache – besteht)[144]. Als Beispiel für das Fehlen einer Zueignungsmöglichkeit kann man hier den Verkauf des Rathauses oder der Kronjuwelen durch einen beliebigen Nichtberechtigten nennen[145]. Der Kaufvertrag über die Kronjuwelen, soweit sie nicht ohnehin <hors de commerce> und damit verkehrsunfähig sind, wäre nach Zivilrecht grundsätzlich sogar formlos wirksam. Es ist aber doch zugleich von vornherein ausgeschlossen, daß der Nichtberechtigte sich oder Dritten den Besitz sei es am Rathaus, sei es an den Kronjuwelen verschaffen könnte. Wenn er eines Morgens, vor der großen Vitrine aus Panzerglas stehend, beschließen sollte, die Kronjuwelen sich zuzueignen, und zwar unter dauerndem Ausschluß des Berechtigten, so wird man in seinem Entschluß, mag er noch so fest, ernsthaft und "offensichtlich" sein, schon keine Aneignung (geschweige denn eine Zueignung) sehen können. – Damit ist auch deutlich geworden, wie die Fälle zu beurteilen sind, in denen eine fremde Sache von einem Nichtberechtigten an einen Dritten verkauft wird, ohne daß einer von beiden unmittelbaren Zugriff auf die Sache hat oder erlangt: Verkauft ein Nichtberechtigter in München ein in Berlin befindliches Fahrrad, so ist eine Zueignung ausgeschlossen, solange sich der Nichtberechtigte und der "Käufer" in München befinden[146]. Fährt aber der Käufer nach Berlin und holt sich das Fahrrad ab, so begeht er selbstverständlich

---

142 Vgl. auch *Gössel*, in: GA-FS, S.39 (47f); NK-*Kindhäuser* Vor §§ 242 bis 248c Rn.10; *Otto*, Struktur, S.145; *Rudolphi* GA 1965, 33 (38). Vgl. auch *Otto*, Strafrecht, S.159 (Rn.71): Eine Zueignung komme nur dann in Betracht, "wenn der Täter durch sein Verhalten zumindest die Besitzposition an der Sache geändert hat"; ferner a.a.O., S.176 (Rn.8): Soweit vor der Zueignung keine Besitzposition bestanden habe, sei "die Begründung einer Herrschaftsposition im Sinne der Sachsubstanztheorie" zu fordern.

143 *Charalambakis*, Unterschlagungstatbestand, S.215f; *Roth*, Eigentumsschutz, S.55.

144 Vgl. auch *Charalambakis*, Unterschlagungstatbestand, S.215; *Gössel*, BT 2, S.127; *Maiwald*, Zueignungsbegriff, S.193ff; *Mitsch*, BT II/1, S.174 (Rn.21); *Roth*, Eigentumsschutz, S.52f, 56.

145 Schon in der Zeit des Römischen Rechts wurde das Beispiel eines Spaßvogels gebildet, der neureichen Besuchern das Forum romanum oder das Capitol "verkauft"(vgl. *Otto*, Strafrecht, S.176 (Rn.8); *ders.* Jura 1998, 550 (552)).

146 Vgl. auch den ähnlichen Fall bei *Wessels/Hillenkamp*, BT 2, S.114 (Rn.293).

ein (bei Gutgläubigkeit vorsatzloses und in mittelbarer Täterschaft begangenes) Zueignungsdelikt[147]. – Damit ist zugleich eine andere Streitfrage entschieden: Der Abschluß eines Kaufvertrages kann für sich allein nicht genügen, um den Tatbestand eines Zueignungsdelikts zu erfüllen[148], denn er läßt die Beherrschungsmöglichkeiten für den Berechtigten unberührt; abzustellen ist vielmehr auf die Erlangung der Sachherrschaft durch Käufer oder Verkäufer, denn damit wird jene eigentümerähnliche Stellung erlangt, die das Rechtsgut Eigentum bzw. die Herrschaftsposition des Berechtigten aufhebt oder zumindest bedroht[149]. Zu Recht betont daher *Otto*[150], bevor ein "reales Machtverhältnis" des Täters über die Sache besteht, "liegt noch keine Zueignung, sondern erst der Wille künftiger Zueignung vor"[151]. Auch *Gössel*[152] betont: "Die Zueignung muß ... notwendig eine Beeinträchtigung der formalen Rechtsstellung des Eigentümers oder aber dessen sich aus dem Eigentum ergebender inhaltlicher Rechtsmacht darstellen." Weiter heißt es: "Zueignung i.S. der Eigentumsdelikte bedeutet damit immer auch die 'Verschaffung der *tatsächlichen* Möglichkeit, wie ein Eigentümer schalten und walten zu können', kurz 'Ausüben des Eigentumsinhaltes', wie dieser in § 903 BGB beschrieben ist: die Anmaßung der allein dem Inhaber des formellen Eigentumsrechts vorbehaltenen Freiheit, 'mit der Sache nach Belieben zu verfahren und andere von jeder Einwirkung auszuschließen'."[153] - Eine andere Frage ist es, ob der Abschluß eines Kaufvertrages (möglicherweise sogar schon

---

147 So i.E. (allerdings mit anderer Begründung) auch *Otto*, Struktur, S.263, 268f.

148 So aber die noch h.M. RGSt 17, S.59; RGSt 34, S.374 (376); *Bockelmann* JZ 1960, 621 (622); *Gössel*, BT 2, S.180; *Kindhäuser*, BT II/1, S.167f (Rn.37); *Lackner/Kühl* § 246 Rn.5; *Maurach/Schroeder/Maiwald*, BT 1, S.368; *Paulus*, Sachzueignung, S.97, 181, insbes. 203ff; Sch/Sch/*Eser* § 242 Rn.13, 16; *Tröndle/Fischer* § 246 Rn.16; *Welzel*, Strafrecht, S.344; so schon *Binding*, BT 1, S.270; *Wachenfeld*, Strafrecht, in: Holtzendorff/Kohlers Enzyklopädie V, S.53. Kritisch dagegen auch *Kargl* ZStW 103 (1991), 136 (173 Fn.123, 183); *Roth*, Eigentumsschutz, S.52f. Wie hier *Maiwald*, Zueignungsbegriff, S.196f (vgl. auch nä. Fn.), *Mitsch*, BT II/1, S.188f (Rn.42) und SK-*Hoyer* § 246 Rn.27 sowie *Rengier*, in: Lenckner-FS, S.801 (811), der allerdings (Fn.43) Versuch für möglich hält. Vgl. ferner die Argumentation bei *Bittner*, Gewahrsamsbegriff, S.233f (234) (anders, i.S.d. h.M., aber S.302).

149 So auch *Maiwald*, Zueignungsbegriff, S.96, 193ff (195).

150 in: Struktur, S.110.

151 Vgl. auch a.a.O., S.207: "Besteht aber nicht einmal ein Herrschaftsverhältnis zu der fremden Sache, so kommt ein Zueignungsdelikt überhaupt nicht in Betracht.", S.257: "Wird das Erfordernis der realen Herrschaft preisgegeben, so gehen die Konturen des Unterschlagungstatbestandes verloren und der Entwicklung der Unterschlagung von einem Sachaneignungsdelikt zu einem allgemeinen Vermögensdelikt, das mehr unanständige denn strafwürdige Verhaltensweisen erfaßt, stehen keine Hindernisse entgegen." - Vgl. ferner *Schmid-Hopmeier*, Drittzueignung, S.179ff.

152 in: GA-FS, S.39 (48).

153 A.a.O., S.49.

ein Verkaufsangebot) zur Vollendung einer Zueignung ausreichen kann, wenn der Käufer oder der Verkäufer in dem Zeitpunkt, in dem der Vertrag geschlossen bzw. das Angebot ausgesprochen wird, bereits Besitz oder Gewahrsam an der Sache haben. Dies gilt jedenfalls für die *Selbstzueignungs*variante. Haben der Käufer oder der Verkäufer die Sachherrschaft im Zeitpunkt des Verkaufsangebots bereits inne, so kann zur Vollendung der *Selbstzueignung* auch schon die Abgabe des Angebots genügen, bei Kraftfahrzeugen die Übergabe der Fahrzeugpapiere und der Schlüssel durch den Nichtberechtigten an den Erwerber. Darauf wird noch zurückzukommen sein.

Die Möglichkeit zum Zugriff besteht, wenn der Täter entweder selbst oder mittelbar über andere die tatsächliche Gewalt über die Sache ausüben kann. Das aber ist nichts anderes als der (zivilrechtliche) unmittelbare oder mittelbare *Besitz*[154]. Diese Ansicht wurde schon nach der alten Rechtslage von denjenigen vertreten, die auch den mittelbaren Besitz als von der Klausel "die er in Besitz oder Gewahrsam hat" umfaßt ansahen[155]. Gelingt es dem Täter schließlich, die Sache derart in seinen Herrschaftsbereich zu bringen, daß sie ihm und nicht mehr dem ursprünglichen Gewahrsamsinhaber zugeordnet wird, so hat er sie sogar in seinen *Gewahrsam* transferiert.

Demnach ist es bei konsequenter Anwendung der Substanztheorie überhaupt ohne Belang, ob das Merkmal "Besitz oder Gewahrsam" im Tatbestand ausdrücklich erwähnt wird, weil es in der Zueignung logisch enthalten ist[156]. Nach Ansicht von *Post*[157] war dies auch die Auffassung des historischen Gesetzgebers. Mit anderen Worten: Das Merkmal von "Besitz oder Gewahrsam" *kann* gar nicht aus dem Tatbestand der Zueignungsdelikte eliminiert werden, seine Erwähnung

---

154 Vgl. *Rengier*, in: Lenckner-FS, S.801 (808); ähnlich schon *Kindhäuser*, in: Geerds-FS, S.655 (660) sowie *ders.*, BT II/1, S.159 (Rn.6), 163 (Rn.17)

155 Vgl. nur *Charalambakis*, Unterschlagungstatbestand, S.170ff, 180 mit umfangreichem Nachweis zum damaligen Streitstand; *Otto*, Struktur, S.256; *Post*, Unterschlagungstatbestand, S.57f.

156 Ebenso wie hier *Kindhäuser*, BT II/1, S.158f (Rn.5f); *Krey*, BT 2, S.82 (Rn.152a), 92f (Rn.165d f); *Mitsch*, BT II/1, S.51 (Rn.101) (zustimmend *Küper* JZ 1999, 615 (616)); *Rengier*, in: Lenckner-FS, S.801 (811); *Wessels/Hillenkamp*, BT 2, S.114 (Rn.293); auch NK-*Kindhäuser* § 246 Rn.6f. So schon *Bittner*, Gewahrsamsbegriff, S.95, 231ff, 299f, *Charalambakis*, Unterschlagungstatbestand, S.224ff (227ff) und *Otto*, Struktur, S.255f, jeweils mit Verweis auf *Post*, Unterschlagungstatbestand, S.51f, 57; vgl. ferner *Maurach/Schroeder/Maiwald*, BT 1, S.363; *Paulus*, Sachzueignung, S.178ff.

157 Unterschlagungstatbestand, S.31. - Verkannt bei *Puppe* JR 1984, 229 (231), die der Gewahrsamsklausel in § 246 "keine materielle Funktion" beimaß. SK-*Hoyer* § 246 Rn.7 verzichtet sogar auf mittelbaren Besitz und hält eine Zueignung auch dann für möglich, wenn die Sache im Gewahrsam des Opfers verbleibt; es bleibt unklar, worin dann die Zueignung bestehen soll.

oder Streichung hat für die Auslegung des Tatbestandes überhaupt keine Bedeutung[158].

II.) Die Zueignung als Sachtransfer durch Aneignung und Enteignung

Die *Zueignung* zerfällt, wie zuerst *Binding*[159] festgestellt hat, in zwei Momente, die *Enteignung* des Eigentümers und die *Aneignung* durch den Täter, der die Sache sich selbst oder einem Dritten zueignen kann.

Dabei muß die *Enteignung* des Berechtigten *auf Dauer* angelegt sein[160], während die Aneignung auch *vorübergehend* (auf Zeit) erfolgen kann[161]. Hinsichtlich der einzelnen Merkmale ist zu beachten: Als Oberbegriff erzeugt die Zueignung eine Art Klammerwirkung zwischen ihren beiden Elementen. Die Enteignung muß das *Spiegelbild* der Aneignung sein[162], was in etwa der Kehrseitentheorie und dem Postulat der Stoffgleichheit bei den Vermögensdelikten entspricht[163].

---

158 Gleichwohl ist mit dem Wegfall der Klausel "in Besitz oder Gewahrsam" im Unterschlagungstatbestand eine Erweiterung des Anwendungsbereichs der Vorschrift verbunden (vgl. aber *Mitsch*, BT II/1, S.163 (Rn.1), der mutmaßt, daß sich diese theoretische Ausweitung praktisch kaum auswirken werde). Siehe dazu unten.

159 *Binding*, BT 1, S.264. Seither communis opinio.

160 So zuerst *Binding*, BT 1, S. 264, 266. Allgemeine Auffassung. RGSt 47, S.147 (149); *Lackner/Kühl* § 242 Rn.21; *Maurach/Schroeder/Maiwald*, BT 1, S.333f; *Mitsch*, BT II/1, S.52 (Rn.105), 184 (Rn.33); *Samson* JA 1990, 5 (7); Sch/Sch/*Eser* § 242 Rn.47; *Tröndle/Fischer* § 242 Rn.19; *Welzel*, Strafrecht, S.342.

161 So zuerst *Binding*, BT 1, S.268. Ganz herrschende Meinung. *Lackner/Kühl* § 242 Rn.21; *Maurach/Schroeder/Maiwald*, BT 1, S.333f; *Mitsch*, BT II/1, S.64 (Rn.122), 184 (Rn.33); *Welzel*, Strafrecht, S.342. Aus dem älteren Schrifttum vgl. *Harburger*, VDB VI, S.212. - *Kargl* ZStW 103 (1991), 136 (152) und wohl auch *Rudolphi* GA 1965, 33 (50) nehmen dagegen an, daß auch die Aneignung auf Dauer gerichtet sein müsse.

162 *Arzt/Weber* LH3, S.44; *Binding*, BT 1, S.270f; *Gössel*, BT 2, S.74; ähnlich *Otto*, Struktur, S.205; *ders.* Jura 1996, 383 (384). – Einschränkend *Gribbohm* NJW 1968, 1270 (1271); *Ranft* JA 1984, 277 (279); abl. *Tenckhoff* JuS 1980, 723 (724f). - *Maiwald*, Zueignungsbegriff, S.140, 230, 233 nimmt an, daß die Aneignungsseite das Motiv der Enteignung (die "'böse' Gesinnung") bilde, welches das "egoistischrücksichtslose[] Handeln" des Täters (S.230 Fn.9) charakterisiere. Eine weitergehende Bedeutung habe die Aneignungskomponente aber nicht, da es für den Täter "nur noch 'eine Kleinigkeit' [ist], den erstrebten Nutzen wirklich zu ziehen" (S.230). Immerhin müsse der erstrebte Vorteil sich aber aus den Sachqualitäten, nicht etwa aus der Vernichtung der Sache oder einer dafür versprochenen Belohnung ergeben (S.233).

163 *Androulakis* JuS 1968, 409 (413); *Deubner* Anmerkung zu OLG Celle NJW 1967, 1921 (1922); *Eser* StR IV, S.45; SK-*Hoyer* § 242 Rn.84. (Dieses Postulat wird vor

Daraus haben einige Autoren den Schluß gezogen, daß dem Eigentümer durch die Enteignung gerade das genommen werden müsse, was der Täter durch die Aneignung erhalte oder erhalten wolle[164]. Ob diese Auffassung überzeugen kann und wie eng der Konnex zwischen beiden Elementen wirklich ist, muß die weitere Untersuchung ergeben. Aus dem Postulat der Konnexität läßt sich aber eine methodisch nützliche Erkenntnis gewinnen: Aussagen über ein Element der Zueignung gelten spiegelbildlich auch für das andere Element.

Der idealtypische Fall einer Zueignung liegt vor, wenn der Täter die Sache dauerhaft in seine Herrschaftssphäre transferiert. Dies kann durch Wegnahme (§ 242) oder auf andere Weise (§ 246) geschehen und entspricht dem Wesen der Zueignungsdelikte, die **Sachtransferdelikte** darstellen[165]. Wesentlich für die *Aneignung* ist dabei, daß der Täter die Sache exklusiv *für sich oder einen Dritten haben* will ("animus rem sibi habendi", vgl. oben)[166]. Darin spiegelt sich das Element des "se ut dominum gerere" aus der Enteignungskomponente wider: Der Täter will die Sache in einer Weise "haben", die jeden anderen vom Zugriff ausschließt, also auch den Eigentümer[167]. Zwar wird der Täter (von den Fällen der

---

allem im Zusammenhang mit Sachwertgesichtspunkten erhoben.) Hinweisend *Bloy* JA 1987, 187 (188).

164 *Androulakis* JuS 1968, 409 (413); *Gössel*, in: GA-FS, S.39 (49); *Paulus*, Sachzueignung, S.111; Sch/Sch/*Eser* §242 Rn.47. - A.A. *Gribbohm* NJW 1968, 1270 (1271).

165 *Miehe*, in: Heidelberg-FS, S.481 (490); *Paulus*, Sachzueignung, S.29, 123f, 153; *Roth*, Eigentumsschutz, S.38; auch *Maurach/Schroeder/Maiwald*, BT 1, S.322 ("Eigentumsverschiebungsdelikt"). Vgl. auch *Otto* Jura 1998, 550 (551): Eine Zueignung liege nur vor, "wenn der Täter durch sein Verhalten zumindest die Besitzposition an der Sache geändert hat". Damit wendet er sich vor allem gegen die Auffassung, schon der Abschluß schuldrechtlicher Verträge genüge (selbst dann, wenn dem Angebot keinerlei reale Zugriffsmöglichkeit korrespondiert; vgl. dazu auch *Otto*, Struktur, S.173).

166 Vgl. *Binding*, BT 1, S.267f; *Kindhäuser*, BT II/1 (*1.Aufl. 1998*), S.72 mit Verweis auf *Feuerbach*; *Wessels/Hillenkamp*, BT 2, S.50 (Rn.150); ähnlich *Bittner*, Gewahrsamsbegriff, S.67. (Vgl. schon oben Fn.88.)

167 Vgl. auch *Rudolphi* GA 1965, 33 (39); *Haberkorn* MDR 1962, 704 (705); *Otto* Jura 1989, 200 (202); *Ulsenheimer* Jura 1979, 169 (171f); *Kindhäuser*, in: Geerds-FS, S.655; ähnlich RGSt 47, S.147 (149); *Bittner*, Gewahrsamsbegriff, S.67; *Mitsch* JuS 1999, 372 (373); i.E. auch *Ruß*, in: Pfeiffer-FS, S.61, der das Merkmal der eigentümergleichen Stellung jedoch der Aneignungskomponente zuordnet. So wohl auch *Baumann* GA 1971, 306 (307), der sich im übrigen gegen die "Bindingsche Formel von der Eigentumsähnlichkeit" wendet und meint, diese sei "allenfalls in ihrem 'negativen Kern' (Ausschaltung des Eigentümers) richtig". Kritisch auch *Kargl* ZStW 103 (1991), 136 (141, 170 Fn.112), der mit Blick auf die Abgrenzung zur Sachbeschädigung und Sachentziehung betont, "daß die Eigentumsanmaßung allenfalls eine *notwendige*, nicht jedoch eine *hinreichende* Voraussetzung für die An-

§§ 946 ff BGB einmal abgesehen) dabei weder Eigentum erwerben[168], noch (außer in den Fällen der §§ 932 ff, 935 Abs. II BGB) verschaffen können, so daß ein tatsächlicher "Rechtserwerb" nicht gefordert werden kann, doch erklärt sich das mit dem Begriff "Zueignung" Gemeinte aus der oben zitierten Formel des "se ut dominum gerere"[169]: Der Täter kann und will (im Sinne des § 903 BGB) *nach Belieben mit der Sache verfahren*; er kann insbesondere *andere vom Gebrauch oder sonstigen Zugriff ausschließen*[170]. – Entsprechend geht es bei der *Enteignung* um den faktischen Verlust der Eigentümerposition[171], also den Verlust der

---

nahme einer Zueignung" sei, und *Kindhäuser*, in: Geerds-FS, S.655 (660), der von einer "tautologischen Umschreibung" spricht. *Maiwald*, Zueignungsbegriff, S.192ff, kritisiert, daß die einseitige Betonung des Handlungsunwertes dazu führe, daß unabhängig vom Eintritt oder auch nur der bloßen Möglichkeit eines Erfolges wegen einer bösen Absicht bestraft werde. [Hervorhebungen im Original]

168 *Binding*, BT 1, S.267; *Bittner*, Gewahrsamsbegriff, S.59; *Kindhäuser*, BT II/1, S.79 (Rn.94); *Krey*, BT 2, S.26 (Rn.50); *Otto*, Struktur, S.189f; *Paulus*, Sachzueignung, S.42; SK-*Hoyer* § 242 Rn.70. Vgl. auch *Gössel*, in: GA-FS, S.39 (48); *ders.*, BT 2, S.65; *Maurach/Schroeder/Maiwald*, BT 1, S.333; *Wessels/Hillenkamp*, BT 2, S.26 (Rn.73).

169 Die Formel wird allgemein (vereinzelt in deutscher Übersetzung) verwendet. Vgl. etwa *Bittner*, Gewahrsamsbegriff, S.59f; *Eser* JuS 1964, 477 (479); *Gössel*, BT 2, S.66; *Kindhäuser*, BT II/1, S.71 (Rn.78), 77 (Rn.91); *Lackner/Kühl* § 242 Rn.21; *Maurach/Schroeder/Maiwald*, BT 1, S.333; *Mitsch*, BT II/1, S.51f (Rn.103); *Welzel*, Strafrecht, S.341. – Kritisch zu dieser Formel *Otto* Jura 1989, 137 (142), *ders.* JZ 1993, 652 (661); *Roth*, Eigentumsschutz, S.40, 48.

170 *Gössel*, in: GA-FS, S.39 (49); *Kahlo*, in: Vom unmöglichen Zustand des Strafrechts, S.123 (135); *Kindhäuser*, in: Geerds-FS, S.655 (659, 660); *Rudolphi* GA 1965, 33 (40f); SK-*Hoyer* § 246 Rn.25; *Maurach/Schroeder/Maiwald*, BT 1, S.333; *Wessels* NJW 1965, 1153 (1154); ähnlich NK-*Kindhäuser* Vor §§ 242 bis 248c Rn.2; *Roth*, Eigentumsschutz, S.26, 39. - *Maiwald*, Zueignungsbegriff, S.67ff, wendet sich zu Recht gegen die Annahme *Binding*s, es handele sich um ein dem Eigentum entsprechendes faktisches Verhältnis, dem es nur an der rechtlichen Sanktion mangele, um Eigentum zu sein; denn Eigentum kann auch ganz ohne jede körperliche Beherrschungsmöglichkeit existieren. Richtig müßte man daher sagen (um die Formel gegen *Maiwald*s berechtigte Einwände zu retten): Der Dieb erstrebt die *Stellung eines Eigentümers, der zugleich unmittelbarer Besitzer ist*, d.h. einer Person, die in ihrem Umgang mit der Sache keinerlei Beschränkungen unterworfen ist (wozu freilich auch die Möglichkeit der vorübergehenden oder dauernden Weitergabe an Dritte gehört). - Diese Feststellung wiederum ist wegen ihrer inhaltlichen Weite und Unbestimmtheit wenig aussagekräftig und bedarf daher im Folgenden der näheren Erläuterung.

171 *Binding*, BT 1, S.264; *Bittner*, Gewahrsamsbegriff, S.69; *Bockelmann* Anmerkung zu BGH JZ 1959, 493 (497); *Gössel*, BT 2, S.67; *Heubel* JuS 1984, 445; *Otto*, Struktur, S.108, 168; *Roth*, Eigentumsschutz, S.26; *Wessels/Hillenkamp*, BT 2, S.46 (Rn.136), 47f (Rn.142); auch *Mitsch*, BT II/1, S.17 (Rn.36).

(ggf. auch nur mittelbaren oder bedingten) Zugriffsmöglichkeit auf die Sache[172]. Der Verlust der *rechtlichen* Eigentümerstellung (vgl. dazu oben) genügt aber auf jeden Fall[173]. Eine Genehmigung des Eigentümers gem. § 185 Abs. II BGB reicht allerdings nicht aus; sie stellt keinen dem *Täter* zurechenbaren Erfolg dar und steht auch nicht im Widerspruch zum Willen des Eigentümers. Eine Zueignung kann in solchen Fällen nur *tatsächlich* im Verhalten des Täters begründet sein.

III.) Zueignung und Gebrauchsanmaßung

Von der Zueignung abzugrenzen ist die in der Regel straflose **Gebrauchsanmaßung**. Diese ist nur ausnahmsweise pönalisiert (vgl. § 248b[174], § 290)[175]. Streit besteht darüber, ob bei einem Auseinanderfallen von Eigentümer und Gebrauchsberechtigtem der Eigentümer[176] oder der Gebrauchsberechtigte[177] als Verletzter anzusehen ist. Diskutiert wird sogar, den Gebrauchsberechtigten auch gegenüber einem unbefugten Sachgebrauch durch den Eigentümer strafrechtlich zu schützen. Das ist von der Idee her nicht abwegig, aufgrund der systematischen Nähe der Vorschriften über die Gebrauchsanmaßung zu denjenigen über den Eigentumsschutz im Ergebnis aber gleichwohl abzulehnen: Geschützt und verletzt wird (nur) der Eigentümer; denn das Gebrauchsrecht ist Ausfluß des Eigentums[178].

Die Idee der Unterscheidung von Zueignung und Gebrauchsanmaßung ist einfach: Während der Täter der Zueignung die Sache dem Berechtigten *dauerhaft*

---

172 *Gribbohm* MDR 1965, 874; *Tenckhoff* JuS 1980, 723 (724) betont zu recht, daß dem Eigentümer die Sache "entzogen" werden muß.

173 *Gössel*, in: GA-FS, S.39 (49); *ders.*, BT 2, S.65; Sch/Sch/*Eser* § 246 Rn.11; SK-*Hoyer* § 242 Rn.19, § 246 Rn.17, 23.

174 Einigkeit besteht darüber, daß § 248b einen Diebstahl am durch die Fahrt verbrauchten Benzin sowie an Schmiermitteln ausschließt; vgl. z.B. *Arzt/Weber* LH3, S.84; *Krey*, BT 2, S.32 (Rn.65); *Maurach/Schroeder/Maiwald*, BT 1, S.339; *Mitsch*, BT II/1, S.210 (Rn.78); *Rengier*, BT 1, S.25 (Rn.48), 78 (Rn.9); *Tröndle/Fischer* § 248b Rn.9; *Welzel*, Strafrecht S.359; differenzierend *Ranft* JA 1984, 277 (282). - Zur früheren Rechtslage vgl. *Paulus*, Sachzueignung, S.52f (m.w.N.).

175 *Bittner*, Gewahrsamsbegriff, S. 83, 109; *Charalambakis*, Unterschlagungstatbestand, S.36 mit Fn.2; *Duttge/Fahnenschmidt* ZStW 110 (1998), 884 (899f); *Fahl* JA 1999, 539 (540); *Kindhäuser*, BT II/1, S.84 (Rn.112); *Lackner/Kühl* § 242 Rn.24; Sch/Sch/*Eser* § 242 (Rn.51). Vgl. schon *Frank* § 242, S.517; zur Entwicklung *Harburger*, VDB VI, S.318ff.

176 So *Otto* Jura 1989, 200 (206); *Roth*, Eigentumsschutz, S.27.

177 So *Arzt/Weber* LH3, S.83; *Eser* StR IV, S.18.

178 Ebenso Sch/Sch/*Eser* § 248b Rn.1.

entzieht[179], wird sie dem Eigentümer bei der Gebrauchsanmaßung *nur vorübergehend* (also auf Zeit) entzogen[180]. Es geht also um die Abgrenzung der Gebrauchsanmaßung zur **Enteignung**[181]: Das Opfer einer Gebrauchsanmaßung verliert nicht die Sache, sondern nur für die Dauer der Gebrauchsanmaßung die Nutzungsmöglichkeit[182]. Daher könnte man auch sagen, das Opfer werde für die Zeit der Gebrauchsanmaßung "enteignet", aber "die Sache" werde nicht enteignet[183]. (Einige Autoren stellen darauf ab, ob der Täter sich durch sein Verhalten die Stellung eines Eigentümers anmaße[184]. Daß er sich dabei ausdrücklich als Eigentümer ausgibt, kann aber sinnvollerweise nicht verlangt werden.[185]) Legt man der Enteignung ein solches Begriffsverständnis zugrunde, dann kann man auch sagen, daß der Täter sich die Sache durch den Gebrauch für die Zeit der Gebrauchsanmaßung *aneignet*[186]. Eine Zueignung liegt darin aber nicht, denn sie

---

179 Vgl. *Bloy* JA 1987, 187 (191); *Gribbohm* JuS 1963, 106 (107); *Heubel* JuS 1984, 445 (449); *Mitsch*, BT II/1, S.184 (Rn.33); *Ranft* JA 1984, 277 (278); *Roxin*, Täterschaft und Tatherrschaft, S.342f; *Ruß*, in: Pfeiffer-FS, S.61; *Wessels* NJW 1965, 1153 (1155).

180 *Heubel* JuS 1984, 445 (449); *Ruß*, in: Pfeiffer-FS, S.61; *Wessels* NJW 1965, 1153 (1157); *Mitsch*, BT II/1, S.184 (Rn.33). Vgl. auch *Rudolphi* GA 1965, 33 (46f), *Tröndle/Fischer* § 248b Rn.2 sowie schon *Frank* § 242, S.517. - Kritisch gegenüber dieser Abgrenzung allerdings *Otto*, Struktur, S.189.

181 Communis opinio. Vgl. schon *Schaffstein* GS 103, 292 (310). Ferner *Küper*, BT, S.432, 437; *Samson* JA 1980, 285 (290); Sch/Sch/*Eser* § 242 (Rn.51); *Rengier*, BT 1, S.22f (Rn.43), 76 (Rn.4); *Roth*, Eigentumsschutz, S.38; *Welzel*, Strafrecht, S.342; *Wessels/Hillenkamp*, BT 2, S.48 (Rn.142).

182 *Rudolphi* GA 1965, 33 (46); *Gössel*, BT 2, S.67f; *Kargl* ZStW 103 (1991), 136 (146); *Otto*, Struktur, S.190f; *Roth*, Eigentumsschutz, S.55. Vgl. schon *Frank* § 242, S.519.

183 Vgl. etwa *Wessels/Hillenkamp*, BT 2, S.48 (Rn.142). - Umgekehrt nimmt *Otto*, Struktur, S.190f an, es fehle an der Aneignung.

184 *Eser* JuS 1964, 477 (480f); *Ulsenheimer* Jura 1979, 169 (170).

185 *Arzt/Weber* LH3, S.45 Fn.5; *Kindhäuser*, BT II/1, S.81 (Rn.100); *ders.*, in: Geerds-FS, S.655 (662); *Park* JuS 1999, 887 (891); *Tenckhoff* JuS 1980, 723. Vgl. ferner auch *Mitsch*, BT II/1, S.65 (Rn.123): Es komme nicht darauf an, "welches Herrschaftsvolumen [der Täter] nach außen als ihm zustehend deklarieren will, sondern [darauf], welche Macht er tatsächlich haben will". - Für ein förmliches "sich-als-Eigentümer-Ausgeben" aber wohl *Eser* JuS 1964, 477 (480f), *Graul* JuS 1999, 562 (563), *Mitsch* JA 1999, 388 (390) und anscheinend BGHSt 4, S.236 (238) (mit Bezug auf die Fälle unentgeltlicher Zuwendungen fremder Sachen an Dritte [Drittzueignungsproblematik; s.u.]). Nicht überzeugend ist die Differenzierung bei *Otto*, Struktur, S.195.

186 Vgl. *Arzt/Weber* LH3, S.83; *Eser* StR IV, S.72; *Krey*, BT 2, S.29 (Rn.57); *Rengier*, BT 1, S.22f (Rn.43); *Roth*, Eigentumsschutz, S.55, 70; *Schaffstein* GS 103, 292 (294, 310); *ders.* GA 1964, 97 (101; 103); *Wessels/Hillenkamp*, BT 2, S.58 (Rn.166). Ähnlich *Androulakis* JuS 1968, 409 (410).

würde eine *dauernde* Enteignung (des Eigentümers) voraussetzen. – Die entgegengesetzte Auffassung, die nicht zwischen einer vorübergehenden und einer dauernden Enteignung unterscheidet und nur die letztere begrifflich als "Enteignung" anerkennt, sieht im Gebrauch meist noch keine "Aneignung"[187]; mit dem Vorliegen von Aneignung und (als dauerhaft verstandener) Enteignung liegt nach dieser Ansicht automatisch eine Zueignung vor[188]. – Der Verfasser schließt sich grundsätzlich der erstgenannten Meinung an. Auf eventuelle Modifikationen wird im Zusammenhang mit Einzelfragen einzugehen sein.

Das Problem der praktischen Abgrenzung von Enteignung und Gebrauchsanmaßung besteht darin, daß auch der Gebrauch den Eigentümer *de facto* aus seiner Stellung verdrängen kann. Das wurde schon im Zusammenhang mit der Sachwerttheorie in den "Wertträger"-Fällen deutlich. Auch ein intensiver und substanzverletzender (verschleißender) Gebrauch oder ein übermäßig langer Gebrauchszeitraum können dem Berechtigten nachhaltigen Schaden zufügen. Deshalb wird für solche Konstellationen allgemein eine Bestrafung aus einem Zueignungsdelikt gefordert. Denn in diesen Fällen paßt der typische Gedanke der Gebrauchsanmaßung nicht, daß dem Berechtigten im Hinblick auf seine Eigentümerposition "nichts genommen" (diese vielmehr nur vorübergehend beeinträchtigt) wird und im Anschluß an den Gebrauch durch die Rückgabe der "status quo ante" wiederhergestellt wird[189], daß der Eigentümer also mit anderen Worten keinen für die Zueignungsdelikte relevanten Schaden erleidet.

Bei der Begründung einer Zueignung wird dabei auf eine dauernde Enteignung des Berechtigten abgestellt. Zwei Fallgruppen sind zu unterscheiden: Einerseits geht es um einen übermäßig ausgedehnten (eben nicht nur kurzen) Gebrauchszeitraum, andererseits um Fälle eines stark verschleißenden oder entwertenden Sachgebrauchs, der eine Wiederherstellung des "status quo ante" de facto unmöglich macht. – Die hier vertretene Ansicht, daß jeder Gebrauch *qua Gebrauch* eine Aneignung und (für die Dauer des Gebrauchs) eine (vorübergehende) Enteignung darstellt, erleichtert die Argumentation wesentlich, mag man diese Auffassung auch als eine partielle "Begriffsaufweichung" ansehen.

Das Abstellen auf die *Dauer* des Gebrauchs erweist sich in zweierlei Hinsicht als problematisch. Erstens bedeutet dies eine *Ausweitung der Strafbarkeit* in einen Bereich, der an sich unstreitig straflos ist, und zwar aus Gründen der Strafwürdigkeit solcher Verhaltensweisen; sie richtet sich damit im Grunde, wenn

---

187 *Kindhäuser*, BT II/1, S.70 (Rn.75).

188 *Kindhäuser*, BT II/1, S.78 (Rn.93). Beachte auch die Differenzierung nach *Eigenbesitz* (Zueignung) und *Fremdbesitz* (Gebrauchsanmaßung), z.B. bei *Kindhäuser*, in: Geerds-FS, S.655 (670).

189 Vgl. *Rudolphi* GA 1965, 33 (46); *Ulsenheimer* Jura 1979, 169 (172); *Otto*, Struktur, S.197; *Wessels* JZ 1965, 631 (634).

auch unausgesprochen, mehr gegen die Straflosigkeit des furtum usus als solchem, die ihr nur erträglich erscheint, wenn der Berechtigte dadurch keinen nennenswerten Verlust erleidet. Da auch der vorübergehende Verlust der Nutzungsmöglichkeit einen *Vermögens*schaden begründet, handelt es sich insoweit um eine ausgeprägt wirtschaftliche Betrachtungsweise[190]. Nicht von ungefähr stellen die Anhänger dieser Auffassung daher zum einen auf die Kommerzialisierung der *Gebrauchsmöglichkeit* (des Habens der Sache, nicht zu verwechseln mit dem Wert der Sache), zum anderen auf den Verlust, der durch das längerfristige nicht-Haben eintritt, ab[191]. Häufig wird danach entschieden, ob sich der Betroffene für die Zeit der Gebrauchsanmaßung "vernünftigerweise" Ersatz beschaffen werde[192]. Damit wird die Unterscheidung von dauernder und vorübergehender Enteignung nicht nur aufgeweicht, sondern preisgegeben; das ist dogmatisch inakzeptabel. – Ebenso schwer wiegen aber die Bedenken gegen die unvermeidbare Willkür der zeitlichen Grenzziehung: Ein Teil der Befürworter einer Zueignung will etwa die Nutzung eines Kahns oder eines Zeltes "für einen Sommer"[193], die einer Skiausrüstung vom Herbst bis zum kommenden Frühjahr[194], die einer Tageszeitung bis zum folgenden Tag[195], die eines Computers für mehr als ein halbes Jahr[196] oder die eines Sportwagens "für die Dauer der schönen Jahreszeit" ausreichen lassen, während sich ein anderer Teil der Befürworter in den

---

190 Kritisch dazu *Kindhäuser*, in: Geerds-FS, S.655 (658), der im Kommerzialisierungsgedanken nur eine Neuauflage der Sachwerttheorie sieht. – *Gössel*, in: GA-FS, S.39 (43), spricht daher (mit Bezug auf die Vereinigungstheorie) von dem "unheilbare[n] Mangel, daß mit jedem Entzug der Nutzungsmöglichkeit einer Sache dieser der diesbezügliche wirtschaftliche Wert mindestens teilweise entzogen wird und so die Abgrenzung zum Gebrauchsdiebstahl und zur Sachbeschädigung kaum noch möglich erscheint".

191 *Rengier* JuS 1981, 654 (658) m.w.N.; *ders.*, BT 1, S.30 (Rn.60); i.E. auch Sch/Sch/*Eser* § 242 (Rn.53); *Wessels* NJW 1965, 1153 (1156).

192 So etwa *Haft*, BT, S.145. - Schon 1907 hatte *Harburger*, VDB VI, S.373 *de lege ferenda* eine weitergehende Pönalisierung der Gebrauchsanmaßung gefordert, denn "bei der Schnelllebigkeit unserer Zeit kann auch die nur zeitweise Entziehung des Gebrauches einer Sache für den Berechtigten leicht einen größeren Schaden nach sich ziehen, als dies früher der Fall war."

193 *Rengier*, BT 1, S.30 (Rn.60); *Welzel*, Strafrecht, S.342; *Wessels/Hillenkamp*, BT 2, S.49 (Rn.148); abl. *Roth*, Eigentumsschutz, S.47.

194 *Haft*, BT, S.145.

195 *Gropp* JuS 1999, 1041 (1043).

196 *Kindhäuser*, BT II/1, S.88 (Rn.122), der im übrigen bei der Annahme von Zueignung durch bloßen Zeitablauf zur Zurückhaltung mahnt.

genannten Beispielsfällen vehement gegen die Annahme einer Zueignung wehrt[197].

Richtig ist, daß der Eintritt der dauernden Enteignung (eine "dauerhaft anhaltende[] Verstocktheit des Täters"[198]) nicht abgewartet werden kann oder muß[199]. Richtig ist auch, daß eine Zueignung in Betracht kommt, wenn der Täter "nur unter bestimmten Umständen" daran denkt, die Sache dem Eigentümer "irgendwann einmal" zurückzugeben und sich im übrigen die Entscheidung darüber "vorbehält": Auch darin liegt die Anmaßung einer Eigentümerstellung[200]. Hat der Täter dagegen eine bestimmte Gebrauchsdauer von vornherein vorgesehen (für eine bestimmte Zeitspanne oder bis zur Erreichung des Gebrauchszwecks), kann seine Strafbarkeit nicht über Billigkeitsüberlegungen herbeigeführt werden, mag auch eine Strafe im konkreten Fall angemessen erscheinen[201]. – Zur Vermeidung krasser Strafbarkeitslücken (wenn etwa der Täter vorgibt, er habe einen mehrjährigen Gebrauch geplant) mag man sich damit helfen, eine so in die Ferne geschobene Restitutionsabsicht als zu unbestimmt und vage zurückzuweisen[202]. Indizielle Bedeutung mag man dabei der Frage beimessen, ob man im konkreten Fall noch von einer Leihe ausgehen könnte, wenn zwischen Eigentümer und "Täter" der Gebrauchsanmaßung ein entsprechendes Rechtsverhältnis bestünde. Nun kann die Leihfrist sehr großzügig bemessen sein, und man sollte sich davor hüten, das persönliche Empfinden einer Strafwürdigkeit des betreffenden Verhaltens im konkreten Fall zum Anlaß für eine Beschränkung der Gebrauchsfrist auf ein "angemessenes" Maß zu nehmen. Erst wenn man definitiv das Gefühl hat, hier sei die Sache vom Täter zu einer Art "Dauerleihgabe" umfunktioniert worden, darf man eine Zueignung bejahen. Als solches aber bleibt das Kriterium der zeitlichen Dauer des Gebrauchs unbrauchbar, um die Gebrauchsanmaßung von der Zueignung abzugrenzen.[203]

Anders ist in den Fällen eines *verschleißenden oder stark substanzbeeinträchtigenden Gebrauchs* der Sache zu entscheiden (man kann in solchen Fällen

---

197 *Maiwald*, Zueignungsbegriff, S.150f Fn.122; so auch *Otto*, Struktur, S.181, dessen Standpunkt in der Frage, ob auch die Dauer der Enteignung irgendeine Relevanz besitzen soll, nicht ganz klar wird.

198 *Geilen* JR 1963, 446 (450).

199 *Binding*, BT 1, S.266.

200 Vgl. dazu auch unten "cc".

201 Ebenso *Kindhäuser*, in: Geerds-FS, S.655 (673).

202 Vgl. auch *Tenckhoff* JuS 1980, 723 (724); *Maiwald*, Zueignungsbegriff S.150 m.w.N.

203 Ebenso *Kargl* ZStW 103 (1991), 136 (146); *Otto*, Strafrecht, S.156 (Rn.57); *ders.* Jura 1996, 383 (384). - Die nach der Auslegung des Verfassers erzielten Ergebnisse dürften sich mit denen *Maiwalds* (Zueignungsbegriff, S.150f) decken.

auch von *Verbrauch* sprechen[204]). Nach allgemeiner Auffassung ist bei völligem Verschleiß trotz Rückgabe eine Enteignung eingetreten[205]. Heftiger Streit herrscht aber darüber, wann die Enteignung eintritt (denn fast jeder Gebrauch zeitigt einen minimalen Verschleiß[206]) und welche Kriterien dafür in dogmatischer Hinsicht gelten sollen. Im wesentlichen werden drei objektiv orientierte Ansätze vertreten (häufig auch als alternative Möglichkeiten einer Zueignung):

Eine Ansicht will auf den zumindest teilweisen *Funktionsverlust* der gebrauchten Sache abstellen. Werden dem Berechtigten jedenfalls *bestimmte Funktionsmöglichkeiten* der Sache entzogen, so sei er enteignet[207]. Zutreffend wird darauf hingewiesen, daß nicht entscheidend sein kann, ob der Berechtigte konkret gerade die entzogenen Sachfunktionen zu nutzen wünscht[208]. Sind die Seiten seines Buches nach dem Gebrauch völlig verklebt, so schadet ihm das (aus seiner Sicht) nichts, wenn er das Buch ohnehin nur zur Zierde im Regal stehen lassen

---

204 Vgl. *Bittner*, Gewahrsamsbegriff, S.71; *Deubner* Anmerkung zu OLG Celle NJW 1967, 1921; *Gropp* JuS 1999, 1041 (1042); *Paulus*, Sachzueignung, S.105; Sch/Sch/*Eser* § 242 Rn.53, § 246 Rn.14; *Tröndle/Fischer* § 242 Rn.19; ähnlich *Wessels* NJW 1965, 1153 (1156).

205 Vgl. z.B. *Ulsenheimer* Jura 1979, 169 (172); *Wessels* NJW 1965, 1153 (1156); auch *Küper*, BT, S.432; *Mitsch*, BT II/1, S.72 (Rn.140 mit Fn.378) sowie die nachfolgend geschilderten Ansätze. - Kritisch allerdings *Kindhäuser*, in: Geerds-FS, S.655 (670), der lediglich Sachbeschädigung annimmt.

206 *Androulakis* JuS 1968, 409 (411); *Kargl* ZStW 103 (1991), 136 (146); *Maiwald*, Zueignungsbegriff, S.142f; SK-*Hoyer* § 242 Rn.79; ähnlich *Otto*, Struktur, S.172 (in Bezug auf eine Sachwertminderung).

207 *Rudolphi* GA 1965, 33 (39); *Seelmann* JuS 1985, 288, 289; SK-*Hoyer* § 246 Rn.25; *Wessels/Hillenkamp*, BT 2, S.49 (Rn.148). Einschränkend *Baumann* GA 1971, 306 (309): "Zueignung ist prinzipiell die Entziehung aller wesentlichen Funktionen des Eigentums." (Ebenso *Miehe*, in: Heidelberg-FS, S.497f; *Roth*, Eigentumsschutz, S.46.) Vgl. auch *Bittner*, Gewahrsamsbegriff, S.67, der allerdings undifferenziert auf "die" der Sache innewohnende Funktionsmöglichkeit abstellt; *Kargl* ZStW 103 (1991), 136 (146 Fn.30); *Maiwald*, Zueignungsbegriff, S.142f; *Otto*, Strafrecht, S.157 (Rn.62); *Ranft* JA 1984, S.277 (278f). Kritisch abl. (mit "Bedenken gegen das funktionale Weltbild" dieser Theorie) *Maurach/Schroeder/Maiwald*, BT 1, S.337. - Zur Frage, ob die zurückgegebene Sache nach einer etwaigen Reparatur mit Ersatz einiger oder aller Teile der Sache noch mit der weggenommenen identisch ist vgl. *Bittner*, Gewahrsamsbegriff, S.81ff; *Maiwald*, Zueignungsbegriff, S.145f.

208 So aber *Otto*, Struktur, S.180f, der vom Standpunkt seines "personalistischen Vermögensbegriffs" zu dem Ergebnis gelangt, daß es auf die Funktions- und Verwendungsbestimmungen durch den Eigentümer ankommen müsse. Indessen zeigen die von *Otto* selbst (a.a.O.) gebildeten Beispiele eine Verflüchtigung ins Subjektive, die den Strafschutz, jenseits objektiver Maßstäbe, auf individuelle Bedürfnisse zurechtschneidert. Mag dies i.E. noch insoweit akzeptabel sein, als *Otto* offenbar nicht eine Ausdehnung, sondern vielmehr eine Eingrenzung der Strafbarkeit anstrebt, dogmatisch besteht für ein solches Vorgehen de lege lata keine Rechtfertigung.

wollte, während der Text vielleicht in einer Sprache verfaßt ist, die er nicht lesen kann, oder wenn er Bücher nur als Gewichte für seine Morgengymnastik benutzt[209]. Trotzdem ist er enteignet, weil das Buch einen (generell als wesentlich erachteten) Teil seiner Funktionen eingebüßt hat. - Unklarheit herrscht aber in der (umgekehrten) Frage, ob nur oder wenigstens grundsätzlich der *bestimmungsgemäße Gebrauch* der Sache beeinträchtigt sein muß[210] *oder* ob *jede Funktionsbeeinträchtigung* (darüber hinaus) ausreicht. Die letztgenannte Auffassung erscheint in ihrer Weite vor allem deshalb problematisch, weil "die Strafbarkeit dann letztlich von dem Willen des Eigentümers abhinge"[211], und weil sie außerdem zu dem unlösbaren Problem der erschöpfenden Funktionsbestimmung führt, da hier nur die Phantasie und die Wünsche des Berechtigten den Funktionsmöglichkeiten Grenzen setzen: Ist es auch die "Funktion" einer Sache, beim Verkauf "neu" oder "neuwertig", d.h. unbenutzt zu sein[212], oder die eines Buches, ein zu kurzes Tischbein zu stützen?[213] - Das übersieht *Androulakis*[214], der meint, die der Sache "objektiv innewohnende Funktionsmöglichkeit" von einem "vom Eigentümer subjektiv beigelegten Verwendungszweck" unterscheiden zu können: Letztlich spiegelt der subjektive Verwendungszweck nichts als eine der vielen objektiven (potentiellen) Funktionsmöglichkeiten einer Sache[215]. - Die Gegenauffassung kann als zu eng, aber auch zu vage bzgl. der "Wesentlichkeit" einer

209 Siehe *Maiwald*, Zueignungsbegriff, S.125, der das Beispiel seinerseits von *Pawlowski* übernommen hat.

210 *Roth*, Eigentumsschutz, S.50f, 147 Rn.12; *Rudolphi* GA 1965, 33 (47). Für *Miehe*, in: Heidelberg-FS, S.481 (492) folgt diese Beschränkung aus der Parallele zur Beeinträchtigung der "bestimmungsgemäßen Brauchbarkeit" bei der Sachbeschädigung (dazu unten). Ebenso vom Boden der Sachwerttheorie *Widmann* MDR 1969, 529 (530). - Umgekehrt fordert *Seelmann* JuS 1985, 288 (291) für die *Aneignungsseite* "die *Nutzung der Funktion der Sache*". [Hervorhebung im Original] (ähnlich *Dencker (usw.)*, Einführung in das 6.StrRG, S.20: Zueignung, wenn es dem Täter darauf ankommt, "einen Funktionsnutzen der Sache zu ziehen"). Kritisch dazu SK-*Hoyer* § 242 Rn.80f, der darauf hinweist, daß § 903 BGB dem Eigentümer gestattet, "nach Belieben" mit der Sache zu verfahren und damit *jede* Sachfunktion schützt.

211 *Rudolphi* GA 1965, 33 (47).

212 So *Androulakis* JuS 1968, 409 (411); differenzierend *Otto*, Struktur, S.181. - Ähnlich unter Sachwertgesichtspunkten die Argumentation des OLG Celle NJW 1967, 1921 (1922). Abl. *Kindhäuser*, in: Geerds-FS, S.655 (664); *Welzel*, Strafrecht, S.343.

213 Vgl. auch die Beispiele bei *Maiwald*, Zueignungsbegriff, S.149f m.w.N. (insbes. S.150 Fn.121).

214 in: JuS 1968, 409 (413). - Auf die objektiven Funktionsmöglichkeiten will auch *Kargl* ZStW 103 (1991), 136 (155 Fn.59) abstellen.

215 Ähnlich auch *Maiwald*, Zueignungsbegriff, S.124f mit weiteren Beispielsfällen; vgl. ferner die Kritik bei *Paulus*, Sachzueignung, S.105f.

Funktionsbeeinträchtigung erscheinen: Auch ein Hemd mit Flecken, die sich nicht entfernen lassen, kann noch als Hemd verwendet werden[216].

Vergleichbar ist der Ansatz, der fragt, ob eine *Identitätsänderung* der Sache eingetreten sei. Die Vertreter dieser Auffassung wollen danach unterscheiden, ob *dieselbe* oder eine *(wesensmäßig) andere Sache* zurückgegeben wird[217]. Für sich genommen wäre das ein purer Zirkelschluß: Die Sache ist (trotz Substanzidentität) "eine andere", wenn sie nach dem Gebrauch nicht mehr "dieselbe" wie vorher ist; sie ist "dieselbe" geblieben, wenn sie nach dem Gebrauch "nicht (wesentlich) anders" ist als vorher. Diese Theorie muß also letztlich mit ganz anderen Kriterien als der Sachidentität arbeiten; eine gewisse Berechtigung hat sie allenfalls in den Verbrauchsfällen, in denen sich die Substanz der Sache verändert hat, etwa in dem vielzitierten Beispiel, daß dem Eigentümer eine Zigarre entwendet und ihm nach dem Rauchen die Asche übersandt wird: Die Asche ist auch von der Substanz her nicht mehr identisch mit der Zigarre. *Binding*[218] bemerkt dazu: "Wer jedoch die Sache verbrauchen will, der will sie dem Eigentümer dauernd entziehen, selbst wenn er die Reste zurückzusenden gedächte." Die Identitätstheorie geht indessen noch über den Kreis solcher Fälle hinaus und argumentiert: Ein fahruntüchtiges Auto sei ein wesentlich anderes als ein fahrbereites, ein alter, abgenutzter Mantel ein anderer als ein neu gefertigter[219]. Das gleicht im Ergebnis stark dem Funktionsverlust[220] und baut nur einen überflüssigen Zwischenschritt ein.

Eine dritte Theorie will schließlich eine Enteignung dann annehmen, wenn ein *wesentlicher Wertverlust* (mit den Worten des OLG Hamm[221] ein nicht ganz

---

216 Im Streit darüber, was als Funktionsbeeinträchtigung anzusehen ist und wie die Funktionen einer Sache zu definieren sind, spiegelt sich der parallele Streit bei der Sachbeschädigung, ob die von § 303 geschützten Funktionen einer Sache subjektiv (nach dem Willen des Eigentümers oder auch des Täters) oder objektiv (nach den verkehrsüblichen Funktionszwecken) zu bestimmen sind. Vgl. dazu unten die Ausführungen bei der Sachbeschädigung.

217 *Androulakis* JuS 1968, 409 (411); *Bittner*, Gewahrsamsbegriff, S.68; *Bockelmann* ZStW 65 (1953), 571 (575); *Kargl* ZStW 103 (1991), 136 (183); *Mitsch*, BT II/1, S.73 (Rn.142); *Otto*, Strafrecht, S.157 (Rn.62); *ders.*, Struktur, S.178ff; *Paulus*, Sachzueignung, S.111, 164f, 168ff; *Ranft* JA 1984, 277 (280, 284); *Roth*, Eigentumsschutz, S.46; *Wessels/Hillenkamp*, BT 2, S.48 (Rn.143). - Ähnlich schon *Frank* § 242, S.520, der fragte, ob die Sache "in wirtschaftlichem Sinne eine andere geworden ist".

218 in: BT 1, S.264. - Vgl. auch *Kindhäuser*, in: Geerds-FS, S.655 (672); *Maiwald*, Zueignungsbegriff, S.85; *Roth*, Eigentumsschutz, S.46.

219 Zu weiteren Beispielen vergleiche *Paulus*, Sachzueignung, S.168ff.

220 *Gössel*, in: GA-FS, S.39 (46), kritisiert daher an dieser Theorie, sie gerate letztlich in die gleichen Schwierigkeiten wie die Sachwert- und Funktionslehre.

221 in: JMBl-NRW 1962, 110 (111).

unbeträchtlicher) durch den Gebrauch eingetreten ist[222]. Wie dieser Wertverlust zu bestimmen sei, wird generell offengelassen. Er wird praktisch als "offensichtlich" behandelt. Es ist auch einmal in einem Aufsatz versucht worden, mit dem Kriterium des Wertverlustes eine objektiv bestimmbare, "exakte" Grenze zwischen Enteignung und Gebrauchsanmaßung zu ziehen, nämlich bei einem Wertverlust von "*über 50%*"[223]. Diese auf den ersten Blick verblüffend einfache Lösung ist zu Recht allgemein als zu formalistisch zurückgewiesen worden[224]. Die wahre Crux dieser Lösung dürfte aber in der trennscharfen Ermittlung des prozentualen Wertverlustes liegen. Dem Leser muß sich doch sofort die Frage aufdrängen, wie nachträglich der Wert der Sache vor deren Gebrauch zu bestimmen sein soll (dessen prinzipielle Bestimmbarkeit - pauschal, konkret oder wie auch immer - einmal vorausgesetzt) und ob und wie sich hier der Grundsatz "in dubio pro reo" auswirkt. *Rudolphi*[225] weist ferner auf die Konsequenzen bei der praktischen Handhabung hin, zumal "ein und derselbe Gebrauch und ein und dieselbe Wertminderung je nach dem Wert der benutzten Sache bald eine strafbare Zueignung, bald aber nur ein strafloses furtum usus ist". Auch das Abstellen auf die Erheblichkeit der Wertminderung, wie es das OLG Hamm in seiner Entscheidung befürwortet hat, "öffnet letztlich nicht nachprüfbaren Gefühlsentscheidungen Tür und Tor"[226]. Mit der vom Verfasser vertretenen Ansicht, die den Wert einer Sache für die Frage der Zueignung für irrelevant hält, ist dieser Ansatz ohnehin nicht vereinbar[227].

---

222 OLG Hamm wistra 1999, 112; *Haft*, BT, S.145; *Kargl* ZStW 103 (1991), 136 (183); *Krey*, BT 2, S.31 (Rn.63), 81 (Rn.150); *Küper*, BT, S.432; *Lackner/Kühl* § 242 Rn.24; *Maurach/Schroeder/Maiwald*, BT 1, S.334; *Rengier*, BT 1, S.24 (Rn.48); *Tröndle/Fischer* § 246 Rn.17; *Wessels/Hillenkamp*, BT 2, S.48 (Rn.143), 49 (Rn.148). Kritisch dazu *Miehe*, in: Heidelberg-FS, S.481 (494) sowie *Roth*, Eigentumsschutz, S.43, der von einem "an Unbestimmtheit schwerlich zu überbietenden Kriterium" spricht.

223 *Fricke*, MDR 1988, 538 (540).

224 *Kargl* ZStW 103 (1991), 136 (148 Fn.40, 150). Ablehnend auch *Bittner*, Gewahrsamsbegriff, S.71; *Kindhäuser*, in: Geerds-FS, S.655 (671); *Rengier*, BT 1, S.25 (48); Sch/Sch/*Eser* § 242 (Rn.53); ferner *Gössel*, in: GA-FS, S.39 (44), *Paulus*, Sachzueignung, S.106, 109f und *Roth*, Eigentumsschutz, S.45, die feststellen, die Wertminderungsgrenze zwischen Zueignung und Gebrauchsanmaßung lasse sich nicht sicher bestimmen.

225 in: GA 1965, 33 (35).

226 in: GA 1965, 33 (35 Fn.14).

227 Ebenso *Otto*, Struktur, S.170f, der zu Recht feststellt, daß das Gesetz für eine Differenzierung nach dem Grad der Wertminderung keinerlei Anhaltspunkte bietet (ebenso *Kindhäuser*, in: Geerds-FS, S.655 (671)); *Ranft* JA 1984, 277 (284); *Seelmann* JuS 1985, 288.

Selbst wenn man die Funktionstheorie als die relativ überzeugendste ansieht, so bleibt doch neben den angesprochenen Problemen noch eine Reihe offener Fragen: Wie ist etwa zu entscheiden, wenn nur eine Funktions*beeinträchtigung* vorliegt? Ist entscheidend, ob diese "erheblich" oder "minimal", "minimal, aber auf lange Sicht fühlbar" oder "technisch feststellbar, aber praktisch völlig unerheblich" ist, was immer damit dann wiederum gemeint ist?[228] – Schließlich ist der Funktionstheorie zu Recht vorgeworfen worden, auch sie erhebe mit dem "Funktionsnutzen" der Sache eine nicht eigentumsfähige Position zum Objekt der Zueignung[229]; insoweit ist sie den gleichen Bedenken ausgesetzt wie die Sachwerttheorie[230], die von den Anhängern der Funktionstheorie zurückgewiesen wird. Auch die Funktionstheorie ist daher abzulehnen[231].

Man sieht, daß eine befriedigende Abgrenzung von Gebrauchsanmaßung und Enteignung allein über "objektive" Kriterien nicht zu erreichen ist. Dabei kann im subjektiven Bereich der *Restitutionswille* wesentliche Hilfe bei der Abgrenzung leisten[232]. Muß sich der Wille des Täters bzgl. der Zueignung auf Besitz oder Gebrauch der Sach*substanz* beziehen, so muß der Wille bei der Gebrauchsanmaßung darauf gerichtet sein, die Enteignung zeitlich zu begrenzen, d.h. der Täter muß pfleglich mit der Sache umgehen, so als ob sie geliehen oder gemietet sei und darf mit ihr folglich nicht in einer Weise verfahren, die den Eigentümer dauernd aus seiner Stellung verdrängt. Auch dann darf aber nicht abstrakt auf die "Funktionszwecke" einer Sache abgestellt werden, denn der "Funktionsnutzen" ist nicht Gegenstand des Sacheigentums. Jedenfalls gehört aber ein

---

228 Vgl. auch die Kritik bei *Fricke* MDR 1988, 538 (539), *Gössel*, in: GA-FS, S.39 (44) und *Paulus*, Sachzueignung, S.105f; die von *Androulakis* JuS 1968, 409 (411) gegen die Unbestimmtheit der Wertminderungstheorie erhobenen Vorwürfe lassen sich auch auf die Funktionstheorie übertragen.

229 *Gössel*, in: GA-FS, S.39 (45); *Kindhäuser*, BT II/1, S.77 (Rn.89); *ders.*, in: Geerds-FS, S.655 (659); NK-*Kindhäuser* § 242 Rn.97; *Paulus*, Sachzueignung, S.111.

230 Hinweisend *Androulakis* JuS 1968, 409 (411). *Kindhäuser*, BT II/1, S.76f (Rn.89), der von der "Sachnutzentheorie" spricht, bezeichnet sie als "Modifikation" der Sachwerttheorie.

231 Ebenso *Gössel*, in: GA-FS, S.39 (44).

232 Vgl. auch BGH NStZ 1996, 38; *Androulakis* JuS 1968, 409 (411); *Binding*, BT 1, S.269; *Kindhäuser*, BT II/1, S.85 (Rn.115); *Mitsch*, BT II/1, S.53 (Rn.106); NK-*Kindhäuser* § 242 Rn.113; *Otto* Jura 1989, 200 (207); *Rengier*, BT 1, S.28f (Rn.57); *Tröndle/Fischer* § 242 Rn.24a; *Wessels* NJW 1965, 1153 (1155); *Wessels/Hillenkamp*, BT 2, S.48 (Rn.143f). *Otto*, Struktur, S.201, Sch/Sch/*Eser* § 242 (Rn.64) und *Tenckhoff* JuS 1980, 723 (726) fordern gar, der Täter müsse mit der Rückführung der Sache sicher rechnen. - A.A. *Kargl* ZStW 103 (1991), 136 (150f), der nicht Zueignung, sondern Sachbeschädigung annimmt.

Substanzverlust durch *verschleißenden Gebrauch*[233] und wohl auch die *Unversehrtheit der Sache* im weiteren Sinne hinzu. Ist eine Sache (insbesondere eine sogenannte Sachgesamtheit, etwa eine Maschine) nach dem Gebrauch als defekt anzusehen, so kann darin dann eine dauernde Enteignung und mithin eine gebrauchsbedingte Zueignung gesehen werden, wenn dies (wie wohl meistens der Fall) auf einer *Substanzveränderung* der Sache beruht. Nicht der damit verbundene (eigentlich straf*würdige*, aber eben nicht straf*bare*) Funktionsverlust, wohl aber die Veränderung der Sachsubstanz kann dann die Annahme einer Zueignung rechtfertigen: Der Eigengebrauch der Sache (d.h.: der Gebrauch zu eigenen Zwecken und im eigenen Interesse) stellt nach der hier vertretenen Auffassung eine *Aneignung* dar, die wegen des Verschleißes bzw. wegen der Substanzveränderung zu einer *dauernden Enteignung* des Berechtigten führt. Wäre der Täter zum Gebrauch der Sache kraft eines zwischen ihm und dem Berechtigten bestehenden Rechtsverhältnisses berechtigt und hätte er folglich dem Eigentümer gegenüber ein "Recht zum Besitz" i.S.v. § 986 Abs.1 BGB, so würde es sich in den hier interessierenden Fällen nach der Terminologie des Sachenrechts um einen "so nicht berechtigten Besitzer" handeln[234]. Auf die Abgrenzungsschwierigkeiten ist bereits hingewiesen worden, zumal praktisch jeder Gebrauch einen minimalen Verschleiß zeitigt. Einen *wesentlichen Anhaltspunkt* liefert § 548 BGB, der in dieser Frage eine Entscheidung für das Mietrecht trifft. Er bestimmt: "Veränderungen oder Verschlechterungen der gemieteten Sache, die durch den *vertragsmäßigen Gebrauch* herbeigeführt werden, hat der Mieter nicht zu vertreten."[235] Die Frage, welcher Gebrauch als "vertragsmäßig" anzusehen ist, ist wiederum schwer zu beantworten. Insbesondere wird der Grad einer (noch) als vertragsgemäß anzusehenden Abnutzung von der Dauer der Mietzeit abhängen. Zwar ist eine exakte zeitliche Begrenzung der Gebrauchsanmaßung aus den oben genannten Gründen nicht möglich, doch könnte man hier von einem durch einmaligen Gebrauch typischerweise verursachten Verschleiß ausgehen. Auch dann wird der Grad des Verschleißes noch wesentlich vom jeweiligen (konkreten) Gebrauchszweck und von der Art des Gebrauchs bzw. von der Beschaffenheit der Sache abhängen. Der Verschleiß eines Hammers etwa ist auch dann zu vernachlässigen, wenn er oft und lange gebraucht wird, während der Verschleiß eines Kraftfahrzeugs vom Fahrzeugtyp und der Länge und Art der Strecke (Autobahn/holpriger Feldweg) abhängen wird. All diese Probleme aber erscheinen nicht unlösbar. Der

233 So auch *Kargl* ZStW 103 (1991), 136 (182f), der zwar mit einem "Funktionsverlust" arbeitet, im Ergebnis aber wohl übereinstimmt. – Beachte aber *Gössel*, in: GA-FS, S.39 (45): Verbrauch einer Batterie als "Sachbeschädigung".

234 Ähnlich *Kindhäuser*, BT II/1 (1.Aufl.), S.88, der als rechtlichen Maßstab die Leihe wählt.

235 Hervorhebung vom Verfasser.

wesentliche Vorteil dieses Ansatzes, der im praktischen Ergebnis weitgehend den anderen Ansätzen gleicht, ist der unmittelbare *Anschluß an das Zivilrecht,* das im Bereich der Eigentumsdelikte naturgemäß eine besonders starke Ausstrahlung auf das Strafrecht hat. Eine "Harmonisierung" der Abgrenzung von Gebrauchsanmaßung und Zueignung insbesondere mit der Rechtsprechung zu § 548 BGB wäre in zweierlei Hinsicht begrüßenswert: Einerseits würde sie das Strafrecht auf ein breiteres und sichereres Fundament stellen und seine Ergebnisse weniger willkürlich erscheinen lassen, zum anderen darf eine Strafbarkeit wegen Gebrauchsanmaßung die Grenze des im Rahmen eines Vertrages Zulässigen nicht unterschreiten. Dabei ist selbstverständlich, daß der Mieter bei vertragsmäßigem Gebrauch der Mietsache nicht wegen einer Zueignung zu bestrafen ist, während bei exzessivem, obwohl der Art nach grundsätzlich bestimmungsgemäßem Gebrauch der Mietsache zu überlegen wäre, ob hier eine Sachbeschädigung und gegebenenfalls eine Zueignung vorliegen kann oder ob das Vertragsverhältnis eine Strafbarkeit des Mieters zumindest wegen einer Zueignung ausschließt (was i.E. vernünftig und sachgerecht sein dürfte: Schließlich geht es dort um eine primär zivilrechtliche Angelegenheit).

Die von der strengen Substanztheorie gezogenen Grenzen dürfen allerdings auf diese Weise nicht überschritten werden. Es wäre verfehlt, die nach geltendem Recht nicht strafbaren "Sparbuch"-Fälle als unzulässigen Gebrauch eines Sparbuchs in die Strafbarkeit mit einzubeziehen; denn es gibt überhaupt kein zivilrechtliches Rechtsverhältnis, das zum "Gebrauch" eines Sparbuchs berechtigen könnte, es gibt also auch keine Grenzen vertraglich zugelassener Nutzung, die hier überschritten werden könnten. Es gibt lediglich ein Pfandrecht. Dies stellt aber gerade ein Verwertungsrecht dar, das bei Bargeld und Geldforderungen gem. § 828 ff (835) ZPO ausnahmsweise zum unmittelbaren Zugriff auf das Geld oder die Forderung selbst berechtigt, da eine andere (mittelbare) Verwertung *dieser* Art von Pfand (durch Versteigerung mit Auskehr des Erlöses an den Pfandgläubiger) ausnahmsweise ausgeschlossen, weil sinnlos erscheint; in einem solchen Fall wäre der Verwertungsberechtigte bei Bestehen eines Verwertungsrechts zum Abheben von Geldbeträgen also sogar *berechtigt.* Eine Abgrenzung zwischen dem berechtigten und dem nicht berechtigten Gebrauch eines Sparbuchs ist also aus rechtlichen Gründen unmöglich. Auch ist der in das Sparbuch einzutragende Abbuchungsvermerk nach allgemeiner Auffassung nicht als zueignungsbegründende Substanzveränderung anzusehen[236]. Gleiches gilt für andere Wertpapiere wie eine Eintrittskarte für ein bestimmtes Konzert, wenn sie vor der Aufführung entwendet und erst nach dem Konzert zurückgegeben wird, und zwar unabhängig davon, ob sie genutzt oder nur entzogen wird. Denn mit dem Gebrauch

236 Vgl. schon *Frank* § 242, S.519.

der Karte ist keine Substanzveränderung verbunden (ein Entwerteraufdruck wäre wiederum irrelevant). Allenfalls käme eine Sachbeschädigung in Betracht, wenn die Karte zum Entwerten eingerissen wird. - Erfaßt werden auf diese Weise also nur Fälle, in denen die Substanz der Sache in irgendeiner relevanten Form verändert wird, wobei es ein Indiz ist, wenn die Sache anschließend (mindestens partiell) defekt ist oder wenn die Sache durch den Gebrauch eine Substanzeinbuße erlitten hat.

Es bleiben noch Fälle des *dauernden unbefugten Mitgebrauchs*. Diese Fallgruppe scheint von der Diskussion bislang unentdeckt geblieben zu sein[237]. Folgender Fall mag die Sachlage illustrieren: T und O sind Nachbarn und teilen sich einen Gemeinschaftskeller, in dem O seine Waschmaschine aufgestellt hat. T benutzt diese Waschmaschine unbefugt, möglicherweise gegen ausdrückliches Verbot des O, wöchentlich mit, wodurch die Maschine doppelt so stark genutzt wird. Während die Waschmaschine des O bei Benutzung nur durch eine Person eine zu erwartende Lebensdauer von acht Jahren hätte, sinkt diese durch den Mitgebrauch durch T auf ca. sechs Jahre. Wenn man auf die einzelnen Gebrauchsakte abstellt, dann wird O nicht enteignet, da der jeweils eintretende Verschleiß durch die einzelnen Gebrauchsakte minimal und damit zu vernachlässigen ist. Man mag ferner annehmen, daß O und T feste Waschtage haben: Während O seine Wäsche immer montags wäscht, wäscht T immer mittwochs. Damit ist auch ausgeschlossen, daß O auch nur einmal die Nutzungsmöglichkeit für seine Maschine entbehrt, bzgl. jedes einzelnen der vielen Gebrauchsakte ist dem O seine Maschine also zwar potentiell, aber nicht einmal faktisch genommen, da er sie zur Zeit ihrer Beanspruchung durch T ohnehin nicht nutzen würde. Trotzdem wird dem O durch den dauernden Gebrauch sehr wohl eine erhebliche Einbuße zugefügt: Auf lange Sicht tritt ein wesentlicher Verschleiß ein. Darin (d.h. in der Summe aller Gebrauchsakte) kann auch eine Zueignung gesehen werden. Welche Sichtweise ist also zugrundezulegen? - Um die richtige Perspektive zu wählen und ein ungerechtes (willkürliches) Ergebnis zu vermeiden, ist auf den Tatplan abzustellen: Plant der Täter wie hier von Anfang an einen dauernden Mitgebrauch der Sache, so ist richtigerweise auf das Gesamtergebnis dieser Gebrauchsakte, also den beachtlichen Verschleiß abzustellen und damit eine Zueignung zu bejahen (nach der hier vertretenen Ansicht durch Substanzveränderung [abzustellen ist nicht auf den Funktionsverlust, sondern auf den ihn bedingenden Verschleiß], nach der Funktionstheorie durch Funktionsminderung, nach der Werttheorie durch Wertminderung); denn in einem solchen Fall will der Täter die Sache durch den dau-

237 Ein kurzer Hinweis findet sich bei *Tröndle/Fischer* § 242 Rn.24a: "Auch aus häufigem wertmindernden Gebrauch eines Fahrzeuges kann auf Zueignungsabsicht geschlossen werden (Hamm JMBlNW 60, 230)."

ernden Mitgebrauch seiner (Mit-)Beherrschung unterwerfen. Gebraucht der Täter dagegen ohne vorgefaßten, einen Zusammenhang zwischen den einzelnen Gebrauchsakten stiftenden Tatplan die Sache nur "gelegentlich", so ist nur auf die einzelnen Akte abzustellen, denn hier will der Täter die Sache wirklich nur mehrfach gebrauchen, nicht aber seiner Herrschaft mitunterwerfen.

IV.) Zueignung und Sachbeschädigung

Ferner ist die Zueignung von der **Sachbeschädigung** abzugrenzen. *Tatobjekt* einer Sachbeschädigung ist eine fremde Sache, die aber (anders als bei den Zueignungsdelikten) nicht beweglich sein muß. *Tathandlung* sind das Beschädigen oder Zerstören[238]. Eine Sache ist *beschädigt*, wenn ihr Zustand als solcher in nicht unerheblicher Weise nachteilig verändert wird[239]. Sie ist *zerstört*, wenn sie vollständig verändert, vernichtet oder unbrauchbar geworden ist[240].

Bei der Sachbeschädigung werden seit langem zwei Fallgruppen unterschieden, nämlich die Substanzverletzung und die Funktionsbeeinträchtigung. Darin liegt also eine deutliche Parallele zur Diskussion bei der Zueignung. Die *Substanzverletzung* ist als klassischer Fall allgemein anerkannt und wirft Probleme allenfalls bei der Frage auf, wann eine Substanzverletzung (wie allgemein gefordert[241]) "erheblich" i.S. einer Tatbestandsverwirklichung ist. Die Rechtsprechung will eine Sachbeschädigung dann annehmen, wenn entweder schon das Verhalten des Täters oder aber die dadurch notwendig gewordenen Schadensbeseitigungsmaßnahmen zu einer Substanzverletzung führen (insbesondere etwa dann, wenn das Reinigen eines mit Farbe besprühten Gegenstandes nicht ohne Beschädigung seiner bisherigen Oberfläche [z.B. seiner Lackierung] möglich ist[242] oder ein die Funktion aufhebender Fremdkörper nicht ohne Beschädigung der Sache selbst

---

238 Zur Genese der Vorschrift vgl. *Maiwald*, Zueignungsbegriff, S.127.

239 Vgl. auch *Otto* Jura 1989, 200 (207); *Ulsenheimer* Jura 1979, 169; *Wessels/Hillenkamp*, BT 2, S.9 (Rn.23), 10 (Rn.27). Ferner *Arzt/Weber* LH3, S.10, *Krey*, BT 2, S.133 (Rn.241) und *Otto*, Struktur, S.315, wo stärker auf die Beeinträchtigung der Funktionstüchtigkeit der Sache abgestellt wird.

240 *Krey*, BT 2, S.134 (Rn.241d); *Otto*, Strafrecht, S.198 (Rn.10); *ders.*, Struktur, S.315; *ders.* Jura 1989, 200 (207); *Wessels/Hillenkamp*, BT 2, S.11 (Rn.31). Vgl. wiederum *Arzt/Weber* LH3, S.10 und *Ulsenheimer* Jura 1979, 169, wonach eine Sache zerstört sein soll, wenn sie "für ihren Zweck völlig unbrauchbar wird".

241 Vgl. dazu *Arzt/Weber* LH3, S.11; *Krey*, BT 2, S.133 (Rn.241a); *Maiwald* JZ 1980, 256 (257); *ders.*, Zueignungsbegriff, S.130, 138; *Roth*, Eigentumsschutz, S.27; *Seelmann* JuS 1985, 199 (200); *Wessels/Hillenkamp*, BT 2, S.9 (Rn.25).

242 LG Itzehoe NJW 1998, 468; KG StV 1999, 156=NJW 1999, 1200.

entfernt werden kann[243]). Problematischer ist dagegen die Variante der *Funktionsbeeinträchtigung*. Schon das *Reichsgericht* hatte entschieden, daß auch eine Beeinträchtigung der Funktion(sfähigkeit) einer Sache eine Sachbeschädigung darstellen könne[244]. Das ist heute allgemeine Auffassung[245]. Umstritten ist, (1.) *wann* eine Funktionsbeeinträchtigung vorliegt (Erheblichkeit der Beeinträchtigung) und (2.) wie das *Verhältnis beider Varianten zueinander* zu beurteilen ist. Die h.L.[246] stellt auf die Veränderung des Zustands einer Sache ab, an dessen Aufrechterhaltung der Sachherr ein (vernünftiges) Interesse hat. Sie läßt damit im Ergebnis *alternativ* Substanzbeeinträchtigung oder Funktionsbeeinträchtigung genügen und zieht dabei den Kreis der möglichen Funktionen weit, indem sie den "Willen des Eigentümers" über die Funktionsmöglichkeiten entscheiden lassen will. Die Rechtsprechung[247] behandelt die Funktionsbeeinträchtigung de facto wie ein *Restriktionskriterium*, indem sie bei der Funktionsbestimmung utilitaristisch vorgeht und sogar Beeinträchtigungen des äußeren Erscheinungsbildes nicht als Substanzveränderung anerkennt, wenn diese die Funktionstauglichkeit der Sache unberührt lassen und das ursprüngliche Erscheinungsbild ohne Substanzbeeinträchtigung wiederhergestellt werden kann (d.h. wenn weder die zustandsverändernde Tathandlung noch die notwendigen Restitutionsmaßnahmen zu Substanzverletzungen führen). Das äußere Erscheinungsbild aber soll der Rechtsprechung zufolge nur dann geschützt sein, wenn die Sache gerade ästhetischen Zwecken dient (wie Denkmäler oder Kunstwerke)[248]. - Der Rechtsprechung ist entgegengehalten worden, daß sie die Interessen des Eigentümers an der Gestaltung seiner Sache (auch der äußeren) nicht ausreichend berücksichti-

---

243 BGHSt 44, S.34 (39) = BGH StV 1998, 372ff = BGH JR 1998, 467 mit zustimmender Anmerkung *Dietmeier*, a.a.O., S.471; *Löhnig* Anmerkung zu BayObLG JA 1998, 184 (185).

244 RGSt 20, S.182ff.

245 Vgl. aus der neuesten Rechtsprechung BGHSt 44, S.34 (38) = BGH StV 1998, 372 (373); LG Itzehoe NJW 1998, 468. - Aus der Literatur statt vieler *Maiwald*, Zueignungsbegriff, S.123f m.w.N. (auch zur Rechtsprechung); *Otto*, Strafrecht, S.197 (Rn.7); *Roth*, Eigentumsschutz, S.27; *Welzel*, Strafrecht, S.361; *Wessels/Hillenkamp*, BT 2, S.5 (Rn.11).

246 *Arzt/Weber* LH3, S.11f; *Krey*, BT 2, S.134ff (Rn.242ff); *Maiwald* JZ 1980, 256 (257, 259); *Otto*, Strafrecht, S.198 (Rn.9); *ders.* JZ 1985, 21 (28); *ders.* Jura 1989, 200 (207).

247 Aus der neuesten Rechtsprechung LG Itzehoe NJW 1998, 468; KG StV 1999, 156=NJW 1999, 1200; BayObLG StV 1999, 543f; OLG Karlsruhe StV 1999, 544; HansOLG Hamburg StV 1999, 544f. St. Rspr. Vgl. auch *Arzt/Weber* LH3, S.10; zustimmend *Roth*, Eigentumsschutz, S.27.

248 LG Itzehoe NJW 1998, 468; HansOLG Hamburg StV 1999, 544 (545). Vgl. dazu auch *Maiwald* JZ 1980, 256 (257).

ge[249]. Der h.L. ist vorgeworfen worden, daß sie es der Willkür des Eigentümers überlasse, ob eine Sachbeschädigung vorliegt oder nicht (nämlich seiner Ansicht, ob seine Sache "beschädigt" ist[250]. - Außerdem kann auf die Unterscheidung des Gesetzgebers zwischen Verunstaltung (§ 134) und Beschädigung (§ 303) verwiesen werden.[251]

Der kleinste gemeinsame Nenner aller Ansichten ist damit, daß eine Sachbeschädigung jedenfalls dann vorliegt, wenn der Zustand einer Sache nachteilig verändert wird, indem in die Substanz der Sache eingegriffen wird oder indem ihre bestimmungsgemäße Brauchbarkeit nachhaltig beeinträchtigt wird.

"Die Enteignung ist stets als dauernde gewollt. Die Sache soll aus der Herrschaft ihres Herrn definitiv, auf Nimmerwiederkehr ausscheiden, aber gerade nicht durch Zerstörung."[252] - "Die Zerstörung ist nicht erlaubte Eigentumsausübung, sondern unverbotene Eigentumsvernichtung: das oft behauptete 'Recht des Eigentümers, seine Sache zu vernichten' existirt nur in unklaren Köpfen."[253] Mit diesen Worten grenzte *Binding* 1902 Zueignung und Sachbeschädigung voneinander ab. Beide standen für ihn im Verhältnis der Exklusivität, da der Täter das Tatobjekt (die Sache) nur *entweder* zueignen *oder* beschädigen oder vernichten könne.

Daran ist sicherlich richtig, daß der Täter in der Regel mit der Tathandlung bestimmte Ziele verfolgt, die entweder als Sachbeschädigung oder als Zueignung zu qualifizieren sind: *Entweder* will er die Sache haben bzw. nutzen (dann "Zueignung"), *oder* er will sie beschädigen oder vernichten (dann "Sachbeschädigung")[254]. Auch eine Wegnahme, die nur zum Zweck der Zerstörung erfolgt, ist

---

249 *Arzt/Weber* LH3, S.13; *Maiwald* JZ 1980, 256 (257f).

250 *Kargl* ZStW 103 (1991), 136 (155 Fn.59); *Löhnig* Anmerkung zu BayObLG JA 1998, 184 (185); *Seelmann* JuS 1985, 199 (200); *Wessels/Hillenkamp*, BT 2, S.5 (Rn.11).

251 Überblick zur Entwicklung und zum aktuellen Diskussionsstand bei *Löhnig* Anmerkung zu BayObLG JA 1998, 184ff; *Wessels/Hillenkamp*, BT 2, S.8ff (Rn.20ff). Vgl. ferner auch das Beispiel bei *Maiwald*, Zueignungsbegriff, S.124.

252 *Binding*, BT 1, S.264 (Hervorhebungen im Original). Gegen ihn *Otto*, Struktur, S.163.

253 *Binding*, BT 1, S.268. Ähnlich *Welzel*, Strafrecht, S.341. - A.A. *Heubel* JuS 1984, 445 (451).

254 H.M. *Androulakis* JuS 1968, 409 (411); *Bittner*, Gewahrsamsbegriff, S.66f; *Gössel* BT 2, S.191; *H.Mayer* JZ 1962, 617 (618); *Mitsch*, BT II/1, S.69f (Rn.135); *Otto*, Struktur, S.165f; *Rengier*, BT 1, S.22 (Rn.42); Sch/Sch/*Eser* § 246 Rn.14; *Tröndle/Fischer* § 242 Rn.19, § 246 Rn.17; *Welzel*, Lehrbuch, S.341. So schon Mat., S.466; aus dem älteren Schrifttum vgl. neben *Binding*, a.a.O., auch *Harburger*, VDB VI, S.215. - A.A. etwa *Wallau* JA 2000, 248ff.

nicht Diebstahl; die gesamte Tat ist als Sachbeschädigung zu bewerten[255]. Freilich kann die bestimmungsgemäße Nutzung einer Sache auch gerade in deren Zerstörung liegen, wie etwa bei Brennholz oder bei Lebensmitteln. In einem solchen Fall spricht man von einem "Verbrauch" der Sache, der von der ganz h.M.[256] zutreffend der "Zueignung" subsumiert wird. Statt dessen gehen *Gössel*[257] und *Kahlo*[258] von ***Sachbeschädigung*** aus. - *Kindhäuser*[259] nimmt an, daß sowohl eine Zueignung als auch eine Sachbeschädigung verwirklicht werden[260], wobei die Zueignung nach *Kindhäuser* "als speziellerer - weil merkmalsreicherer - Tatbestand" die Sachbeschädigung verdränge. *Roth*[261] bejaht "zumindest unechte Idealkonkurrenz"; für Tateinheit plädieren *Tröndle/Fischer*[262]. - *Miehe*[263] vertritt zwar die h.M., konstatiert aber, daß sich Sachbeschädigung, -zerstörung und -entziehung einerseits, Zueignung andererseits "wie ein Weniger zum Mehr" verhalten.

Diese Überlegungen zeigen bereits, daß es bei der Abgrenzung wesentlich auf *subjektive* Momente ankommt, d.h. darauf, was der Täter will. Allerdings wird man mit *Maiwald*[264] einen Schritt weiter gehen und konstatieren müssen, daß es bei der Frage der Zueignung nicht darauf ankommen kann, ob die Verwendung der Sache durch den Täter als objektiv zweckentsprechend oder zweckwidrig empfunden wird. Theoretisch kann dieselbe Tathandlung Zueignung wie auch stattdessen Sachbeschädigung sein: Der Täter kann Möbel verbrennen, um sie zu vernichten (Sachbeschädigung) oder um sich am Feuer zu wärmen (Zueig-

---

255 BGH JR 1978, 171f; *Kindhäuser*, BT II/1, S.83 (Rn.108); *Maurach/Schroeder/Maiwald*, BT 1, S.335; *Mitsch*, BT II/1, S.30 (Rn.68), 69f (Rn.135); NK-*Kindhäuser* § 242 Rn.108; Sch/Sch/*Eser* § 242 (Rn.55). Die Kritik, die *Paulus*, Sachzueignungsbegriff, S.48f (m.w.N.) an dieser Auffassung übt, gründet allerdings auf der (unzutreffenden) Annahme, daß der "Verbrauch" der Sache nur über die Sachwerttheorie zu erfassen sei (siehe dazu sogleich).

256 *Bittner*, Gewahrsamsbegriff, S.77; *Kargl* ZStW 103 (1991), 136 (151 Fn. 47); *Miehe*, in: Heidelberg-FS, S.481 (492); *Mitsch*, BT II/1, S.30 (Rn.68); *Paulus*, Sachzueignung, S.98; *Rudolphi* GA 1965, 33 (49 Fn.70); *Ruß*, in: Pfeiffer-FS, S.61 (63); Sch/Sch/*Eser* § 242 (Rn.55). Aus dem älteren Schrifttum vgl. *Binding*, BT 1, S.264; *Frank* § 242, S.518.

257 in: BT 2, S.69.

258 in: Vom unmöglichen Zustand des Strafrechts, S.123 (138 Fn.51).

259 in: Geerds-FS, S.655 (668). - Ebenso NK-*Kindhäuser* § 242 Rn.106; ähnlich *Kindhäuser*, BT II/1, S.82 (Rn.104).

260 So anscheinend auch *Wessels/Hillenkamp*, BT 2, S.115 (Rn.293).

261 in: Eigentumsschutz, S.147.

262 § 242 Rn.19.

263 in: Heidelberg-FS, S.481 (492f).

264 Zueignungsbegriff, S.254. So schon *Frank* § 242, S.518.

nung)[265]. Er kann auch (ausnahmsweise) beide Ziele verfolgen; dann stehen Zueignung und Sachbeschädigung im Verhältnis der Idealkonkurrenz zueinander. Selbstverständlich kann der Täter eine Sache auch zunächst wegnehmen, um sie sich zuzueignen, und sie später beschädigen oder zerstören; in einem solchen Fall bildet die Sachbeschädigung eine mitbestrafte Nachtat zum Diebstahl[266]. - *Wallau*[267] negiert allerdings (in vermeintlicher Anknüpfung an das traditionelle "Bereicherungskriterium" ["animus lucri faciendi"]) einen qualitativen Unterschied von Zueignung und Beschädigung. Wenn dies zuträfe und jede Sachbeschädigung seiner Ansicht entsprechend zugleich eine Zueignung wäre, dann wäre die Sachbeschädigung generell überflüssig, ihr geringerer Strafrahmen unverständlich. Freilich schützt auch das Zivilrecht pauschal vor Eigentumsbeeinträchtigungen und unterscheidet nicht rücksichtlich ihrer Art (Zueignung, Entziehung oder Beschädigung einer Sache). Insoweit scheint diese Ansicht zunächst bedenkenswert. Jedoch ist zu berücksichtigen, daß das zivilrechtliche Deliktsrecht eine andere Aufgabenstellung als das Strafrecht hat und daher eher pauschalisierend und flächendeckend vorgeht, während das Strafrecht punktuell und stark differenzierend arbeitet. Eine undifferenzierte Betrachtungsweise, die nicht mehr zwischen Sachbeschädigung, Sachentziehung und Zueignung unterscheidet, findet nicht nur im geltenden Deliktssystem keine Stütze, sie ist auch *de lege ferenda* nicht zu empfehlen, da damit die feinen Abstufungen des Deliktssystems aufgegeben würden und die damit verbundene Ausdehnung der Strafbarkeit kaum abzuschätzen wäre.

---

265 *Maiwald*, Zueignungsbegriff, S.254. Dieser sieht selbst den möglichen Einwand voraus, das Ergebnis sei "übertrieben subjektivistisch". Dem ist zu entgegnen, daß die Frage, ob eine Sache "beschädigt" oder "zugeeignet" werden soll, in Grenzfällen der genannten Art überhaupt nur mit Rücksicht auf die Motive des Täters beantwortet werden kann. Das Ergebnis braucht aber weder entschuldigt, noch verteidigt zu werden: Es entspricht der (historisch begründeten) Denkweise des geltenden Rechts. - *Rengier*, in: Lenckner-FS, S.801 (810), und *Wallau* JA 2000, 248 (255f) wollen anscheinend Sachbeschädigung *und* Zueignung annehmen (vgl. auch *Frank* § 242, S.518).

266 BGH NStZ-RR 1998, 294; *Otto*, Strafrecht, S.199 (Rn.16); *ders.*, Struktur, S.318ff (anders die Argumentation auf S.140f). So schon *Schaffstein* GS 103, 292 (313). - Interessant ist in diesem Zusammenhang die Überlegung *Wallaus* JA 2000, 248 (256), daß die Vertreter der sog. "Tatbestandslösung" in solchen Fällen zur Tatbestandslosigkeit der Sachbeschädigung gelangen müßten, während die Vertreter der sog. "Konkurrenzlösung" das Problem auf Konkurrenzebene lösen müßten. (Vgl. dazu unten.) - Zwingend ist das aber nicht.

267 JA 2000, 256.

Auch der Gesetzgeber von 1871 hat deutlich zwischen einer Zueignung und einer Sachbeschädigung unterschieden[268]. Das ist der Systematik heute noch anzusehen, da die Sachbeschädigung (§ 303) an einer ganz anderen Stelle im Gesetz geregelt ist als die Zueignungsdelikte (§§ 242-252). Auch hielt der historische Gesetzgeber das Unrecht der Sachbeschädigung für geringer, wie überhaupt die Schädigungsdelikte erst relativ spät in das deutsche Strafrecht aufgenommen wurden[269]. Man sieht das noch am bis heute geringeren Strafrahmen der Sachbeschädigung im Vergleich zu den Zueignungsdelikten[270]. - *Mitsch*[271] nimmt zu der insoweit parallelen Situation bei der *Sachentziehung* an, "daß gegenüber dem eigennützig handelnden Täter ein höheres Präventionsbedürfnis besteht als gegenüber dem Täter, dem es nur darauf ankommt, den Eigentümer zu schädigen". - Wenn heute die Sachbeschädigung allgemein mit den Zueignungsdelikten zur Gruppe der "Eigentumsdelikte" vereinigt wird[272], so ist die Betonung der Parallele aus historischer Sicht also nur bedingt richtig.

Läßt sich nicht aufklären, ob der Täter eine Sachbeschädigung oder eine Zueignung wollte, so scheidet eine Wahlfeststellung aus[273]. In Betracht kommt vielmehr eine eindeutige Verurteilung wegen Sachbeschädigung: Der Täter, der die Sache verbrauchen (zueignen) will, muß die dafür notwendige Substanzbeschädigung oder -vernichtung in Kauf nehmen, verwirklicht also zugleich eine vorsätzliche Sachbeschädigung.

---

268 Zur historischen Entwicklung *Otto*, Struktur, S.164f Fn.271; vgl. auch *Kindhäuser*, BT II/1 (1.Aufl.), S.45, *Paulus*, Sachzueignung, S.29 sowie die Einteilung in Aneignungsdelikte und Schädigungsdelikte bei *Welzel*, Strafrecht, S.339. Mit dieser knüpft *Welzel* an die Einteilung bei *Feuerbach* an, vgl. *Maiwald*, Zueignungsbegriff, S.23.

269 Vgl. *Wallau* JA 2000, 248 (251 m.w.N.). - *Maurach/Schroeder/Maiwald*, BT 1, S.317 nennen die Sachbeschädigung einen "ausgesprochen moderne[n] Tatbestand außerhalb des überkommenen Zusammenhangs der Eigentumsverbrechen".

270 Zur Rechtslage nach den Partikulargesetzbüchern, die i.E. die gleiche Ansicht vertraten, vgl. *Maiwald*, Zueignungsbegriff, S.134f. Dieser Wertung stimmt *Kahlo*, in: Vom unmöglichen Zustand des Strafrechts, S.123 (136 Fn.47) zu.

271 Vgl., BT II/1, S.62 (Rn.119). - A.A. offenbar *Lampe* GA 1966, 225 (228), der in § 303 "die intensivste Form der Eigentumsverletzung" sieht (was von seinem erfolgsorientierten Standpunkt aus konsequent erscheint). Ebenso *Kargl* ZStW 103 (1991), 136 (143), *Kindhäuser*, in: Geerds-FS, S.655 (670) und *Wallau* JA 2000, 248 (256).

272 Vgl. z.B. *Bittner*, Gewahrsamsbegriff, S.59; *Maurach/Schroeder/Maiwald*, BT 1, S.316; *Otto* Jura 1989, 137 (138); *ders.*, Struktur, S.98; *Roth*, Eigentumsschutz, S.25, 36; *Ulsenheimer* Jura 1979, 169.

273 *Lampe* GA 1966, 225 (226).

Eines ist dabei nochmals klarzustellen: Zwar ist die Enteignungskomponente gleichermaßen in der Sachbeschädigung und in der Zueignung enthalten, doch bedeutet das nicht, daß sie ein "Scharnier" für den beliebigen Austausch beider Delikte bildet. *Maiwald*[274] hat angenommen, es bestehe *kein* Gegensatz zwischen Sachbeschädigung und Zueignung. Allerdings geht *Maiwald* von einem sehr umfassenden Begriffsverständnis der Sachbeschädigung aus, demzufolge die "Sachbeschädigung, richtig verstanden, nichts anderes als das allgemeine Delikt der Eigentumsverletzung" ist[275]. *Maiwald* tritt daher konsequent für eine Reform des § 303 ein[276]. Vom Boden der geltenden Gesetzesfassung kann *Maiwalds* Auslegung, wie er selbst feststellt, freilich nur auf eingeschränkte Zustimmung rechnen, zumal der Tatbestand de lege lata eine andere Interpretation zumindest nahelegt.

Zahlreiche Autoren, die sich gegen die gegenwärtige Unterteilung der Eigentumsdelikte wenden, meinen, letztlich sei es für das Opfer doch gleichgültig, ob es seine Sache durch Zueignung oder durch Sachbeschädigung oder -entziehung verliere[277]; die Unterscheidung des Gesetzes sei daher nicht recht nachvollziehbar. *Lampe*[278] will dem subjektiven Moment im Ergebnis dann auch keine Bedeutung für das Wesen der Zueignungsdelikte beimessen und hält nur die Enteignung für entscheidend. - Von dem von diesen Autoren eingenommenen viktimodogmatischen Standpunkt her ist das sicher konsequent. Die Perspektive des geltenden Strafgesetzes aber ist eben eine andere: Die tatsächliche (endgültige) *Enteignung* markiert die materielle *Vollendung* und bildet die eine Hälfte des deliktischen Erfolges; da es sich um ein "Transferdelikt" handelt, ist auch die Aneignung Teil dieses Erfolges[279]. Diese Wertung verdient auch den Vorzug gegenüber dem rein viktimodogmatischen Ansatz, muß doch die bloße Orientierung am

---

274 Zueignungsbegriff, S.140.

275 Zueignungsbegriff, S.140. - Gegen ihn *Gössel*, in: GA-FS, S.39 (46), der *Maiwald* vorwirft, durch sein "Verständnis der Zueignung als Eigentumsverletzung durch Eigentumsentwertung" vermenge er "das Objekt der Zueignung mit dieser selbst"; dadurch werde "der Gegenstand der Zueignung (=Sache) durch Rückgriff auf das geschützte Rechtsgut und auf das Entziehungselement der Zueignung hinweginterpretiert"; ähnlich wie *Maiwald* aber *Miehe*, in: Heidelberg-FS, S.481 (492f): "Sachbeschädigung, -zerstörung und -entziehung einerseits, Zueignung andererseits verhalten sich wie ein Weniger zum Mehr. Sie kommen in der Enteignung völlig überein, die sich bei der Zueignung nur in der Aneignung fortsetzt."

276 Zueignungsbegriff, S.129ff; ähnliche Überlegungen finden sich auch bei *Otto*, Struktur, S.344.

277 Vgl. *Schaffstein* GS 103, 292 (308, 312f); *Lampe* GA 1966, 225 (226); *Baumann* GA 1971, S.306 (309).

278 GA 1966, 225 (238f).

279 Vgl. *Deubner* Anmerkung zu OLG Celle NJW 1967, 1921; *Welzel*, Strafrecht, S.341.

Schaden zu einer Nivellierung des Begriffs der Eigentumsverletzung bis zur völligen Konturenlosigkeit führen. Subjektiv besteht weiter ein Unterschied zwischen einer Enteignung, die durch Zueignung eintritt, und derjenigen, die durch Sachbeschädigung herbeigeführt wird; beide stellen unterschiedliche Enteignungsformen dar. Nur insofern besteht eine (hier ausreichende) Parallele, als der Täter die Sachbeschädigung (verstanden als Substanz- oder Funktionsbeeinträchtigung) in jedem Fall mitverwirklichen und sie daher auch in seinen Vorsatz aufnehmen muß. Der Zueignungsvorsatz "enthält" den Beschädigungsvorsatz aber nicht: Die Enteignungskomponente der Sachbeschädigung ist eben weder objektiv (vom äußerlichen Vorgang her) noch subjektiv (nach der Vorstellung des Täters) als "minus" gegenüber der Enteignung der Zueignung anzusehen. Im Gegenteil: Es ist zu Recht darauf hingewiesen worden, daß das Opfer einer Sachbeschädigung äußerlich noch viel schlechter steht als das Opfer einer Zueignung, zumal letzteres immerhin eine Chance hat, seine Sache irgendwann zurückzubekommen. Vielmehr liegt in der Sachbeschädigung ein "aliud", das aber in den Verbrauchsfällen als wesensverschiedene Begleiterscheinung auftritt. Es kommt also niemals eine wahldeutige Verurteilung wegen eines Zueignungsdelikts oder einer Sachbeschädigung, dafür aber eine eindeutige Verurteilung wegen Sachbeschädigung in Betracht. So kann das mißliche Ergebnis vermieden werden, daß der Täter freigesprochen werden muß, weil nicht aufzuklären ist, ob er die Sache verbrauchen oder vernichten wollte.

V.) Zueignung und Sachentziehung

Ferner ist auch die bloße **Sachentziehung**, die grundsätzlich straflos bleibt[280], von der Zueignung abzugrenzen. Eine solche liegt vor, wenn der Täter bei fehlendem Aneignungswillen nur die *Enteignung* herbeiführen will[281], wenn er also lediglich das Ziel verfolgt, "den Berechtigten seiner tatsächlichen Verfügungsmacht über die Sache zu entkleiden"[282]. - Darin stimmen Sachbeschädigung (in

---

280 *Duttge/Fahnenschmidt* ZStW 110 (1998), 884 (900); *Harburger*, VDB VI, S.215; Sch/Sch/*Eser* § 242 (Rn.55). - Sollte mit der Sachentziehung eine Sachbeschädigung verbunden sein, so kann das Verhalten nach § 303 bestraft werden. Vgl. dazu *Maiwald*, Zueignungsbegriff, S.127f m.w.N; *Roth*, Eigentumsschutz, S.38 Fn.4; *Samson* JA 1980, 285; Sch/Sch/*Eser* § 242 (Rn.55); auch *Gössel*, in: GA-FS, S.39 (52f); *Mitsch*, BT II/1, S.40 (Rn.85); a.A. *Wessels/Hillenkamp*, BT 2, S.11 (Rn.32).

281 *Heubel* JuS 1984, 445 (449); *Wessels* NJW 1965, 1153 (1155; 1158).

282 BGH JuS 1997, 1140, erläutert von *Martin* (a.a.O., S.1140f).

der Form der Sachzerstörung) und Sachentziehung überein, daß beide (nur) auf Enteignung gerichtet sind[283].

Zu beachten ist freilich, daß auch in dem Umstand, daß sich der Täter die endgültige Entscheidung über den Verbleib der Sache (insbes. deren Rückgabe, Verwendung für eigene Zwecke, Behalten oder Entsorgen) vorbehält, das Ausüben einer eigentümerähnlichen Sachherrschaft liegen kann, das eine (vollendete) Zueignung begründet (und nicht bloß eine straflose Sachentziehung darstellt)[284]. - Es dürfte indessen entgegen *Maiwald*[285] nicht sachgerecht sein, über § 242 auch den Fall des Postbeamten zu erfassen, der ein Päckchen öffnet, um anschließend darüber zu entscheiden, ob er dessen Inhalt behalten will[286]. Es wäre gleichwohl entgegen *Maiwald*[287] mit der obigen Argumentation möglich, diesen Fall bereits de lege lata als Diebstahl zu erfassen.

Im Zusammenhang mit der Einführung der Drittzueignung ist die These aufgestellt worden, künftig würden Fälle, die bislang als Sachentziehung straflos waren, dem Bereich der nunmehr ausdrücklich pönalisierten Drittzueignung unterfallen[288]. Die These klingt äußerst gewagt, impliziert sie doch, daß eine Sachentziehung in einer Vielzahl von Fällen mit einer Drittzueignung einhergehe. Sie basiert zunächst auf der (zutreffenden) Annahme, daß die Sachentziehung nur das Enteignungselement enthält, während das Aneignungselement fehlt (s.o.); daraus würde (nach dem "Baukastensystem") folgen, daß in jeder Zueignung eine Sachentziehung enthalten ist, was wiederum eine sehr fragwürdige These darstellt, zumal für den Gesetzgeber nicht einmal die beiden Entziehungsformen (Sachbeschädigung in Form der Sachzerstörung und Sachentziehung) identisch sind. Das gilt auch noch nach dem 6.StrRG. Folglich müßte erst einmal dargetan werden, daß sämtliche Enteignungsformen über ihren Entziehungscharakter hinaus we-

283 Das betont auch BGH JuS 1997, 1140 (1141), wenn er ausführt, "daß das Verstekken ... eher einer Vernichtung der Sache als der Anmaßung einer eigentümerähnlichen Herrschaftsmacht gleiche"; vgl. ferner *Küper*, BT, S.432, 437; *Lackner/Kühl* § 242 Rn.21; *Otto*, Struktur, S.211f; *Roth*, Eigentumsschutz, S.38 mit Fn.4. - Zur Unterscheidung von Sachbeschädigung und Sachentziehung vgl. BGHSt 44, S.34 (38f) = BGH StV 1998, 372 (373); vgl. ferner *Baumann* GA 1971, 306 (309); *Kargl* ZStW 103 (1991), 136 (156); *Ranft* JA 1984, 277 (278).

284 *Martin* JuS 1997, 1140 (1141); i.E. wohl auch *Otto*, Struktur, S.196; einschränkend *Kindhäuser*, BT II/1, S.108 (Rn.179); Sch/Sch/*Eser* § 242 Rn.62; *Tröndle/Fischer* § 246 Rn.21. Zur Entwicklung in der Rechtsprechung vgl. *Maiwald*, Zueignungsbegriff, S.59.

285 Zueignungsbegriff, S.188.

286 Unklar die Differenzierung bei *Mohrbotter* Anmerkung zu OLG Celle NJW 1970, 1857 (1858).

287 Zueignungsbegriff, S.188.

288 Vgl. statt vieler nur *Schmid-Hopmeier*, Drittzueignung, S.217ff (m.w.N.).

sensmäßig identisch oder zumindest im System der verschiedenen Deliktsformen beliebig austauschbar sind. Im Rahmen der obigen Untersuchung zum Verhältnis von Zueignung und Sachbeschädigung wurde nur dargetan, daß eine Zueignung mit einer Sachbeschädigung durch Substanzverletzung einhergehen kann, wobei das Vorliegen einer Zueignung eine Sachbeschädigung wegen der subjektiven Richtung des Täterverhaltens ausschließt. Zu der umgekehrten Frage, ob die *Art* von Enteignung, wie sie einer Sachentziehung oder -beschädigung eigen ist, für eine Zueignung (die doch auf eine Übertragung der Sache gerichtet ist) überhaupt tauglich ist, wurde nicht Stellung genommen. Zwar kann die Sache im Rahmen einer Zueignung beschädigt werden, ob aber die Beschädigung die gleichzeitige Aneignung gestattet, ist äußerst fraglich. - Die genannte Auffassung folgert weiter, daß es nach der bisherigen Handhabung des Zueignungsbegriffes auf die Aneignung nicht entscheidend ankomme; sie sei bisher nur ein "Begrenzungskriterium" ("sich" zueignen als Erfordernis eines wie auch immer gearteten "eigenen" Vorteils) gewesen. Komme es auch auf diesen eigenen "Vorteil" nicht mehr an, dann genüge künftig zur Verwirklichung eines Zueignungsdelikts schon "dolus eventualis": Wenn der Täter die entzogene Sache wegwerfe und damit dem Zugriff Dritter preisgebe, dann nehme er billigend in Kauf, daß diese Dritten sich die Sache "aneignen"; beides zusammen, Enteignung durch Sachentziehung und In-Kauf-Nehmen der Aneignung durch Dritte, fügen sich für diese Ansicht "harmonisch" zu einer (täterschaftlichen [*sic*!]) Drittzueignung zusammen.

Diese Auffassung, die von ihren Vertretern kritisch gegen die Pönalisierung der Drittzueignung vorgebracht wird, ist nicht haltbar. Sie basiert auf einer Reihe von Prämissen, die nicht akzeptiert werden können, zeigt aber erneut, zu welcher Begriffsauflösung, ja, Erosion des gesamten Deliktssystems das "Baukastensystem" führen kann. Zunächst ist klarzustellen, daß Enteignung und Aneignung nach ganz überwiegender Auffassung in einem Korrespondenzverhältnis stehen müssen, wie eng oder wie locker es auch sein mag. Die unkritische "Addition" von Enteignung und Aneignung zur Zueignung verbietet sich also schon im Ansatz. - Mag es auch für das Opfer keinen Unterschied machen, ob es seine Sache durch Zueignung, durch Zerstörung oder durch Entziehung verliert, das Gesetz hat durch sein differenziertes System klar zum Ausdruck gebracht, daß der bewußt herbeigeführte Sachverlust als solcher nicht unter allen Umständen Strafe nach sich ziehen soll. Kann selbst die bewußte und gewollte Enteignung mithin weder eine bestimmte noch überhaupt eine Strafbarkeit "begründen", so wird man zu überlegen haben, welchen Einfluß wiederum die Aneignung als zusätzliches Tatbestandsmerkmal auf die Zueignungsdelikte ausübt; jedenfalls scheint es nicht vertretbar, ihre Rolle vollkommen herunterzuspielen[289].

Geht man zunächst auf ein einfaches und anschauliches Grundmodell zurück, so besteht die Sachbeschädigung in einer körperlichen Einwirkung auf die Sache, während die Sachentziehung die Sache unberührt läßt, sie dem Berechtigten aber "nimmt": Die Sachentziehung "verschiebt" die Sache, sie schiebt sie (bildlich gesprochen) ein Stück vom Berechtigten weg, so daß dieser die Sache nicht mehr erreichen kann. Insofern gleicht sie durchaus der Zueignung. Hier kommt dann aber die Aneignungskomponente zum Tragen: Während die Zueignung die Sache "auf eine andere Person" überleitet, verschiebt die Sachentziehung die Sache gleichsam "ins Leere". Bildlich kann man das Geschehen auf der Aneignungsseite mit dem auf einem Rangierbahnhof vergleichen, wobei der Täter im Beispiel die Rolle des Rangierers übernimmt: Entscheidend ist, ob er einen Waggon auf das Abstellgleis ("ins Leere") oder zu den Waggons eines anderen Zuges ("zu einem Dritten") verschiebt.

Man kann also bei der Unterscheidung von Sachentziehung und Zueignung nicht undifferenziert darauf abstellen, ob sich am Ende irgendwer die Sache angeeignet hat. Vielmehr geht es darum, was der Handelnde *täterschaftlich* bewirkt hat, und dafür ist eben entscheidend, bis zu welchem Punkt er das Geschehen beherrscht (wie weit seine Tatherrschaft reicht), also sowohl, was er "gewollt" hat als auch, was er durch sein Verhalten "bewirkt" hat. *Kindhäuser* bemerkt dazu: "Für die Drittzueignung kann es nicht genügen, daß der Täter lediglich eine fremde Sache wegnimmt, um dem Dritten *dessen* Zueignung zu ermöglichen. Dann beginge der Täter gegenüber dem Berechtigten eine bloße Sachentziehung, die für den Diebstahl als Zueignungsdelikt nicht ausreicht. Dem insoweit klaren Wortlaut des Tatbestands zufolge muß *der Täter* zueignen; 'einem Dritten eine Sache zuzueignen' ist offensichtlich *nicht bedeutungsgleich* mit der Formulierung, 'einem Dritten *dessen* Zueignung zu ermöglichen'."[290] Bei der Sachentziehung kann der Täter zwar die Enteignung beherrschen, für eine täterschaftliche Drittzueignung fehlt ihm aber die Tatherrschaft über das Verhalten des Dritten, der sich die Sache aneignet. Der Dritte begeht seinerseits eine Fundunterschlagung. Er macht sich also selbst einer Zueignung schuldig. Die Frage kann daher allenfalls lauten, ob der "Täter" der straflosen Sachentziehung zu der späteren

289 Auch *Küper*, BT, S.440 betont unter Berufung auf *Dencker*, daß die Aneignungskomponente durch die Aufnahme der Drittzueignungsvariante "nicht etwa *aufgegeben* worden ist".

290 BT II/1, S.95 (Rn.136). [Hervorhebungen im Original] So i.E. auch *Lackner/Kühl* § 242 Rn.26a, § 246 Rn.8.

Fundunterschlagung Beihilfe geleistet hat, indem er sie durch die Preisgabe der Sache ermöglicht[291].

Dabei unterscheiden sich die Sachentziehungsfälle deutlich von denen der Gebrauchsanmaßung ohne Rückführung der Sache nach Gebrauch: Für die Selbstzueignung konnte dort, wie gesehen, die Preisgabe der Sache genügen. Allerdings hatte der Täter "sich" die Sache durch den Gebrauch auch schon "angeeignet" und so den Berechtigten für die Zeit der Gebrauchsanmaßung "enteignet"; die Preisgabe bewirkte also die dauernde Enteignung. Hier liegen die Dinge aber anders: Bei der Sachentziehung wird die Sache nämlich niemandem zugeleitet, sie wird *allen* entzogen (sogar dem Täter selbst, denn wenn er die Sache "für sich" besitzt, so liegt darin ja eine Selbstzueignung).

Es bleibt zu klären, welche Anforderungen im subjektiven Bereich an die (Beihilfe zur) Aneignung zu stellen sind. Gemeinhin werden beim dolus eventualis die theoretischen Voraussetzungen gering gehalten: Es genügt ein billigendes In-Kauf-Nehmen des Erfolgseintritts. Hat der Täter die Möglichkeit des Erfolges erkannt und nicht darauf vertraut, daß dieser ausbleiben werde, so hat er vorsätzlich gehandelt. Folgt man gar der "Gleichgültigkeitstheorie", so würde es schon genügen, daß der Täter dem Erfolgseintritt indifferent gegenübersteht. Damit wird es schwierig, den Eventualvorsatz von der "bewußten Fahrlässigkeit" abzugrenzen. In der Praxis ist man dann aber doch zurückhaltender mit der Annahme von "Vorsatz": Nicht alles, was der Täter als theoretisch möglichen Erfolg seiner Handlung vorhergesehen hat, hat er damit automatisch auch "vorsätzlich" (mit Eventualvorsatz) herbeigeführt. - Für die Abgrenzung zwischen Sachentziehung und Drittzueignung bedeutet das konkret: Wenn man annimmt, daß in jeder Zueignung eine Sachentziehung enthalten ist (sonst fehlt es an einer zueignungstauglichen Enteignung) und wenn man weiter davon ausgeht, daß es für den Drittzueignungsvorsatz schon ausreicht, daß der Täter der fremden Aneignung gleichgültig gegenübersteht, so wird man zwar mangels Tatherrschaft über das Verhalten des Dritten keine Täterschaft, wohl aber Beihilfe zur Zueignung durch den Dritten konstruieren können. - Mit anderen Worten: Wenn man eine Reihe gewagter Thesen, die jede für sich fragwürdig bis unhaltbar erscheinen, miteinander verknüpft, dann kann man in der Tat behaupten, in der Sachentziehung

---

291 Vgl. dazu *Ingelfinger* JuS 1998, 531 (535): Täterschaftliche Selbst- oder Drittzueignung setzen eine Zueignungsabsicht des Handelnden voraus; war sein Wille "lediglich darauf gerichtet, fremde Zueignung zu ermöglichen", so ist dies "nicht ausreichend", um Täterschaft anzunehmen. - Nicht überzeugend daher *Kindhäuser*, BT II/1, S.171 (Rn.48f), 172 (Rn.52), der schon in der bloßen Ermöglichung fremder Zueignungen eine täterschaftliche Drittzueignung erblickt (vgl. aber seine oben zitierten Ausführungen S.95 (Rn.136)); in diesem Bereich bestehen offenbar noch gewisse Unsicherheiten und Formulierungsprobleme.

stecke eine Beihilfe zur Drittzueignung. Zugleich wird aber deutlich, daß es sich hier einerseits um Unklarheiten in der Dogmatik der Zueignungsdelikte, andererseits um Probleme des Allgemeinen Teils handelt, die folglich zur Drittzueignung nur allgemeine, marginale Bezugspunkte aufweisen.

Sinnvoll erscheint nach dem Gesagten folgende Abgrenzung: Wenn der Täter die Sache nur entziehen ("ins Leere verschieben") will, so kann die Möglichkeit, daß ein Dritter sie sich zueignet, nicht genügen, um auch nur eine Beihilfe zur fremden Zueignung zu konstruieren. Die entgegengesetzte Auffassung würde vom Täter verlangen, daß er die entzogene Sache gegen fremde Zueignung sichert, denn steht er dem Tun der Dritten gleichgültig gegenüber (d.h. unternimmt er nichts gegen den Erfolgseintritt, obwohl ihm dieser möglich erscheinen muß), so würde er bedingt vorsätzlich handeln; das kann nicht richtig sein. Vielmehr wäre für eine Beihilfe zur Drittzueignung erforderlich, daß der Täter *will*, daß Dritte sich die Sache zueignen[292]. Wirft er die Sache dagegen weg, um sie auf diese Weise zu entziehen, so ist allein die Entziehung von ihm gewollt; es fehlt an der Zueignung, die einen Aneignungswillen (nicht bloße Indifferenz) voraussetzt[293].

Folgende abschließende Überlegungen mögen das gefundene Ergebnis stützen: Erstens spricht der Umstand, daß der Täter in keiner Weise vorhersehen kann, *wer* sich die Sache zueignen wird, deutlich gegen "Vorsatz": Welches Motiv sollte der Täter haben, irgendjemandem, den er nicht kennt, die Zueignung der Sache zu ermöglichen? - Zweitens ist auch zu bedenken, daß bis zur tatsächlichen Zueignung durch den Dritten das Verhalten des "Täters" straflos bleiben müßte, da bis zu diesem Zeitpunkt nur versuchte Beihilfe vorläge, die aber nicht strafbar ist. - Drittens unterscheiden sich Zueignung und Preisgabe zwecks Sachentziehung doch schon äußerlich recht deutlich: Man stelle sich etwa einen Täter vor, der eine Sache benutzt und dann achtlos wegwirft, und vergleiche ihn mit demjenigen, der die Sache unbenutzt wegwirft. Das Wegwerfen hat im erstgenannten Fall die Funktion, die Sache aus dem Kreis der "eigenen" Güter auszuscheiden, also der Dereliktion, im zweiten Fall dagegen den Zweck, die Sache dem Berechtigten zu entziehen. Man kann den zweiten Beispielsfall auch weiter zuspitzen, so daß der Sinn des Geschehens noch deutlicher wird: Der "Täter" verstreut fremde Sachen planlos in der Gegend, so daß der Berechtigte zumindest einige Mühe haben wird, seine Sachen wiederzubekommen. - Wer käme hier

292 Vgl. *Lackner/Kühl* § 242 Rn.26a (m.w.N.).

293 Vgl. dazu auch *Küper*, BT, S.440: Der Betreffende muß eben *mit dem Willen* handeln, fremde Zueignung *zu ermöglichen.* Die rein faktische Ermöglichung einer fremden Zueignung genügt nicht.

ernstlich auf den Gedanken, der Täter wolle durch sein Verhalten Dritten die Zueignung ermöglichen?

VI.) Ergebnis

Die Zueignung erfolgt durch einen **Sachtransfer**. Ihr Wesen besteht in der Verschiebung einer für den Täter fremden Sache, also in der Überleitung der Sachherrschaft von einer Person (in der Regel dem Berechtigten) auf eine andere. Zwar kann der Täter durch die Zueignung an den rechtlichen Eigentumsverhältnissen nichts ändern, doch entzieht er dem Eigentümer die von § 903 BGB beschriebene Herrschaftsstellung und verschafft sie sich oder einem Dritten. Voraussetzung für einen solchen Sachtransfer ist folglich die **Sachherrschaft**: Ohne die Möglichkeit der Einwirkung auf die Sache kann diese nicht transferiert werden, ohne Sachtransfer kann keine Zueignung begangen werden.

Die Zueignung ist durch einen *dauernden* Sachtransfer geprägt: Die Sache muß dem Eigentümer für immer entzogen werden, auch wenn der Empfänger der Sache sie nur vorübergehend behalten will. Darin unterscheidet sich die Zueignung von der **Gebrauchsanmaßung**, bei der die Sache nur vorübergehend (für die Dauer des Gebrauchs) vom Berechtigten auf den Täter verschoben wird. Entscheidend ist dabei der Wille des Täters, die Sache ohne wesentliche Substanzveränderung zurückzugeben. Wird die Sache durch den Gebrauch in ihrer Substanz verletzt, dann kann sie nicht unverändert zurückgegeben werden, weshalb *objektiv* eine Zueignung vorliegt. Im *subjektiven* Bereich unterscheidet sich die Gebrauchsanmaßung von der Zueignung durch den Rückführungswillen.

Das *Transferkriterium* unterscheidet die Zueignung von der **Sachbeschädigung** und der **Sachentziehung**. Sachbeschädigung in Form der Sachzerstörung und Sachentziehung sind zwar wie die Zueignung auf Enteignung gerichtet, doch fehlt ihnen das Merkmal der Aneignung: Die Sache wird nicht auf eine andere Person übertragen. Zu beachten ist, daß die Enteignung zwar allen drei Formen von Eigentumsbeeinträchtigung gemeinsam ist, doch sind die Delikte nicht einfach "austauschbar": Die Straflosigkeit der Sachentziehung zeigt, daß nicht *jede* Enteignung Strafe nach sich ziehen soll und daß die verschiedenen Enteignungen offenbar *wesensverschieden* sind. Diese Verschiedenartigkeit von Zueignung und Sachbeschädigung läßt beide Delikte in ein *Alternativitätsverhältnis* treten: Sachbeschädigung ist kein *minus* zur Zueignung, sondern ein *aliud.*

Teil III. Zueignung und Manifestation

A. Begriff und Bedeutung der Manifestation

I.) Der Manifestationsakt als Teil der Zueignung

Für die **Zueignung** wird im Rahmen des § 246[294] allgemein ein äußerlich erkennbarer ***Manifestationsakt*** gefordert[295]. Es müsse ein Akt sein, der den Aneignungsentschluß des Täters dokumentiere, der Täter müsse diesen Entschluß also äußerlich betätigen; der *bloße Entschluß* könne dagegen für sich allein nicht genügen[296], da dies auf ein "Gesinnungsstrafrecht" hinauslaufe. Nun ist allerdings umstritten, wie der erwähnte Zueignungsakt aussehen soll. Da es kein Verhalten gibt, zu dem nicht auch ein Nichteigentümer kraft Autorisierung durch den Eigentümer berechtigt sein kann, besteht weitgehend Einigkeit darin, daß jedenfalls kein "unzweideutiges, nur dem Eigentümer erlaubtes" Verhalten gefordert werden könne[297]. Auch wird auf die Vielfalt möglicher Verhaltensweisen verwiesen, in denen sich eine Zueignung dokumentieren könne[298].

---

294 Bei der Unterschlagung ist sie seit der Neufassung durch das 6.StrRG einziges Tatbestandsmerkmal; vgl. dazu unten "Teil I.B.II.".

295 BGHSt 14, S.38 (41). *Lackner/Kühl* § 242 Rn.4; *Maurach/Schroeder/Maiwald*, BT 1, S.367; Sch/Sch/*Eser* § 246 Rn.11; *Tröndle/Fischer* § 246 Rn.12; *Welzel*, Strafrecht, S.344. So schon *Binding*, BT 1, S.269 (Fn.1), *Frank* § 246, S.539 und *Harburger*, VDB VI, S.339. Nach dem 6.StrRG *Mitsch*, BT II/1, S.183 (Rn.32) und *Schlüchter*, Bochumer Erläuterungen, S.74. - *Gössel*, BT 2, S.177f, meint allerdings, daß sich nur die Aneignung, nicht aber die Enteignung manifestieren müsse. - Vgl. auch die in den folgenden Fußnoten nachgewiesenen Fundstellen.

296 Ganz h.M. BGHSt 14, S.38 (41); *Lackner/Kühl* § 242 Rn.4; *Mitsch*, BT II/1, S.166 (Rn.7), 183 (Rn.32); *Rengier*, BT 1, S.81 (Rn.10); *Tröndle/Fischer* § 246 Rn.12. Vgl. schon Mat., S.501: Bei der Unterschlagung bedürfe es eines "besonderen erkennbaren Moments für diese Vollendung [...], weil bei vorhandenem rechtlichen Besitze oder Gewahrsam, die Veränderung des *animus* nur ein reines *factum internum* sein würde."

297 Vgl. etwa *Paulus*, Sachzueignung, S.95, 200; auch *Tenckhoff* JuS 1984, 775 (780). Ähnlich *Otto*, Struktur, S.109, der konstatiert, daß es überhaupt kein "eindeutiges objektives Verhalten" gebe, sowie *Dencker (usw.)*, Einführung in das 6.StrRG, S.22f mit der Erwägung, daß das betreffende Verhalten auch auf dem Irrtum des Täters beruhen könne, es handele sich um eine eigene Sache.

298 Z.B. *Paulus*, Sachzueignung, S.200.

Es ist in diesem Zusammenhang daran zu erinnern, daß nach der alten Rechtslage, unter der der ganz überwiegende Teil der Diskussion geführt wurde, der Täter die Sache nach h.M. zumindest bei der Zueignung (evtl. sogar schon vorher) "in Besitz oder Gewahrsam" haben mußte (sog. "kleine berichtigende Auslegung"). Wie bereits festgestellt wurde, wird man auch künftig zumindest mittelbaren Besitz des Täters fordern müssen. Die folgenden Ausführungen sind also nur vor dem Hintergrund zu verstehen, daß der Täter die Sache in den meisten Konstellationen bereits *hat* (und nicht erst *erlangt*)[299], daß er sie also zu dem Zeitpunkt, in dem er den fraglichen Zueignungsakt begeht, bereits beherrschen kann, während der Eigentümer von vornherein nur über eingeschränkte Zugriffsmöglichkeiten verfügt.

Teilweise wird verlangt, der Zueignungscharakter müsse sich bereits *objektiv* aus der *Art der* betreffenden *Manifestationshandlung* ergeben (Theorie der **objektiven Manifestation**)[300]; denn neutrale Handlungen trügen nicht in äußerlich erkennbarer Weise den Unrechtsgehalt der Zueignung in sich und könnten auch auf eine Gebrauchsanmaßung hindeuten. Diese Theorie kann bei konsequenter Anwendung nur den Verbrauch, Verzehr oder die Weitergabe der Sache als taugliche Manifestationsakte erfassen[301]. - Die extreme Gegenansicht sieht *jede* wie auch immer geartete *Handlung*, die mit Zueignungswillen erfolgt (sei es zwecks erstmaliger Aneignung, sei es in dem Willen, die Sache als "schon eigene" zu behandeln), als ausreichend an (**weite Manifestationstheorie**)[302]. So soll es genügen, wenn der Entleiher eines Buches dieses in sein Regal zu den eigenen Büchern stellt oder es im Regal hinter die anderen Bücher zurückschiebt, so daß

---

299 Das betonen auch *Kindhäuser*, BT II/1, S.167 (Rn.34), *Maurach/Schroeder/Maiwald*, BT 1, S.364, *Rengier*, BT 1, S.77 (Rn.2) und *Wessels/Hillenkamp*, BT 2, S.112 (Rn.290).

300 OLG Hamm wistra 1999, 112 (113); *Fahl* JA 1999, 539 (541); *Küper*, BT, S.442; *Ranft* JA 1984, 277 (287); *Seelmann* JuS 1985, 699 (701). Ähnlich auch *Tenckhoff* JuS 1980, 723 (726) mit Verweis auf *Gallas*, in: Niederschriften VI, S.56; *ders.* JuS 1984, 775 (779f); *Wessels/Hillenkamp*, BT 2, S.19 (Rn.57) (abgeschwächt aber S.108 (Rn.280)). Aus dem älteren Schrifttum vgl. *Harburger*, VDB VI, S.337f, der gar ein "unzweideutiges" Verhalten forderte.

301 So anscheinend *Widmann* MDR 1969, 529 (530). Hinweisend *Bockelmann* JZ 1960, 621 (622); *Mitsch*, BT II/1, S.184 (Rn.35). - Die Anforderungen der Theorie daher einschränkend *Tenckhoff* JuS 1984, 775 (780); überhaupt gehen die Vertreter dieser Theorie bei deren praktischer Umsetzung oft keineswegs konsequent vor.

302 So insbes. *Heinrich* Jura 1999, 585 (590); auch *Schmidhäuser*, in: Bruns-FS, S.345 (358f); ferner i.E. *Gössel*, BT 2, S.180ff (vgl. die von ihm gebildeten Beispiele); ähnlich *Schmid* MDR 1982, 374 (375).

es von diesen verdeckt wird[303]. Ein bloßes Behalten des Buches, auch über den vereinbarten Rückgabetermin hinaus, soll dagegen nicht ausreichen. Entscheidend wäre demnach, ob der Täter das Buch nach seinem Tatentschluß noch einmal anrührt oder nicht. Es fragt sich, wo hier der große "Fortschritt" liegt, der diese Auffassung über das Niveau des "reinen Gesinnungsstrafrechts" erhebt, von Beweisfragen im Prozeß ganz zu schweigen[304]. Auch bei dem gebildeten Beispiel dürfte es sich doch wohl eher um eine besonders krasse Form der Lehrbuchkriminalität handeln. Überzeugend ist die daraus resultierende Differenzierung jedenfalls nicht. Denn eine "zwei-Regale-Theorie", der zufolge der Täter verpflichtet wäre, fremde Bücher von den eigenen räumlich abzusondern, ist vollkommen lebensfremd: Das Einordnen der geliehenen Bücher bei den eigenen kann auch aus Platzgründen (nur für die Dauer der Leihe) erfolgen und vermag über die kriminellen Absichten des Täters nicht das Geringste auszusagen. - Eine vermittelnde Position schließlich will auf einen "neutralen Beobachter" abstellen und fragt, ob dieser bei Wahrnehmung des äußerlich erkennbaren Geschehens (Kenntnis der objektiven Merkmale), aber ohne Kenntnis des Willens des Täters aufgrund der Umstände auf einen Zueignungswillen schließen würde (**enge Manifestationstheorie**)[305].

Der erstgenannten Theorie kann zunächst entgegengehalten werden, daß es kein "unzweideutiges" Verhalten gibt, da der Eigentümer andere zu jedem beliebigen Verhalten (insbesondere Vernichtung, Verwertung, Verbrauch oder Weitergabe) ermächtigen kann (vlg. oben). Selbst wenn man aber (in Parallele zur modifizierten Substanztheorie) auf die Überschreitung der Befugnisse aus einem fiktiven Besitzrechtsverhältnis abstellt, würde dadurch der Anwendungsbereich der Zueignungsdelikte unangemessen eingeschränkt[306]. – Die extreme Gegenauf-

---

303 *Schmidhäuser*, in: Bruns-FS, S.345 (358). Noch weitergehend *Gössel* BT 2, S.180, der es schon für ausreichend hält, daß der Betreffende das Buch in einen (elektronischen) Katalog der eigenen Bücher aufnimmt, und *Heinrich* Jura 1999, 585 (590), der das Aufstellen eines fremden Weckers mit Eigenbesitzerwillen ausreichen läßt.

304 Kritisch auch *Dencker (usw.)*, Einführung in das 6.StrRG, S.22 mit dem Hinweis, daß eine Unterscheidung von Vorbereitung, Versuch und Vollendung dann nicht mehr möglich ist.

305 BGHSt 14, S.38 (41); *Seelmann* JuS 1985, 699 (701); ähnlich *Rengier*, BT 1, S.81 (Rn.10); *Schmid* MDR 1981, 806; *Wessels/Hillenkamp*, BT 2, S.108 (Rn.280); wohl auch *Otto*, Struktur, S.110, 127, der immerhin ein "typisches" Verhalten fordert (vgl. auch *dens.* Jura 1996, 383 (384)), *Paulus*, Sachzueignung, S.95ff (96), 180ff, 220, Sch/Sch/*Eser* § 242 Rn.11 sowie *Maurach/Schroeder/Maiwald*, BT 1, S.367f und *Wessels* NJW 1965, 1163 (1156), die ihre Ausführungen allerdings ausdrücklich auf die Enteignungskomponente beziehen; umgekehrt beschränken *Lackner/Kühl* § 246 Rn.4 ihre Ausführungen zur Manifestation explizit auf die Aneignungskomponente.

306 So auch *Bockelmann* JZ 1960, 621 (622); *Mitsch*, BT II/1, S.185 (Rn.35).

fassung (weite Manifestationstheorie) würdigt das von ihr eigens postulierte Tatbestandsmerkmal der Zueignungs*handlung* zur vollkommenen Bedeutungslosigkeit herab, wenn sie auch indifferente (neutrale) und daher für die Zueignung insignifikante Akte als ausreichend ansieht. Sie muß sich insofern den Vorwurf der Inkonsequenz gefallen lassen, da sie letztlich das verwirklicht, was sie selbst zuvor als "Gesinnungsstrafrecht" abgelehnt hatte.[307] – Die vermittelnde Theorie, die auf einen fiktiven Beobachter abstellen will, äußert sich im Grunde gar nicht zu dem Problem, zumal es doch auf die *Grundsätze* ankommen würde, nach denen ein neutraler Dritter über die Frage der Zueignung entscheiden würde. Erst die Beispiele sollen dann illustrieren, welche Maßstäbe an eine Zueignung anzulegen seien. Das läuft bei der Mehrzahl der Vertreter tatsächlich auf einen vermittelnden Standpunkt hinaus: Die Handlung braucht zwar nicht "unzweideutig" zu sein, sie muß den vorhandenen Willen aber in irgendeiner Form äußerlich erkennbar werden lassen.

Im Gegensatz zu diesen objektiven Theorien hatte die zu Beginn des Jahrhunderts vertretene **subjektive Theorie** die Zueignung als einen "inneren Vorgang", als "Fassen des Zueignungsentschlusses" begriffen[308]. Mit dem Entschluß, die Sache künftig "für sich (selbst)" zu haben, fasse der Täter nicht nur den Vorsatz zur Tatbegehung, sein Vorsatz werde vielmehr mit dem Entschluß, die Sache als eigene zu besitzen, gleichzeitig (automatisch) "in die Tat umgesetzt": Der Entschluß, die fremde Sache "als eigene" zu haben, begründe zugleich den Eigenbesitz des Täters, der die strafbare Zueignung ausmache. Da der innere Wille aber nicht erkennbar ist, mußte auch diese Theorie eine "Manifestation", also eine äußerlich erkennbare Betätigung des Zueignungswillens abwarten. Diese Willensbetätigung hatte aber folgerichtig nur indiziellen Charakter: Weil die Zueignung ja schon innerlich mit dem Fassen des Entschlusses vollzogen sein sollte, konnte der Manifestation nur noch die Bedeutung eines Beweismittels zukommen.

Diese Konstruktion hat stets Bedenken hervorgerufen, zumal es wenigstens auf den ersten Blick so aussieht, als verwirkliche sie ein reines Gesinnungsstrafrecht[309]. Ob dieser Vorwurf berechtigt ist, wird noch zu klären sein. Die subjektive Theorie sah sich aber noch weiteren Schwierigkeiten ausgesetzt. Um dem

---

307 *Kargl* ZStW 103 (1991), 136 (140, 162, 169); kritisch auch *Samson* JA 1990, 5 (8).

308 So z.B. *Eckstein* GA 59, 414 (416, 434); *ders.* GS 80, 283 (290, 293f, 297, 299); *Wachenfeld*, Strafrecht, in: Holtzendorff/Kohlers Enzyklopädie V, S.53.

309 *Ebel* JZ 1983, 175 (181) meint, "ein Streit darüber, ob die Zueignung bei der Unterschlagung einen entsprechenden Willensakt darstellt, oder ob sie darüber hinaus einer äußeren Manifestation bedarf, [wäre] ein unechter. Denn es steht von vornherein fest, daß der bloß böse Gedanke nicht strafwürdig ist (nulla poena cogitationis causa)."

Vorwurf des Gesinnungsstrafrechts zu entgehen wurde nämlich vertreten, man solle die Strafbarkeit nicht an den inneren Entschluß, sondern an dessen äußere Betätigung, also den Manifestationsakt knüpfen[310] (was i.E. der "weiten Manifestationstheorie" sehr nahe kommt). Damit aber tauchten zwei dogmatische Probleme auf: Zum einen strafte diese Theorie so nicht mehr das ihrer Auffassung nach eigentlich strafbare Verhalten (die Begründung von Eigenbesitz durch Fassen des Zueignungsentschlusses), sondern etwas ganz anderes (nämlich die bloße Kundgabe dieses Entschlusses, die aber als Kundgabe eines verbrecherischen Willens schwerlich strafbar sein kann), zum anderen löste sie Unklarheiten in der Vollendungsfrage aus: War die Zueignung nun schon mit Fassen des Entschlusses oder doch erst mit dessen Betätigung vollendet? Müßte nicht nach dieser Theorie konsequenterweise auch der "bloß böse Willen", das Fassen des Entschlusses zur Bestrafung genügen, so daß der Manifestationsakt wirklich nur die Funktion eines Indizes hätte, wie es diese Theorie behauptet hatte? Schließlich konnte sie die Zweifel, ob sie am Ende nicht doch ein Gesinnungsstrafrecht verwirkliche, nicht restlos zerstreuen. Die subjektive Theorie wird daher heute nicht mehr vertreten.

Am Anfang der eigenen Stellungnahme soll eine Untersuchung der "Zueignung" als eines strafrechtlichen Vorgangs stehen. Zunächst scheint die Art, wie der Streit unter den "objektiven" Manifestationstheorien geführt wird, tatsächlich auf ein bloßes Beweisproblem hinzudeuten: Wenn die Zueignung nichts anderes als ein Sach*transfer* von einer Person auf eine andere (den Täter oder einen Dritten) ist, dann kann nicht entscheidend sein, *wie* diese Überleitung der Sache vor sich geht; entscheidend ist vielmehr, *daß* der Täter die Sache durch sein "Verhalten" (wie immer es auch aussehen mag) übertragen hat. Wenn der Täter schon unmittelbaren Alleinbesitz an der Sache hat, dann kann er den Berechtigten schon dadurch von der Sachherrschaft ausschließen, daß er beschließt, die Sache zu behalten, zu verschleißen, zu verbrauchen oder jedenfalls sie nicht freiwillig herauszugeben. Es zeigt sich an diesem Beispiel, wie sehr der Berechtigte, der selbst nur mittelbaren Besitz an seiner Sache hat, auf den "good will" des unmittelbaren Besitzers angewiesen ist. Solange dieser "für den Berechtigten" besessen hatte, verfügte der Berechtigte immerhin über die Möglichkeit eines mittelbaren Zugriffs auf seine Sache. Er konnte also immer noch eine gewisse, wenn auch gelockerte Herrschaft über die Sache ausüben. Sobald der unmittelbare Besitzer sich aber weigert, das Recht des Berechtigten (das fremde Eigentum) anzuerkennen, endet diese (mittelbare) Herrschaft[311], und zwar nicht nur in tat-

310 *Eckstein* GS 80, 283 (300).

311 Vgl. auch die Argumentation bei *Roth*, Eigentumsschutz, S.80, die sich auf die vorliegende Situation sinngemäß übertragen läßt.

sächlicher Hinsicht, sondern auch in rechtlicher: Nach Besitzrecht verliert der Berechtigte damit auch den mittelbaren Besitz an der Sache. Kann der Täter die Sache zu dem Zeitpunkt, zu dem er sich zur Zueignung entschließt, schon körperlich beherrschen und den Berechtigten de facto vom Zugriff auf die Sache ausschließen (was dem unmittelbaren oder mittelbaren Besitz entspricht), dann kann er die Sache schon dadurch auf sich oder einen Dritten überleiten, daß er beschließt, sie zu behalten bzw. sie frei nach seinem Belieben (also wie eine eigene) zu behandeln bzw. sie dem Dritten nach dessen Belieben zur Verfügung zu stellen. Dazu ist begrifflich und logisch weder eine Handlung, noch eine Unterlassung erforderlich. Geht es wirklich nur um den Transfer*erfolg*, dann könnte die Zueignung auch als innerer Vorgang definiert werden. Ein äußerliches Verhalten hätte damit entsprechend der subjektiven Theorie nur indizielle Bedeutung. Der Vorwurf des Gesinnungsstrafrechts verfängt also nicht, der Satz "cogitationis poenam nemo partitur" wird auch nach der subjektiven Theorie im genannten Fall nicht verletzt, allenfalls tangiert, wie bereits *Eckstein*[312] zutreffend festgestellt hat: "Es muß ein unerschütterlicher Grundsatz bleiben, daß die *Absicht straflos* bleibt und daß erst die *Betätigung* der Absicht einen Strafanspruch begründet. Allerdings liegt hier mehr vor als die Absicht. Die Absicht, die Sache als eigen zu haben, ist ... bereits Verwirklichung dieser Absicht; mit der Fassung der Absicht geht die Eigentumsveränderung vor sich." A.a.O., S.299 heißt es: "Gestraft wird eben nicht die Fassung der Absicht als Absicht der Zueignung, sondern die Zueignung durch Fassung der Absicht, die Sache als eigen zu haben. Der Satz: nemo cogitationis poenam partitur kann also unsere Anschauung gar nicht treffen."

Trotzdem bleiben Bedenken: Ist die Strafe an sich schon verwirkt, wenn der Täter den Zueignungsentschluß faßt, dann müßte auch derjenige grundsätzlich wegen vollendeter Zueignung bestraft werden, der in einem schwachen Moment beschließt, eine entliehene Sache zu behalten, den sein Entschluß aber bald darauf reut und der sich entschließt, zum Fremdbesitz zugunsten des Berechtigten zurückzukehren bzw. die Sache zurückzugeben. Eine Bestrafung erscheint hier zumindest unangemessen; denn der Täter wird seinen Vorsatz vielleicht wieder aufgeben und von seinem Vorhaben Abstand nehmen, wenn er sich die Konsequenzen klar macht, den Entschluß mag er dagegen unbedacht fassen und so (bei einer subjektiven Deutung der Zueignung, wie sie soeben dargestellt wurde) in die Strafbarkeit "hineingeraten", ohne irgendeine innere Hemmschwelle, eine psychologische Barriere (die Schwelle des "Jetzt-geht-es-los" zum Versuchsbeginn) überwunden oder eine "Feuerprobe" (den äußerlich erkennbaren "Schritt in

312 in: GS 80, 283 (294). - Nicht überzeugend daher die Kritik am subjektiven Zueignungsbegriff bei *Kargl* ZStW 103 (1991), 136 (163f, 166).

die Illegalität") bestanden zu haben. Insoweit ist *Otto*[313] zuzustimmen, wenn er meint, "nicht der Wille des Täters, den Eigentümer aus seiner Herrschaftssphäre zu verdrängen, ist strafwürdig, sondern allein das Verhalten, mit dem der Täter diesem Willen Ausdruck verleiht". Allerdings ist klarzustellen, daß es nicht nur darauf ankommen kann, was der Täter "zum Ausdruck bringt", sondern vor allem darauf, "was er erreicht". Beim schlichten Behalten der Sache ist der Transfererfolg aber eben schon mit dem bloßen Entschluß, die Sache nicht zurückzugeben, eingetreten. Mit dem Manifestationsakt überschreitet das Verhalten des Täters nur die Schwelle zur Außenwelt. - Der gleiche Vorwurf trifft dann aber auch diejenige Theorie, die *jedes* Verhalten, das der Täter mit Eigenbesitzerwillen vornimmt (auch das Lesen eines fremden Buches als eigenes, die Nutzung einer unter Eigentumsvorbehalt gekauften Maschine als schon eigene) unter Strafe stellen will.

Damit taucht die Frage auf, ab welchem Zeitpunkt man wegen einer (vollendeten) Zueignung bestrafen soll. Im vorhergehenden wurde bisher nur abstrakt der Begriff der Zueignung beschrieben. Dabei wurde festgestellt, daß die Zueignung in einem Sachtransfer besteht und daß es also vornehmlich auf den Eintritt eines Transfer*erfolges* ankomme. Bei näherem Hinsehen ist die Frage, *wann* der Transfererfolg eingetreten ist, aber noch offen. Bis jetzt wurde stillschweigend davon ausgegangen, daß dieser mit dem Fassen des Entschlusses, die Sache nie mehr an den Berechtigten zurückzugeben (*dauernde* Enteignung) und sie künftig als eigene zu besitzen (Aneignung), eintrete. Teilweise wird dies mit der Begründung von Eigenbesitz gleichgesetzt[314]. - *Schünemann*[315] konstatiert (unter Hinweis auf die historische Fassung im PrStGB), "daß mit 'Zueignung' ... nur die Begründung von Eigenbesitz gemeint ist"[316].

Indessen kommt noch ein zweiter, späterer Zeitpunkt für die Vollendung der Zueignung in Betracht. Stellt man darauf ab, daß die Enteignung *auf Dauer* angelegt sein muß, dann stellt sich die Frage, wie sich dies auf die Vollendung auswirkt. Denkbar wäre es, von einem Vorsatz zur dauernden Enteignung zu spre-

---

313 Struktur, S.108f.

314 BGHSt 14, S.38 (43); BGHSt 34, S.309 (313); *Graul* JuS 1999, 562 (563); *Gribbohm* JuS 1963, 106; NK-*Kindhäuser* § 242 Rn.88; *Wessels* JZ 1965, 631 (634); auch *Rengier*, BT 1, S.84 (Rn.19).

315 in: JuS 1968, 114 (117).

316 I.E. ebenso *Kindhäuser*, BT II/1, S.71 (Rn.77), 77 (Rn.91); *ders.*, in: Geerds-FS, S.655 (660); *D.Meyer* MDR 1974, 809 (811); *Mitsch*, BT II/1, S.51 (Rn.101); *Paulus*, Sachzueignung, S.180; *Seelmann* JuS 1985, 288, 454 (455)). So auch *Otto* Jura 1989, 137 (143), der für eine Zueignung nicht die Dauer der Enteignung, sondern die Anmaßung einer Eigenbesitzerstellung für entscheidend hält (vgl. auch *dens.* Jura 1996, 383 (384))

chen und diesen als *überschießende Innentendenz* zu interpretieren[317]. Auch bei der sachenrechtlichen Übereignung kommt es ja nicht darauf an, daß der Erwerber die Sache tatsächlich für immer hat oder behält, sondern nur darauf, daß sie ihm für dauernd übertragen wird oder genauer gesagt, daß sie für immer aus dem Kreis der Güter des Veräußerers ausscheidet, ganz gleich, wie lange der Erwerber dic Sache behält. Theoretisch könnte der Erwerber das Eigentum auch irgendwann einmal auf den Veräußerer rückübertragen; dann wäre die Sache *ex post* betrachtet gar nicht für immer aus dem Kreis der Güter des Veräußerers ausgeschieden. Entscheidend ist nur, daß sie "für dauernd" und ohne jede rechtliche Beschränkung übertragen wird, *ex ante* gesehen also für immer vom Erwerber auf einen anderen übertragen wird. Setzt das Strafrecht aber für den Zueignungserfolg die *dauernde* Enteignung objektiv voraus und sieht es den Transfer nur dann als vollzogen an, wenn er unzweifelhaft eingetreten, weil vom Täter nicht mehr rückgängig zu machen ist, dann wären in der Tat nur solche Verhaltensweisen als Zueignung zu erfassen, die zugleich die *dauernde* Enteignung bewirken[318], also der Verzehr, der Verbrauch und wohl auch die Weitergabe an Dritte, zumal es dann immerhin nicht mehr in der Hand des Täters liegt, ob der Berechtigte seine Sache zurückerhält[319]. Alle übrigen Handlungen könnten, soweit sie den Willen des Täters erkennen lassen, die Sache für dauernd zu enteignen, nur den Versuch einer Zueignung begründen.

Damit ist noch eine weitere Frage angeklungen, nämlich die, ob für die Weitergabe an Dritte möglicherweise andere Grundsätze zu gelten haben als für die übrigen Fälle. Ohne vorgreifen zu wollen, soll hier der Unterschied von Selbstzueignung[320] und Drittzueignung dahingehend festgelegt werden, daß von einer **Drittzueignung** nur dann auszugehen ist, wenn die Sache tatsächlich an einen Dritten weitergegeben (in ihrer Substanz auf ihn übertragen) wird, während in allen übrigen Fällen eine **Selbstzueignung** vorliegt (namentlich auch dann, wenn der Täter die Sache noch hat und nur beabsichtigt, sie an einen Dritten weiterzuleiten). Das entspricht jener Ansicht, die Selbst- und Drittzueignung nicht an Hand der subjektiven Zielbestimmung des Handelnden (wem die Sache letztlich zukommen soll) unterscheidet, sondern an Hand der aktuellen Tatherrschaft (d.h. hier der tatsächlichen Herrschaft über das Schicksal der Sache im Moment der Beurteilung). - Dabei soll die Zueignung nicht schon mit dem Abschluß eines

---

317 *Mitsch*, BT II/1, S.186 (Rn.39). So der Konzeption nach auch *Binding*, BT 1, S.266 und *Tenckhoff* JuS 1984, 775 (780).

318 Dazu *Binding*, BT 1, S.266; *Mitsch*, BT II/1, S.184 (Rn.35) m.w.N.

319 *Maiwald*, Zueignungsbegriff, S.196 hält dies Kriterium, daß es nicht mehr in der Hand des Täters liegt und damit nicht mehr von seinem Willen abhängt, ob der Eigentümer seine Sache zurückbekommt, bei der Enteignung für entscheidend.

320 Diese Bezeichnung hat sich nach dem 6.StrRG allgemein durchgesetzt.

Kaufvertrages, sondern erst mit der Erlangung der Sachherrschaft durch den Veräußerer oder den Erwerber vollendet sein (vgl. o.). Entsprechend ist bei einer Drittzueignung auf die Übergabe der Sache an den Dritten abzustellen. Ein Versuch der Drittzueignung käme dann nur bei mittelbarer Täterschaft in Betracht (wenn der Täter den unmittelbaren Besitzer so beeinflußt, daß dieser die Sache an den Dritten weiterleitet[321]; bis zur Übergabe läge nur Versuch vor). Hat der Täter die Sache aber noch selbst in (unmittelbarem) Besitz, dann kommt für diese Zeitspanne eine der Drittzueignung vorausgehende Selbstzueignung in Betracht, und die könnte wiederum schon früher vollendet sein. Deren Vollendung hängt eben davon ab, wie man den Transfer*erfolg* definiert.

Um es vorwegzunehmen: Eine befriedigende, eindeutige Lösung für alle Probleme der Zueignung gibt es nicht, und es kann sie auch nicht geben. Der Grund dafür ist folgender: Entweder verlegt man die Vollendung weit nach vorn und sieht als Verletzungserfolg schon die Begründung des Eigenbesitzes an; das führt allerdings zu unsachgemäßen Ergebnissen, wenn der Täter sich alsbald eines anderen besinnt und die Sache zurückgibt, was dann nach ganz h.M. als bloßes Nachtatverhalten nur noch für die Strafzumessung von Bedeutung sein kann, obwohl die eigentliche Rechtsgutsverletzung, die dauernde Entziehung des Eigentumsobjekts, doch gar nicht eintritt; äußerlich liegen die Dinge nicht anders als im Fall des grundsätzlich straflosen furtum usus. - Oder man stellt streng auf den Eintritt der Rechtsgutsverletzung ab und läßt nur solche Handlungen genügen, die die dauernde Enteignung herbeiführen oder es dem Täter zumindest unmöglich machen, sie selbst zu verhindern (was dann der Fall ist, wenn er die Sache aus der Hand gibt); damit ist Vollendung der Zueignung aber die Ausnahme, Versuch die Regel; oder die Zueignung wandelt sich als auf Dauer angelegtes Haben oder Gebrauchen in ein "Dauerdelikt"[322], was ebenfalls befremdlich wirkt. Wie immer man sich also entscheidet: Stets bleiben Fälle, die mit dem jeweiligen Ansatz nicht befriedigend zu lösen sind. Bei der Drittzueignung kann allerdings durchaus abgewartet werden, bis die Sache an den Dritten weitergegeben wird. Bei der Selbstzueignung scheint es dagegen sinnvoll, sich mit der Begründung von Eigenbesitz zu begnügen, den Sachtransfer also schon damit als vollzogen anzusehen und dies zur Vollendung genügen zu lassen. Zu verlangen ist aber in jedem Fall ein äußerliches Verhalten des Täters (Tun oder Unterlassen), nicht deshalb, weil der Transfer nicht auch durch einen inneren Entschluß bewirkt werden könnte, sondern weil der Täter erst eine innere Hemmschwelle über-

---

321 Vgl. etwa das Beispiel bei *Maiwald*, Zueignungsbegriff, S.262 Fn.109, daß der Täter den Eigentümer davon überzeugt, die Sache gehöre in Wahrheit ihm (dem Täter), und den Eigentümer sodann dazu bringt, die Sache auf einen Dritten zu übertragen.

322 Dazu *Gössel*, BT 2, S.193 (Rn.35), der diese Konsequenz ausdrücklich zurückweist.

schreiten (den sichtbaren, offenkundigen Schritt in die Illegalität tun) soll. Damit werden die Anforderungen über das begriffliche Mindestmaß hinaus bewußt erhöht, und zwar aus Gründen der Strafwürdigkeit und der Strafbedürftigkeit: Es soll auch für den Täter selbst bei seinem Verhalten erkennbar werden, daß "die Würfel gefallen sind", bevor er wegen eines vollendeten Delikts strafrechtlich zur Verantwortung gezogen wird. In dieser Weitergabe der Sache liegt dann zugleich der Manifestationsakt. Es wäre allerdings zu überlegen, ob man in den Fällen, in denen eine dauernde Enteignung und damit ein *irreversibler* Sachtransfer tatsächlich eingetreten ist, sinnvoll von einer "Manifestation" sprechen kann, zumal der Sachtransfer mit dem fraglichen Akt in solchen (seltenen) Fällen nicht etwa nur "dokumentiert", sondern vollzogen wird. Auch wäre eine Manifestation insofern überflüssig, als der Täter hier bewußt die Schwelle vom inneren Willen zum äußeren Handeln überschreitet, weshalb es dann ausnahmsweise nicht geboten scheint, ein die Strafbarkeit limitierendes Zusatzerfordernis in den Zueignungsbegriff aufzunehmen.

Zu beachten ist ferner, daß nicht irgendein rechtswidriges Verhalten des Täters genügt, sondern nur ein solches, daß gerade den Sachtransfer vom Berechtigten auf eine andere Person indiziert. Da der Täter eigenmächtig handelt, ist er stets ein *unberechtigter* Besitzer im Sinne des Zivilrechts. (Andernfalls könnte auch keine Straftat vorliegen.) Besitzt der Täter die Sache *für den Eigentümer*, sei er im übrigen zum Besitz berechtigt oder nicht, oder verwendet er sie für den Eigentümer, mag dieser die konkrete Verwendung auch ausdrücklich verboten haben, so ist eine Zueignung ausgeschlossen[323]. Dies zeigt sich am Beispiel des sog. "**Futterdiebstahls**": Eine Verwendung, die grundsätzlich "im Interesse des Eigentümers" erfolgt, ist auch dann nicht als Zueignung strafbar, wenn sie den konkreten Interessen des Berechtigten, namentlich seinem erklärten Willen widerspricht[324]. Denn entscheidend ist nicht allein das eigenmächtige Verhalten des Täters, sondern es muß außerdem hinzukommen, daß der Eigentümer durch dies Verhalten von seiner Sache ausgeschlossen wird. Daran fehlt es in den beiden genannten Fallgruppen: Es wird kein Eigenbesitz begründet.

Bei der Verwendung des auch in Teilen des Schrifttums übernommenen Begriffs "Eigenbesitz" ist bislang nicht weiter zwischen der "Selbstzueignung" als wirklichem Eigenbesitz und der Drittzueignung als "Fremdbesitz für einen Nichtberechtigten" unterschieden worden. Die Entscheidung, ob sich eine solche Unterscheidung empfiehlt, mag der weiteren Diskussion vorbehalten bleiben. Die

---

323 *Ulsenheimer* Jura 1979, 169 (170).

324 Vgl. etwa *Küper*, BT, S.432, 437; *Maiwald*, Zueignungsbegriff, S.234ff; Sch/Sch/*Eser* § 242 (Rn.58); *Wessels/Hillenkamp*, BT 2, S.46 (Rn.137), 47 (Rn.141).

Grenze würde dann nicht mehr zwischen Eigenbesitz (für den Täter oder einen Nichtberechtigten Dritten) und Fremdbesitz (für den Berechtigten), sondern zwischen Fremdbesitz für den Berechtigten und jeder anderen Form von (Fremd- oder Eigen-) Besitz verlaufen. In der Sache würde sich an der Abgrenzung aber nichts ändern. - Möglich wäre es auch, im Eigenbesitz einen Spiegel der Tatherrschaft zu erblicken mit der Folge, daß täterschaftliche Drittzueignung mit der Begründung von Eigenbesitz, Beihilfe zur Selbstzueignung eines Dritten dagegen nur mit Fremdbesitz an der Sache verbunden wäre.

Bevor eine Entscheidung darüber getroffen wird, wie die Manifestation auszusehen hat, soll eine abstrahierende Betrachtung die unterschiedlichen Ansätze (in der Darstellung auf drei vereinfachende Grundmodelle reduziert) noch einmal verdeutlichen:

1.Modell: Um einen einmaligen, nicht mehr rückgängig zu machenden "Erfolg" zu kreieren, wird nicht auf den "Transfer" (die Übertragung der Sache vom Eigentümer auf den Täter oder einen Dritten), sondern auf eine *Handlung* abgestellt. In diesem Sinne führt *Charalambakis*[325] aus: "Etwas unterschlagen bedeutet nicht, 'eine Sache in Zueignungsabsicht in Gewahrsam haben' ..., sondern 'eine Sache, die man in Besitz oder Gewahrsam hat, sich *zueignen*'. Bloßes Besitz- oder Gewahrsamsinnehaben der Sache in Zueignungsabsicht reicht für die Vollendung einer Unterschlagung nicht aus; die Sache muß vielmehr tatsächlich zugeeignet werden." - Wie sich eine Körperverletzungs- oder eine Tötungshandlung nicht "rückgängig" machen läßt, so läßt sich auch die Zueignungs-"Handlung" nicht ungeschehen machen; soll es aber nicht bloß auf einen äußerlich irgendwie "betätigten" Entschluß, sondern auf einen äußerlich in Erscheinung tretenden Handlungs-"Erfolg" ankommen, so wird man, will man konsequent bleiben, sagen müssen:

a) Genügt der Entschluß? - Nein, denn es ist damit noch nichts "geschehen".
b) Genügt "irgendein" Verhalten mit Zueignungswillen? - Nein, denn hier hat zwar jemand gehandelt, aber wieder ist nichts "geschehen".
c) Damit muß man sich wohl *Kargl* anschließen: Damit etwas "geschehen" ist, das so gravierend ist, daß das Strafrecht einschreitet, muß *durch die Handlung* tatsächlich *der Erfolg der Zueignung (auch der der dauernden Enteignung) eingetreten sein*, was nur bei Verbrauch und Weitergabe der Sache an Dritte (Drittzueignung) der Fall ist. Denn sonst ist nichts "geschehen", was den Handlungs*erfolg* (den dauernden Transfer der Sache) bewirkt hätte; es liegt also nur Versuch vor.

2.Modell: Soll es nur auf den Transfer*erfolg* ankommen, so muß es letztlich gleichgültig sein, *wie* dieser bewirkt wird; entscheidend kann dann nur sein, *daß*

325 Unterschlagungstatbestand, S.126 Fn.1.[Hervorhebung im Original]

der Täter ihn irgendwie herbeiführt. Dazu kann aber, wie gezeigt, je nach Sachlage auch ein innerer Entschluß genügen, mit dem der Täter das letzte (geistige) Band des Eigentümers zu seiner Sache kappt und diese auf sich oder einen Dritten überleitet. Damit würde eine Handlung (ein Manifestationsakt) begrifflich nicht mehr vorausgesetzt; die Manifestation hätte vielmehr nur indiziellen Charakter als Beweismittel[326] oder als ein die Strafbarkeit limitierendes Merkmal.

3.Modell: Wie im zweiten Modell soll es letztlich nur auf die Überleitung der Sache vom Eigentümer auf den Täter oder einen Dritten ankommen; wie im ersten Modell soll aber entscheidend auf eine Handlung abgestellt werden[327]. Beide Lösungsansätze sind aber *inkompatibel*, da sie einander grundlegend widersprechen.

Variante 1: Wenn man den Zueignungserfolg (den Sachtransfer) für allein entscheidend hält, muß die Handlung (der Manifestationsakt) zur Bedeutungslosigkeit herabsinken. Es genügt dann jedes Verhalten, bei dem der Täter die Sache als eigene behandeln will; Täterverhalten (Handlung) und Transfer (Handlungserfolg) stehen beziehungslos nebeneinander.

Variante 2: Wenn man dem Verhalten zumindest einen gewissen Indizwert zuerkennen will, dann muß durch das Verhalten

a) die Absicht des Transfers (Betonung der Handlung)
b) der Vollzug des Transfers (Betonung des Erfolgs)

erkennbar werden.

Während das erste Modell ein (reines) "Handlungsmodell" und das zweite ein reines "Erfolgsmodell" darstellt, handelt es sich bei dem dritten um einen dogmatisch mißlungenen Kompromiß. Denn auch das erste Modell, das die Zueignung als Handlung auffaßt, ist letztlich auf den Eintritt eines (Handlungs-)Erfolgs angewiesen, nur sucht es diesen Erfolg über äußere Vorgänge zu erklären, die ihn bewirken, während das dritte Modell in beiden Varianten *Handlungen ohne Erfolg* pönalisiert, und zwar über ein Umdefinieren des mißbilligten Handlungserfolges: Der Erfolg ist nicht mehr das *Resultat* der Handlung, sondern die *Vornahme der Handlung selbst*[328] (womit der Ansatz der herrschenden Meinung auf

---

326 Vgl. dazu den Ansatz von *Eckstein* GS 80, 283ff.

327 Nach SK-*Hoyer* § 246 Rn.11 fordert die h.M. "nicht etwa den Eintritt eines Zueignungserfolgs"; "vielmehr begnügen sich Rechtsprechung ... und h.L. ... mit einem bloßen Zueignungsakt, d.h. einer *Handlung, durch die der Täter seinen Zueignungsvorsatz nach außen erkennbar werden läßt (Manifestationstheorie).*" [Hervorhebung im Original]

328 Vgl. hier insbesondere die Ausführungen bei *Mitsch*, BT II/1, S.185 (Rn.36): "Unterschlagung ist so gesehen kein Erfolgsdelikt. Ausreichen muß vielmehr eine objektive Handlung, die darauf gerichtet und dazu geeignet ist, diesen Erfolg herbeizuführen, deren *objektiver Zweck* also darin besteht, die Sache dem Eigentümer endgültig zu entziehen." [Hervorhebung im Original]

einem tautologischen Vorgehen basiert). Auch der Rettungsversuch, die Unterschlagung zum kupierten Erfolgsdelikt zu erklären, hilft hier nicht weiter, zumal die herrschende Auffassung doch gerade betont hatte, es gehe um mehr als um eine *beabsichtigte* Zueignung[329]; erforderlich sei deren *Vollzug*. So, wie das dritte Modell von der h.M. selbst präsentiert wird, kann es daher nicht überzeugen. Im übrigen schneidet die h.M. mit ihrem Ansatz die Möglichkeit erfolgsverhindernder Rücktrittshandlungen ab, indem sie diese (durch Vorverlegen der Vollendung) als Nachtatverhalten einstuft[330].

Das zweite Modell ist in dieser Form und mit allen Konsequenzen übrigens weder von *Eckstein*, noch von *Wachenfeld* vertreten worden[331]. Man kann, wie gezeigt, die Zueignung durchaus sowohl als Handlungs- als auch als Erfolgsdelikt konzipieren. Entscheidet man sich aber für ein "Handlungs"-Modell, dann stellt sich die Frage, wie nahe die Handlung an die Rechtsgutsverletzung heranreichen muß und worin diese eigentlich besteht. Dazu ist das ***Wesen der Zueignungsdelikte*** zu klären. Die Zueignung ist charakterisiert durch die mindestens vorübergehende Aneignung und die mindestens mit dolus eventualis avisierte dauernde Enteignung des Berechtigten. Für den Eintritt der Vollendung soll nach der ganz h.M. wie ausgeführt entgegen *Kargl* nicht der tatsächliche Eintritt der Enteignung[332] abgewartet werden müssen[333]; es soll vielmehr genügen, daß die Enteignung unter den gegebenen Umständen zumindest möglich erscheint[334]. - Einige

---

329 Mit dieser Begründung kritisch abl. gegenüber der h.M. auch SK-*Hoyer* § 246 Rn.19.

330 Vgl. dazu näher unten.

331 *Eckstein* (GS 80, 283ff) verzichtet (S.288f) auf eine Enteignung des Eigentümers und beschränkt die Zueignung so auf die Aneignung (womit gegen ihn der Vorwurf erhoben werden kann, er strafe auch die "geistige Depossedierung") und will (S.294, 299f) - in logischem Widerspruch zu seinen voraufgegangenen Feststellungen - die Strafe nicht an die "Zueignung" als inneren Vorgang, sondern an die "Handlung" als deren Manifestation knüpfen. - *Wachenfeld*, Strafrecht, in: Holtzendorff/Kohlers Enzyklopädie V, S.53, spricht davon, daß die Zueignung erst dann "rechtlich bedeutsam" werde, wenn sie nach außen in Erscheinung trete. Damit behandelt er den Manifestationsakt nicht mehr als bloßes Indiz, sondern wertet ihn zu einer "objektiven Strafbarkeitsbedingung" auf.

332 *Geilen* JR 1963, 446 (450) spricht ironisch von "einer dauerhaft anhaltenden Verstocktheit des Täters".

333 *Arzt/Weber* LH3, S.94; *Bittner*, Gewahrsamsbegriff, S.69; *Dencker (usw.)*, Einführung in das 6.StrRG, S.24; *Gössel*, BT 2, S.68; *Maiwald*, Zueignungsbegriff, S.133f, 174; *Roth*, Eigentumsschutz, S.52; *Samson* JA 1990, 5 (7).

334 *Mitsch*, BT II/1, S. 184f (Rn.35f). Einschränkend *Androulakis* JuS 1968, 409 (415), der die "konkrete Gefahr des Eintritts ... der definitiven Enteignung" fordert. - Kritisch *Kargl* ZStW 103 (1991), 136 (178).

Autoren[335] haben deshalb angenommen, es handele sich bei den Zueignungsdelikten "materiell um Gefährdungsdelikte". Dagegen sprechen aber entscheidend:

- der *Wortlaut* der Vorschriften (Zueignung, nicht die "Gefahr" dauernder Enteignung wird gefordert)[336],
- der *Sinn* der Vorschriften: Es geht um die Herbeiführung eines Erfolges, das Unrecht ist ein Erfolgs-, kein bloßes Gefährdungsunrecht,
- der *Verzicht auf* Sonderregelungen wie die Möglichkeit einer "*tätigen Reue*" (bei freiwilliger Rückgabe der Sache), wie sie in derartigen Fällen als Kompensation für eine frühe Vollendung üblich ist.

All dies spricht eindeutig gegen die These, es handele sich materiell um bloße Gefährdungsdelikte. Zwar ist es richtig, daß die Zueignungsdelikte in ihrer Auslegung durch die h.M. de facto *wie Gefährdungsdelikte behandelt* werden, aber das macht sie *materiellrechtlich* noch lange nicht zu Gefährdungsdelikten. – Es ist also mit der wohl h.M.[337] davon auszugehen, daß es sich bei den Zueignungsdelikten um ***Erfolgsdelikte*** handelt. Der Erfolg liegt demnach grundsätzlich im Eintritt der Rechtsgutsverletzung. Geschütztes Rechtsgut ist, wie oben festgestellt wurde, das Eigentum, mithin die uneingeschränkte Sachherrschaft. Da zwischen Zueignung und Gebrauchsanmaßung zu unterscheiden ist und da nur die dauernde Enteignung für eine Zueignung genügt, gehört die Dauerwirkung an sich mit zum Verletzungserfolg. Es ist also nicht ganz unbedenklich, die Dauerwirkung der Enteignung einfach in den subjektiven Tatbestand zu verlegen und für eine Rechtsgutsverletzung schon das Anstreben einer solchen dauernden Enteignung genügen zu lassen.

Zu Recht hat die "Theorie der objektiven Manifestation" darauf hingewiesen, daß alle übrigen Manifestationstheorien in Wahrheit verkappte subjektive Zueignungsbegriffe verwenden, die sie mit der "Manifestation" nur äußerlich verbrämen. Niemand kann ernstlich behaupten, man könne dem Täterverhalten schon äußerlich auch nur in der Mehrzahl der Fälle ansehen, mit welchem Vorsatz es

---

335 *Maurach/Schroeder/Maiwald*, BT 1, S.316; *Maiwald*, Zueignungsbegriff, S.176f; *Roth*, Eigentumsschutz, S.54. So anscheinend auch *Mitsch*, BT II/1, S.185 (Rn.36). *Tenckhoff* JuS 1980, 723 (726) betont, daß § 246, bei dem die Frage praktische Relevanz erlangt, "*kein Erfolgsdelikt*" sei. [Hervorhebung im Original] - Zum gleichen Ergebnis gelangt man, wenn man mit *Mohrbotter* Anmerkung zu OLG Celle NJW 1970, 1857 (1858) die Zueignungsdelikte als "kupierte Erfolgsdelikte, Delikte mit überschießender Innentendenz" einstuft.

336 *Kargl* ZStW 103 (1991), 136.

337 *Arzt/Weber* LH3, S.94; *Gössel*, in: GA-FS, S.39 (40); i.E. auch *ders.*, BT 2, S.179, wo das Problem allerdings als Vollendungsfrage behandelt wird; *Kargl* ZStW 103 (1991), 136; *Samson* JA 1990, 5 (7); *Wessels/Hillenkamp*, BT 2, S.107 (Rn.279); implizit *Bittner*, Gewahrsamsbegriff, S.85; *Dencker (usw.)*, Einführung in das 6.StrRG, S.23; wohl auch *Bussmann* StV 1999, 613 (616).

vorgenommen werde; noch weniger sind die meisten der als Manifestationsakt anerkannten Verhaltensweisen dazu geeignet, als "Erfolg" eine *dauernde* (d.h. irreversible) Enteignung herbeizuführen. *Kargl*[338] stellt dazu fest: "Weder dem Verheimlichen, noch dem Beiseiteschaffen und nicht einmal dem Ableugnen des Besitzes – der herkömmlicherweise klassischen Manifestationshandlung – steht die Zueignungsabsicht auf die Stirn geschrieben." - *Ling*[339] spricht im Zusammenhang mit der Abgrenzung von Wegnahme in Zueignungsabsicht (Diebstahl) und Wegnahme zwecks vorübergehenden Gebrauchs (furtum usus) von der "Indifferenz der Tathandlung in diesem Punkt des Enteignungselements". - Die Theorie der objektiven Manifestation kann aber wegen der mit ihr verbundenen zu weit gehenden Einschränkung des Anwendungsbereichs der Zueignungsdelikte auch nicht überzeugen[340]. Der Verfasser hält es daher im Anschluß an die h.M. nicht für notwendig, bei der Enteignung den Eintritt der Dauerwirkung abzuwarten. Andererseits kann die h.M. nur dann überzeugen, wenn es ihr gelingt, den Begriff der "Zueignung" so zu definieren, daß Täterverhalten (Handlung) und Sachtransfer (Erfolg) nicht beziehungslos nebeneinanderstehen, sondern in ein inneres Korrespondenzverhältnis zueinander treten. Schließlich sind beide als die einander ergänzenden Teile des Zueignungs*unrechts* zu begreifen.

Den verschiedenen Ansätzen der herrschenden Manifestationstheorien ist als gemeinsamer Kern zu entnehmen, daß die h.M. bei der Frage, wann eine vollendete Zueignung vorliegt, den Schwerpunkt offensichtlich auf den Sach*transfer*, verstanden nicht als *dauernde* Übertragung, sondern als Übertragung "*für dauernd*" legen will. Dabei deutet schon der Ausdruck "Manifestation" auf ein schlichtes *Beweisproblem* hin. Als ein solches wird die Manifestation letztlich auch angesehen: *Ling* spricht von einer "Durchdringung materiellrechtlicher und beweisrechtlicher Fragen, wo es um die Anforderungen an das Merkmal der Zueignung bei der Unterschlagung geht"[341]. - Ohne für die hier vertretene Auffassung Partei zu ergreifen, spricht *Dencker*[342] davon, die Ansicht, der Manifestationsakt müsse den sicheren Schluß auf den Zueignungswillen zulassen, sei "zunächst einmal *beweistheoretisch* unaufgeklärt", zumal die Frage bleibe, ob durch

---

338 in: ZStW 103 (1991), 136 (174).

339 in: ZStW 110 (1998), 919 (936).

340 Ebenso *Androulakis* JuS 1968, 409 (414); *Bloy* JA 1987, 187 (188); *Ling* ZStW 110 (1998), 919 (942 mit Fn.107); *Mitsch*, BT II/1, S.185 (Rn.35f); *Roth*, Eigentumsschutz, S.52; *Tenckhoff* JuS 1980, 723 (726).

341 in: ZStW 110 (1998), 919 (933). - *Ling* (a.a.O., S.937f) betont zwar, daß die Zueignung eine äußerlich erkennbare Handlung erfordere, da die böse Absicht nicht genüge, daß sie sich aber sehr wohl auch "prinzipiell subjektiv durch das Kernmerkmal der Einstellung zur Sache als einer eigenen" formulieren ließe. - Vor allem *Eckstein* GS 80, 283 (290ff) hat diesen Gedanken entwickelt.

342 *Dencker (usw.)*, Einführung in das 6.StrRG, S.22f. [Hervorhebung vom Verfasser]

das betreffende Verhalten der Zueignungswille tatsächlich erwiesen sei. Ähnlich argumentiert *Kindhäuser*[343], der Zueignungsakt sei eine "Willenserklärung"; Aneignung und Enteignung seien "die zwei Aspekte der subjektiven Seite des Anspruchs, den der Täter mit der Wegnahme der Sache erhebt"; äußere Indizien und die Äußerungen des Täters seien "nicht begriffsnotwendig für die Zueignung, sondern nur für deren äußere Wahrnehmung und damit auch Beweisbarkeit". Ein und dieselbe Verhaltensweise kann sowohl mit (als Zueignung strafbarem) Zueignungs- als auch mit (als furtum usus i.d.R. straflosem) Gebrauchswillen erfolgen[344]. Das leugnen auch die Anhänger der Manifestationstheorie nicht. *Gössel*[345] konstatiert (an *Maiwald* anknüpfend), "daß die Enteignung des Berechtigten nicht objektiviert, sondern nur in der Täterabsicht subjektiviert auftritt: lassen sich doch bloße Gebrauchsentziehung und Enteignung als Beginn der Zueignung objektiv nicht unterscheiden." - *Dencker*[346] spricht von einem zur Enteignung hinzutretenden "Gesinnungselement" der Zueignung, nämlich der Aneignung; insofern ist er der hier entworfenen Theorie am nächsten. - Selbst *Kargl*[347], der am konsequentesten für eine Objektivierung des Zueignungsbegriffes eintritt, schreibt: "Was aber unterscheidet das furtum usus von der Zueignung? Darauf kann es nur die Antwort geben: der Vorsatz." Eben *weil* dies Kriterium (der Vorsatz des Täters als Abgrenzungsmerkmal) über Verurteilung oder Freispruch entscheidet und *weil* dieser innere Wille weit häufiger vorhanden sein wird als er "eindeutig" nachweisbar ist, geht es bei der Wahl des Zueignungsbegriffs auch und vor allem um die *Abgrenzung des "in dubio pro reo"-Satzes von der unbeachtlichen Schutzbehauptung*: Wann ist das Vorbringen des Täters, er habe die Sache dem Berechtigten nicht dauernd entziehen, sondern sie nur gebrauchen wollen, glaubwürdig? Durfte oder (in dubio pro reo) mußte man jenem Philosophiestudenten glauben, der einfach behauptete, er habe das von ihm in einem Kaufhaus entwendete Buch nach der Lektüre zurückbringen wollen[348]? Umgekehrt vermag aber auch die zu diesem Fall gewählte Argumentation des OLG Celle[349] nicht zu überzeugen: Noch nie hat jemand gefragt, unter welchen Um-

---

343 in: Geerds-FS, S.655 (661). - Vgl. auch *Schmid* MDR 1981, 806, der zwar ausdrücklich klarstellt, es handele sich nicht nur um ein Beweismittel, die Manifestation i.E. aber wie ein solches behandelt.

344 Vgl. dazu insbesondere die Beispiele bei *Otto*, Struktur, S.127f.

345 in: ZStW 85 (1973), 591 (600); vgl. auch S.601. - Vgl. ferner *Kindhäuser*, in: Geerds-FS, S.655 (661); *Otto*, Struktur, S.110; *Rengier*, BT 1, S.77f (Rn.4).

346 *Dencker (usw.)*, Einführung in das 6.StrRG, S.19.

347 in: ZStW 103 (1991), 136 (180).

348 Wie hier auch *Wessels/Hillenkamp*, BT 2, S.63 (Rn.182) m.w.N. – *Androulakis* JuS 1968, 409 (414) spricht in Anlehnung an *Seibert* von einer "Ausrede, 'so alt wie die Erde'".

349 Die betreffende Entscheidung ist in NJW 1967, 1921ff abgedruckt.

ständen die Lektüre von Büchern in Buchabteilungen Sachbeschädigung (oder, wie der erkennende Senat meinte, "Wertzueignung") ist[350]; dabei leidet der Paperback-Einband von Taschenbüchern naturgemäß schon beim bloßen Aufschlagen. – Und was, wenn der bei der Wegnahme betroffene Täter behauptet, er habe die Sache nur entziehen wollen (womöglich so, daß ihre Substanz unversehrt bleibt) – muß man auch ihm "in dubio pro reo" glauben? – Muß dann (als extreme Konsequenz der Ansicht *Kargls*) der Täter, der die Sache auf ewig für sich behalten will (und dies laut *Kargl*[351] auch ganz offen aussprechen darf) straflos bleiben[352], weil erst die *dauernde* Enteignung(swirkung) abgewartet werden müßte[353] (weil erst sie Gewißheit verschafft)?[354] – Umgekehrt gefragt: Dürfen alle Zweifel, die die Beteuerungen des Angeklagten säen, als bloße Schutzbehauptungen zurückgewiesen werden mit der Folge, daß der Angeklagte plötzlich den Beweis dafür zu erbringen hat, daß er sich die Sache *nicht* zugeeignet hat (daß also ein "non liquet" zu seinen Lasten geht)?

Will man die Zueignung als Sachverschiebung durch den Täter deuten, die an sich schon mit Fassen des Entschlusses bewirkt sein kann, und dennoch der Manifestation *innerhalb* der Zueignung eine eigenständige Bedeutung zuerkennen, und zwar dann nicht als begriffsnotwendiges, sondern als strafbarkeitslimitierendes Tatbestandsmerkmal, dann muß es sich um ein *erfolgsrelevantes* Verhalten handeln, das dem Täter und der Außenwelt gleichermaßen deutlich vor Augen führt: Hier hat ein eigenmächtiger Sachtransfer durch den Täter stattgefunden. Als Manifestationsakte kommen somit, ganz im Sinne der h.M., nur solche Verhaltensweisen in Frage, aus denen ein neutraler Beobachter auf das Vorhandensein des Zueignungswillens schließen würde. Im Gegensatz zur subjektiven Theorie wird der Manifestationsakt dabei als Teil der Zueignung und damit als

---

350 *Deubner* moniert daher in seiner Anmerkung zu OLG Celle NJW 1967, 1921, das Gericht habe "eine Kombination aus Gebrauchsentwendung und Sachwertentzug ... bereits als Diebstahl gewertet". Abl. i.E. auch Sch/Sch/*Eser* § 242 (Rn.53); *Welzel*, Strafrecht, S.343; *Wessels/Hillenkamp*, BT 2, S.63 (Rn.182); zustimmend dagegen *Gropp* JuS 1999, 1041 (1044). - Ähnlich wie die Rechtsprechung schon *Schaffstein* GS 103, 292 (313), der die Sachbeschädigung als Zueignung werten will.

351 in: ZStW 103 (1991), 136 (175); i.E. ebenso *Seelmann* JuS 1985, 699 (701); *Tenckhoff* JuS 1984, 775 (780).

352 Die von *Kargl* selbst vorgeschlagene Verurteilung wegen Versuchs wird von seiner eigenen Argumentation nicht getragen.

353 *Kargl* ZStW 103 (1991), 136 (162f).

354 Hiergegen offenbar *Kindhäuser*, BT II/1 (*1.Aufl.*), S.77: Für die Enteignung sei "nicht der faktische Verlust der Sachherrschaft entscheidend, sondern die (auf Dauer gerichtete) Leugnung des Herausgabeanspruchs". Ähnlich nimmt die ganz h.M. an, es genüge ein auf dauernde Enteignung gerichteter Vorsatz des Täters (vgl. nur *Maiwald*, Zueignungsbegriff, S.174).

Tatbestandsmerkmal aufgefaßt. Man kann aber entgegen der h.M. nicht sagen, daß dies ein begriffslogisch notwendiges Merkmal sei, sondern es handelt sich vielmehr um ein zum Transfer hinzutretendes, von der Dogmatik ergänztes Merkmal. Andererseits läßt sich auch nicht von einem "ungeschriebenen Tatbestandsmerkmal" sprechen, da die Manifestation kein selbständiges Tatbestandsmerkmal (wie etwa die Vermögensverfügung beim Betrug) ist. Vielmehr wird ein geschriebenes Tatbestandsmerkmal dadurch ergänzt, daß ihm ein zusätzliches Merkmal subintelligiert wird, denn das Tatbestandsmerkmal der "Zueignung" setzt sich nach der hier entwickelten These aus dem "Sachtransfer" und einer hinzutretenden "Manifestation" zusammen.

Ob man den Ansatz des Verfassers nun als "modifizierte subjektive" oder als "modifizierte objektive" oder gar als "gemischt subjektiv-objektive Theorie der Zueignung" bezeichnet, ist vollkommen belanglos. Der Verfasser möchte nur soviel klarstellen: Der Begriff der Zueignung selbst ist weder rein subjektiv noch rein objektiv, er enthält vielmehr sowohl subjektive als auch objektive Elemente. In diesem Punkt ist *Eckstein*[355] zuzustimmen, daß begrifflich für den Sachtransfer an sich als objektives Element die Beherrschungsmöglichkeit ("corpus") und als hinzutretendes subjektives Element der Eigenbesitzerwillen ("animus dominandi") genügen könnten. Wenn heute allgemein mehr verlangt wird, dann nur, um die Strafbarkeit sinnvoll zu begrenzen. - Man könnte gegen die hier vorgeschlagene Lösung einwenden, sie würde in der Praxis zu gravierenden Beweisschwierigkeiten führen. Im Grunde aber spiegelt die heutige Diskussion der Frage, welche Handlungen als taugliche Manifestationsakte anzuerkennen sind, nichts anderes als eben jene Beweisschwierigkeiten. Auch bei der heutigen Interpretation tauchen also die gleichen Schwierigkeiten (nur eben auf materiell-rechtlicher Ebene) auf.

Damit es sich wirklich um eine "Feuerprobe" für den Täter handelt, muß das Verhalten deutlich auf eine Zueignung (d.h. auf die Begründung von Eigenbesitz durch den Täter) hinweisen. In disem Sinne schreibt *Eser*[356]: "Der *im Innern vollzogene* Aneignungsakt bedarf der 'indiziellen Publizität' durch äußere Manifestierung". Es muß ein charakteristisches, aussagekräftiges Verhalten sein, in dem der Entschluß so zum Ausdruck kommt, daß bei allen Eventualitäten und trotz der potentiellen Mehrdeutigkeit jeder Verhaltensweise ein vernünftiger

---

355 in: GS 80, 283 (286).

356 in: StR IV, S.63 (m.w.N.). [Hervorhebung vom Verfasser] Ebenso *Otto* Jura 1996, 383 (384). Noch deutlicher für die Zueignung durch Unterlassen *Schmid* MDR 1981, 806 (807): "Der Erfolg im Sinne des § 13 Abs.1 StGB ist die Einverleibung der Sache in das Vermögen des Täters durch einen entsprechenden Willensentschluß, nicht die Manifestation dieses bereits willentlich herbeigeführten Erfolges." - Vgl. schon *Eckstein* GS 80, 283 (294, 299ff).

Zweifel am Zueignungsentschluß des Täters nicht bleibt. *Tenckhoff*[357] verlangt im Anschluß an *Gallas*[358] ein Verhalten, "das sich seinem sachlichen Gehalt nach als Erlangung einer eigentümerähnlichen Stellung darstellt." *Androulakis*[359] fordert daher, "daß das Verhalten des Täters immer *zumindest einen Anfang der Ausführung der definitiven Enteignung* darstellt". *Mitsch*[360] fordert eine Handlung, die "die *Chance des Eigentümers auf Rückerlangung* der Sache verringert und die auf den Willen der Täters schließen läßt, die Sache dem Eigentümer endgültig zu entziehen", d.h. "allgemein Maßnahmen, mit denen die Zugriffsmöglichkeiten des Eigentümers verschlechtert werden". - Nach *Seelmann*[361] ist eine solche Betätigung des Zueignungswillens erforderlich, "die generell geeignet ist, dem Zueignungserfolg näherzukommen". (Damit wendet er sich gegen *Maiwald*[362], der verlangt, das Verhalten des Täters müsse *konkret* geeignet sein, den Zueignungserfolg [Verlust der Sache für den Eigentümer, Erlangen der Sache durch den Täter] herbeizuführen.)

Auch in der Frage der (Möglichkeit einer) *Zueignung durch **Unterlassen*** entspricht die hier entwickelte These im Ergebnis der ganz herrschenden Auffassung. Denn während eine Ansicht die Möglichkeit einer Zueignung durch Unterlassen überhaupt anzweifelt (da es beim Unterlassen an der erforderlichen Manifestation fehle)[363], hält die überwiegende Gegenmeinung[364] eine Zueignung durch Unterlassen für grundsätzlich möglich, stellt aber besonders hohe Anforderungen an deren Nachweis (Voraussetzung ist selbstverständlich, daß überhaupt eine Pflicht zur Rückgabe besteht[365].) Die bloße nicht-Rückgabe einer gemieteten

357 in: JuS 1980, 723 (727).

358 in: Niederschriften VI, S.56.

359 in: JuS 1968, 409 (415).[Hervorhebung im Original] Ebenso *Roth*, Eigentumsschutz, S.55.

360 BT II/1, S. 187 (Rn.40). [Hervorhebung im Original]

361 in: JuS 1985, 699 (701).

362 Zueignungsbegriff, S.196f. - Eingeschränkt zustimmend *Dencker (usw.)*, Einführung in das 6.StrRG, S.24f, der aber im Anschluß an *Samson* kritisiert, bei *Maiwalds* Definition der Zueignung fehle noch die dauerhafte Enteignung als materielle Vollendung.

363 *Schürmann* MDR 1982, 374; unklar *Paulus*, Sachzueignung, S.181f, 208ff.

364 BGHSt34, S.309 (312); OLG Düsseldorf NStZ-RR 1999, 41 (42) (m.w.N.); OLG Hamm wistra 1999, 112; *Maiwald*, Zueignungsbegriff, S.200ff (201f); *Mitsch*, BT II/1, S. 187f (Rn.40); Sch/Sch/*Eser* § 246 Rn.20; sehr weit gehend *Charalambakis*, Unterschlagungstatbestand, S.125 Fn.1. Vgl. auch die Fundstellen in den folgenden Fußnoten.

365 Vgl. *Mitsch*, BT II/1, S. 187f (Rn.40); *Schmid* MDR 1981, 806 (807); *Tröndle/Fischer* § 246 Rn.18. *Schürmann* MDR 1982, 374 weist darauf hin, daß beim Unterlassen eine Garantenpflicht verletzt werden müsse, und bezweifelt, daß die ver-

oder geliehenen Sache (auch nach Ablauf des vereinbarten Rückgabetermins) kann für sich genommen z.B. nicht genügen, da ein solches Verhalten auch auf bloßer Nachlässigkeit beruhen kann[366]. *Otto* verlangt daher, es müßten "besondere Umstände hinzukommen, die darauf schließen lassen, daß die Nichtherausgabe bzw. die Nichtanzeige gerade Ausdruck der Zueignung ist".[367] Läßt sich aber aus dem Verhalten entnehmen, daß der Täter die Sache nunmehr für sich haben oder an Dritte veräußern will (etwa, indem er den Besitz der Sache ableugnet oder diese verborgen hält und über einen längeren Zeitraum damit weiterarbeitet)[368] oder läßt er die Sache durch einen Gerichtsvollzieher pfänden, ohne den Eigentümer von der Pfändung zu unterrichten, um so (durch die spätere Verwertung der Sache im Wege der Zwangsvollstreckung) seine eigenen Schulden zu verringern[369], so ist eine Zueignung (jedenfalls grundsätzlich) anzunehmen.

II.) Die Wiederholbarkeit der Zueignung

Die Überlegenheit des hier vertretenen Ansatzes zeigt sich besonders in der Frage der Wiederholbarkeit der Zueignung. Diese Streitfrage scheint vom Boden der bisher vertretenen Manifestationstheorien schier unlösbar zu sein. Bekanntlich wird eine Wiederholbarkeit der Zueignung von einem Großteil des Schrifttums[370]

---

tragliche Nebenpflicht zur Rückgabe der Sache zur Begründung einer entsprechenden Garantenstellung ausreicht.

366 *Bittner*, Gewahrsamsbegriff, S.279, 300f; *Fahl* JA 1999, 539 (540f); *Haberkorn* MDR 1962, 704 (706); *Paulus*, Sachzueignung, S.208f; *Rengier*, BT 1, S.82 (Rn.12) (m.w.N.); *Seelmann* JuS 1985, 699 (701); *Welzel*, Strafrecht, S.344. - *Schmid* MDR 1981, 806 (807) nennt außerdem noch andere mögliche Gründe für ein Unterlassen, das keine Zueignung bezweckt.

367 in: Jura 1989, 200 (204). - I.E. wohl auch *Maiwald*, Zueignungsbegriff, S.199f, der aber feststellt, daß dem Eigentümer die Sache durch das Unterlassen noch nicht endgültig "genommen" sei.

368 BGHSt34, S.309 (312); ähnlich OLG Hamm wistra 1999, 112. - A.A. *Fahl* JA 1999, 539 (540).

369 *Lackner/Kühl* § 246 Rn.4; *D.Meyer* MDR 1974, 809 (811); *Schmid* MDR 1981, 806 (807f); SK-*Hoyer* § 246 Rn.16; *Tröndle/Fischer* § 246 Rn.16; wohl auch *Gössel*, BT 2, S.181; *Paulus*, Sachzueignung, S.210. - Maiwald, Zueignungsbegriff, S.202 (m.w.N.), stellt demgegenüber darauf ab, ob der Unterlassende sich in einer Garantenstellung befindet (vgl. dazu auch *Gössel*, a.a.O) und zugleich keine Möglichkeit hat, seine Gläubiger zu befriedigen.

370 *Bockelmann* JZ 1960, 621 (624); *Haft*, BT, S.148, 154; *Heinrich* Jura 1999, 585 (591); *Küper* Jura 1996, 205 (207); *Maurach/Schroeder/Maiwald*, BT 1, S.366; *Mitsch*, BT II/1, S.194ff (Rn.52ff) (196 (Rn.54)); *Roth*, Eigentumsschutz, S.84ff, 110; *Schröder* NJW 1963, 1958 (1961); *Seelmann* JuS 1985, 699 (701); *Tenckhoff* JuS 1984, 775 (778f); *Tröndle/Fischer* § 242 Rn.26, § 246 Rn.13; *Wessels/*

mit der Begründung bejaht, jeder Zueignungs*akt* sei eine erneute Zueignung. *Graul*[371], *Gropp*[372], *Küper*[373] und *Wessels/Hillenkamp*[374] meinen, die Gegenauffassung sei jedenfalls nach der Reform wegen der Einführung der Subsidiaritätsklausel hinfällig; man wird aber die Zueignung in § 246 ebenso "exklusiv" deuten *können* wie Verfügung und Wegnahme - nur, daß dann fraglich wird, ob es sich bei der Vorschrift überhaupt noch um einen "Auffangtatbestand" (mit der durch den Begriff implizierten Weite) handelt[375]. In Wirklichkeit werden hier zwei Fragen miteinander vermischt, die schon der Bundesgerichtshof unzulässigerweise miteinander verbunden hatte: Einmal geht es darum, ob eine ***Zueignung*** tatbestandlich *neben einem anderen Vermögensdelikt* vorliegen kann, andererseits ist zu prüfen, ob eine Zueignung *nach einer* tatbestandsmäßigen *Zueignung* noch möglich ist. Entgegen der Auffassung des BGH kann die Tathandlung *neben* einem anderen Vermögensdelikt auch eine Zueignung verwirklichen[376]; *zugleich* kann das andere Vermögensdelikt aber auch eine *Sperrwirkung* gegenüber den Zueignungsdelikten entfalten (vgl. dazu unten). *Dencker* weist denn auch zutreffend darauf hin, "daß die alte Streitfrage, ob eine 'Zweitzueignung' bereits tatbestandsmäßig keine Unterschlagung oder nur aus Gründen der Gesetzeskonkurrenz straflos sei, durch das neue Gesetz nicht aus der Welt geschafft wird"[377]. - Das Ergebnis der h.L. (die Wiederholbarkeit der Zueignung) soll kriminalpolitisch wünschenswert sein, da die wiederholte Zueignung für den Täter selbst zwar straflose Nachtat sei, zugleich aber die Haupttat für einen möglichen Teilnehmer liefere und so dessen Bestrafung ermögliche[378]; außerdem könne man

---

Hillenkamp, BT 2, S.118f (Rn.301ff). - Undeutlich klingt diese Ansicht schon in RGSt 39, S.239 (243f) an, wo es heißt: "Die Absicht des Strafgesetzes geht jedenfalls nicht dahin, einen solchen Akt der *Verwertung* des gestohlenen Gutes als neues *selbständiges Vergehen* unter Strafe zu stellen." [Hervorhebungen im Original] Ähnlich RGSt 49, S.16 (18). - Zur reichsgerichtlichen Rechtsprechung vgl. unten Fn.382.

371 in: JuS 1999, 562 (567).

372 in: JuS 1999, 1041 (1045).

373 BT, S.449.

374 BT 2, S.117 (Rn.300).

375 Vgl. dazu unten "B. II.".

376 Vgl. dazu nur *Küper*, BT, S.447.

377 *Dencker (usw.)*, Einführung in das 6.StrRG, S.25. In gleichem Sinne *Krey*, BT 2, S.97 (Rn.173a); *Lackner/Kühl* § 246 Rn.7; kritisch dazu *Wessels/Hillenkamp*, BT 2, S.118f (Rn.301).

378 *Heinrich* Jura 1999, 585 (591); *Maurach/Schroeder/Maiwald*, BT 1, S.366; *Mitsch*, BT II/1, S.197 (Rn.55); *Tröndle/Fischer* § 246 Rn.13. Vgl. auch Sch/Sch/*Eser* § 246 Rn.19, die sich i.E. (Rn.33) keiner Ansicht vollständig anschließen. Zu Recht bezweifelt aber *Eser* StR IV, S.65 das tatsächliche kriminalpolitische Interesse an dieser Lösung.

bei Verjährung der ersten Zueignungshandlung durch ein Aufleben der mitbestraften Nachtat zu selbständiger Bedeutung *trotz grundsätzlich eingetretener Verjährung* aus der Nachtat bestrafen[379]. Es sei hier einmal dahingestellt, ob das behauptete kriminalpolitische Interesse an der Bestrafung des Teilnehmers wirklich besteht und ob es so dringend ist, daß schon allein deswegen einc Wiederholbarkeit der Zueignung gefordert werden muß; in der Mehrzahl der denkbaren Fallkonstellationen wird der Beteiligte nämlich schon wegen (Mit-)Täterschaft (Selbst- oder Drittzueignung) strafbar sein, in den übrigen Fällen wird der Grad seiner Tatbeteiligung so gering sein, daß eine strafrechtliche Erfassung seines Verhaltens mindestens überflüssig erscheinen dürfte[380]. Gegen das letztgenannte "Ziel", durch eine Bestrafung wegen der an sich straflosen Nachtat bei Verjährung der Vortat (des ersten Zueignungsaktes) die *Verjährungsvorschriften auszuhebeln*, ist aber selbst von Autoren, die eine Wiederholbarkeit annehmen, Front gemacht worden[381]. – Unter anderem wegen dieses rechtspolitisch nicht tragbaren Ergebnisses haben die Rechtsprechung[382] und die ihr fogenden Stimmen im

---

379 *Heinrich* Jura 1999, 585 (591); *Maurach/Schroeder/Maiwald*, BT 1, S.366; *Mitsch* BT II/1, S.197 (Rn.56).

380 So auch *Otto*, Struktur, S.123; ähnlich *Küper*, BT, S.446. - *Maiwald*, Zueignungsbegriff, S.268, nimmt dagegen an, daß es sich um Verwertungshandlungen handele, die ausschließlich nach den Tatbeständen der Hehlerei oder der Begünstigung zu beurteilen seien.

381 Vgl. insbesondere *Roth*, Eigentumsschutz, der in seinem Resümee (S.139) und in der Zusammenfassung (S.153) darauf hinweist, daß die von ihm auf der Grundlage der Konkurrenzlösung erzielten Ergebnisse denen der Tatbestandslösung entsprechen; dogmatisch lehnt er diese ab, hält ihre Ergebnisse aber für geboten. In gleichem Sinne schon *Bockelmann* JZ 1960, 621 (624f). Hinweisend *Otto*, Struktur, S.120 m.w.N. Allgemein zur Frage der Verjährung bei mitbestraften Nachtaten *Krauß* GA 1965, 173 (178), der ein Wiederaufleben nach Verjährung der Vortat ablehnt.

382 BGHSt 14, S.38 (43ff). - Der Standpunkt des *Reichsgerichts* ist nicht genau zu bestimmen, zumal die Urteile (z.T. innerhalb derselben Entscheidung) eine deutliche Ambiguität in der Argumentation aufweisen. Fest steht lediglich, daß auch nach Ansicht des *Reichsgerichts* eine Bestrafung wegen Unterschlagung ausscheiden sollte, wenn der Täter die betreffende Sache auf strafbare Weise erlangt hatte. So heißt es in RGSt 15, S.426 (429), sofern der "Aneignungswille schon durch den betrügerischen Besitzerwerb bethätigt" worden sei, bleibe "für die Annahme einer Unterschlagung kein Raum". - In RGSt 60, S.371ff wird schon im Leitsatz die Frage nach einer "straflose[n] Nachtat" erhoben; auf S.372 heißt es (ganz im Sinne der Konkurrenzlösung), durch die Bestrafung wegen eines Eigentumsvergehens seien auch die weiteren Handlungen "abgegolten". Dann aber schwenkt die Argumentation plötzlich zur Tatbestandslösung über, wenn das *Reichsgericht* fortfährt: "Mit der Einverleibung des gestohlenen oder unterschlagenen Gegenstandes in das Vermögen des Täters, der *Zueignung*, erschöpft sich der wirtschaftliche Inhalt und der rechtswidrige Erfolg der Tat. [...] Was der Täter durch sein Tun bereits erlangt hat, kann

Schrifttum[383] bekanntlich die Unwiederholbarkeit der Zueignung angenommen: Zueignung sei das (erst- und einmalige) *Erlangen* einer eigentümerähnlichen Herrschaftsposition, also auch als Vorgang einmalig und damit unwiederholbar. Dabei ergeben sich aber Probleme, wenn der erste Zueignungsakt vorsatzlos oder im Zustand der Schuldunfähigkeit erfolgt ist. In solchen Fällen stellt auch die Rechtsprechung auf nachfolgende Manifestationshandlungen ab und verlangt für die Zueignung ein *schuldhaftes* (strafbares) Verhalten. Damit ist ihr der Vorwurf der Inkonsequenz aus den Reihen des Schrifttums nicht erspart geblieben, denn das Erfordernis der Strafbarkeit des Begehungsaktes hat mit der Zueignung als solcher nichts zu tun[384].

Mit der hier eingenommenen Perspektive lassen sich alle Probleme lösen:

1.) Die Zueignung selbst besteht aus einem *dauernden Sachtransfer*, d.h. der Übertragung der Sache durch den Täter vom Berechtigten auf sich selbst oder auf einen Dritten, sowie einem *äußerlich erkennbaren Verhalten*, das diesen Transfer dokumentiert. Einen Transfer kann man aber *nur einmal* bewirken. Daher ist die Zueignung *einmalig und* ***unwiederholbar***. Mit jedem erneuten Manifestationsakt eine erneute Tatbestandsverwirklichung anzunehmen, würde so gesehen gegen das *Doppelverwertungsverbot* verstoßen, zumal es den einmaligen Transferakt gleich mehrfach in Ansatz bringen würde.

---

er sich nicht mehr zueignen. Strafbare Willensbetätigungen an oder mit der Sache *nach dieser Richtung* - andere keineswegs - sind begrifflich ausgeschlossen." Ein eindeutigeres Bekenntnis zur Tatbestandslösung ist kaum denkbar, möchte man glauben. Gleich im nächsten Satz heißt es dann aber: "Dahin gehört die Verwertung oder weitere Ausbeutung des durch das Eigentumsvergehen bereits *Erlangten*. Beschränkt sich der Täter darauf, so liegt nur eine sogenannte straflose Nachtat vor". [Hervorhebungen im Original] - Die Entscheidung RGSt 49, S.16 (18), die gelegentlich für die Tatbestandslösung angeführt wird, dürfte i.E. eher der Konkurrenzlösung zuzurechnen sein. – Insgesamt zum gleichen Resümee kommt auch die eingehende Analyse der reichsgerichtlichen Rechtsprechung bei *Bockelmann* JZ 1960, 621 (623 Fn.10), die noch weitere Judikate berücksichtigt. Zu weiteren Fundstellen siehe die dort nachgewiesenen Entscheidungen.

383 *Bittner*, Gewahrsamsbegriff, S.68f, 308ff (310ff); *Eser* StR IV, S.65; *Gössel*, BT 2, S.182f; *Haß* SchlHA 1972, 176 (177); *Kindhäuser*, BT II/1, S.81 (Rn.101f), 176f (Rn.69f); *ders.*, in: Geerds-FS, S.655 (662f); *Krey*, BT 2, S.98 (Rn.174); *Lackner/Kühl* § 246 Rn.7 (beachte aber § 242 Rn.30); NK-*Kindhäuser* § 242 Rn.104, § 246 Rn.62; *Otto*, Strafrecht, S.179 (Rn.23); *ders.* JZ 1985, 69 (75); *ders.* Jura 1989, 200 (205); *ders.* JZ 1993, 652 (662); *ders.*, Struktur, S.112, 125; *Paulus*, Sachzueignung, S.192ff (194f); *Rengier*, in: Lenckner-FS, S.801 (807); *ders.*, BT 1, S.86 (Rn.22); *Schünemann* JuS 1968, 114 (117); *Maiwald*, Zueignungsbegriff, S.261ff (264ff); i.E. auch *Schmid-Hopmeier*, Drittzueignung, S.172.

384 Sch/Sch/*Eser* § 242 Rn.19; *Welzel*, Strafrecht, S.351; auch *Wessels/Hillenkamp*, BT 2, S.119 (Rn.303). Sogar *Paulus*, Sachzueignung, S.196f, der die Tatbestandslösung vertritt, erhebt diesen Vorwurf.

2.) Der Transfer kann *beliebig oft* nach außen *manifestiert* werden, ohne daß dabei stets von einer erneuten "Zueignung" auszugehen wäre[385]. Treffend schreibt *Otto*: "Wenn der Eigentümer z.B. sein Kraftfahrzeug benutzt, umbaut, verändert oder ähnliches, kommt gleichfalls niemand auf die Idee zu behaupten, er eigne sich sein Kraftfahrzeug jeweils erneut zu. Er übt nur die ihm zustehende umfassende Sachherrschaft aus. Das gilt aber auch für denjenigen, der das Kraftfahrzeug z.B. unterschlagen hat, denn insoweit besteht zwischen ihm und dem Eigentümer gerade kein Unterschied. Er übt gleichfalls umfassende Sachherrschaft aus, die er sich allerdings rechtswidrig verschafft hat."[386] - Daraus ergibt sich die Lösung für die beiden schon erwähnten Folgeprobleme:

a) Beschließt der Täter *im Zustand der Schuldunfähigkeit*, eine fremde Sache sich oder einem nichtberechtigten Dritten zuzueignen, so kann er dafür nicht strafrechtlich zur Verantwortung gezogen werden. Begeht er später weitere Manifestationsakte, die darauf schließen lassen, daß sein Zueignungsentschluß trotz wiedererlangter Schuldfähigkeit fortbesteht, so soll er für diese aus einem Eigentumsdelikt bestraft werden können (communis opinio). Nach dem vorliegenden Ansatz böte sich dafür folgender Lösungsweg: Zunächst könnte man dem im Zustand der Schuldunfähigkeit gefaßten Entschluß zur Begründung von Eigenbesitz die strafrechtliche Relevanz gänzlich absprechen. Denn der Tatentschluß ist die Entscheidung zum Rechtsbruch; davon läßt sich aber hier nicht sprechen, weil der schuldunfähige Täter das Verbot nicht hinreichend berücksichtigen kann. Den eigentlichen Entschluß, der sich als Zueignung bezeichnen läßt, faßt er demnach erst im Zustand wiedererlangter Schuldfähigkeit, weil er jetzt die Einsicht hat, Unrecht zu tun[387]. Die h.M., die die Zueig-

---

385 Auf diese Unterscheidung von "Zueignung" und "Manifestation" haben schon *Otto* Jura 1989, 200 (205) sowie JZ 1993, 652 (662) und *Paulus*, Sachzueignung, S.195 hingewiesen.

386 Struktur, S.113. - In gleichem Sinne fällt die Argumentation bei *Schmid-Hopmeier*, Drittzueignung, S.172 aus.

387 So *Otto* JZ 1993, 559 (565); *ders.*, Struktur, S.120f; ähnlich *Paulus*, Sachzueignung, S.196f; *Schünemann* JuS 1968, 114 (118) (gegen ihn *Maiwald*, Zueignungsbegriff, S.267, der aber in seiner anschließenden Begründung über den Sinn des Normappells an den Täter zum gleichen Ergebnis gelangt: Zwar habe schon der schuldunfähige Täter sich die Sache zugeeignet, doch sei der Appell an den wieder Schuldfähigen, zum rechtmäßigen Zustand zurückzukehren, durchaus noch sinnvoll; ähnlich *Otto*, Struktur, S.115ff für den [nach *Otto*, a.a.O., S.121, parallel gelagerten] Fall des zunächst gutgläubigen [in der sachenrechtlichen Terminologie "redlichen"] Eigenbesitzers, der nachträglich die Fremdheit der Sache erkennt: Nach *Otto* ist es unter "Rechtsgenossen" üblich, eine im Nachhinein als fremd erkannte

nung allein in der Manifestation (also in einem Verhalten, das den Transfer der Sache bewirken soll) erblickt, ist in diesem Punkt aber durchgreifenden Bedenken ausgesetzt. Gegen sie ist zu Recht vorgebracht worden, die Verwirklichung von Unrecht beurteile sich nicht nach der Schuld des Täters (konkret: das Vorliegen einer *tatbestandsmäßigen* Transferhandlung kann nicht davon abhängen, ob der Täter *schuldhaft* handelt); diese Lösung ist somit aus dogmatischen Gründen zurückzuweisen[388]. - Der Ansatz des Verfassers entgeht diesem Einwand dadurch, daß er die Zueignung als Tatbestandsmerkmal in zwei Teile zerlegt: Der *Transfer* kann gleichermaßen in schuldfähigem wie in schuldunfähigem Zustand herbeigeführt werden; die Rechtsgutsverletzung und die Rechtswidrigkeit des Verhaltens haben mit dessen Schuldhaftigkeit (Vorwerfbarkeit) nichts zu tun. Trotzdem kann die hier vertretene Ansicht die im Zustand wiedererlangter Schuldfähigkeit erfolgende Manifestation pönalisieren, denn sie verlangt (als "Feuerprobe") ein Verhalten, mit dem der Täter bewußt den Schritt in die Illegalität tut. Davon kann aber keine Rede sein, wenn der Täter sich der Illegalität seines Verhaltens entweder gar nicht bewußt ist oder jedenfalls der Normverstoß strafrechtlich nicht vorwerfbar ist. Erst der im Zustand wiedererlangter Schuldfähigkeit begangene neuerliche Manifestationsakt ist dann vorwerfbar und bildet (zusammen mit dem bereits erfolgten Sachtransfer) den Anknüpfungspunkt für die Strafe. - Gleiches gilt (mutatis mutandis), wenn der Täter bei der Aneignung annimmt, es handele sich um eine herrenlose (z.B. derelinquierte) Sache und erst später von deren Fremdheit erfährt: Der Transfer ist schon mit der Aneignung erfolgt, als der Täter noch "redlicher Eigenbesitzer" war; erfährt er nachträglich, daß die Sache in fremdem Eigentum steht, und manifestiert er jetzt seinen Willen, sie trotzdem für sich zu behalten, dann kann er wegen einer Zueignung bestraft werden.

Zusammengefaßt bedeutet dies: Das Tatbestandsmerkmal der *Zueignung* besteht aus *zwei* Elementen, dem *einmaligen Sachtransfer* und einem *beliebig wiederholbaren Manifestationsakt.* Der Sachtransfer als begriffliches Merkmal und die Manifestation als strafbarkeitslimitierendes Merkmal verbinden sich (als zwei zu addierende Komponenten) zur "Zueignung im strafrechtli-

---

Sache in Fremdbesitz zu nehmen, weshalb der Entschluß, den Eigenbesitz aufrechtzuerhalten, durchaus beachtlich und [im Fall seiner Manifestation] als Zueignung zu qualifizieren sei). - In sich unverständlich bleibt die Gegenargumentation bei *Roth*, Eigentumsschutz, S.83f, die bei dieser Ansicht Verstöße gegen wesentliche Merkmale des Schuldbegriffs rügt, den sie indessen selbst nicht recht verstanden zu haben scheint.

388 *Roth*, Eigentumsschutz, S.66.

chen Sinn". Dabei folgt aber aus dem *Doppelverwertungsverbot*, daß die einmalige Sachverschiebung (der unwiederholbare Sachtransfer) strafrechtlich auch nur einmal in Ansatz gebracht werden darf, und zwar zusammen mit dem ersten im Zustand der Schuldfähigkeit begangenen Manifestationsakt. Damit ist die Zueignung begrifflich *unwiederholbar*, weil eines ihrer Begriffselemente unwiederholbar ist.

Über die *Strafbarkeit eines Teilnehmers an späteren Verwertungsakten* ist damit indirekt mitentschieden worden. Denn wenn die Zueignung nicht wiederholbar ist, weil nur der erste strafbewehrte Manifestationsakt mit dem Transfer zusammen den Tatbestand verwirklicht, dann fehlt es bei nachfolgenden Akten an der Tatbestandsmäßigkeit und mithin für den potentiellen Teilnehmer an einer teilnahmefähigen Haupttat. Selbst wenn man aber mit der h.L. von einer tatbestandlichen Wiederholbarkeit der Zueignung durch Wiederholung der Manifestationsakte ausginge, so schiede eine Beihilfe i.E. doch aus. Die Frage, ob der Teilnehmer sich der Beihilfe schuldig machen kann, hängt nämlich davon ab, ob eine Beihilfe noch im Stadium zwischen Vollendung und Beendigung möglich ist. Darüber herrscht bekanntlich Streit. Die Frage ist jedoch zumindest mit Blick auf die Zueignungsdelikte zu verneinen. Insofern ist nämlich auf die Herstellung des Eigenbesitzes abzustellen[389]. Dafür spielt es nach allgemeinen Teilnahmeregeln keine Rolle, ob der Haupttäter schuldhaft handelt oder nicht. (Allerdings würde nach dem hier entwickelten Verständnis der Zueignung eine Teilnahme an einem schuldlos oder in Verkennung der Eigentumslage begangenen Sachtransfer daran scheitern, daß dieser [mangels "Zueignung"] nicht tatbestandsmäßig wäre. In Betracht käme aber eine täterschaftliche Drittzueignung, deren Vorliegen vornehmlich davon abhinge, ob der beim Transfer mit dem Schuldunfähigen oder gutgläubig Handelnden Zusammenwirkende seinerseits Tatherrschaft hat oder nicht.) – Andererseits ist ein "Hilfeleisten" zur Zueignung dann ausgeschlossen, wenn der damit bezweckte Zustand schon herbeigeführt ist, Aneignung und Enteignung also bereits eingetreten sind. (Vertritt man außerdem die Ansicht, daß die in den §§ 257ff geregelten sog. "Anschlußdelikte" eine abschließende Regelung treffen, so ergibt sich daraus ein weiteres Argument für die Ablehnung einer Teilnahme bei den Zueignungsdelikten in der Phase zwischen Vollendung und Beendigung.) - Die Gegenansicht[390], die sich darauf beruft, die Enteignung könne noch intensiviert und damit auch wiederholt werden, muß sich ihrerseits den Vorwurf der Inkonsequenz gefallen lassen: Denn entweder ist die Enteignung im strafrechtlichen Sinne bereits eingetreten, oder es

389 So für den Diebstahl auch *Kindhäuser*, BT II/1, S.111 (Rn.187).
390 *Roth*, Eigentumsdelikte, S.63 m.w.N.; SK-*Hoyer* § 246 Rn.32.

fehlt noch an der Vollendung. Vollendung anzunehmen und gleichzeitig einer möglichen Intensivierung noch strafrechtliche Relevanz zuzuerkennen, ist ein Widerspruch in sich[391]. Diese Ansicht ist daher zurückzuweisen. Kann die Enteignung aber nicht wiederholt werden, so kann dahinstehen, ob die Aneignung wiederholbar ist[392] oder nicht, da jedenfalls eines der beiden für die Zueignung konstitutiven Elemente bei späteren Akten fehlt. Nach Ansicht des Verfassers ist auch die Aneignung unwiederholbar, weil der Täter die Sache nur einmal transferieren (die Herrschaftsmacht nur einmal auf sich verschieben) kann; denn offensichtlich kann der Täter nicht erneut beschließen, die Sache künftig nur noch für sich zu haben, er kann sie nur "weiterhin" für sich haben und damit seinen bereits gefaßten Entschluß aufrechterhalten. Der wiederholte Sachgebrauch ist kein wiederholtes Herstellen der Sachherrschaftsposition.

Daraus ergibt sich aber keineswegs die Straflosigkeit des (vermeintlichen) "Teilnehmers": Unterstützt er den Täter, damit dieser seine Sachherrschaftsposition aufrechterhalten kann, so sichert er ihm dadurch die Vorteile der Tat und begeht folglich eine Begünstigung gem. § 257[393]. Diese rechtliche Beurteilung seines Verhaltens erscheint auch sachgerecht. Verschafft er sich die Sache, setzt er sie ab oder hilft bei deren Absatz, so kommt Hehlerei gem. § 259 in Betracht. Beim *Mitverzehr von Lebensmitteln*, die ein anderer durch ein Zueignungsdelikt erlangt hat, wäre eine täterschaftliche Unterschlagung (Selbstzueignung) zu prüfen. Stellt man darauf ab, daß im Mitverzehr für den Betreffenden eine erstmalige Zueignung liegt, so könnte eine vollendete Unterschlagung durchaus bejaht werden. Hebt man dagegen hervor, daß derjenige, dem nur der Mitverzehr gestattet ist, keine eigene Verfügungsgewalt über die Sache erlangt (weil ihm nur der Verzehr gestattet ist, nichts anderes), so kommt wohl auch Teilnahme aus den genannten Gründen nicht in Betracht. - Im übrigen wäre schon die Frage zu erheben, ob es überhaupt kriminalpolitisch sinnvoll (geschweige denn geboten) sein kann, die Ehefrau wegen Hehlerei oder Begünstigung zu bestrafen, die ihrem Mann den gestohlenen Braten zubereitet, oder ihren Mitverzehr als Beihilfe oder wie auch immer

---

391 Vgl. dazu *Paulus*, Sachzueignung, S.196. - *Roth*, Eigentumsschutz, S.71f, 73f sieht diesen Vorwurf voraus, hat ihm aber letztlich nichts entgegenzusetzen; seine Gegenargumentation geht vielmehr in eine völlig andere Richtung.

392 So etwa *Roth*, Eigentumsschutz, S.70f m.w.N.

393 Wie erwähnt, kann auch eine täterschaftliche Drittzueignung vorliegen, sofern man in den §§ 257ff StGB keine abschließende Regelung sieht, welche eine Sperrwirkung entfaltet (also die Anwendbarkeit der Zueignungsdelikte ausschließt), und der Mitwirkende über die erforderliche Tatherrschaft bzgl. des Geschehens verfügt.

strafrechtlich zu erfassen: Soll die Ehefrau sich nach dem Willen des Gesetzes weigern, den Braten zuzubereiten und dies statt dessen ihrem Mann überlassen? Ist es der Sinn des Strafrechts zu verhindern, daß die Ehefrau auch von dem Braten ißt und diesen lieber vom Dieb allein verzehren läßt? Soll hier die Ehefrau dafür gestraft werden, daß sie sich einen Dieb zum Mann genommen hat? Oder will das Strafrecht vielleicht die Vereinsamung des Täters herbeiführen, von dem sogar im familiären Bereich niemand mehr etwas annehmen darf? - Es ist doch wohl aus kriminalpolitischer Sicht etwas grundsätzlich Verschiedenes, ob die Ehefrau im Laden die von ihrem Mann erbeuteten Gegenstände verkauft (dann handelt sie selbständig und sollte dafür auch strafrechtlich wegen Hehlerei oder Begünstigung zur Verantwortung gezogen werden) oder ob sie von ihrem Mann "für den Familienbedarf" zugeeignete Lebensmittel zubereitet und mitverzehrt. Bei gestohlenen Hausratsgegenständen, etwa einem Staubsauger, kann man immer noch geteilter Auffassung sein, nicht aber bei Lebensmitteln.

b) Auch die Frage nach dem *Verjährungsbeginn* läßt sich auf der Grundlage des eingeschlagenen Lösungsweges eindeutig und befriedigend beantworten: Die Verjährung beginnt mit der *ersten Manifestation*, die in schuldfähigem Zustand und auf strafbare Weise begangen wird, zu laufen. Das entspricht i.E. der Lösung der Rechtsprechung und ihrer Anhänger und wird aus rechtspolitischen Gründen z.T. auch von Vertretern der Gegenauffassung gefordert. Sollten Zweifel hinsichtlich der Verjährung bzw. in concreto bzgl. des ersten Manifestationsaktes bestehen, so mag man "in dubio pro reo" annehmen, daß dieser schon frühzeitig erfolgt sei. Ein echtes rechtliches Problem der Verwertung offener Beweisfragen zu Lasten des Angeklagten dürfte sich daraus für die Praxis aber nicht ergeben.

III.) Die Manifestation im Spiegel der historischen Entwicklung des Zueignungsbegriffs

Es kann nicht geleugnet werden, daß die hier entwickelte These nicht dem *historischen Bild der Zueignungsdelikte* entspricht und daher auch dem Willen des historischen Gesetzgebers widerspricht. Daß außer dem Diebstahl überhaupt weitere Transferakte pönalisiert werden, ist historisch keineswegs eine Sebstverständlichkeit[394]; während es schon länger einen Tatbestand der veruntreuenden Unter-

394 Vgl. *Arzt/Weber* LH3, S.85 Fn.1 und S.97 ("die kriminalpolitische Existenzberechtigung der einfachen Unterschlagung ist zu bezweifeln"; gegen diese Auffassung *Charalambakis*, Unterschlagungstatbestand, S.237ff); *Maiwald*, Zueignungsbegriff,

schlagung gegeben hatte, wurde die einfache Unterschlagung erst vom PrStGB von 1851 als strafbare Handlung anerkannt[395]. In den *Materialien* zum PrStGB von 1851 werden noch zweifelnde Stimmen nachgewiesen: "Denn das Strafrecht würde offenbar seine Grenzen überschreiten, wenn es jede in Privatverhältnissen unbefugte oder rechtswidrige Handlung sogleich als eine strafbare, und zum Verbrechen steigende That begreifen wolle. ... die Strafe der Unterschlagung könne nur dann eintreten, wenn hierbei zugleich ein besonderes Vertrauen verletzt worden sei. Der Staat würde die Sorge für das Eigenthum zu weit treiben, wenn er jeden Besitzer, der seine Rechte überschreitet, mit Strafe bedrohen wollte. Außer dem Civilanspruche auf Schadens=Ersatz und Vindikation bedürfe es nur dann des strafrechtlichen Schutzes, wenn es sich um *anvertrautes* fremdes Eigenthum handle."[396] Allerdings ist auch umgekehrt auf die Darstellung bei *Harburger*[397] hinzuweisen, derzufolge viele der Fälle, die heute allgemein zur Unterschlagung gerechnet werden, in zahlreichen älteren Gesetzeswerken noch dem Diebstahl subsumiert wurden (namentlich etwa die heutige Fundunterschlagung, die lange als sog. "Funddiebstahl" galt). Schon äußerlich zeugt der wesentlich niedrigere Strafrahmen der Unterschlagung (reine Zueignung) im Vergleich zum Diebstahl (Zusatzerfordernis des Gewahrsamsbruchs)[398] von einem deutlich geringeren Unrechtsgehalt des Delikts. (*Arzt/Weber*[399] sprechen von einer "*Frage des Opferverschuldens*", da "der Eigentümer ... in der Regel frei entscheiden [kann], ob er das Eigentum aus der Hand geben will". Außerdem ist verschiedentlich auf die Differenz in der notwendigen kriminellen Energie, die die Begehung der beiden Tatbestände erfordert, hingewiesen worden[400]; denn während der Dieb erst in eine fremde Sphäre eindringen muß, um sich die Sache zu verschaffen, hat der Unterschlagungstäter ungehinderten Zugriff auf sein Tatobjekt.) Hinzu kommt der Umstand, daß die Zueignung hier nicht nur beabsichtigt, sondern nach dem eindeutigen Wortlaut des Unterschlagungstatbestandes und der zu allen Zeiten ganz h.M. tatsächlich *vollzogen* (d.h. durch ein bestimmtes Täterverhalten be-

---

S.97; *Mitsch*, BT II/1, S.165 (Rn.5); ferner *Bittner*, Gewahrsamsbegriff, S.50; *Maurach/Schroeder/Maiwald*, BT 1, S.322 ("Diebstahl ist ein offensichtlicheres, handgreiflicheres Delikt als die Unterschlagung"); ähnlich *Wessels/Hillenkamp*, BT 2, S.112f (Rn.290).

395 Zur historischen Entwicklung vgl. *Charalambakis*, Unterschlagungstatbestand, S.39ff.

396 Mat., S. 499. [Hervorhebung im Original] (Hinweisend *Bockelmann* MDR 1953, 3 (5).)

397 in: VDB VI, S.184ff.

398 *Mitsch*, BT II/1, S.164f (Rn.5).

399 LH3, S.85.

400 Vgl. z.B. *Bittner*, Gewahrsamsbegriff, S.92f.

wirkt) sein muß[401]. Dabei wird die Zueignung herkömmlich als ein Manifestationsakt, d.h. als ein äußerlich in Erscheinung tretendes Verhalten mit subjektiver Tendenz (nämlich dem Willen, die Sache als eigene zu haben oder sie sich zu eigen zu machen) verstanden. Der historische Gesetzgeber und die h.M. vertraten also stets einen eingliedrigen Zueignungsbegriff (Zueignung *durch* Manifestation des Zueignungswillens), während der Verfasser für einen zweigliedrigen Zueignungsbegriff (Zueignung *durch* Sachtransfer *plus* Manifestation) eintritt.

Ferner ist auf die historische Entwicklung des Tatbestandes hinzuweisen. Denn in den älteren Strafgesetzen (vor 1869) waren stets noch verschiedene Begehungsmodalitäten im Tatbestand aufgelistet worden. Dort war also *expressis verbis* durch das Gesetz festgelegt, wann eine Zueignung (nur) vorliegen sollte. Die Gesetzesfassung von 1869, die für alle Zueignungsdelikte die vereinheitlichende Formulierung "zueignen" neu einführte, wollte daran nichts ändern. Vielmehr handelte es sich um eine rein *redaktionelle* Maßnahme im Dienste fortschreitender Gesetzessystematisierung[402]. Das belegen auch die *Motive* von 1869[403], in denen ganz selbstverständlich die alten Fallgruppen, in denen eine Zueignung anzunehmen sein sollte, weiterdiskutiert werden[404]. Es kann also kein Zweifel bestehen, daß der Gesetzgeber durch die neue Formulierung ("Zueignung") an der bisherigen Interpretation des Tatbestandes nichts ändern wollte. Die ganz überwiegende Auffassung, die weiterhin *kasuistisch* argumentiert und die Zueignung im wesentlichen als eine bestimmte Verhaltensweise (einen Manifestationsakt) begreift, kann sich also auf den historischen Gesetzgeber berufen.

Dennoch scheint dies Festhalten an der Tradition von *vor* 1869 nicht überzeugend. Betrachtet man die Entwicklung der preußischen Gesetzgebung vom PrALR bis zum PrStGB in groben Zügen, so ist der Trend zu Systematisierung

401 Vgl. stellvertretend die Ausführungen bei *Goltdammer* in Mat., S.501.

402 So auch *Miehe*, in: Heidelberg-FS, S.481 (489 mit Fn.41); *Schünemann* JuS 1968, 114 (116). - Die Abneigung des preußischen Gesetzgebers gegen alles Überflüssige bei der Formulierung und sein Bestreben, die Tatbestände kurz und bündig zu fassen, sind bekannt. Vgl. auch *Küper*, BT, S.443; *Maiwald*, Zueignungsbegriff, S.195f.

403 Die *Motive* sprechen davon, daß "die rechtsverletzenden Handlungen in einer Veräußerung oder Verpfändung, einem Verbrauchen oder Beiseiteschaffen bestehen" können (S.166).

404 Zur historischen Rechtslage und Entwicklung *vor* Schaffung des PrStGB von 1851 vgl. *Bockelmann* MDR 1953, 3 (5) sowie *Maiwald*, Zueignungsbegriff, S.28f, 34ff, wo auch (S.29, 35f) auf die Fallgruppen verwiesen wird, in denen eine "Aneignung" vorliegt. Nach *Maiwald*, a.a.O., S.215 (m.w.N.) beabsichtigte der Gesetzgeber mit seiner Formulierung sogar eine Einschränkung des Tatbestands gegenüber früheren Fassungen. - Äußerst zweifelhaft erscheint daher die Annahme von *Paulus*, Sachzueignung, S.146, der Gesetzgeber habe mit "Zueignen" generell ein "Verfügen wie ein Eigentümer" gemeint (vgl. aber die Belege auf S.141 für seine These).

und Zusammenfassung unverkennbar. Hatte das PrALR noch in einer fast unüberschaubaren Zahl von Einzelvorschriften jeden Fall einer ausdrücklichen Regelung unterwerfen wollen, so wurden im Laufe der Entwicklung zunehmend Fallgruppen gebildet, deren gemeinsame Merkmale herausgearbeitet und einer generellen Regelung unterstellt wurden. Das erforderte ein hohes Maß an Abstraktion, und der preußische Gesetzgeber dieser Periode hat dabei ein bewundernswertes Abstraktionsvermögen bewiesen. Es ist ihm gelungen, Generalklauseln zu bilden und durch allgemeine Begriffe und Formulierungen ein breites Spektrum von Lebenssachverhalten durch eine einzige Vorschrift zu erfassen. Dadurch konnte er seine Gesetze stark komprimieren, deren Umfang zunehmend reduzieren und damit deren Übersichtlichkeit erhöhen. Daß dies mit einem Verlust an Anschaulichkeit erkauft werden mußte, ist ein Nachteil, der von den unbestreitbaren Vorzügen dieser Regelungstechnik wohl aufgewogen wird.

Zugleich bildete sich automatisch ein *neues Begriffsverständnis* heraus. Die generalklauselartigen Formulierungen in den Tatbeständen bezeichneten nicht mehr einen durch sie selbst eng umrissenen Sachverhalt, sie bedurften vielmehr einer erklärenden Definition, die ihrerseits so allgemein gehalten sein mußte, daß sie auf eine Fülle von Konstellationen zutraf. (Andernfalls wäre der Effekt der Generalisierung konterkariert worden.) Mit der Einführung des Begriffes "Zueignung" als einer Zusammenfassung der bis dato einzeln aufgelisteten Begehungsmodalitäten hat der Gesetzgeber, gegen seinen Willen, selbst eine solche generalklauselartige Interpretation nahegelegt, und zwar durch die von ihm gewählte *Formulierung* des Gesetzes[405]. Die Verwendung dieses allgemeinen Begriffes der "Zueignung" stellt eine offenkundige *formale Abkehr von der kasuistischen Methode* dar, die noch den Vorläufer des RStGB beherrscht hatte. Rein *formal* wurde damit auch die für die Kasuistik typische Orientierung an Fallgruppen aufgegeben; der Gesetzgeber hat das Gesetz selbst für eine abstrahierende Interpretation, wie sie der hier vorgeschlagene Zueignungsbegriff fordert, geöffnet[406] und

405 *Miehe*, in: Heidelberg-FS, S.485 (489).

406 *Maiwald*, Zueignungsbegriff, S.37f weist darauf hin, daß die Diskussion in der Rechtswissenschaft sich sehr bald von der kasuistisch geprägten Rechtstradition abwandte und sich der Interpretation des "Zueignungsbegriffs" zuwandte. So vertrat *Harburger*, VDB VI, S.338 die Auffassung, der Gesetzgeber habe die tradierte Kasuistik zugunsten einer am Einzelfall orientierten Entscheidung gänzlich aufgegeben, um so dem Umstand Rechnung zu tragen, daß auch die in den Vorläufern des StGB aufgezählten Begehungsformen der alten Kasuistik zwar typischerweise mit Zueignungswillen verwirklicht werden, einen solchen aber keineswegs zwingend voraussetzen; mit Einführung des Zueignungsbegriffs sei die kasuistische Methode endgültig aufgegeben worden. Das ist freilich nur insoweit richtig, als unmittelbarer Anknüpfungspunkt der Betrachtungen nun nicht mehr eine Reihe von Fallgruppen, sondern die "Zueignung" war.

dabei sogar indirekt den Schwerpunkt auf den Transferakt (der Begriff "Zueignung" deutet auf eine Sachverschiebung hin) gelegt. Wenn er dabei an der Kasuistik festhalten wollte, so geschah dies aus Gründen der *Restriktion des Tatbestandes*: Seiner Ansicht nach konnten nur ganz bestimmte, gleichsam "exponierte" Verhaltensweisen den sicheren Nachweis dafür erbringen, daß ein Sachtransfer vorlag. In den *Materialien* zum PrStGB von 1851, das die verschiedenen Begehungsweisen noch einzeln aufzählte, heißt es etwa: "Die früheren Entwürfe fügten [der Aufzählung bestimmter Begehungsmodalitäten] noch hinzu '*oder auf andere Weise sich oder andern zueignet.*' Der Entwurf von 1850 hat dies, wie die Motive sagen, der größeren Bestimmtheit wegen fortgelassen. Dadurch hat die Erwähnung jener Fälle den Charakter der bloßen Exemplifikation verloren; sie ist nun restriktiv geworden."[407] In modernen Termini ausgedrückt heißt das: Der Gesetzgeber von 1851 hat sich bewußt *gegen bloße Regelbeispiele* und *für* eine abschließende Regelung durch *Tatbestandsmerkmale* entschieden. - Daß er nicht gewußt habe, was er tat, als er eine Generalklausel in die Zueignungsdelikte einführte[408], läßt sich nicht behaupten: Sein hohes Geschick bei der Systematisierung und die formale Vollendetheit seiner Gesetzeswerke beweisen das Gegenteil. Er war sich der Wirkung seiner Gesetze und ihres Anwendungsbereiches voll bewußt. Nur befürchtete er (nicht zu Unrecht, wie gerade die heute herrschende Interpretation zeigt), daß eine Abkehr von der Kasuistik zu einer tatbestandlichen Ausuferung der Vorschriften führen könne. Da nicht *jede* Eigentumsverletzung Strafe nach sich ziehen sollte, insbesondere z.B. der furtum usus außerhalb des strafrechtlich relevanten Verhaltens bleiben sollte, schien es ihm geboten, die kasuistische Betrachtungsweise beizubehalten.

Die hier vorgeschlagene Interpretation des Zueignungsbegriffes gibt aber zu derartigen Befürchtungen i.E. weit weniger Anlaß als die der überwiegenden Auffassung. Deren rein kasuistische Betrachtungsweise verführt nämlich dazu, auch weniger einschneidende Eigentumseingriffe in die Kasuistik aufzunehmen, um so vermeintlichen Strafbedürfnissen Rechnung zu tragen. Dagegen kann erst die Gesamtschau der Umstände des Einzelfalles (die Analyse, *wie* sich der Täter verhalten hat, *welche Zwecke* er dabei verfolgt hat und *welche Erfolge* er durch sein konkretes Verhalten herbeigeführt hat) eine sinnvolle Antwort auf die Frage ermöglichen, ob eine Zueignung vorliegt oder nicht. Es gibt sehr wohl auch bei der Zueignung charakteristische Begriffsmerkmale, die eine sinnvolle Restriktion des Anwendungsbereiches gestatten. Die Sorge des historischen Gesetzgebers,

---

407 Mat., S.501. [Hervorhebung im Original]

408 So mutmaßt *Kargl* ZStW 103 (1991), 136 (184). Ähnlich *Maiwald*, Zueignungsbegriff, S.37, 53, der konstatiert, dem damaligen Gesetzgeber sei selbst unklar gewesen, was er mit dem Begriff "Zueignung" denn eigentlich gemeint habe.

die Anlaß dafür war, die Zueignung kasuistisch als ein Verhalten zu begreifen, ist also unbegründet. Die von der Formulierung des Gesetzes nahegelegte *abstrahierende Interpretation des Zueignungsbegriffes*, die den Schwerpunkt auf die Übertragung der Sache vom Eigentümer auf den Täter oder einen Dritten legt (sie ist das eigentlich Strafwürdige und -bedürftige an der Zueignung) und dementsprechend die Manifestation als ein zusätzliches, die Strafbarkeit limitierendes Merkmal der Zueignung begreift, ist uneingeschränkt zu befürworten.

IV.) Ergebnis

Zusammenfassend ist festzuhalten: Die hier vorgeschlagene Interpretation des Zueignungsbegriffs geht im Gegensatz zur h.M. nicht von einem eingliedrigen, sondern von einem zweigliedrigen Zueignungsbegriff aus: Zueignung besteht aus Sachtransfer (Enteignung und Aneignung) und Manifestation. In Abkehr von der heute immer noch in der Diskussion vorherrschenden kasuistischen Betrachtungsweise geht sie von einem abstrakten Zueignungsbegriff aus: Eine Zueignung ist nicht anhand eines bestimmten Täterverhaltens (Verzehr, Verbrauch, Ableugnen des Besitzes, etc.) zu erkennen, sondern liegt im Sachtransfer und in dessen Manifestation. Daher ist nach den Umständen des Einzelfalles zu entscheiden, ob die Kriterien für das Vorliegen einer Zueignung erfüllt sind: Objektiv muß der Täter die Sachherrschaft auf sich oder einen Dritten übergeleitet und dies äußerlich erkennbar "manifestiert" haben, subjektiv muß er wissentlich und willentlich gehandelt haben.

In ihren Ergebnissen entspricht diese Auffassung der herrschenden "engen Manifestationstheorie", vermeidet aber durch den anders gearteten Ansatz viele Probleme der h.M.

Rein äußerlich betrachtet stellt der hier eingeschlagene Weg somit eine Art Mischlösung dar: Durch die strikte Unterscheidung von Zueignung und Manifestation als zwei verschiedenartigen Fragen teilt diese Lösung in der Frage der Wiederholbarkeit der Zueignung die Position der Rechtsprechung, weist aber auch eine unverkennbare Affinität zum Ansatz der Literatur auf, indem sie die Manifestations*akte* für unzweifelhaft wiederholbar hält.

B. Der zweigliedrige Zueignungsbegriff und seine Konsequenzen

I.) Die Zueignung im Vergleich zum zivilrechtlichen Eigentumserwerb

Ein solches Verständnis von der Zueignung wird auch durch einen Blick auf die Übereignung nach dem BGB gestützt. Wie gesagt, ist das zivilrechtliche Eigentum Rechtsgut und daher Anknüpfungspunkt der strafrechtlichen Zueignungsdelikte. Auch beim Begriff der Zueignung kann man sich daher an der Eigentumsübertragung nach zivilrechtlichen Regeln orientieren[409]. Die Zueignung stellt sich dabei gewissermaßen als eine Parallele zum rechtsgeschäftlichen Eigentumserwerb dar, bei der das Übereignungsangebot des Berechtigten fehlt[410]. Allerdings ist das Zivilrecht beim Eigentumserwerb vom Berechtigten (vom Eigentümer oder dessen Stellvertreter) großzügiger als beim Erwerb vom Nichtberechtigten. Denn beim Erwerb vom Berechtigten kann hinsichtlich der Zugriffsmöglichkeit, die für den Übergang der Eigentümerstellung auch vom Zivilrecht stets vorausgesetzt wird, an die Stelle der tatsächlichen Zugriffsmöglichkeit (§ 929 BGB: Einigung plus Übergabe oder bloße Einigung ["brevi manu traditio"]) auch eine rechtliche Zugriffsmöglichkeit treten, nämlich durch die Vereinbarung eines Besitzkonstituts (§§ 930, 868 BGB) oder die Abtretung des Herausgabeanspruchs gegen den Besitzer (§ 931 BGB), während beim Erwerb vom Nichtberechtigten die tatsächliche Zugriffsmöglichkeit, d.h. der unmittelbare Besitz, zum Eigentumserwerb vorausgesetzt wird (§§ 932-934 BGB). Grund dafür ist wohl, daß beim Erwerb vom Berechtigten schon die Integrität seiner Rechtsstellung bei der Eigentumsverschaffung dem Erwerber eine stärkere Position verschafft, zumal die Beziehungen des Veräußerers zu der Sache beim Erwerb vom Berechtigten rechtlich anerkannt werden. Beim Erwerb vom Nichtberechtigten versagt die Rechtsordnung diesem dagegen ihre Anerkennung und verzichtet nur in den Fällen, in denen der Berechtigte sich selbst von seiner Sache getrennt hat (§ 935 BGB e contrario), also eine Mitschuld an dem ganzen Geschehen trägt, darauf, den Konflikt "auf dem Rücken des Erwerbers auszutragen". Für das Strafrecht kann die Vereinbarung eines solchen Besitzmittlungsverhältnisses als mittelbare Zugriffsmöglichkeit durchaus für eine Zueignung genügen, wenn der Täter über einen Mittäter oder über ein Werkzeug auf das Tatobjekt zugreifen (dieses also zumindest mitbeherrschen) kann, aber auch nur dann, wenn der Besitzmittler sich von Anfang an vollständig dem Willen des Erwerbers unterwirft, weil nur dann eine hinreichend starke "Sach-Herrschaft" vorliegt; daran fehlt es, wenn

---

409 Besonders *Eckstein* GS 80, 283ff knüpfte bei der Entwicklung seines subjektiven Zueignungsbegriffs eng an den zivilrechtlichen Eigentumsbegriff an.

410 Ebenso *Kindhäuser*, BT II/1, S.77f (Rn.91).

der Besitzmittler seinerseits noch faktischen Entscheidungsspielraum hat und nutzt, insbesondere selbst eigenmächtig handelt.

Bedeutsam ist der Vergleich mit dem Zivilrecht auch für die Fälle, in denen der Täter die Sache nicht gebrauchen, sondern nur "haben" will. Niemand würde im Zivilrecht auf den Gedanken kommen, als Voraussetzung für den *Transfer* der Sache einen Manifestationsakt des Erwerbers (womöglich gar einen unzweideutigen) zu fordern. Noch weniger würde man (insbesondere in den Fällen des § 929 S.2 BGB) behaupten, erst durch den Gebrauch der Sache (deren "wirtschaftliche Nutzung") erwerbe der Eigentümer "richtiges Eigentum"[411]. Schon die bloße Vorstellung erscheint seltsam: Der Eigentümer kann seine Sache auch gleich nach dem Erwerb in ihrem Verpackungskarton in seinen Keller bringen und sie dort nicht weiter anrühren; trotzdem würde niemand daran zweifeln, daß er ohne jede Einschränkung (alleiniger Voll-)Eigentümer geworden ist. Denn er kann gem. § 903 BGB nach Belieben mit der Sache verfahren, also diese auch nur besitzen ("haben") und auf eine Nutzung (insbesondere eine "wirtschaftliche") gänzlich verzichten[412]. Selbst die Zerstörung der Sache gehört zu den praktisch unbegrenzten rechtlichen Möglichkeiten des Eigentümers, mit seiner Sache umzugehen[413]. Es kann doch nicht zweifelhaft sein, daß der Täter die Sache schon dann "für dauernd" vom Berechtigten auf sich transferiert hat, wenn er beschließt, sie nie mehr zurückzugeben[414]. Mit dem Entschluß, die Sache nicht mehr für den Berechtigten, sondern für sich selbst zu besitzen, spricht das Zivilrecht von einem *Aufschwingen vom berechtigten Fremdbesitzer zum nichtberechtigten Eigenbesitzer*[415]. Damit ist der Transfer (die Überleitung der Sache vom Berechtigten auf den Täter) bewirkt. Schon der bloße *Entschluß* (die Änderung des Besitzwillens, die den mittelbaren Besitz des Leihgebers zum Erlöschen bringt) genügt hier[416], schon mit dem Aufschwingen des Täters zum unberechtigten Eigenbesitzer beginnt der Zustand der dauernden Enteignung des Berechtigten. (Zutreffend ist daher der Ansatz von *Maiwald*[417], der hinsichtlich der Enteignungsseite darauf abstellt, ob und wann dem Eigentümer seine Sache [voraussichtlich auf Dauer] "genommen" ist. Dies führt *Maiwald* allerdings dazu, die Vollendung hinauszuschieben und den Kreis tauglicher Manifestationshandlungen einzuschränken. Der Verfasser der vorliegenden Arbeit geht einen anderen Weg, verweist aber auf die Parallelen in Ansatz und Argumentation.) - Daß über

---

411 Ähnlich *Kindhäuser*, BT II/1, S.77f (Rn.91).
412 *Kindhäuser*, BT II/1, S.77 (Rn.89); *Ling* ZStW 110 (1998), 919 (930).
413 *Kindhäuser*, BT II/1, S.82 (Rn.104).
414 Vgl. auch *Maiwald*, Zueignungsbegriff, S.262 mit Fn.109.
415 *Ulsenheimer* Jura 1979, 169 (170).
416 *Ulsenheimer*, a.a.O.
417 Zueignungsbegriff, S.196ff.

die bloße Änderung des Besitzwillens hinaus allgemein ein äußerlich in Erscheinung tretender Manifestationsakt des Täters gefordert wird, ist aus den genannten Gründen durchaus zu begrüßen. Der Manifestationsakt kann aber "nur" die Aufgabe haben, eine "innere Hemmschwelle" (eine "psychologische Barriere") zu bilden, die der Täter überschreiten muß, bzw. auch für den Täter selbst den "Schritt in die Illegalität" äußerlich zu markieren. Sofern der Täter im Zeitpunkt der Manifestation bereits Besitz oder Gewahrsam an der Sache hat und die Sachherrschaft ausübt, muß es daher genügen, daß der Täter vor Außenstehenden glaubhaft bekundet, er wolle die Sache für immer behalten; in einem solchen Fall kann auch ein Verkaufsangebot als Manifestation genügen, obwohl ein solches für sich allein genommen schon aus begrifflichen Gründen nicht genügen kann, weil es *ohne Sachherrschaft* schon an der Möglichkeit des Transfers fehlt (vgl. oben).

II.) Dogmatische und praktische Konsequenzen für die Zueignung

Die vorläufigen Ergebnisse lassen sich in folgender Formel zusammenfassen: Die **Zueignung** im strafrechtlichen Sinne besteht aus einem *Transfer* durch Aneignung und dauernde Enteignung der Sache sowie aus einem *Manifestationsakt. Zueignung* ist die Anmaßung von Eigenbesitz.

(Umgekehrt formuliert: Eigenbesitz wird durch Aneignung und dauernde Enteignung begründet; die Zueignung als Begründung von Eigenbesitz ist ein *einmaliger Sachverschiebungsakt*, der logischerweise unwiederholbar ist und nicht notwendig äußerlich in Erscheinung treten muß.)

Eigenbesitz ist das Haben der Sache für sich selbst, das zugleich faktisch jeden anderen vom Zugriff auf die Sache ausschließt. Mit dieser subjektiven Einstellung zu der Sache ist aber lediglich die (Folge der) Aneignungsseite beschrieben. Dies mag gehörig oder ungehörig, erkennbar oder verborgen sein, mit der Begründung von Eigenbesitz durch Aneignung ist noch kein strafwürdiges[418] und auch kein strafbares Verhalten beschrieben. Denn die Aneignung an sich schadet niemandem und ist für das Rechtsgut äußerlich harmlos, daher nicht strafbar[419]. Erst durch die Aneignung *auf Kosten des Eigentümers* wird das Geschehen überhaupt rechtlich relevant[420]. Erst damit ist dem Charakter der Zueignungsdelikte als **Sach*transfer*delikten** entsprochen. Mit anderen Worten: *Durch die Aneig-*

418 Man denke nur an die Möglichkeit eines Aneignungsrechts.

419 *Lampe* GA 1966, 225 (238) formuliert daher, es könne der Rechtsordnung nur lieb sein, wenn jemand (insbesondere durch Wahrnehmung seines subjektiven Rechts auf Aneignung herrenloser Sachen) reicher werde.

420 Insoweit zutreffend *Lampe* GA 1966, 225 (238).

nung, durch das Haben der Sache durch den Täter muß der Eigentümer oder sonstige Berechtigte *dauernd* aus seiner (rechtlichen und/oder tatsächlichen) Herrschaftsstellung *verdrängt* werden: **Zueignung ist *Enteignung durch Aneignung***[421]. (Die Gegenansicht[422] bringt keine Argumente für ihren Standpunkt. Sie mag flexibler erscheinen, zumal sie keinen strikten Zusammenhang zwischen Enteignung und Aneignung verlangt, kann aber keinen Bezug zwischen den beiden Zueignungskomponenten herstellen.)

Hinzukommen muß als weiteres Merkmal der "Zueignung im strafrechtlichen Sinne" ein sogenannter ***Manifestationsakt***, d.h. ein Verhalten, aus dem ein neutraler Beobachter auf das Vorliegen eines Zueignungswillens schließen kann; andernfalls hat der Täter noch nichts getan, womit er in erkennbarer Weise den Boden der Rechtsordnung verlassen hätte. Nicht nur, daß ihm der Transfer in einem solchen Fall wohl nicht nachzuweisen ist, es wäre auch offenkundig überzogen und kriminalpolitisch bedenklich, den Täter zu verurteilen, wenn er für die Tatbegehung nicht einmal eine "psychologische Barriere" zu überwinden hatte. Daraus folgt zweierlei:

Erstens genügt der vom Täter mindestens mit dolus eventualis herbeigeführte Rechtsübergang immer.

Zweitens kann auch die Aneignung zwecks *vorübergehenden Habens* eine vollendete Zueignung begründen, wenn das *Verhalten* des Täters bei der Aneignung oder während des Habens oder Gebrauchens unmittelbar die Restitution des status quo ante dauernd vereitelt, weil Aneignung und Enteignung dann hinreichend eng miteinander verknüpft sind, um von einer Zueignung sprechen zu können. Aneignung und dauernde Enteignung sind (sogar objektiv) eingetreten. Das gilt etwa für die seltenen Fälle einer tatsächlichen Identitätsänderung der Sache (Rückgabe der Verwertungsreste nach dem Verbrauch der Sache, z.B. der Asche einer gerauchten Zigarre), aber auch bei verschleißendem Gebrauch (Substanzeinbuße bzw. gebrauchsbedingte erhebliche Funktionseinbuße). Auch die **bloße Preisgabe** der Sache an einem Ort, an dem sie Witterungseinflüssen und dem Zugriff Dritter ausgeliefert ist, reicht nicht aus, um Aneignung und Enteignung rückgängig zu machen, da sie die Wiedererlangung der Sache durch den Eigentümer dem Zufall überläßt und eine dauernde Enteignung als möglich er-

---

421 *Bittner*, Gewahrsamsbegriff, S.69, 86; *Kindhäuser*, in: Geerds-FS, S.655 (661); *ders.*, BT II/1, S.172 (Rn.52); *Roth*, Eigentumsschutz, S.38 m.w.N.; SK-*Hoyer* Vor § 242 Rn.7; ähnlich SK-*Hoyer* § 242 Rn.84 sowie (vom Boden der Funktionstheorie) *Seelmann* JuS 1985, 288 (291).

422 *Gössel*, BT 2, S.74f; *Ranft* JA 1984, 277 (278f); Sch/Sch/*Eser* § 242 (Rn.47); *Tenckhoff* JuS 1980, 723 (724f); *Ulsenheimer* Jura 1979, 169 (174); *Wessels/Hillenkamp*, BT 2, S.49 (Rn.146).

scheinen läßt[423]. Das genügt auch, da hinsichtlich der Enteignungskomponente nach ganz herrschender und zutreffender Ansicht dolus eventualis ausreicht[424]. Insofern wäre es mißverständlich zu sagen, die Rechtsprechung statuiere hier eine strafbewehrte Rückgabepflicht; vielmehr entspricht es dem Wesen der Gebrauchsanmaßung, daß die Sache nach Gebrauch zurückgegeben wird[425]. Daher ist auch der Gegenansicht[426] zu widersprechen, die die bloße Preisgabe der Sache als für eine Zueignung nicht ausreichend ansieht. - Kleine Gegenstände kann der Täter, der bei Rückgabe seine Entdeckung fürchtet, an den Eigentümer zurücksenden oder ggf. auf einem Fundbüro abgeben, große und auffällige Gegenstände mag er in der Nähe des Entwendungsortes für den Berechtigten gut sichtbar zurücklassen[427]. Wirft er die Sache dagegen einfach weg oder läßt er ein entwendetes Kraftfahrzeug nach Gebrauch irgendwo am Straßenrand stehen, so entspricht das eher einer Dereliktion als der Beendigung einer Gebrauchsanmassung[428]. Daher greift auch der Einwand von *Gallas*[429], es handele sich um eine Kombination von Gebrauchsanmaßung und Sachentziehung, nicht durch.

---

423 BGH NStZ 1996, 38; BGH NStZ-RR 1999, 103 (obiter dictum), jeweils m.w.N. St. Rspr. und h.M. *Kindhäuser*, BT II/1, S.86 (Rn.116); *Maurach/Schroeder/Maiwald*, BT 1, S.335; NK-*Kindhäuser* § 242 Rn.113; *Tröndle/Fischer* § 246 Rn.18; wohl auch Sch/Sch/*Eser* § 242 (Rn.54).

424 Vgl. *Eser* StR IV, S.73; *Gössel*, BT 2, S.68f; *Mitsch*, BT II/1, S.53 (Rn.107). Speziell zum "Kraftfahrzeugdiebstahl" *Schaffstein* GS 103, 292 (311 Fn.39); Sch/Sch/*Eser* § 242 (Rn.64); *Tenckhoff* JuS 1980, 723 (726). Zurückzuweisen ist daher die Annahme *Bittner*s, Gewahrsamsbegriff, S.69f, es fehle an der "Absicht" dauernder Enteignung.

425 *Gössel*, BT 2, S.68f; *Otto*, Struktur, S.191, 197f; ähnlich *Wessels/Hillenkamp*, BT 2, S.48 (Rn.144). Vgl. schon *Binding*, BT 1, S.269.

426 *Arzt/Weber* LH3, S.48 (kritisch insbes. S.83), *Paulus*, Sachzueignung, S.52f, 113ff (116), 169f, *Seelmann* JuS 1985, 288 (291), 454f und SK-*Hoyer* § 242 Rn.84; auch *Eser* StR IV, S. 64, der die bloße Preisgabe der Sache i.d.R. für nicht ausreichend hält, um eine Zueignung zu bejahen (vgl. aber S.64, 73 zum Stehenlassen von Kraftfahrzeugen); umgekehrt *Paulus*, Sachzueignung, S.169f, der zwar die Kenntnisnahme vom Inhalt von Schriftstücken bei anschließender Vernichtung als Zueignung werten will, nicht aber den Gebrauch eines Kraftfahrzeugs bei anschließender Preisgabe. Diese Differenzierung zwischen den beiden Sachverhalten bei *Eser* und *Paulus* ist nicht gerechtfertigt. - Unklar *Krey*, BT 2 (einerseits S.31 (Rn.63f), 32f (Rn.67), andererseits S.31f (Rn.64)).

427 Damit dürften die Bedenken bei *Schaffstein* GA 1964, 97 (98), die Rückgabe unterbleibe wohl "oft nur aus Angst vor einer Entdeckung", entkräftet sein.

428 Ebenso *Kindhäuser*, in: Geerds-FS, S.655 (672); vgl. auch *Kargl* ZStW 103 (1991), 136 (150f).

429 in: Niederschriften VI, S.101. Zustimmend *Kargl* ZStW 103 (1991), 136 (151f); *Maiwald*, Zueignungsbegriff, S.255f; *Rudolphi* GA 1965, 33 (36, 50f); *Seelmann* JuS 1985, 288 (291), 454f; ähnlich *Paulus*, Sachzueignung, S.113ff; *Schaffstein* GA 1964, 97 (105). Kritisch gegenüber der h.M. *Sonnen* JA 1984, 569 (572), der

Ist die Zugriffsmöglichkeit Voraussetzung für die Möglichkeit einer (zumindest versuchten) Zueignung, so setzt die *Aneignung* zum mindesten eine *Mitbeherrschbarkeit der Sache* durch den Täter voraus. Eine solche genügt aber nicht; vielmehr muß er auch die *Enteignung* realisieren können, d.h. er muß grundsätzlich in der Lage sein, *den Berechtigten dauernd von der Sachherrschaft auszuschließen*, d.h. diesem muß *mindestens die unmittelbare Zugriffsmöglichkeit genommen* sein[430]. So wird es dem Täter vielleicht gelingen, eine große, gußeiserne Wasserpumpe im Garten seines Nachbarn insoweit "mitzubeherrschen", als er den Zaun übersteigen und die Pumpe in (Eigen-)Gebrauch nehmen kann. Es dürfte ihm aber nicht ohne weiteres gelingen, den Nachbarn von der (unmittelbaren) Sachherrschaft über die Pumpe in seinem Garten auszuschließen, mag er (der Täter) das auch "beschließen". Daher darf die Sachherrschaft des Berechtigten nicht bloß erschwert oder vorübergehend aufgehoben oder gestört sein, ihm muß vielmehr (mit *Binding*[431] gesprochen) sein Eigentumsrecht illusorisch gemacht werden, wobei der Täter dies mindestens billigend in Kauf nehmen muß. Schafft der Täter nun also die Pumpe aus dem Garten des Nachbarn fort oder umgibt er sie so mit baulichen Vorrichtungen, daß der Berechtigte mindestens vom unmittelbaren Zugriff ausgeschlossen wird, dann kann eine Enteignung - und bei gleichzeitigem Vorliegen einer Aneignung auch eine Zueignung - bejaht werden.

Als *Aneignung* kommen daher nur solche (inneren oder äußeren) Akte in Betracht, die überhaupt (theoretisch) zu einer eigentümerähnlichen Stellung führen *können* (sonst nicht einmal untauglicher Versuch, sondern Wahndelikt). Voraussetzung für eine *Enteignung* ist die (theoretische) Möglichkeit, den Berechtigten mindestens vom unmittelbaren Zugriff auf die Sache dauernd auszuschließen.

Der bei einer Zueignung erforderliche *Sachtransfer* besteht also aus *dauernder Enteignung* (Ausschluß des Berechtigten *mindestens von seiner unmittelbaren Zugriffsmöglichkeit* [Fallfrage]) *als Folge der Aneignung* (Haben oder Gebrauchen der Sache), also Begründung von Eigenbesitz. *Objektiv* setzt dies voraus, daß der Täter die Sache *mindestens mittelbar mitbeherrschen kann* (mittelbare Zugriffsmöglichkeit als Voraussetzung der Aneignung) und daß er den Berechtigten *zumindest von der unmittelbaren Zugriffsmöglichkeit ausschließt.* Die Fähigkeit zu beidem ist Voraussetzung für die Möglichkeit des Versuchs (unmit-

---

die Ausdehnung des Anwendungsbereichs des § 242 zum Nachteil des § 248b moniert; ähnlich *Krey*, BT 2, S.31f (Rn.64). *Arzt/Weber* LH3, S.48 gehen von einer Kombination von "*§ 303 (Zerstörung als 'Enteignungs'-Komponente) + straflose*[*m*] *furtum usus*" aus. [Hervorhebung im Original] Wie hier dagegen *Otto*, Struktur, S.198.

430 *Mitsch*, BT II/1, S.174 (Rn.21).

431 *Binding*, BT1, S.264.

telbares Ansetzen; sonst Vorbereitungshandlung oder Wahndelikt). *Subjektiv* müssen die *Aneignung* (beim Diebstahl Absichtserfordernis[432], bei der Unterschlagung dagegen schon dolus eventualis ausreichend) und dolus eventualis bzgl. der Enteignung vorliegen. *Unerheblich* ist dabei, ob die *Dauerwirkung* der Enteignung *unmittelbar* durch die Aneignung eintritt[433] (verschleissender Gebrauch; dauerndes Behalten der Sache) oder ob sie nur *Begleiterscheinung bzw. mittelbare Folge* der Aneignung (fehlende Rückgabe nach Gebrauch, z.B. Wegwerfen oder sonstiges Preisgeben der Sache) ist, nur darf sie nicht zufällig und vom Willen und Verhalten des Täters unbeeinflußt eintreten (durch zufälligen Untergang der Sache).

Der hier entworfene Zueignungsbegriff liefert damit eine griffige Formel, deren Einzelelemente vielfach in einer Richtung Modifikationen zugänglich sind. So kann etwa beim Ausschluß des Berechtigten "mindestens vom unmittelbaren Zugriff" – je nach den Umständen des konkreten Falles – auch mehr verlangt werden. Handelt es sich bei der Sache z.B. um eine Dauerleihgabe, so hat sich der Berechtigte selbst für alle Zeit von jedwedem Zugriff ausgeschlossen und den Entleiher zum dauernden Haben autorisiert. Weil dauerndes Haben und/oder Gebrauchen der Sache dem Entleiher gestattet sind, ist in diesem Fall für eine Zueignung mehr zu fordern[434]. Der Unterschied zur Übereignung der Sache liegt lediglich darin, daß der Empfänger einer Dauerleihgabe nicht "beliebig" mit der Sache verfahren, diese insbesondere nicht weitergeben oder verbrauchen darf. Bei Weitergabe oder Verbrauch der Dauerleihgabe läge demnach eine Zueignung vor. - Somit ermöglicht der hier entwickelte Zueignungsbegriff die notwendige Flexibilität im Einzelfall, ohne (dank der festen Grenze in der entgegengesetzten Richtung) eine Begriffsauflösung zu gestatten. Dies ist vor allem dem konsequenten Rückgriff auf die strenge Substanztheorie zu verdanken, die für eine klare Begrenzung des Anwendungsbereichs der Zueignungsdelikte sorgt.

Damit ist der *Transfer* der Sache bei der Zueignung, wie sie der Verfasser versteht, im wesentlichen *parallel zum zivilrechtlichen Eigentumserwerb und -verlust* nach § 929 BGB konzipiert. Zwar sollte man die strafrechtliche Dogmatik nicht streng nach der zivilrechtlichen Eigentumsdogmatik "modellieren", doch wenn sich Parallelen ergeben, so kann dies durchaus als Bestätigung gewertet werden, da das Eigentum als genuin zivilrechtliches Institut und zugleich als

---

432 Vgl. etwa *Ranft* JA 1984, 277 (279) sowie die unten Aufgeführten.

433 So aber offenbar *Kargl* ZStW 103 (1991), 136 (151f). - Wie hier *Maiwald*, Zueignungsbegriff, S.170.

434 Vgl. dazu schon *Frank* § 246, S.540.

Rechtsgut der Zueignungsdelikte die Rahmenbedingungen für den Eigentumsschutz im Strafrecht aufstellt.

Der Eigentumserwerb nach § 929 S.1 BGB setzt voraus, daß der *Erwerber mindestens mittelbaren Besitz* an der Sache *erlangt* und der *Veräußerer jeglichen* (auch nur mittelbaren) *Besitz* daran *verliert.* Als Voraussetzung für die (Versuchs-)Strafbarkeit eines Verhaltens fordert der hier vertretene Zueignungsbegriff außer einem Manifestationsakt die Möglichkeit zur Tatbegehung, also (mangels einer rechtlichen) eine tatsächliche *Zugriffsmöglichkeit* auf die Sache (wenigstens mittelbarer Besitz wie z.B. bei vielen Konstellationen mittelbarer Täterschaft). - Bei der Veräußerung genügt dagegen für die *Drittzueignung* weder das Verkaufsangebot, noch der Abschluß eines Kaufvertrages; vielmehr muß der Täter sich selbst jeglicher Einflußmöglichkeit auf die Sache begeben, indem er sie tatsächlich "aus der Hand gibt" - mit anderen Worten: jeden (auch nur mittelbaren) *Besitz* am Tatobjekt *vollständig aufgibt.* Erst dann kommt eine Drittzueignung in Betracht[435]. Für die *Selbstzueignung* kann der Abschluß des Kaufvertrages und evtl. sogar schon die Abgabe eines verbindlichen Verkaufsangebots als *Manifestation* des Zueignungswillens genügen, die zusammen mit einem Transfer durch Begründung von (wenigstens mittelbarem) Eigenbesitz durch den Täter eine Selbstzueignung begründen kann, die der Drittzueignung vorausgeht.

Theoretisch wäre es natürlich auch denkbar, im Fall der von Anfang an geplanten Weitergabe der Sache an einen Dritten eine Selbstzueignung tatbestandlich auszuschließen und damit nur auf die spätere Drittzueignung abzustellen. Dann hätte die Abgrenzung nicht (wie hier) über das tatsächliche Haben der Sache (darüber, wer sie momentan beherrscht und dadurch andere faktisch von ihr ausschließt) sondern danach erfolgen müssen, wer die Sache am Ende erhalten soll. Das würde aber Schwierigkeiten eigener Art mit sich bringen (dazu unten bei der Abgrenzung von Selbst- und Drittzueignung). Auf den ersten Blick mag es ungereimt erscheinen, bei der Drittzueignung andere Vollendungsmaßstäbe anzulegen als bei der Selbstzueignung, doch wird sich bei der Untersuchung des Verhältnisses von Selbst- und Drittzueignung zeigen, daß die hier vertretene Lösung die dogmatische Argumentation erleichtert.

Damit wird beim Erwerb weniger verlangt als bei der Veräußerung. Das mag zunächst überraschen, entspricht aber vollkommen der Sichtweise des Zivilrechts. Zwar sieht das Zivilrecht beim rechtsgeschäftlichen Erwerb vom Berechtigten noch eine Reihe weiterer, gelockerter Übergangsformen für die Eigentumsübertragung vor, doch setzen diese eben die Berechtigung des Veräußerers voraus. Im Bereich der Zueignungsdelikte hat man es dagegen mit dem Erwerb vom *Nichtberechtigten* zu tun, und dort wird stets die *Verschaffung von Eigenbe-*

---

435 Vgl. schon oben. Ebenso *Mitsch*, BT II/1, S.189 (Rn.42).

sitz (die gemäß § 868 BGB zugleich mittelbaren Besitz ausschließt) vorausgesetzt. Trotzdem werden bei der Selbstzueignung letztlich keine geringeren Anforderungen gestellt als bei der Drittzueignung. Denn beide erfordern einen Sachtransfer und eine Manifestationshandlung. Bei der Drittzueignung liegen beide in der Weitergabe der Sache: Mit ihr wird die Sachherrschaft in äußerlich erkennbarer Weise übertragen, in der Weitergabe der Sache an einen Dritten liegen Transfer und Manifestation zugleich. Bei der Selbstzueignung ist dagegen in der Mehrzahl der Fälle schon *vor* dem "Sachtransfer" eine tatsächliche Beherrschungsmöglichkeit gegeben. Der Entschluß, den Eigentümer von seiner Sache auszuschließen und diese für sich zu haben, muß sich dann aber noch manifestieren. Schließlich kann noch auf die Parallele zum Diebstahl verwiesen werden: Die Wegnahme leitet die Sache in äußerlich erkennbarer Weise auf den Täter über, verschafft ihm die tatsächliche Sachherrschaft und bildet den "Schritt in die Illegalität", mit dem die "Schwelle zum Versuchsbeginn" überschritten (die Tat in diesem Fall aber auch schon vollendet) ist.

Die hier entwickelte Zueignungstheorie kann sich in ihrer restriktiven Grundtendenz also nicht nur auf strafrechtlich zu befürwortende Ergebnisse, sondern zusätzlich auch auf wesentliche Parallelen zum zivilrechtlichen (rechtsgeschäftlichen) Eigentumserwerb bzw. -übergang berufen.

III.) Ergebnis

Damit ergibt sich zusammenfassend aus der hier vertretenen Auffassung also folgendes Bild von der Zueignung, das mit den eben genannten Argumenten erklärt und gerechtfertigt werden kann:

1.) **Zueignung** im Sinne des Strafrechts besteht aus dem *Sachtransfer* sowie einem zum Transfer hinzutretenden *Manifestationsakt*. Bei der **Selbstzueignungsalternative** ist dazu die Begründung von Eigenbesitz (insbesondere durch Aufschwingen vom berechtigten Fremd- zum nichtberechtigten Eigenbesitzer) erforderlich, wobei der Täter zusätzlich äußerlich durch sein Verhalten bekunden ("manifestieren") muß, daß er die Sache für dauernd auf sich transferiert hat[436]. Der entsprechende Manifestationsakt muß dabei hinreichend deutlich sein und den Transfer dem Täter selbst sowie allen, die den Akt wahrnehmen, sichtbar vor Augen führen. - Bei der **Drittzueignungsalternative**, die erst mit der tatsächlichen Weitergabe der Sache an den Dritten vollzogen ist, liegt die Manifestation dagegen schon im Akt der Weitergabe.

436 Auch für den Täter muß die Sache fremd sein, da sonst keine tatbestandsmäßige Zueignung in Betracht kommen kann. Vgl. *Mitsch*, BT II/1, S.172f (Rn.18).

2.) Die Zueignung ist primär **Sachtransfer**[437]. Der Transfer wird durch die dauernd enteignende Aneignung vollzogen. Er ist unbedingte Voraussetzung für das Vorliegen einer Zueignung, die Möglichkeit, einen solchen Transfer herbeizuführen, Voraussetzung für einen Versuch.
3.) Da auch der Gebrauch eine Aneignung enthält, kommt es bei der *Abgrenzung von Zeignung und **furtum usus*** entscheidend auf die Enteignung an: Plant der Täter bei Beginn des Gebrauchs, die Sache später zurückzugeben, so will er den Berechtigten nur vorübergehend enteignen und kann sich allenfalls nach § 248b strafbar machen. Denn es liegt nur ein vorübergehender Sachtransfer vor, während die Zueignung einen dauernden Transfer voraussetzt.
4.) Unabhängig vom formalen Täterwillen ist nicht Gebrauchsanmaßung, sondern **Zueignung** anzunehmen, wenn *durch die Aneignung* eine **dauernde Enteignung** eingetreten ist, d.h. wenn dem Eigentümer nur noch eine wesentlich verschlechterte Sache zurückgegeben werden kann, so daß ihm gewissermaßen ein "Teil der Sache" auf Dauer genommen ist (womit auch ein dauernder Sachtransfer eingetreten ist).

C. Die strafbefreiende Rückgängigmachung der Zueignung

Selbst die **vollendete Zueignung** kann vom Täter **strafbefreiend rückgängig** gemacht werden, solange die dauernde Enteignung verhindert werden kann. Das ist vor allem dann der Fall, wenn ohne den Zueignungsvorsatz nur eine nichtbeschädigende Sachentziehung oder ein furtum usus vorgelegen hätten. - Die Zueignung kann nicht rückgängig gemacht werden, wenn der Täter die dauernde Enteignung nicht mehr verhindern kann.

Während die bisher aufgestellten Thesen zumindest im Ergebnis der herrschenden, wenn nicht allgemeinen Ansicht entsprechen, wobei sie zum Teil erheblich abweichende dogmatische Begründungen geben, bedarf die nunmehr vorgetragene Ansicht noch einer eingehenden Erörterung. Demnach soll *nach Vollendung*, wenn ein Rücktritt also bereits ausgeschlossen ist, die *Tat* als ganze noch rückgängig gemacht und so eine Befreiung von der an sich bereits verwirkten Strafe erlangt werden können. Das ist konstruktiv nur über die Figur der "**tätigen Reue**" möglich. Das eminente kriminalpolitische Bedürfnis für eine solche Lösung, die dem Täter, der freiwillig [*sic*!] die Zueignung rückgängig macht und auf den Boden der Rechtsordnung zurückkehrt, indem er die Sache herausgibt oder wieder für den Berechtigten besitzt, bevor die Tat entdeckt und angezeigt ist, liegt auf der Hand: Alles, was im Strafrecht für das "Rücktrittsprivileg" (die

437 Vgl. *Eser* StR IV, S.17.

grundsätzliche Möglichkeit einer Strafbefreiung auch nach der Verwirklichung an sich strafbaren Unrechts) spricht, insbesondere die Theorie von der "goldenen Brücke", die der Rücktritt dem Rechtsbrecher baut und die ein Anreiz für die freiwillige Aufgabe des Tatplans und die Rückkehr zur Rechtsordnung sein soll, gilt auch hier. - Auch *konstruktiv* kann dies Ergebnis sauber (ohne Systembruch) begründet werden:

1.) Die Zueignung ist primär ein *einmaliger Sachtransfer* mit bleibenden Folgen. Diese Folgen treten mit der Begründung von Eigenbesitz ein und dauern (sofern der Täter seinen Tatentschluß nicht wieder aufgibt) fort. Mit der *Manifestation* vollzieht der Täter den Schritt zum strafrechtlich relevanten Verhalten, indem er den von ihm bewirkten widerrechtlichen Sachtransfer, die Begründung von Eigenbesitz, äußerlich dokumentiert und so den Boden der Legalität erkennbar verläßt.
2.) Um eine Verdachtsstrafe zu vermeiden, wird man ein solches Verhalten abwarten müssen, das den *hinreichend sicheren Schluß* darauf zuläßt, daß der Täter die fremde Sache für dauerend auf sich transferiert hat. Dabei müssen die Anforderungen dem Grundsatz "in dubio pro reo" genügen. Der Manifestationsakt muß also nicht nur für den Täter die psychologische Schwelle vom inneren Entschluß zum äußeren Bekenntnis zur Sachverschiebung erkennbar überschreiten, er muß auch den *beweisrechtlichen* Anforderungen genügen.
3.) Hinsichtlich der *Enteignung* werden allgemein zwei *Modifikationen* für erforderlich gehalten:
   a) Einerseits soll *sachlich* aus kriminalpolitischen Erwägungen und aus Gründen der Strafwürdigkeit schon der verschleißende oder erheblich funktionsbeeinträchtigende Gebrauch (der formell an sich noch Gebrauch wäre) als Zueignung erfaßt werden. Damit verwischt zwangsläufig die *Grenze zwischen Gebrauch und Zueignung*, die so *in den Gebrauchsbereich hinein verschoben* wird[438].
   b) Andererseits soll *zeitlich* aus Gründen der Praktikabilität der Vollendungszeitpunkt vom Erfolg der dauernden Enteignung (dauernder, endgültiger Sachtransfer) in den Bereich der (bloßen) Gefahr der dauernden Enteignung[439] vorverlagert werden. Dadurch werden die Zueignungsdelikte (speziell die Unterschlagung), *von Erfolgsdelikten* de facto (d.h. der Konzeption der Auslegung zufolge) *in (konkrete) Gefährdungsdelikte*[440] *umgewandelt*: Während an sich die Verletzung des Rechtsguts Eigentum

---

438 *Arzt/Weber* LH3, S.45 erklären die Grenze zwischen Gebrauch (furtum usus) und Verbrauch (Zueignung) daher für fließend.
439 So im Ansatz auch *Maiwald*. Gegen ihn *Kargl* ZStW 103 (1991), 136 (178).
440 Vgl. *Androulakis* JuS 1968, 409 (415).

durch dauernden Transfer erforderlich wäre, soll jetzt die Gefahr der Verletzung (Wahrscheinlichkeit des dauernden Verlusts) genügen.

Die dogmatischen Konsequenzen aus der Behandlung der Unterschlagung durch die ganz h.M. werden nur selten diskutiert. *Samson*[441] und *Roth*[442] gehen von einer Versuchskonstellation aus, in welchem Fall es sich (wiederum unausgeprochen) bei der Unterschlagung um ein Unternehmensdelikt handeln würde. *Arzt/Weber*[443] sprechen von einer Vorverlagerung der Vollendung in den Versuchsbereich. *Mitsch*[444] sieht die Unterschlagung durch ihre "finale Struktur" dem "Unternehmen i.S.d. § 11 I Nr.6" angenähert.

Daß bei der Unterschlagung zur Vollendung schon die Gefährdung des fremden Eigentums (Gefahr der dauernden Enteignung) genügt und die Unterschlagung daher praktisch in ein konkretes Gefährdungsdelikt umgewandelt wird, ist – bei aller Kritik an den verschiedenen Vollendungsmodellen (von der weiten Manifestationstheorie bis zur Enteignungstheorie) – fast allgemein konsentiert[445]. Die Zulässigkeit dieser Vorverlagerung des Vollendungszeitpunktes soll auch hier nicht in Zweifel gezogen werden. Wichtig ist diese Feststellung nur für die hier gezogenen Schlußfolgerungen.

4.) Aus diesen beiden Modifikationen ergeben sich im wesentlichen drei Konsequenzen:

a) Mit der Vorverlagerung der Zueignung in den Bereich des Gebrauchs (auch mit Substanzrestitution an den Berechtigten) *verliert* die Zueignung ihren *Charakter als subjektiver (voluntativer)* und einmaliger Akt (endgültiger Sachtransfer, freilich mit Dauerwirkung) und wird zu einem objektiven (maßgeblich nach dem äußerlichen Verhalten des Täters zu beurteilenden) "Vorgang in der Zeit"[446].

b) Während nach dem ursprünglichen Verständnis die Zueignung einen Zeit*punkt* markiert und als einmaliger Akt selbst einmalig (also unwiederholbar) ist, wird sie mit der Verlagerung auf den Umgang des Täters mit der Sache zu einem *Entwicklungsprozeß*, dessen Teilakte durchaus wieder-

---

441 in: JA 1990, 5 (9).

442 Eigentumsschutz, S.54.

443 LH3, S.95.

444 BT II/1, S.185 (Rn.36). - Gegen eine solche Vorverlagerung der Vollendung wendet sich ausdrücklich *Gössel*, BT 2, S.179.

445 Inwieweit *Kargl* ZStW 103 (1991), 136ff eine abweichende Auffassung vertritt, kann und muß an dieser Stelle nicht geklärt werden.

446 *Samson* JA 1990, 5 (9). *Tenckhoff* JuS 1980, 723 (726) spricht von einer "Tätigkeit". Vgl. ferner auch *Mitsch*, BT II/1, S.52 (Rn.105).

holbar sind. Stellt man allein auf diese Teilakte als Zueignungsakte ab (anders die hier vertretene Lösung, die die Zueignung nicht einseitig entweder als Sachtransfer [so die subjektive Theorie] oder als Manifestationsakt [so die heute vertretenen objektiven Theorien], sondern kumulativ als aus beiden bestehend begreift), dann ist die Zueignung auch begrifflich wiederholbar[447].

c) Während für das klassische Erfolgsdelikt der späte, in der Regel eindeutige Vollendungszeitpunkt (tatsächlicher Eintritt der Rechtsgutsverletzung) charakteristisch ist, zählt es zur Eigenart der Gefährdungsdelikte (auch der konkreten), grundsätzlich früh vollendet zu sein (mit dem Eintritt der Gefahrenlage ist der Erfolg, die Rechtsgutsgefährdung, bereits *unwiderruflich* eingetreten), während Beginn und Ende des Delikts (einen eigentlichen Versuchsfall wird es, vom untauglichen Versuch abgesehen, bei dem das Tatobjekt de facto fehlt, wohl nicht geben) sich einer exakten Bestimmung häufig entziehen[448]. Ein weiterer charakteristischer Unterschied besteht darin, daß bei den Erfolgsdelikten eine "*ex post*"-Betrachtung erfolgt (*ist* das geschützte Rechtsgut verletzt worden oder nicht?), während die Gefährdungslage bei den Gefährdungsdelikten zumindest von der Tendenz her "*ex ante*" festzustellen ist (*wird* die Situation aus der jetzigen Sicht der Dinge möglicherweise oder wahrscheinlich in einen Verletzungserfolg münden?)[449].

5.) Daraus ergibt sich bei der Zueignung folgendes Bild:

a) Es ist durchaus denkbar, daß eine *materielle* Vollendung der Zueignung eintritt, und zwar dann, wenn die Aneignung zu einer dauernden Enteignung geführt hat (Verbrauchsfälle[450]). Bedeutsam ist dies für die Gebrauchsfälle und ergibt sich aus dem objektivierten Verständnis der Zueignung. Auch die Weitergabe der Sache (Drittzueignung), bei der der Täter die Entscheidung über das weitere Schicksal der Sache bewußt aus der Hand gegeben hat, kann hierher gerechnet werden, weil der Eintritt

447 *Seelmann* JuS 1985, 699 (702).

448 Wann genau beginnt die konkrete Gefährdung und wann endet sie? Die Frage stellt sich parallel beim Beginn des Versuchs und ist bei einer kontinuierlich zunehmenden bzw. abnehmenden Gefahr - wichtig für die Grenzen der Notwehr - außerordentlich kompliziert.

449 Da ex post feststeht, ob ein Schaden eingetreten ist, und da es um die Vermeidung von Gefahrensituationen für die konkreten Rechtsgüter geht, kann die Frage sinnvoll nur ex ante gestellt werden.

450 Vgl. *Eser* StR IV, S.44; *Kargl* ZStW 103 (1991), 136 (183); *Lackner/Kühl* § 242 Rn.5; *Mitsch*, BT II/1, S.188 (Rn.41); SK-*Hoyer* § 246 Rn.17.

der dauernden Enteignung jedenfalls nicht mehr vom Willen des Täters abhängt.

b) In einer Vielzahl, wenn nicht in der Mehrzahl der Fälle ist die materielle Vollendung (Eintritt einer dauernden Enteignung) noch nicht eingetreten, während *formell* Vollendung (dauernde Enteignung vom Täter zumindest für möglich gehalten [Preisgabe der Sache, dolus eventualis], wenn nicht erstrebt [der Täter will die Sache für immer behalten]) vorliegt[451]. Im Abstellen auf die Sicht des Täters spiegelt sich wiederum die "ex ante"-Sicht des Geschehens: Es genügt, daß er die Sache "*für* dauernd" überträgt, d.h. er muß die dauernde Enteignung *bei der Zueignung* als möglich oder wahrscheinlich[452] ins Auge gefaßt haben. *Diese* Konsequenz soll hier, wie gesagt, nicht in Zweifel gezogen werden. Zweifelhaft erscheint nur, wie rigoros die kriminalpolitisch bedenklichen Konsequenzen verfochten werden. Insbesondere soll die freiwillige Rückgabe der Sache in unversehrtem Zustand grundsätzlich für die strafrechtliche Beurteilung des Falles bedeutungslos [*sic*!] sein[453] und nur bei der Strafzumessung eine Rolle spielen.

Bedenken hat hier offensichtlich auch der Bundesgerichtshof, wenn er in einer seiner neuesten Entscheidungen (in einem obiter dictum) formuliert: "Im übrigen wäre es ein außergewöhnlicher Vorgang, der zu einer ganz erheblichen Strafmilderung hätte führen müssen, wenn der Angeklagte die Beute von sich aus zurückgegeben hätte."[454] Dort ging es freilich um Diebstahl, so daß schon die Zueignungs*absicht* bei der Wegnahme zur Vollendung ausreichte. - *Mitsch*[455] weist auf die weiteren Möglichkeiten hin, die Rückgabe über §§ 153, 153a StPO sowie über die §§ 46 und 46a StGB zu berücksichtigen. - *Harburger*[456] referiert die Rechtslage nach einigen Partikulargesetzbüchern, "die solchenfalls, wenn nicht gänzliche Straflosigkeit, so doch eine mildere Bestrafung eintreten ließen" und

---

451 *Roth*, Eigentumsschutz, S.54. Vgl. auch *Dencker*s Kritik an *Maiwald*s Zueignungsbegriff, in: *Dencker (usw.)*, Einführung in das 6.StrRG, S.25.

452 Im Grunde ist die sogenannte "Risikoerhöhungslehre" nichts weiter als eine Übertragung der Grundsätze für die Gefährdungsdelikte auf Versuchskonstellationen.

453 *Mohrbotter* Anmerkung zu OLG Celle NJW 1970, 1857 (1859); *Rengier*, BT 1, S.14 (Rn.25); Sch/Sch/*Eser* § 242 (Rn.62). Aus dem älteren Schrifttum vgl. *Harburger*, VDB VI, S.222. - *Rengier*, in Lenckner-FS, S.801 (807), verweist auf die "Parallele" zum Diebstahl (dazu in gleichem Sinne *Mitsch*, BT II/1, S.42f (Rn.88)); der Diebstahl erfordert aber nur die *Absicht*, keinen Zueignungs*erfolg*. Überzeugende Begründungen fehlen hier wie überall sonst.

454 in: NStZ-RR 1998, 103.

455 BT II/1, S.43 (Rn.88).

456 in: VDB VI, S.222.

resümiert: "Mag man auch vielleicht vom kriminalpolitischen Standpunkt aus die früheren Gesetzgebungen hier für vorzüglicher halten, so ist doch zutreffend, was *Binding* (Lehrb. I S.241) sagt: 'Die Ersatzleistung bildet nicht einen Strafmilderungsgrund, selbst die freiwillige nicht: höchstens läßt sie einen Rückschluß auf mindere Intensität des Vorsatzes zu.'" Die Berufung auf *Binding* erfolgt indessen zu Unrecht: *Binding* wollte seine Ausführungen nämlich auf den zivilrechtlichen Ausgleich für die strafbare Rechtsgutsverletzung bezogen wissen, während er die Möglichkeit einer 'tätigen Reue' *expressis verbis* anerkannt hat[457]. - Beachtung verdient schließlich noch *Harburger*s Zusammenfassung der *ausländischen Rechte*[458]: "In *Österreich* §§ 187, 188 hört jeder Diebstahl, auch der schwere, auf, strafbar zu sein, wenn der Täter aus tätiger Reue, obgleich auf Andringen des Beschädigten, den ganzen Schaden wieder gut macht, bevor das Gericht oder eine andere Obrigkeit sein Verschulden erfährt. In *England* (24. & 25. Vict. c. 96 s. 108) ist bei erstmaligen Diebstählen geringen Grades der Friedensrichter ermächtigt im Falle des Ersatzes von Schaden und Kosten oder eines von beiden den Angeklagten straflos zu lassen. In *Italien* (Art. 432) tritt eine Minderung der Strafe um 2/3 oder 1/3 ein, je nachdem die Ersatzleistung vor jedem gerichtlichen Verfahren oder erst nach Einleitung eines solchen erfolgt. Eine ähnliche Vorschrift enthielt das *russische* StrGB. von 1845 § 2170, während jenes von 1866 Art. 1663 die Zurückgabe des Entwendeten aus eigenem Antriebe, dagegen jenes von 1903 Art. 581 nur die Zurückgabe oder Ersatzleistung vor Verkündung des Urteils als Vorbedingung für die Zulassung der milderen Bestrafung aufstellt. Auch eine Anzahl von *Schweizer* Kantonalgesetzbüchern - ihre vollständige Aufzählung gibt *Stooß* (Grundzüge II S. 82) – erkennt die Ersatzleistung als Strafmilderungsgrund an, Graubünden, Tessin, und Schwyz gewähren sogar unter Umständen Straflosigkeit." - Es folgen noch eine Darstellung des französischen und des norwegischen Rechts, wo zumindest ein Strafmilderungsgrund angenommen wurde, sowie des englisch-amerikanischen Rechts, das die Rückgabe der Sache in bezug auf die grundsätzliche Strafbarkeit für bedeutungslos hielt.

Das kriminalpolitisch verfehlte Ergebnis der heute h.M., die freiwillige Rückgabe als bloßes Nachtatverhalten allenfalls strafmildernd zu berücksichtigen, weckt zusätzlich Bedenken, weil gerade *diese* Konzeption de facto auf ein Gesinnungstrafrecht hinausläuft: *Obwohl* der Täter den eigentlichen Erfolgseintritt (die dauernde Enteignung) aus freien Stücken

---

457 Vgl. BT 1, S.270.
458 in: VDB VI, S.248f.

verhindert hat, soll er in der "Vollendungs-Falle" gefangen bleiben, weil er einmal "böse Absichten" hatte[459]. Das Privileg des strafbefreienden Rücktritts, das selbst dem Mörder und dem Totschläger (zumindest in bezug auf das geplante Delikt) gewährt wird, soll dem – vergleichsweise harmlosen – Zueignungstäter versagt werden! Das kann niemanden ernsthaft überzeugen. (Die sicher zutreffende Annahme, daß die Zahl der praktischen Fälle gering sein dürfte und diese Sonderfälle nicht maßgeblich für die grundsätzliche Bestimmung des Vollendungszeitpunkts sein können, ändert nichts an dieser Tatsache.)

Dabei ist diese Konsequenz, auch bei Beibehaltung der Grundkonzeption, keineswegs zwingend. Hält man sich vor Augen, daß es sich bei der Unterschlagung, die ja im Tatbestand ausdrücklich eine *Zueignung* verlangt, der Sache nach um ein *Erfolgsdelikt* handelt (vgl.o.), so gibt es keinen plausiblen Grund, warum die gemachte Ausnahme keine Gegenausnahme zulassen sollte. Dogmatisch konstruktiv ist dies nach Eintritt der Vollendung allerdings nicht mehr über einen Rücktritt zu erreichen. In Fällen dieser Art kann dagegen die Figur der "**tätigen Reue**" zur Anwendung kommen. Diese Rechtsfigur ist für Fälle geschaffen worden, in denen das Gesetz einen *frühen Vollendungszeitpunkt* anordnet, zu dem sich die Tat nach allgemeinen Regeln noch im Versuchsfeld befindet. Als Ausgleich für die damit verkürzte Rücktrittsmöglichkeit erhält der Täter die Möglichkeit zur Strafbefreiung durch ein bestimmtes Verhalten, das wegen des Eintritts der Vollendung *Nachtatverhalten* ist und als solches an sich keine Relevanz mehr für die Beurteilung "der Tat" hat, das aber nach allgemeinen *materiellen* Regeln einen (strafbefreienden) Rücktritt begründen würde. Allerdings ist weitgehend konsentiert, daß eine "tätige Reue" nur in solchen Fällen angenommen werden kann, in denen sie im Gesetz ausdrücklich angeordnet ist[460]. Das ist, wie gesagt, meist dann der Fall, wenn das Gesetz eine frühe Vollendung vorsieht und dafür eine Kompensation schaffen will. In solchen Fällen soll den Täter schon von dem im Gesetz angeordneten Zeitpunkt an die volle Vollendungsstrafe treffen, gleichwohl erscheint aber der Appell an den Täter, den Eintritt des eigentlich mißbilligten Erfolges durch freiwilliges Tätigwerden zu verhindern und auf den Boden der Rechtsordnung zurückzukehren, noch sinnvoll. Die Rücktrittstheorien, insbesondere die "Lehre vom Rücktrittshorizont" und die Idee, dem Täter "goldene Brücken" für die Rückkehr zur

---

459 Wie hier *Maiwald*, Zueignungsbegriff, S.187f.

460 Vgl. nur *Mitsch*, BT II/1, S.42f (Rn.88) m.w.N.; *Seier/Schlehofer* JuS 1983, 50 (52).

Rechtsordnung und in die Straffreiheit zu bauen, müßten auch beim Täter einer Zueignung postulieren, die Möglichkeit zur Strafbefreiung möglichst lange zu erhalten.

Im vorliegenden Fall (d.h. in concreto bei der Unterschlagung, denn nur sie verlangt tatbestandlich eine vollendete Zueignung) fehlt es an einer ausdrücklichen Normierung der (Möglichkeit einer) tätigen Reue im Gesetz. Damit ist die Annahme einer solchen Möglichkeit aber noch nicht per se ausgeschlossen. Denn das Gesetz verlangt ja nach seinem Wortlaut überhaupt eine *materielle* Vollendung. Von einer "frühen" Vollendung durch Vorverlegung des Vollendungszeitpunkts ist im Gesetz nirgendwo die Rede. Insofern wäre es auch unlogisch, wenn das Gesetz, das sich nicht ausdrücklich für eine Vorverlegung der Vollendung ausspricht, expressis verbis die Möglichkeit einer "tätigen Reue" vorsähe. Vielmehr ist die frühe Vollendung, schon im Versuchsfeld, Ergebnis der dogmatischen *Auslegung* der Gesetzesanwender. Dann aber ist der Gesetzesanwender nicht nur berechtigt, sondern *verpflichtet*, die Vorverlegung der Vollendung und die damit verbundene Beschneidung legitimer Rücktrittsmöglichkeiten durch die Anerkennung einer "tätigen Reue" zu kompensieren.

Damit ergibt sich folgendes Bild der Zueignung:

aa) Der Sache nach handelt es sich um ein Erfolgsdelikt, das *materiell* an sich erst mit dem Eintritt des Zueignungserfolges (Aneignung unter tatsächlicher dauernder Enteignung) *vollendet* ist.

bb) Hiervon wird aus praktischen Gründen für die Mehrzahl der Fälle eine Ausnahme gemacht. Da die Zueignung primär ein (einmaliger, einmal oder mehrfach manifestierter) Sachtransfer *mit Dauerwirkung* ist, kann vernünftigerweise der "*Eintritt* der Dauerwirkung" (das unendliche Andauern der Enteignung des Berechtigten) nicht abgewartet werden. *Formell* ist die Zueignung (und mit ihr der Tatbestand der Unterschlagung) daher grundsätzlich schon als vollendet anzusehen, wenn der Täter bei der Zueignung (Sachtransfer und Manifestation) zumindest mit einer dauernden Enteignung rechnet. Das ist auch legitim, wenn der Täter zu der Zeit, da er sich endgültig entschließen mußte (tatsächliche Enteignung durch Verbrauch, verschleißenden Gebrauch, Weitergabe an Dritte oder "endgültige" Entscheidung zum Rechtsbruch ["Feuerprobe"] durch Verweigern der Herausgabe, Ableugnen des Besitzes, etc.) sich nicht *freiwillig* (ohne äußeren Zwang) zur Rückgabe bzw. (je nach den Umständen) zur Rückkehr zum Fremdbesitz entschließt. Wie immer seine Entscheidung auch ausfällt: Zum einen war die Sache schon mit seinem Zueignungsentschluß transferiert (vom Berechtigten auf ihn übertragen), zum anderen konnte er aber bis zu diesem Entscheidungsakt theoretisch noch den rechtmäßigen Zustand (Fremdbesitz zugunsten des Berechtigten) wiederherstellen und so den Erfolgseintritt verhindern. Ist dieser "point of no return" (um einen medizinischen Fachausdruck zu verwenden[461]) überschritten, dann ist *dem Täter* klar, daß "es jetzt kein zurück mehr gibt" (spiegelbildliche Entsprechung zum "Jetzt-geht-es-los" beim Versuchsbeginn). Solange die "endgültige" Entscheidung noch nicht gefallen war, konnte er die Zueignung (trotz äußerlicher Manifestation des Sachtransfers) noch "rückgängig" machen. *Nach* diesem Zeitpunkt erscheint eine Bestrafung wegen Vollendung nicht unangebracht.

cc) Von dieser *generellen Ausnahme* (der formellen Vorverlegung der Vollendung) ist aber eine *Gegenausnahme* zu machen: *Formell* tritt die Vollendung i.d.R. lange vor der materiellen Vollendung (nicht nur der Beendigung) ein. Schon äußerlich dokumentierter Eigenbesitz und Eigengebrauch mit dem Ziel dauernder Enteignung führen zur Vollendung, obwohl der Täter durchaus noch in der Lage ist, durch sein freiwilliges Tätigwerden die Folgen der Tat zu beseitigen und den eigentlichen Erfolgseintritt zu verhindern. Man nehme zur Verdeutlichung nur noch einmal das Beispiel des Entleihers. Zuerst faßt dieser den Zueignungsentschluß; bei konsequenter Anwendung müßte die subjektive Theorie hier eine vollendete Zueignung annehmen, doch ist dies (soweit ersichtlich) bis jetzt noch von niemandem vertreten worden, auch nicht von den Anhängern der subjektiven Theorie. Dann benutzt er die Sache für sich; nach der subjektiven Theorie und der "weiten Manifestationstheorie" reicht dies zur Vollendung aus. Am nächsten Tag bietet er die Sache zum Kauf an; nach fast allen Theorien, insbesondere auch der herrschenden "engen Manifestationstheorie", die auf das Urteil eines objektiven Beobachters abstellt, ist jedenfalls jetzt Vollendung eingetreten. Schließlich reut ihn seine Tat, und er gibt die Sache (immer noch innerhalb der Leihfrist) aus freien Stücken (d.h. ohne äußeren Zwang) an den Berechtigten zurück. - Was nun? Soll der "Täter" auch hier wegen (vollendeter) Zueignung bestraft werden? Diese Frage stellen heißt, sie zu verneinen.

---

461 Auch *Gössel* ZStW 85 (1973), 591 (649) gebraucht diesen Ausdruck, allerdings lediglich im Zusammenhang mit der Frage der Vollendung der Wegnahme (nicht mit Bezug auf tätige Reue).

Ähnliche Überlegungen finden sich auch bei *Bockelmann*[462], der den Fall schildert, "daß der Finder anfangs der Versuchung erliegt, die gefundene Sache also an sich nimmt, um sie zu behalten, später aber Reue verspürt und sie, obwohl er sie zunächst nach Hause mitgenommen hat, zum Fundbüro trägt; abends erzählt er im Freundeskreis erleichtert, welche Anfechtung er bestanden hat - soll hier, wo sein 'Geständnis' jeden nötigen Beweis möglich macht, wirklich wegen Unterschlagung gestraft werden? Das Beispiel zeigt, wie das Verhältnis zwischen Diebstahl und Unterschlagung ganz anders ist als das zwischen Mord und Totschlag (deren Tatbestände wegen der negativen Fassung von § 212 wirklich lückenlos aneinander anschließen): die vorsätzliche, rechtswidrige Tötung ist unbedingt stets ein strafwürdiges Delikt, die vorsätzliche rechtswidrige Aneignung fremder beweglicher Sachen ist es nicht ebenso unbedingt". Hinzuweisen ist aber auch auf das Beispiel von *Mitsch*[463], daß der Täter die Sache nach 30 Jahren "freiwillig" zurückgibt. Hierzu ist bereits oben bei der Erörterung der Abgrenzung von Zueignung und Gebrauchsanmaßung Stellung genommen worden: Einerseits kann der Zeitablauf allein die Zueignung nicht vollenden, weil zum einen der Unterschied zwischen beiden nicht quantitativer, sondern qualitativer Art ist und weil zum anderen eine exakte Grenzziehung unmöglich ist, weshalb ein solches Verfahren mit einer offensichtlichen Willkür verbunden wäre. Andererseits ist aber auch auf die Möglichkeit hingewiesen worden, eine zu weit hinausgeschobene Rückgabe (im Fall ihrer Planung bei der Zueignung als "zu unbestimmt" zurückzuweisen, hier im Fall der tatsächlichen Rückgabe) als bloßes Nachtatverhalten zu werten; damit läge eine vollendete Zueignung vor. (Es geht dem Verfasser hier um Fälle einer baldigen ["rechtzeitigen"] Reue.) - Wie aber läßt sich eine Unterschlagung trotz (formell) *vollendeter* Zueignung ablehnen? Dies kann nur über einen erneuten Perspektivwechsel, und zwar zurück zur *Ausgangsperspektive der Erfolgsdelikte* (der "*ex post*"-Betrachtung) begründet werden. Der (eigentliche) *materielle* Erfolg der Zueignung ist eben nicht eingetreten, der Täter hat ihn freiwillig verhindert und ist so zur Rechtsordnung zurückgekehrt.

Es läßt sich nicht bestreiten, daß zu jedem der genannten Zeitpunkte vom erstmaligen Fassen des Zueignungsentschlusses bis zu dessen freiwilliger Aufgabe eine Gefahr der dauernden Enteignung bestanden hat. Schon mit dem Entschluß, sich die Sache zuzueignen, sie also nie mehr zurückzugeben, war es *ex ante* gesehen wahrscheinlich, daß der Eigentümer seine Sache nie wiederbekommen würde, war der Sachtransfer also vollzogen. Dies hat sich im späteren Eigengebrauch äußerlich sichtbar, wenn auch nicht eindeutig manifestiert. Das

---

462 in: MDR 1953, 3 (8).
463 BT II/1, S.184 (Rn.35).

Verkaufsangebot hat die Gefahr des endgültigen Verlusts nochmals erhöht und zugleich für den Täter und für einen außenstehenden "neutralen Beobachter" erkennbar gemacht, daß hier der Boden der Legalität verlassen worden ist; die Entscheidung zum Rechtsbruch, der widerrechtliche Sachtransfer ist publik gemacht ("manifestiert") worden. Aber mit keinem dieser Akte ist der eigentliche, materielle Erfolg, die *dauernde* Enteignung, wirklich eingetreten. An sich befindet sich die Tat immer noch im Versuchsstadium, obwohl die formelle Vollendung schon mit Schaffung der Gefahrenlage eintreten soll. Hat der Täter die Gefahrenlage aber freiwillig selbst wieder beseitigt, so gibt es keinen Grund, an der Gefährdungskonzeption festzuhalten. Die Gefährdungssituation selbst kann freilich nur für die Zukunft, nicht aber rückwirkend für die Vergangenheit beseitigt werden. Würde es sich tatsächlich um ein (bloßes) Gefährdungsdelikt handeln, so wäre in jedem Fall wegen Vollendung (Schaffung einer tatsächlichen Gefahrenlage für ein konkretes Rechtsgut) zu bestrafen. Da es sich aber in Wahrheit um Erfolgsdelikte handelt, muß in letzter Konsequenz der Erfolgseintritt entscheiden. Selbst wenn das erste Verkaufsangebot (wohl unstreitig zumindest Versuch) abgelehnt worden ist, ist der Versuch doch keineswegs endgültig fehlgeschlagen; vielmehr kann der Täter weitere Angebote aussprechen, um den (materiellen) Zueignungserfolg (die Veräußerung an einen Dritten) noch herbeizuführen. Der Zueignungs*entschluß* – und mit ihm die ganze Zueignung – kann doch noch rückgängig gemacht werden, ohne daß je eine echte (materielle) Rechtsguts*verletzung* eingetreten wäre, ohne daß es je zu mehr als einem *Gefährdungs*erfolg gekommen wäre. Es kann doch wohl i.E. nicht zweifelhaft sein, daß der reuige Täter aus dem Beispielsfall auch nach dem mißglückten Veräußerungsversuch (gegen den Notwehr geübt werden darf) nach der freiwilligen Rückgabe der Sache *freizusprechen* ist! Dieses einzig vernünftige, gebotene Ergebnis ist die natürliche, ja zwingende Konsequenz daraus, daß die Unterschlagung ihrem Wesen nach ein Erfolgsdelikt ist.

Deshalb muß die Möglichkeit einer Strafbefreiung über die Figur der "tätigen Reue" als Gegenausnahme von der Ausnahme des frühen Vollendungszeitpunkts anerkannt werden. Die Anerkennung der Gegenausnahme (der tätigen Reue) ist überhaupt die Voraussetzung für die Anerkennung der Ausnahme (der frühen Vollendung). Die Ausnahme mag auf praktischen (dogmatischen, teleologischen und kriminalpolitischen) Bedürfnissen beruhen, die Gegenausnahme kann sich darüber hinaus auf eine offenkundige Notwendigkeit und auf den Grundsatz "cogitationis poenam nemo partitur" berufen[464].

---

464 Denn eine Bestrafung in diesen "außergewöhnlichen Fällen", wie sie der BGH nennt, würde, wie hier gezeigt wurde, auf eine reine Gesinnungsstrafe hinauslaufen.

D. Ergebnis

Zueignung ist demnach *dauernder Sachtransfer nebst Manifestation, d.h. bei der* Drittzueignung *die Weitergabe der Sache "für dauernd", wobei die Manifestation schon in der Weitergabe besteht, bei der Selbstzueignung das (mindestens vorübergehende) Haben oder Gebrauchen der Sache für sich selbst mit der Wirkung dauernder Enteignung des Berechtigten, sei es durch dauernden Entzug der Sachsubstanz, sei es durch deren verschleißenden bzw. substanzverändernden Gebrauch, wobei der Transfer "für dauernd" zusätzlich der Manifestation bedarf, um "Zueignung" im Sinne des Strafrechts zu sein. Die Selbstzueignung beruht also auf einem vom Täter bewirkten dauernden Sachtransfer (Begründung von Eigenbestiz), wird aber erst durch ein äußerlich erkennbares Verhalten des Täters zum Tatbestandsmerkmal der "Zueignung" ergänzt.*

Tätige Reue *ist, solange der Täter die dauernde Enteignung verhindern kann* (das ist nur bei der Selbstzueignung der Fall), *möglich*[465], *wenn er den Sachtransfer aus freien Stücken rückgängig macht (d.h. aus freiem Entschluß zum Fremdbesitz zugunsten des Berechtigten zurückkehrt oder die Sache zurückgibt).*

---

465 Ebenso *Binding*, BT 1, S.270.

Teil IV. Täterschaft und Drittzueignungsproblematik

A. Täterschaft und Teilnahme bei den Zueignungsdelikten

Die Abgrenzung von Täterschaft und Teilnahme dürfte sich im Ergebnis als nicht sonderlich problematisch erweisen[466]. Dabei ist auf die allgemeinen Abgrenzungskriterien zurückzugreifen, also das eigene Tatinteresse und die Tatherrschaft[467] der Beteiligten zu untersuchen. Für das eigene Tatinteresse ist eine "Vorteilsabsicht" allerdings irrelevant[468]: Die "Belohnung" für die Unterstützung bei der Tat ist gerade ein typisches Kriterium für Beihilfe[469].

An dieser Stelle muß nochmals zum Problem der **Zueignung durch den nur mittelbaren Besitzer** Stellung genommen werden. Bislang ist nur geklärt, daß solche Zueignungen in Zukunft über die Zueignungsdelikte erfaßt werden können, und zwar in größerem Umfang als bisher. Der "Bahnschwellen"-Fall aus dem Bereich des Diebstahls war ein erster Schritt in diese Richtung. Bislang sah

---

466 So auch *Rengier*, in: Lenckner-FS, S.801 (804). - A.A. *Otto* Jura 1998, 550 (551).

467 *Roxin*, Täterschaft und Tatherrschaft, S.339ff. Letztere wird zu wenig berücksichtigt bei *Rengier*, a.a.O., der offenbar stärker auf das Interesse an der Tat abstellen will. Damit hängt er der Abgrenzung von Selbst- und Drittzueignung, wie sie die h.M. vor der Reform vornahm, an. Diese ist aber abzulehnen (vgl. dazu sogleich).

468 Schon 1907 hatte *Harburger*, VDB VI, S.223, bei der Analyse der subjektiven Seite des Diebstahlstatbestands lapidar festgestellt: "Dagegen kommt dem Motive [des Täters für die Tatbegehung] als solchem keine Bedeutung für die grundsätzliche Strafbarkeit zu."

469 Speziell zur Abgrenzung bei der ***Drittzueignung*** *Mitsch*, BT II/1, S.70f (Rn.137) (inkonsequent daher seine Argumentation Rn.138) und *Rengier*, in: Lenckner-FS, S.801 (803f). - Dies gilt sogar bei Tatbeständen mit Bereicherungsabsicht: Vgl. BGH StV 1998, 540f zu §§ 253, 255, wo ausdrücklich "der Grad des eigenen Interesses am Taterfolg, der Umfang der Tatbeteiligung und die Tatherrschaft" als "wesentliche Anhaltspunkte" hervorgehoben werden. Wer sich seine Tatbeiträge unabhängig vom Taterfolg entlohnen läßt, "hat regelmäßig kein primäres Interesse am Taterfolg, was für ... Hilfeleistung spricht" (so zutreffend BGH, a.a.O.). - Die Kritik bei *Duttge/Fahnenschmidt* ZStW 110 (1998), 884 (900ff, 904f), Beihilfehandlungen würden nunmehr zu täterschaftlicher Begehung "hochgezont" (ähnlich *Krey*, BT 2, S.46 (Rn.90c), 93 (Rn.165f)), ist unberechtigt, da die Autoren bei ihrer Betrachtung die allgemein zur Abgrenzung von Täterschaft und Teilnahme entwickelten Kriterien nicht berücksichtigen und alle von ihnen untersuchten Fälle undifferenziert als "täterschaftliche Drittzueignung" qualifizieren.

man sich aber daran gehindert, den in der Literatur entwickelten "Zigarettenspitzen"-Fall[470] unter die Unterschlagung zu subsumieren. Während es als ausreichend angesehen wurde, daß ein Dritter die Sache in Folge einer Täuschung durch den Täter wegnahm, sollte bei der Unterschlagung tätereigener Gewahrsam erforderlich sein und nicht etwa nur Gewahrsam des Opfers. - Ein unbefangener Betrachter, der die Diskussion um die Abgrenzung von Selbst- und Drittzueignung nicht verfolgt hat und die Versuche einer "berichtigenden Auslegung" (bis hin zur sog. "großen berichtigenden Auslegung" *contra legem*) nicht kennt, muß außerordentlich erstaunt sein, daß ausgerechnet die ausdrückliche Aufnahme der Drittzueignung den "Einheitstäterbegriff" für die Zueignungsdelikte eingeführt haben soll[471]. Denn rein äußerlich betrachtet haben die Drittzueignung und die Abgrenzung von Täterschaft und Teilnahme nichts miteinander zu tun. Nur aus der Auslegungspraxis *vor* dem 6.StrRG heraus lassen sich die Reaktion und die erheblichen Bedenken in der Dogmatik nach der Reform erklären. Deshalb hat die Reform bislang in diesem Bereich auch viel (z.T. überzogene) Kritik an den Ergebnissen, aber nur wenige brauchbare Ansätze[472] hervorgebracht. Die vorliegende Arbeit betritt insofern Neuland und hofft, hier einen klaren Weg weisen zu können.

Die Zueignung besteht wesentlich in einem Sachtransfer, d.h. in einer Überleitung einer Sache vom Berechtigten auf den Täter (Selbstzueignung) oder einen Dritten (Drittzueignung). Demnach muß der Täter nach allgemeinen Grundsätzen das Tatgeschehen (vorliegend also den Sachtransfer) beherrschen. Damit er die Sache transferieren kann, muß er sie beherrschen können; Zueignung impliziert als notwendige Voraussetzung eine "Sach-Herrschaft" des Täters. Auch bei mittelbarem Besitz wird daher eine Sachherrschaft des Täters vorausgesetzt. Beim unmittelbaren Besitzer ist das Beherrschungsvermögen i.d.R. unproblematisch, da der Täter ungehindert auf die Sache einwirken und andere rein tatsächlich vom Zugriff auf die Sache ausschließen kann. Er kann die Sache sich selbst zueignen, indem er sie behält, oder sie einem Dritten zueignen, indem er sie ihm

---

470 Dieser Fall findet sich bei *Post*, Unterschlagungstatbestand, S.19: "A, der mit seiner Freundin B spazierengeht, bezeichnet eine von dieser am Wegrain entdeckte silberne Zigarettenspitze der Wahrheit zuwider als die ihm gehörige, die er vor kurzem verloren habe, und sagt, während er sie aufhebt, zu B: 'Ich schenke sie dir, weil du sie entdeckt hast.'" Vgl. auch den von *Kindhäuser*, BT II/1, S.169 (Rn.43) gebildeten Parallelfall.

471 *Bussmann* StV 1999, 613 (615) spricht von der "impliziten Einarbeitung eines extensiven Täterbegriffs im neuen Tatbestand des § 246".

472 Zu erwähnen sind hier *Bussmann* StV 1999, 613 (616) und *Kindhäuser*, BT II/1, S.166f (Rn.31f), die bereits Ansätze in die richtige Richtung entwickelt haben, ohne indessen ein ausdifferenziertes, in allen Detailfragen abgestimmtes System präsentieren zu können.

zuleitet. Schwieriger ist die Lage, wenn der Täter bloß mittelbaren Besitz an der Sache hat. Denn dann kann er die Sache nicht unmittelbar selbst (aus einer günstigen Ausgangsposition heraus) beherrschen, sondern nur über einen anderen (den unmittelbaren Besitzer, der für ihn besitzt). Da der Täter nur über den unmittelbaren Besitzer auf die Sache einwirken kann, muß er das Verhalten des unmittelbaren Besitzers steuern können, um auf diese Weise auch die Sache beherrschen zu können. Der unmittelbare Besitzer muß sich, bildlich gesprochen, als der "verlängerte Arm" des Täters darstellen, mit dem dieser die Sache transferiert, m.a.W.: Um auch als nur mittelbarer Besitzer die Sachherrschaft ausüben zu können, muß der Täter den unmittelbaren Besitzer selbst "beherrschen" und dessen Verhalten steuern können.

Damit ist der *Zusammenhang mit der **Tatherrschaftslehre*** deutlich geworden: Nur wenn der unmittelbare Besitzer das "Werkzeug" des mittelbaren Besitzers ist, nur wenn dieser als Hintermann in *mittelbarer Täterschaft* das gesamte Geschehen in Händen hält, kann er Sachherrschaft ausüben und die Sache transferieren; andernfalls kann er höchstens Einfluß auf die Sachherrschaft des Vordermannes nehmen, ist also Anstifter. Mithin sind an die Täterschaft bei der Zueignung (insbesondere der Drittzueignung) die gleichen hohen Maßstäbe anzulegen wie bei jedem anderen Delikt. Von einer Einführung des "Einheitstäterbegriffs" durch die ausdrückliche Erwähnung der Drittzueignung kann auch nicht im entferntesten die Rede sein.

Täterschaftliche Zueignung ist bei mittelbarem Besitz also nur dann möglich, wenn der mittelbare Besitzer Tatherrschaft über den unmittelbaren Besitzer als sein Werkzeug hat. Dafür kommen grundsätzlich Zwang und Täuschung in Betracht; ferner wäre an neuere zur Tatherrschaftslehre entwickelte Figuren wie insbesondere die mittelbare Täterschaft "kraft Organisationsherrschaft" zu denken.

Fälle einer Zueignung in mittelbarer Täterschaft durch Zwang sind nun allerdings kaum denkbar. So kann es schon nicht ausreichen, daß der Täter den unmittelbaren Besitzer zwingt, eine fremde Sache zu behalten. Denn wenn der Zueignungswille in einem "animus rem sibi habendi" (also dem Willen, die Sache für sich zu haben) besteht, dann kann es nicht genügen, daß die Sache bloß *widerwillig* behalten wird. Der unmittelbare Besitzer *will* die Sache ja gar nicht "haben", er wagt infolge des Zwangs nur nicht, sie zurückzugeben oder sich von ihr zu trennen. Es liegt also eine (nach geltendem Recht straflose) Sachentziehung in mittelbarer Täterschaft (sowie daneben eine Nötigung des unmittelbaren Besitzers) vor. - Wenn jemand eine Haushälterin über Tage hinweg in der Vorratskammer ihrer Herrschaft einsperrt und sie so zwingt, sich von den dort befindlichen Lebensmitteln zu ernähren, liegt keine Unterschlagung, sondern ein erzwungener Diebstahl vor; denn die Haushälterin ist nicht Besitzerin, sondern nur Besitzdienerin und hat in der Regel wohl auch keinen Gewahrsam an den Lebensmitteln in der Vorratskammer. - Ein wirklicher Fall einer erzwungenen Unterschlagung in mittelbarer Täterschaft wäre etwa der folgende: T zwingt aus Mitleid den mittellosen, von Hunger gequälten, aber standhaft rechtstreuen W mit vorgehaltener Pistole, von W verwahrte oder gefundene fremde Lebensmittel zu verzehren; T möchte, daß W "sich einmal richtig sattißt" - ein nicht eben gerade "lebensnaher" Sachverhalt.

Der Hauptanwendungsbereich der von mittelbaren Besitzern (in mittelbarer Täterschaft) verübten Zueignungen liegt wohl bei den Täuschungs-Fällen: Der Täter (T) täuscht sein Werkzeug (W) über die Eigentumslage bezüglich einer von W verwahrten Sache; dabei kann er den Verwahrer W als Eigentümer oder sich selbst als Eigentümer oder Bevollmächtigten ausgeben. Er kann W dazu veranlassen, die Sache künftig als eigene zu besitzen ("Zigarettenspitzen"-Fall), sie ihm (T) zu übergeben oder sie an einen Dritten (genaugenommen Vierten, wenn man den Eigentümer mitberücksichtigt) weiterzuleiten. Bei der Weitergabe an T oder den Dritten ist hinsichtlich der Vollendung auf die Übergabe der Sache abzustellen; beim Behalten durch W muß es für den *Transfer* auch genügen, daß T den W überzeugt und W Eigenbesitz begründet (zur Zueignung genügt hier auch ein Behalten als "Dauerleihgabe", da auch dies einen Sachtransfer darstellt), während bezüglich der *Manifestation* auf T selbst abzustellen ist: Als Täter muß *er* mit Zueignungswillen handeln, *er* manifestiert *seinen* "Schritt in die Illegalität", indem er durch seine Täuschung auf W einwirkt und durch diesen die Zueignung bewirkt.

In diesen Konstellationen liegt eine Zueignung durch den mittelbaren Besitzer vor. Er hält das gesamte Tatgeschehen in Händen, er übt Sachherrschaft aus und bewirkt den Sachtransfer, indem er das Verhalten des unmittelbaren Besitzers steuert. - Keine täterschaftliche Zueignung, sondern Anstiftung ist gegeben, wenn jemand einen anderen zu einer Zueignung verleitet, Beihilfe, wenn er den anderen bei *dessen* Zueignung unterstützt oder sie wissentlich und willentlich ermöglicht, aber jeweils ohne "Herrschaft" über die fremde Zueignung handelt. Denn wer das Verhalten des unmittelbaren Besitzers nicht "beherrscht", der kann auch keine Sachherrschaft ausüben und daher den Sachtransfer nicht selbst bewirken[473].

Als weitere Fälle einer Zueignung durch mittelbare Besitzer kommen vor allem diejenigen einer *mittelbaren Täterschaft kraft Organisationsherrschaft* in

---

473 Zu weitgehend daher *Bussmann* StV 1999, 613 (615f), *Kindhäuser*, BT II/1, S.171 (Rn.48f) und *Küper*, BT, S.432, 440 (Ermöglichung fremder Aneignung). Überzeugend dagegen *Ingelfinger* JuS 1998, 531 (535) und *Lackner/Kühl* § 242 Rn.26a (Erfordernis einer sachherrschaftsverändernden Disposition; Ermöglichung fremder Zueignungen reicht nicht; nicht überzeugend daher *Lackner/Kühl* § 246 Rn.8).

Betracht. Zu denken wäre hier etwa an den Lagerverwalter L, der Waren aus dem Lager behält oder bewußt durch die Lagerarbeiter an falsche (nichtberechtigte) Personen übergeben läßt, oder an den Spediteur S, der seinen Fahrer anweist, die von ihm zu transportierende Ware an eine andere Person auszuliefern als den dem S von seinem Auftraggeber bezeichneten Empfänger. Die Lagerarbeiter, Packer und Gabelstaplerfahrer werden in aller Regel keinen Überblick über die rechtlichen Zuordnungsverhältnisse an den eingelagerten Waren haben; sie folgen den Anweisungen, welche Waren wann wohin zu bringen sind. Auch der Fahrer transportiert die Waren nur weisungsgemäß zu den ihm vom Spediteur bezeichneten Empfängern. Arbeiter und Fahrer können also selbst nicht Täter, ja, nicht einmal Gehilfen sein, weil sie nicht vorsätzlich gegen das Recht verstoßen, denn ihnen fehlt der nötige Einblick in die rechtlichen Verhältnisse, den sie in ihrer Stellung auch nicht zu haben brauchen. In solchen Fällen ist der Organisator, der bewußt und selbständig, wenn auch vielleicht in fremdem Auftrag die tatsächliche Zuordnung der Waren vornimmt und ihre Verteilung regelt (also buchstäblich "für den Sachtransfer verantwortlich" ist), Täter der Zueignung (Unterschlagung). Wird der Organisator selbst durch Täuschung zu einer falschen Zuordnung bewogen, so handelt der Täuschende in mittelbarer Täterschaft (s.o.); in den übrigen Fällen aber ist der Organisator der Verteilung strafrechtlich als Täter verantwortlich.

In einer kleineren Firma mag es so liegen, daß der Unternehmer selbst die Organisation übernimmt und selbst unmittelbar verantwortlich ist. In größeren Unternehmen wird es dagegen häufig so sein, daß der Chef seinen Lagerverwalter oder der Spediteur den zuständigen Abteilungsleiter "anweist", bestimmte Waren falsch auszuliefern oder zu behalten. Nun befinden sich Lagerverwalter und Abteilungsleiter zwar in einem Verhältnis sozialer Abhängigkeit, doch ist dieser soziale Druck nicht so stark, daß das Strafrecht ihre eigene Verantwortlichkeit ausschließen würde; die Schwelle zum übergesetzlichen entschuldigenden Notstand ist noch nicht überschritten. Lagerverwalter und Sachbearbeiter bleiben von Rechts wegen gehalten, sich der offenkundig rechtswidrigen Anweisung ihres Vorgesetzten zu widersetzen; gegen eventuelle Repressalien, die daraus resultieren könnten, haben sie sich notfalls auf dem Weg über die Arbeitsgerichte zur Wehr zu setzen. Sie selbst tragen weiterhin die Verantwortung für die Zueignungen, denn sie sind es, die unmittelbar die Entscheidungen zu treffen und konkrete Anweisungen an Fahrer oder Lagerarbeiter zu erteilen haben. - Damit stellt sich die Frage, ob der Unternehmer, auf dessen Initiative hin die Zueignungen geschahen und der insofern die "Hauptschuld" an den Vorgängen trägt, selbst als Täter oder als Anstifter haftet. Die Rechtsprechung neigt seit langem dazu, trotz uneingeschränkter Verantwortlichkeit des unmittelbar Handelnden von einer Täterschaft auch des Hintermannes auszugehen. Was zunächst als Figur des

"Täters hinter dem Täter" entwickelt und in der Literatur kritisiert wurde, könnte sich in Zukunft als Unterfall der noch jüngeren Figur der mittelbaren Täterschaft "kraft Organisationsherrschaft" einer breiteren Zustimmung auch im Schrifttum erfreuen. Sowohl gegen die Figur des "Täters hinter dem Täter" als auch gegen eine Ausweitung der Fälle mittelbarer Täterschaft kraft Organisationsherrschaft sind indessen Bedenken anzumelden. Zum einen beruht dies auf dem verständlichen, im Ansatz auch durchaus zu begrüßenden Versuch, die "Drahtzieher" und eigentlichen Initiatoren verbrecherischer Handlungen voll zur Verantwortung zu ziehen: Niemand soll sich darauf berufen können, er selbst habe sich "die Finger nicht schmutzig gemacht", er habe eine "weiße Weste" behalten. Der Wunsch, die Hintermänner "als Täter" zu erfassen, ist durchaus nachvollziehbar. Die Begründung, es sei verharmlosend, sie "nur als Anstifter" (und damit als Teilnehmer) zu qualifizieren, ist aber ihrerseits wiederum eine unangemessene Verharmlosung der Anstiftung. Nach geltendem Recht ist der Anstifter (anders als der Gehilfe) aus dem gleichen Strafrahmen zu strafen wie der Täter; das Gesetz bringt damit zum Ausdruck, daß es das Verhalten des Anstifters grundsätzlich nicht als weniger verwerflich ansieht als das des Täters selbst. (Indessen besteht eine Ausnahme im Bereich der Versuchsstrafbarkeit: Die versuchte Anstiftung ist nur bei Verbrechen strafbar, während hier mit Diebstahl und Unterschlagung nur Vergehen betroffen sind, der Anstifter bei bloß versuchter Anstiftung also straflos bleiben muß. Dies Ergebnis spricht aber nicht gegen die hier vertretene Auffassung; es spiegelt vielmehr nur eine Wertung, die der Gesetzgeber im Allgemeinen Teil vorgenommen hat.) Auch der Anstifter trägt "die volle Verantwortung für das Geschehen" - eben dann ist aber nicht einzusehen, warum man sich der Figur des "Täters hinter dem Täter" bedienen sollte. Die Anstiftung paßt vom Wortlaut, von der Wertung und vom Strafrahmen her exakt auf die "Drahtzieher" und "Organisatoren im Hintergrund"; wenn nicht *sie* als Anstifter mit der Strafe des Täters belegt werden sollen, wer dann? Wer den Täter zur Tat verleitet ("bestimmt", wie es das Gesetz ausdrückt), ist zwar auch Anstifter, verdient aber nicht die volle Strafe; sein Beitrag entspricht im Unrechtsgehalt eher dem eines Gehilfen, weil auch dieser Anstifter das eigentliche Geschehen nicht maßgeblich trägt, sondern nur auslöst. - Auch führt eine so weite Ausdehnung der Täterschaft unweigerlich zu einer Aufweichung des Tatherrschaftskriteriums: Je weiter sich der Hintermann vom Tatgeschehen entfernt, um so weniger kann er es beeinflussen. Am Ende ist das Geschehen zwar von ihm ausgegangen und auch maßgeblich beeinflußt worden, hat aber nicht mehr in seinen Händen gelegen. - Demnach ist zu erwarten, daß die Rechtsprechung und ein Großteil der Literatur den Spediteur und den Unternehmer aus den Beispielsfällen ebenso als Täter verurteilen werden wie den Lagerverwalter und den Abteilungsleiter. Der Verfasser hält es dagegen für angemessener, nur die unmittelbaren Organisatoren (Lagerverwalter und Abteilungsleiter) als "Täter" einzustufen und den Unternehmer bzw. den Spediteur als Anstifter zu qualifizieren. Hier werden sich wohl unterschiedliche Auffassungen etablieren.

Spätestens beim Unternehmer und beim Spediteur ist dann aber eine Grenze zu ziehen, die hinsichtlich der Täterschaft nicht überschritten werden darf. Man denke etwa an den Fall des Sohnes, der von seinem Vater nachdrücklich dazu angehalten wird, eine fremde Sache für den Vater zu unterschlagen. Aus den Fällen von Bankbürgschaften Vermögensloser weiß man, unter welchen sozialen Druck Familienangehörige geraten können, wenn etwa der Vater die Tochter oder der Ehemann die Frau anhält, sie möge für ihn bei einer Bank bürgen, damit er einen Kredit erhalte. Man darf seine Augen vor dieser Zwangslage sicher nicht verschließen, doch bleibt rechtlich der unmittelbar Handelnde als der letztlich Entscheidende verantwortlich, und zwar als Täter. Im Beispielsfall den Vater als "Täter" und den Sohn vielleicht gar nur als "Gehilfen" einzustufen, würde die rechtliche Wertung verzerren. Dem unterschiedlichen Schuldgehalt läßt sich auf der Ebene der Strafzumessung hinreichend Rechnung tragen. So ist im Beispiel der Unterschlagung der Sohn als Täter und der Vater als Anstifter zu strafen; denn es ist der Sohn, der die endgültige Entscheidung über das "Ob" und "Wie" der Tat in Händen hält, während der Vater das Geschehen nur "psychologisch" beeinflussen, aber trotz allem nicht beherrschen kann; hier wäre der familiären Zwangssituation auf der Strafzumessungsebene dadurch Rechnung zu tragen, daß die Schuld des Vaters schwerer wiegt als die des Sohnes, der Sohn also milder zu strafen ist als der Vater.

Viele Detailfragen werden sich am besten ohne allgemeine Regeln an Hand des konkreten Falles beurteilen lassen. Es ist z.B. denkbar, daß Mittäter eines Einbruchsdiebstahls gemeinsam auf "Beutejagd" gehen, sich beim Eindringen in das fremde Gebäude gegenseitig helfen, im übrigen aber "jeder für sich" stehlen und dann gemeinsam fliehen. Hier wird man annehmen können, daß die gegenseitige Unterstützung zugleich der Selbstzueignung dient und eine Beihilfe zur Selbstzueignung der anderen Mittäter darstellt, zumal das Interesse an der eigenen Zueignung Täterschaft begründet, während das Interesse an fremden Selbstzueignungen hier naturgemäß begrenzt sein dürfte (deshalb keine täterschaftliche Drittzueignung, sondern nur Beihilfe). Stehlen dagegen alle Beteiligten gemeinsam und planen erst später eine "Beuteteilung", so liegt Mittäterschaft vor[474].

---

474 Vgl. auch *Kindhäuser*, BT II/1, S.93 (Rn.133), der hier *nur* Selbstzueignung annimmt.

B. Selbstzueignung und Drittzueignung

Es bleibt noch die Abgrenzung von Selbstzueignung und Drittzueignung zu klären. Dabei ist zunächst hervorzuheben, daß der Dritte im Fall einer Drittzueignung die Sachherrschaft über die ihm zugeeignete Sache erlangen muß. Das setzt wiederum voraus, daß der Dritte (sei er im übrigen gut- oder bösgläubig) mit der Zueignung überhaupt einverstanden ist[475], wobei aber ein generell und vorab erteiltes Einverständnis des Dritten ausreicht[476].

Bereits oben[477] wurde die Abgrenzung danach vorgenommen, ob dem Dritten die Sache in ihrer Substanz zugeleitet wird (Drittzueignung) oder ob die Übergabe noch aussteht (bis dahin Selbstzueignung). Damit geht wie schon nach bisherigem Recht in der Mehrzahl der praktischen Fälle der Drittzueignung eine Selbstzueignung voraus. In der Praxis bietet diese Abgrenzung nach der Person des Sachinhabers den Vorteil größerer Klarheit: Es ist eindeutig feststellbar, wann (noch) eine Selbstzueignung vorliegt und zu welchem Zeitpunkt die Drittzueignung (der Transfer auf den Dritten) eintritt. Allerdings werden dabei nach dem oben entwickelten Ansatz an die Selbstzueignung scheinbar andere Anforderungen als an die Drittzueignung gestellt. Zum einen soll bei der Selbstzueignung an Stelle der materiellen Vollendung (dauernde Enteignung durch Verbrauch oder Weitergabe) zur formellen Vollendung schon die Begründung von Eigenbesitz nebst Manifestation ausreichen, zum anderen verliert bei der Drittzueignung die Manifestation den Charakter einer weiteren, hinzutretenden Handlung. Bei näherem Hinsehen zeigt sich aber, daß dieser scheinbare Widerspruch in Wirklichkeit nicht existiert: Jede Zueignung setzt wenigstens mittelbare Sachherrschaft des Erwerbers unter vollständigem Ausschluß anderer voraus. Bei der Selbstzueignung hat er diese Position aber bereits inne (oder er erlangt sie im Zueignungsakt). Bei der Drittzueignung muß der Erwerber (der Dritte) sie dagegen erst vom Täter erlangen. Daher ist dort die Übergabe der Sache abzuwarten. - In dieser Übergabe liegt aber zugleich die erforderliche Manifestation: Geht es bei der Manifestation nicht nur um den äußerlichen Nachweis der Zueignung, sondern auch um das Überschreiten einer psychologischen Hemmschwelle, dann ist beim Haben der Sache mit Eigenbesitzerwillen diese Schwelle noch nicht über-

---

475 *Schmid-Hopmeier*, Drittzueignung, S.200, folgert aus dem Umstand, daß die Zueignung ein "Habenwollen" voraussetzt, eine Drittzueignung sei begrifflich eigentlich gar nicht möglich, da der Täter mit *seinem* Willen nie den Willen *des Dritten* beeinflussen oder ersetzen könne.

476 *Kindhäuser*, BT II/1, S.98 (Rn.144); *Rengier*, in: Lenckner-FS, S.801 (805). - Nach SK-*Hoyer* § 242 Rn.92 soll es allerdings genügen, daß der Täter seinen Beitrag zur Nutzung der Sache durch den Dritten erbracht hat.

477 Seite 142f.

schritten, wohl aber bei der Weitergabe, durch die sich der Täter selbst der Möglichkeit begibt, den Taterfolg (die dauernde Enteignung) durch Rückgabe der Sache zu verhindern: Bei der Drittzueignung liegt die Manifestation in der Weitergabe.

Diese Abgrenzung entspricht im übrigen auch der zivilrechtlichen Konzeption: Eigentum erlangt auch derjenige, der eine Sache einzig zu dem Zweck erwirbt, sie zu verschenken. Wer nicht als Stellvertreter agiert, wird auch dann alleiniger Volleigentümer, wenn er die Sache für einen Dritten kauft und sie mit dessen Geld bezahlt. Selbst die Vereinbarung eines antizipierten Besitzkonstituts zwischen dem Käufer und dem Dritten, bei dem der Erwerber sich schon vor der Übergabe mit dem Auftraggeber einigt, die Sache von Anfang an für ihn zu besitzen, bewirkt lediglich, daß das Eigentum (nach einer logischen Sekunde) auf den Auftraggeber übergeht, zuvor aber erlangt es der Erwerber. Grundsätzlich erwirbt der Auftraggeber das Eigentum gem. § 929 S.1 BGB erst mit der *Übergabe* der Sache *an ihn*. - Schließlich bilden auch die sogenannten "Bargeschäfte des täglichen Lebens" ("Geschäfte für den, den es angeht"), bei denen auch ohne ausdrückliche oder konkludente Stellvertretung der Geschäftsherr als der eigentliche Geschäftspartner des Veräußerers unmittelbar Eigentum erwerben soll, nur eine Ausnahme von dieser Regel.

Ist die innere Stimmigkeit der präsentierten Lösung somit nachgewiesen, so bleibt noch zu erwägen, ob andere denkbare Lösungen vorzugswürdig erscheinen. Man könnte etwa auch auf den inneren Willen des Täters abstellen und Selbst- und Drittzueignung danach unterscheiden, ob der Täter oder ein Dritter die Sache erhalten soll[478]. Dies hätte den äußerlichen Vorzug, daß in Anlehnung an die gesetzliche Differenzierung von Selbst- und Drittzueignung ein strenges Alternativitätsverhältnis eingeführt würde. Es hätte freilich auch den Nachteil, daß die Sachherrschaft keine entscheidende Rolle mehr spielen würde. Auch fragt es sich, wann der Versuch einer Drittzueignung beginnt und wann sie vollendet ist (mit Begründung von Fremdbesitz zugunsten des Dritten oder erst mit Weitergabe?) und ob das Kriterium der Sachherrschaft nicht dazu führen müßte, die (allein maßgebliche) Drittzueignung erst mit der Übergabe an den Dritten als vollendet anzusehen, sie in der Folge sogar nur dann als vollendet zu betrachten, wenn der Dritte die Sache auch annimmt (andernfalls untauglicher Versuch). Es wäre weiter zu fragen, ob dann nicht (im Interesse einer "Harmonisierung" von Selbst- und Drittzueignung) bei der Selbstzueignung der Eintritt der dauernden

---

478 Differenzierend *Kindhäuser*, BT II/1 (vgl. S.92 (Rn.132) einerseits, S.98 (Rn.144) andererseits). Konsequent nimmt er an, auch ein eigenmächtiges Handeln des Vordermannes als Täter einer Wegnahme schließe eine Zueignung des Hintermannes nicht aus, wenn der Wegnehmende sofort Fremdbesitz zugunsten des Hintermannes begründe. Dann soll allerdings eine Drittzueignung vorliegen (vgl. S.172 (Rn.52)).

Enteignung abzuwarten wäre. - Diese wenigen Andeutungen zeigen bereits, daß eine solche Abgrenzung wohl möglich, aber der hier vorgenommenen keineswegs überlegen wäre, daß sie vielmehr Probleme anderer Art mit sich bringen würde und insofern keinen Gewinn bietet.

Für die hier vorgeschlagene Lösung sprechen wesentlich die praktischen Ergebnisse. Dafür sei noch einmal an die "vorjuristische" (gefühlsmäßige) Fallösung in der Einführung erinnert. Wenn der Lagerverwalter A den Lagerarbeiter B anweist, eine Sache des C, die sich im Lager befindet, nicht an C, sondern an D zu übergeben und dies tatsächlich so geschieht, dann soll A wegen Zueignung zu bestrafen sein. Soweit auch B strafrechtlich verantwortlich handelt, ist auch er Täter einer (Dritt-)Zueignung. Dennoch ist es A, der das Geschehen beherrscht, weil er kraft seiner Stellung das Verhalten des B steuern und dadurch indirekt die Sache beherrschen kann. Gehorcht B der Anweisung des A nicht, so liegt eine versuchte Zueignung des A vor. Verabreden dagegen A und B, daß B für A etwas stehlen soll, und nimmt B die Sache zunächst für A weg (Begründung eines Besitzkonstituts), überlegt es sich dann aber anders und eignet die Sache (weisungswidrig) sich oder einem Vierten D zu oder gibt B die Sache an den Berechtigten zurück, bevor er sie an A weitergeleitet hat, so wäre es doch wohl unpassend, von einer "Sachherrschaft" des A zu sprechen. Offenbar konnte dieser die Sache eben gerade *nicht* beherrschen, weil es ihm nicht gelungen ist, das Verhalten des B zu kontrollieren. Das Verhalten des A stellt sich vielmehr seinem Gewicht nach als Teilnahme (genauer gesagt: Anstiftung zur Drittzueignung) dar; insofern war A auch erfolgreich, wenn B die weggenommene Sache *zunächst* für ihn (den A) besessen hat. Wenn man Besitz oder Gewahrsam als Vorbedingungen der Sachherrschaft weiter in die Zueignung hineinlesen will, weil eine wenigstens mittelbare Sachherrschaft erforderlich sein soll, dann wird man nicht umhin können, diejenigen Fälle aus dem Bereich täterschaftlicher Vollendung herauszunehmen, in denen am Ergebnis abzulesen ist, daß der Täter *keine* wirkliche (sondern allenfalls eine gelockerte, vorübergehende) Sachherrschaft erlangt hat.

Der historische Gesetzgeber war davon ausgegangen, daß die *Drittzueignung als Variante im sich-Zueignen enthalten* sei. In den Entwürfen zum PrStGB von 1851 war die Drittzueignung zunächst noch namentlich erwähnt worden. Im Laufe der Beratungen strich der Gesetzgeber die Drittzueignungsklausel aber wieder, da er sie für überflüssig hielt[479]; denn er nahm an, daß "Niemand einem Anderen die Sache zueignen könne, ohne sie vorher sich selbst zuzueignen"[480]. Die

---

479 Mat., S.467f. Vgl. auch *Eser* StR IV, S.53; *Haberkorn* MDR 1962, 704 (705); *Maiwald*, Zueignungsbegriff, S.32f; *Schaffstein* GS 103, 292 (316).

480 Mat., S.467.

Selbstzueignung (ein "se ut dominum gerere") war für ihn also die notwendige *Voraussetzung* für eine Drittzueignung. Aus dem gleichen Grund verschwand die Drittzueignung, die im Entwurf eines Strafgesetzbuches von 1869[481] für den Norddeutschen Bund ursprünglich erneut vorgesehen worden war[482], wiederum aus der endgültigen Fassung, die schließlich zum Reichsstrafgesetzbuch (dem in abgeänderter Fassung noch heute geltenden StGB) wurde. Auch beim Erlaß des RStGB sah der Gesetzgeber das "sich-Zueignen" damit als eine Art Oberbegriff für Selbstzueignung und Drittzueignung an.

Um so unverständlicher muß der Streit um die Drittzueignung und vor allem die Art, wie er geführt wurde, erscheinen. Schon um die Jahrhundertwende[483] wurde in der Wissenschaft großenteils scharf zwischen der Selbstzueignung ("sich zueignen") und der Drittzueignung ("einem Dritten zueignen") unterschieden und eine *Alternativitätsthese* aufgestellt: *Entweder* wolle der Täter die Sache für sich, *oder* er wolle sie für einen Dritten haben[484]. Diese Unterscheidung eines "für sich selbst" vom "für einen anderen" haben bzw. wollen vollzieht auch die heute h.M.[485]. Grund war wohl der Umstand, daß bei den Bereicherungsdelikten wie Betrug und Erpressung die Drittbereicherung ausdrücklich erwähnt war, nicht aber bei den Zueignungsdelikten[486]. Indessen belegen *Goltdammers Materialien* zum PrStGB von 1851, daß diese unterschiedliche Handhabung aus ganz anderen Gründen erfolgte. Dort heißt es: "Man hat es, wie oben bemerkt, beim Diebstahl absichtlich vermieden, als Zweck auch die Zueignung an einen Dritten ausdrücklich zu erwähnen, weil, der Natur der Sache nach, dieselbe nur immer durch das Medium der eignen Zueignung möglich ist. Anders ist dies hier [scl.: bei der Erpressung], wo es sich nicht um die *Wegnahme* beweglicher Sachen handelt; hier ist auch der Zwang der sofortigen Uebertragung der Sache oder des

---

481 Vgl. Mot., S.163.

482 Auch der *E 1962* sah für Diebstahl (§ 235), Unterschlagung (§ 240) und Raub (§ 245) die ausdrückliche Erwähnung der Drittzueignung vor. Vgl. ferner auch *Niederschriften* § 419 (Unterschlagung), § 422 (Raub) und § 423 (räuberischer Diebstahl).

483 Vgl. etwa *Binding*, BT1, S.270.

484 *Binding*, a.a.O., erklärte gar, wer eine fremde bewegliche Sache in der Absicht wegnehme, sie einem Dritten zuzueignen, erlange nicht Besitz, sondern bloße "Detention". Zur historischen Entwicklung dieses Begriffes vgl. *Bittner*, Gewahrsamsbegriff, S.53f m.w.N.; diese feinsinnige begriffliche Unterscheidung ist heute längst aufgegeben. (Erwähnt z.B. noch bei *Lampe* GA 1966, 225 (229)).

485 Vgl. dazu die Nachweise in den folgenden Fußnoten; i.E. auch *Maiwald*, Zueignungsbegriff, S.239ff (241ff), der sich aber für eine differenzierende Lösung einsetzt, die sowohl Aspekte der Tatherrschaft wie auch der Motivation berücksichtigen soll.

486 Vgl. z.B. *Duttge/Fahnenschmidt* ZStW 110 (1998), 884 (894); *Krey*, BT 2, S.38 (Rn.79); Sch/Sch/*Eser* § 242 (Rn.57).

Vortheils auf den Dritten denkbar."[487] Infolge der strengen Unterscheidung von Selbst- und Drittzueignung wurde die Ansicht, die auch die Drittzueignungsvariante als von den Zueignungsdelikten umfaßt ansah und sich dabei z.T. auf die Motive berief, zur Mindermeinung[488]; das Erfassen der Drittzueignung erschien als gesetzwidrige Ausdehnung des Tatbestands. Die damit entstehende, vom Gesetzgeber nicht gewollte Lücke wurde aber als mißlich empfunden, und so bemühte man sich, sie auf anderem Wege durch Auslegung wieder zu beseitigen[489]. Daß man dabei ausgerechnet den eben erst abgeschafften Vermögensvorteil (den "animus lucri faciendi") durch die Hintertür als Restriktionskriterium wieder in den Tatbestand einführte[490] (noch dazu, wenig überzeugend, auf die Drittzueignung beschränkt), war keine besonders glückliche Entscheidung. Schon in der berühmten Entscheidung RGSt 61, S.228 (232f) zur "Vereinigungsformel" findet sich der Hinweis, eine Bereicherung sei nicht notwendig (S.232), doch wird auf der folgenden Seite eine Veränderung des *eigenen* Vermögens gefordert. Es ist allerdings klarzustellen, daß es dem *Reichsgericht* zunächst um eine Abgrenzung zu den Schädigungsdelikten (insbes. der Sachbeschädigung) geht; der Keim für die spätere BGH-Rechtsprechung ist damit aber gelegt, denn das *Reichsgericht* betont: "Wer aber, ohne das eigene Vermögen zu verändern, eigenmächtig über die Sache verfügt, eignet sie nicht *sich* zu, nützt ihren wirtschaftlichen Wert nicht für *sich* aus (RGE. V 959/17 v. 15. Februar 1918, III 858/24 v. 4. Dezember 1924)."[491] Die Rechtsprechung[492] und die ihr folgende h.M.[493] ließ in der Folge

487 Mat., S.521. [Hervorhebung im Original]

488 *Bittner*, Gewahrsamsbegriff, S.78f; *Ranft* JA 1984, 277 (282, 285); *Roxin*, Täterschaft und Tatherrschaft, S.345; *Rudolphi* GA 1965, 33 (43); *Schaffstein* GS 103, 292 (316); *Tenckhoff* JuS 1980, 723 (726); *Weiß* Anmerkung zu BGH JR 1995, 26 (30f); ähnlich *Lampe* GA 1966, 225 (241f). Vgl. dazu auch *Paulus*, Sachzueignung, S.50 (m.w.N.), 212f. Aus dem älteren Schrifttum vgl. *Harburger*, VDB VI, S.212 m.w.N.

489 Ähnlich *Duttge/Fahnenschmidt* ZStW 110 (1998), 884 (894f).

490 So auch *Maiwald*, Zueignungsbegriff, S.62ff (zustimmend *Schmid-Hopmeier*, Drittzueignung, S.99). Vgl. ferner *Mitsch*, BT II/1, S.68 (Rn.132), der kritisiert, der BGH deute i.E. die Zueignungs- in eine Bereicherungsabsicht um.

491 RGSt 61, S.228 (S.233). [Hervorhebung im Original.]

492 BGHSt 4, S.236 (Leitsatz), 238; BGH JR 1995, 26 (28); einschränkend BGH NStZ 1999, 510. Die frühe Rechtsprechung hatte freilich Selbst- und Drittzueignung gleichermaßen als tatbestandsmäßig angesehen, vgl. *Maiwald*, Zueignungsbegriff, S.59f sowie die Entscheidungen RGSt 5, S.218 (220) und RGSt 34, S.374 (376), wo eine (Selbst-)Zueignung nach der Substanztheorie begründet wird.

493 *Gössel*, BT 2, S.73; *Haberkorn* MDR 1962, 704 (705); *Heubel* JuS 1984, 445 (451); *Thoss* Jura 1998, 425 (427); auch Sch/Sch/*Eser* § 242 Rn.56ff, § 246 Rn.21. ***Nach der Reform*** weiterhin (zur neuen Rechtslage) *Küper*, BT, S.432 und wohl auch *Lackner/Kühl* § 242 Rn.26. Kritisch dagegen *Otto* JZ 1993, 559 (563f); *Pau-*

für ein "sich-Zueignen" bei der Drittzueignung einen (auch nur) mittelbaren (wirtschaftlichen) Vorteil im weitesten Sinne genügen. – Seltsamerweise scheint die Frage, ob eine Drittzueignung wertloser Sachen mangels "Vermögensvorteils" ausgeschlossen sei, von den Vertretern der Theorie vom "wirtschaftlichen Vorteil im weitesten Sinn" nie diskutiert worden zu sein. Sie hätte eine zusätzliche Schieflage in die Dogmatik von Selbst- und Drittzueignung gebracht. Immerhin gibt diese Konsequenz – die Unmöglichkeit einer Drittzueignung wirtschaftlich wertloser Sachen - für *Roth*[494] den Ausschlag dafür, den wirtschaftlichen Vorteil als Kriterium abzulehnen. Kritisch ablehnend gegenüber der h.M. äußert sich auch *Kindhäuser*, der treffend bemerkt, diese Formel sei "einer verfehlten Sachwerttheorie verpflichtet, die die Anmaßung von Quasi-Eigentum in (wenigstens mittelbare) Bereicherung umdeutet"[495]. Daher triff auch die Annahme von *Küper*[496], die Sachwerttheorie diene hier nicht der Erweiterung, sondern der Beschränkung des Anwendungsbereichs der Selbstzueignung, nicht zu.

Im Laufe der Zeit entfernte sich die Interpretation von Selbst- und Drittzueignung immer weiter vom Tatbestand der Zueignungsdelikte und den ursprünglichen Vorstellungen des historischen Gesetzgebers: Einerseits sollte nach dessen Willen *jede* Drittzueignung tatbestandsmäßig sein, ohne daß es dabei auf einen wie auch immer gearteten Vorteil des Täters angekommen wäre[497], was aber von der h.M. nicht anerkannt wurde; andererseits waren die Konstruktionen, mit denen man den (an sich überflüssigen) Vorteil des Täters bei unentgeltlichen Zuwendungen (Schenkungen) zu begründen versuchte, deutlich überspannt und hatten mit den Kriterien für eine "Zueignung" nichts mehr gemein[498]: Der Schen-

---

lus, Sachzueignung, S.215f; die Formel kritisch einschränkend *Krey*, BT 2, S.40 (Rn.80c, 80d); ablehnend *Mitsch*, BT II/1, S.69 (Rn.134). - Vgl. zur *alten* Rechtslage auch *Hörnle* Jura 1998, 169 (170) m.w.N.

494 Eigentumsschutz, S.50. - Vgl. auch die Ausführungen *Maiwalds*, Zueignungsbegriff, S.227f zum "Vorteil im weitesten Sinne", den der Täter nach der Rechtsprechung erlangen muß, wenn er sich den "in der Sache verkörperten Wert" zueignet, nicht aber, wenn er sich die Sachsubstanz zueignet.

495 in: Geerds-FS, S.655 (666). Kritisch auch *Duttge/Fahnenschmidt* ZStW 110 (1998), 884 (897); *Mitsch*, BT II/1, S.68 (Rn.132)

496 BT, S.435.

497 Die Erörterungen der Drittzueignung in Mat., S.467 gehen sogar explizit vom Fall der Schenkung (also nicht etwa von der gewinnbringenden Weitergabe der Sache) aus. Vgl. ferner *Roxin*, Täterschaft und Tatherrschaft, S.343, 347.

498 *Paulus*, Sachzueignung, S.123f weist darauf hin, daß es sich bei dem Kriterium des "Vorteils oder Nutzens im weitesten Sinn" um "etwas vom Sachwert wesensmäßig Verschiedenes" handele, das "auch nichts mehr gemeinsam mit der Sachwertdefinition des Reichsgerichts" habe. Vgl. auch die kritische Analyse von Rechtsprechung und Literatur bei *Schmid-Hopmeier*, Drittzueignung, S.79ff, 82ff (98ff).

ker erspare eigene Aufwendungen (für den Erwerb eines Geschenkes)[499]; es sei der "Wert der Sache, als Geschenk zu dienen"[500]; die Drittzueignung sei "als Akt der Vermögensumverteilung nach dem Belieben des Täters wirtschaftliche Nutzung des Tatobjekts"[501] oder (als "wirtschaftlicher" Vorteil besonders fragwürdig:) in der Schenkung liege ein "egoistisches Moment", "weil der Schenker dadurch positiv eine Rolle im sozialen Leben" spiele[502]; es sei das "Vorrecht des Besitzenden", schenken zu können[503]; der Täter erscheine "freigebig"[504]; er führe seinem Vermögen (nach der Sachwerttheorie) "einen 'subjektiven' Wert (z.B. Erfüllung einer gesellschaftlichen Verpflichtung, Dankbarkeit des Dritten)" zu[505]. Die Folgen dieser Interpretation gingen so weit, daß die Einführung der Drittzueignung durch das 6.StrRG mit dem Hinweis kritisiert wurde, in vielen Fällen habe der Täter doch gar keinen "eigenen Vorteil" von der Tat[506]. Demgegenüber haben *Murmann*[507] und *Rengier*[508] hervorgehoben, daß sich der möglicherweise geringeren Strafwürdigkeit einer Drittzueignung im Einzelfall auf der Strafzumessungsebene oder prozessual über die §§ 153ff StPO angemessen Rechnung tragen läßt[509]. Jedenfalls muß man dem Gesetzgeber des 6.StrRG dankbar sein,

---

499 BGHSt 4, S.236 (239); BGH GA 1969, 83 (84); *Krey*, BT 2, S.40 (Rn.80c); ***nach der Reform*** weiterhin *Wessels/Hillenkamp*, BT 2, S.52 (Rn.154). - Abl. *Mitsch*, BT II/1, S.69 (Rn.134).

500 So ***nach der Reform*** *Gropp* JuS 1999, 1041 (1045).

501 *Otto* Jura 1989, 137 (144); ähnlich schon *ders.*, Struktur, S.204 ("die Realisierung der Möglichkeit, Mildtätigkeit zu üben, ist eigenmächtige Nutzung der Sache"), S.258.

502 *Maiwald* JA 1971, 165 (166); *ders.*, Zueignungsbegriff, S.237.

503 *Maurach/Schroeder/Maiwald*, BT 1, S.334.

504 BGHSt 4, S.236 (239); *Krey*, BT 2, S.40 (Rn.80c); ***nach der Reform*** weiterhin *Wessels/Hillenkamp*, BT 2, S.52 (Rn.154). Ähnlich *Maiwald*, Zueignungsbegriff, S.237f, der in diesem Zusammenhang zu Recht feststellt, daß es keinen Unterschied machen könne, ob der Beschenkte gut- oder bösgläubig ist (zustimmend *Krey*, BT 2, S.40 (Rn.80c); ebenso *Kindhäuser*, BT II/1, S.94 (Rn.134), 96 (Rn.138); SK-*Hoyer* § 242 Rn.93; a.A. *Gropp* JuS 1999, 1041 (1044), der zu Unrecht betont, bei Gutgläubigkeit fehle es an einer Eigentums"anmaßung" durch den Dritten; es kommt aber nur auf die Person des Täters an). - Kritisch gegenüber dieser Argumentation (scheinbare "Freigebigkeit" als "wirtschaftlicher Vorteil") auch *Otto*, Struktur, S.198.

505 *Paulus*, Sachzueignung, S.50 mit Fn.72.

506 *Duttge/Fahnenschmidt* ZStW 110 (1998), 884 (906); *Schlüchter*, Bochumer Erläuterungen, S.68. Ähnlich schon *Maiwald*, Zueignungsbegriff, S.245, 253; *Paulus*, Sachzueignung, S.211 (m.w.N.); ferner auch *Krey*, BT 2, S.39 (Rn.80a).

507 in: NStZ 1999, 14 (15).

508 in: Lenckner-FS, S.801 (803).

509 Vgl. auch *Mitsch*, BT II/1, S.65 (Rn.126) und *Wessels/Hillenkamp*, BT 2, S.52 (Rn.155). - Schon *Bockelmann* hatte in seiner Anmerkung zu BGH JZ 1959, 493

daß er durch die ausdrückliche Aufnahme der Drittzueignung in den Tatbestand der Zueignungsdelikte diesen komplizierten und dogmatisch wenig überzeugenden Konstruktionen nunmehr endgültig die Legitimation entzogen hat[510].

Unverständlich bleibt allerdings die Auffassung von *Gropp*[511], der teilweise, aber nicht einmal durchgängig danach differenzieren will, ob der Dritte gut- oder bösgläubig ist: Einerseits betont er[512], dies mache keinen Unterschied, andererseits will er[513] nur bei Bösgläubigkeit des Dritten eine Drittzueignung annehmen; daher hält er die Problematik für nicht erledigt. Indessen basiert seine ganze Argumentation auf einem einzigen Punkt: Bei Gutgläubigkeit des Dritten "maße" sich dieser die Eigentümerstellung nicht "an". Dabei handelt es sich jedoch nur um die deutsche Übersetzung einer häufig gebrauchten lateinischen Formel ("se ut dominum gerere") und nicht um den bindenden Wortlaut des Gesetzes. *Gropps* Auffassung und die von ihm geäußerten Bedenken können daher nicht überzeugen; alle wirklichen oder vermeintlichen "Strafbarkeitslücken" sind restlos beseitigt. Die Drittzueignungsproblematik dürfte sich jedenfalls in ihrer bisherigen Form durch die ausdrückliche Aufnahme der Drittzueignungsvariante in die Tatbestände der Zueignungsdelikte weitgehend erledigt haben[514].

Überschneidungen der beiden Zueignungsformen sind konstruktiv möglich, aber i.d.R. nicht zwingend[515]. Allerdings sind umgekehrt auch Fälle reiner Selbstzueignungen ebenso denkbar wie solche reiner Drittzueignungen oder idealiter konkurrierender Selbst- und Drittzueignungen. Wenn die Mittäter eines

---

(498) klargestellt: "Auch die altruistisch motivierte Unterschlagung ist eine Unterschlagung." Ähnlich auch *Roxin*, Täterschaft und Tatherrschaft, S.343, 347.

510 Auch *Duttge/Fahnenschmidt* ZStW 110 (1998), 884 (898) begrüßen die ausdrückliche Erwähnung der Drittzueignung unter dem Aspekt größerer Rechtsklarheit und -sicherheit. - *Eser* StR IV, S.53, der die Drittzueignung nach der alten Rechtslage für tatbestandslos hielt, forderte zugleich die ausdrückliche Aufnahme der Drittzueignungsvariante in die Tatbestände der Zueignungsdelikte.

511 in: JuS 1999, 1041 (1044f).

512 A.a.O., S.1044 (rechte Spalte).

513 A.a.O., S.1044 (linke Spalte), S.1045.

514 Ähnlich *Rengier*, in: Lenckner-FS, S.801 (802); a.A. *Kindhäuser*, BT II/1, S.92 (Rn.132)). Immerhin will aber *Kudlich* JuS 1999, L61 (L63) im Fall der entgeltlichen Veräußerung der Sache auch nach der neuen Rechtslage noch eine der Drittzueignung vorausgehende Selbstzueignung annehmen.

515 Vgl. dazu *Dencker (usw.)*, Einführung in das 6.StrRG, S.20. Das dort gebildete Beispiel eines Diebes, der als großzügiger Schenker auftreten will und dem es zugleich wichtig ist, daß der beschenkte Dritte die Sache "freudig für sich nutzt", kann eindeutig zugeordnet werden: Der Dieb wird die Sache nämlich beim Diebstahl zunächst *sich selbst* zugeeignet haben und sie anschließend *dem Dritten* zueignen; durch die Weitergabe an den Dritten eignet er sie nicht nochmals "sich selbst" zu. - Vgl. statt dessen die folgenden Beispiele.

Zueignungsdelikts beschließen, zuerst gemeinsam den Tatplan zu verwirklichen und anschließend die Beute unter sich aufzuteilen, so liegt während der Ausführung des Tatplans Idealkonkurrenz von Selbst- und Drittzueignung vor[516]. Wenn A und B mittäterschaftlich einen Einbruchdiebstahl begehen, um nur für A etwas zu stehlen, dann kann, je nach den Tatumständen, nach heute wohl allgemeiner Auffassung bei B nur Drittzueignung oder Beihilfe zur Selbstzueignung des A vorliegen[517], während A nur eine Selbstzueignung begehen kann[518]. *Gössel*[519] nimmt an, daß in solchen Fällen reiner Drittzueignung "regelmäßig" Beihilfe vorliege. Demgegenüber stellt *Murmann* zutreffend fest, daß es für die Frage der Täterschaft überhaupt keine Rolle spielen kann, ob der Täter aus altruistischen oder aus egoistischen Motiven heraus handelt; denn "'altruistische' Motive können das Unrecht von Eingriffen in den Zuweisungsgehalt des Eigentums nicht prinzipiell verändern".[520] Ferner kann der Täter das Tatobjekt zunächst sich selbst zueignen und später den Entschluß fassen, es einem Dritten zuzuwenden. In einem solchen Fall folgt der Selbstzueignung eine tatbestandsmäßige Drittzueignung[521]. (Es wäre allerdings falsch, daraus Schlüsse für die Wiederholbarkeit der Zueignung im allgemeinen zu ziehen; denn die Frage nach der Wiederholbarkeit stellt sich überhaupt nur im Rahmen der Selbstzueignung.) Die Drittzueignung wäre in diesem Fall allerdings mitbestrafte Nachtat zur Selbstzueignung.

Einer näheren Untersuchung bedürfen dagegen die Fälle, in denen der Täter die Tat völlig selbständig ausführt, aber schon bei der Ausführung des Tatplans die Absicht hat, die enteignete Sache einem Dritten zuzueignen. Der Ansicht des historischen Gesetzgebers und der sich auf ihn berufenden Mindermeinung zufolge, die Selbst- und Drittzueignung nur als Varianten des Oberbegriffs des "sich-Zueignens" verstehen, müßte man hier eine der Drittzueignung vorausgehende Selbstzueignung annehmen[522]. Übernimmt man dagegen von der h.M. die

---

516 Dagegen explizit *Kindhäuser*, BT II/1, S.93 (Rn.133), der *nur* eine Selbstzueignung annehmen will; das Beispiel illustriert, wie schwierig die Abgrenzung bei mehrdeutigen Vorgängen sein kann.

517 So auch *Kindhäuser*, BT II/1, S.98 (Rn.143); *Lackner/Kühl* § 242 Rn.26a; ferner *Küper*, BT, S.441.

518 *Maiwald*, Zueignungsbegriff, S.256.

519 BT 2, S.128.

520 in: NStZ 1999, 14 (15). I.E. ebenso *Rengier*, BT 1, S.27 (Rn.54).

521 *Mitsch*, BT II/1, S.194; so grundsätzlich auch *Murmann* NStZ 1999, 14 (15), der in einem solchen Fall aber für eine teleologische Reduktion der Drittzueignung plädiert, da "ein Rechtsgut, dessen Schutz § 246 StGB in diesen Fällen dienen könnte, ... nicht erkennbar ist".

522 So ***nach der Reform*** wohl *Rengier*, BT 1, S.26 (Rn.51) (der sich a.a.O. aber zum *zeitlichen* Verhältnis von Selbst- und Drittzueignung nicht äußert); auch *Kindhäuser*, BT II/1, S.92 (Rn.132). Vgl. ferner auch die Argumentation bei *Otto*, Struktur,

grundsätzliche Differenzierung zwischen Selbst- und Drittzueignung als (echten) Tatbestandsalternativen, so kann man auch unmittelbar eine Drittzueignung annehmen[523]; zwingend ist das aus den oben genannten Gründen freilich nicht, auch nicht nach der Konzeption der h.M.

Unabhängig davon stellt sich die Frage, ob hier *eine* Zueignung vorliegt oder *zwei*. Denn nach beiden Theorien kann man davon ausgehen, daß der Täter zuerst eine Selbstzueignung und anschließend noch eine Drittzueignung begeht. Man könnte beide aber als Teil des einheitlichen Vorgangs des "sich-Zueignens" begreifen[524] (mit der Folge, daß i.E. *nur eine Selbstzueignung* vorläge), wogegen nach der h.M. die Selbstzueignung wohl als mitbestrafte Vortat oder die Drittzueignung als mitbestrafte Nachtat anzusehen wäre. - Zuerst ist festzustellen, daß mit der Aufnahme der Drittzueignung in den Wortlaut der Zueignungsdelikte die Auffassung des historischen Legislators durch den modernen Gesetzgeber implizit aufgegeben worden ist[525] und daß außerdem heute kein Bedürfnis mehr für die Zusammenfassung unter einem Oberbegriff besteht. Zugleich haben die oben gebildeten Gegenbeispiele bewiesen, daß es entgegen der Ansicht des historischen Gesetzgebers doch Fälle gibt, in denen eine Drittzueignung ohne voraufgegangene Selbstzueignung erfolgt (nämlich im Bereich der Mittäterschaft)[526]. Ein Festhalten an der historischen Interpretation würde zudem die Handhabung der Zu-

---

S.258f ([Selbst-]Zueignung durch Verschenken einer fremden Sache an einen gutgläubigen Dritten; allerdings geht *Otto* davon aus, daß nur *eine* Zueignung [und zwar durch Verschenken an den Dritten] vorliegt). Allerdings ist die dort vorgenommene Differenzierung zwischen den Varianten "bb)" und "cc)" (Zueignung im Interesse des Dritten oder Zueignung in unerlaubter Vertretung des Berechtigten) nicht überzeugend; zutreffend dagegen *Roxin*, Täterschaft und Tatherrschaft, S.348f: Zumindest nach der Reform wäre in beiden Fällen Täterschaft anzunehmen.

523 Umgekehrt wollen *Jäger* JuS 2000, 651, NK-*Kindhäuser* § 242 Rn.127ff und *Wessels/Hillenkamp*, BT 2, S.52 (Rn.154) nur eine Selbstzueignung annehmen.

524 Vgl. auch *Otto* ZStW 79 (1967), 59 (93), der im Fall einer Nötigung des Werkzeugs annimmt, (nur) der Täter der Nötigung vollziehe die Aneignung.

525 *Dencker (usw.)*, Einführung in das 6.StrRG, S.19 meint, ein Festhalten an der historischen Auffassung, daß die Selbstzueignungsvariante auch die Drittzueignung umfasse, sei nach der Gesetzesreform nicht mehr möglich.

526 Auf den Irrtum des historischen Gesetzgebers hat auch *Otto*, Struktur, S.271 hingewiesen, allerdings mit der Begründung, es komme in den Drittzueignungsfällen nicht stets zur Begründung von Eigenbesitz. - Vgl. ferner *Paulus*, Sachzueignung, S.119, der auf den Fall des "Abholungsdiebstahls" verweist. Gemeint sind dem "Bahnschwellen"-Fall des *Reichsgerichts* entsprechende Konstellationen, in denen der Täter einen Dritten veranlaßt, die Sache ansichzunehmen und sich zuzueignen: Ist der Dritte bösgläubig, so erlangt der Täter nicht einmal Besitz oder Gewahrsam; der Dritte handelt selbständig, der "Täter" ist in Wirklichkeit nur Teilnehmer (Anstifter oder Gehilfe). Ist der Dritte dagegen gutgläubig, so liegt mittelbare Täterschaft vor (vgl. dazu die nachfolgenden Ausführungen zum "Gänsebucht"-Fall).

eignungstatbestände unnötig komplizieren. Es spricht also nach der Reform alles dafür, sich der schon bisher h.M. anzuschließen und zwischen Selbst- und Drittzueignung ein *Alternativitätsverhältnis* zu konstatieren[527]. Gleichwohl gilt dies nur innerhalb eines Zeit*punkts*; oben ist angenommen worden, daß der Drittzueignung regelmäßig eine Selbstzueignung vorausgehe, und der Umstand, daß die Weitergabe einer fremden Sache an einen Dritten eine Drittzueignung und keine (*gleichzeitige*) Selbstzueignung (durch eigenmächtiges Verfügen über die Sache) darstellt, steht der Annahme, daß der Täter die weitergegebene Sache *zuvor* einmal sich selbst zugeeignet hat, nicht entgegen[528]. Deshalb meint *Kindhäuser*[529], daß die Abgrenzung zwischen Selbst- und Drittzueignung weiterhin relevant bleibe; die bisherigen Fälle einer Selbstzueignung seien auch weiter als solche einzustufen.

Hat der Täter von Anfang an die Weitergabe an einen Dritten geplant, kann er nach der Neufassung der Zueignungsvorschriften wegen täterschaftlicher Drittzueignung und der Dritte wegen Selbstzueignung (die Drittzueignung des einen Täters ist dann zugleich [spiegelbildlich] die Sebstzueignung des anderen) oder wegen Hehlerei bestraft werden. Bestes Beispiel ist der berühmte "Gänsebucht"-Fall[530]. Die bisherigen komplizierten Konstruktionen einer Teilnahme des unmittelbar Handelnden[531] oder die umstrittene[532] Figur der mittelbaren Täterschaft "kraft normativer Tatherrschaft" (begangen durch ein "absichtslos-doloses Werkzeug"[533]) müssen nicht mehr herangezogen werden[534], um die Straffreiheit der

527 *Kindhäuser*, BT II/1, S.92f (Rn.133).

528 Vgl. dazu auch *Schmid-Hopmeier*, Drittzueignung, S.219ff.

529 BT II/1, S.92 (Rn.132).

530 Dieser ist für die Diskussion allerdings abgewandelt worden. Der diskutierten Konstellation entspricht RGSt 39, S.37ff.

531 So *Binding* BT 1, S.270, 278; *Maiwald*, Zueignungsbegriff, S.239f m.w.N. (abweichend aber die Argumentation S.243f); Sch/Sch/*Eser* § 242 (Rn.72); differenzierend *Paulus*, Sachzueignung, S.214. - Umgekehrt für Täterschaft des Ausführenden und Teilnahme des *sich* Zueignenden RGSt 5, S.218 (219). So ***nach der Reform*** z.B. *Küper*, BT, S.441; *Lackner/Kühl* § 242 Rn.26a (m.w.N.).

532 Vgl. etwa *Lesch* JA 1998, 474 (476) m.w.N.; *Maiwald*, Zueignungsbegriff, S.244; *Rengier*, in: Lenckner-FS, S.801 (803); *Roxin*, Täterschaft und Tatherrschaft, S.338ff (345ff).

533 So *Welzel*, Strafrecht, S.343, der das Werkzeug zugleich als Teilnehmer einstuft. In diese Richtung ging schon RGSt 39, S.37 (39 m.w.N.).

534 Ähnlich *Hörnle* Jura 1998, 169 (170), *Kudlich* JuS 1998, 468 (472) und *Schlüchter*, Bochumer Erläuterungen, S.68, einschränkend *Bussmann* StV 1999, 613 (615) und *Küper*, BT, S.441 (jeweils in Bezug auf die Figur des "absichtslos dolosen Werkzeugs").

Beteiligten zu vermeiden[535]. Auch ist von sekundärer Bedeutung, ob der Täter dem Dritten die Sache verkauft oder schenkt, ob er den Dritten über die Tat aufklärt oder ihn glauben läßt, die Sache gehöre dem Täter selbst, oder ob er schließlich die Tat "im Auftrag" des Dritten oder einer anderen Person (Anstiftung) begeht oder aus eigenem Antrieb: Er selbst ist und bleibt jedenfalls Täter[536]. - *Schlüchter*[537] kritisiert, daß der Gesetzgeber diese Lösung durch das 6.StrRG festgeschrieben habe, was eine "Vergröberung" der Regeln zur Abgrenzung zwischen Täterschaft und Teilnahme bedeute, zumal hier das Tatinteresse nicht hinreichend berücksichtigt werde. Dem ist bereits widersprochen worden. Im übrigen hatte schon *Roxin* mit Bezug auf Konstellationen wie den Gänsebucht-Fall sehr treffend bemerkt: "Denn wenn man dem Knecht schon eine eigene Verfügungsmacht abspricht, wird man dem nach dieser Meinung allein vorliegenden untergeordneten Handlangerdienst überhaupt die Qualität eines selbständigen Zueignungsaktes - sei es auch zugunsten eines Dritten - nicht zugestehen und weiter zwischen einer Drittzueignung und einer bloßen Übergabe unterscheiden"[538].

Bei der Erörterung der Abgrenzung von Täterschaft und Teilnahme ist bereits oben die Problematik einer Zueignung in mittelbarer Täterschaft angesprochen worden. Relativ unproblematisch ist der Fall, daß der Täter den unmittelbaren Besitzer durch Täuschung über die Rechtsverhältnisse an der Sache dazu veranlaßt, diese an einen Dritten (bzw. Vierten) weiterzuleiten: In dem Moment, in

---

535 In der Tat ist *Dencker (usw.)*, Einführung in das 6.StrRG, S.17f der Ansicht, daß die Beteiligten nach der alten Rechtslage nur wegen einer anschließenden Verwertungshandlung (der Bauer wegen Unterschlagung, der Knecht wegen Beihilfe) hätten bestraft werden können.

536 So auch *Bittner*, Gewahrsamsbegriff, S.79, 201 (vgl. auch S.236); *Küper*, BT, S.441; *Lackner/Kühl* § 242 Rn.26a; *Otto* Jura 1998, 550 (551); *ders.*, Struktur, S.269; *Rengier*, BT 1, S.27f (Rn.54); *Roxin*, Täterschaft und Tatherrschaft, S.339ff (341f); *Schlüchter*, Bochumer Erläuterungen, S.68; *Schmid-Hopmeier*, Drittzueignung, S.178; auch *Lesch* JA 1998, 474 (476), der beim Hintermann je nach den Umständen sowohl Mittäterschaft als auch bloße Teilnahme für möglich hält; einschränkend *Dencker (usw.)*, Einführung in das 6.StrRG, S.17f (18) und *Wessels/Hillenkamp*, BT 2, S.51 (Rn.153), die das *Absichts*erfordernis bei der Drittzueignung aber übersteigern; vgl. schon *Maiwald* JA 1971, 165 (167), der in einer dem "Gänsebucht"-Fall entsprechenden Konstellation sachentsprechend Täterschaft des Vordermannes und Anstiftung des Hintermannes annimmt (ähnlich in: Zueignungsbegriff, S.244, anders aber S.239f). Differenzierend *Kindhäuser*, in: Geerds-FS, S.655 (666); *Rengier*, in: Lenckner-FS, S.801 (803f). - Umgekehrt *Lampe* GA 1966, 225 (240); *Otto* ZStW 79 (1967), 59 (89 mit Fn.77) (dazu *ders.*, Struktur, S.269 Fn.57).

537 in: Bochumer Erläuterungen, S.68.

538 Täterschaft und Tatherrschaft, S.345.

dem der Täter den getäuschten unmittelbaren Besitzer von den falschen Angaben überzeugt hat und ihn aus seinem Einwirkungsbereich entläßt, beginnt der Versuch; in dem Augenblick, in dem die Sache an den Dritten übergeben wird, wird die Drittzueignung vollendet. Bei Bösgläubigkeit des Dritten (Vierten) begeht dieser seinerseits eine Selbstzueignung (Unterschlagung)[539]. - Veranlaßt der Täter den unmittelbaren Besitzer, die Sache in Eigenbesitz zu nehmen, so liegt sogar mit Begründung des Eigenbesitzes Vollendung vor, wobei die Manifestation des Zueignungswillens *des Täters* (also des Hintermannes) in der Einwirkung auf den unmittelbaren Besitzer zu erblicken ist. - Erreicht der Täter schließlich, daß der unmittelbare Besitzer die Sache infolge der Täuschung an ihn (den Täter) als den vermeintlich Berechtigten überträgt und nimmt der Täter die Sache in Eigenbesitz, so liegt in der Übergabe eine Drittzueignung; diese fällt zeitlich mit einer Selbstzueignung zusammen[540]. Anders als in den Fällen der Täterschaft "kraft Oragnisationsherrschaft" wird man dem Hintermann selten schon vor der Übergabe eine Sachherrschaft zusprechen können. Es ist z.B. im Rahmen eines Verwahrungsverhältnisses denkbar, daß der Täter den unmittelbaren Besitzer durch seine Täuschung dazu veranlaßt, dem wahren Berechtigten gegenüber die Herausgabe zu verweigern und jederzeit zur Herausgabe an den Täter bereit zu sein. In einem solchen Fall hat der Täter den Berechtigten bereits enteignet und sich selbst Sachherrschaft im Sinne einer Aneignung (Begründung von Eigenbesitz) verschafft. Hier kann man schon vor der Übergabe (also *vor* Vollendung der mittelbaren Drittzueignung) vollendete Selbstzueignung durch den Hintermann annehmen. Anders liegen die Dinge, wenn es sich nicht um ein Verwahrungsverhältnis, sondern um ein Miet- oder ein sonstiges Rechtsverhältnis handelt, kraft dessen der unmittelbare Besitzer auf Zeit zum Besitz berechtigt ist. Zwar besitzt der unmittelbare Besitzer die Sache hier "für den mittelbaren Besitzer" als den Inhaber des stärkeren Rechts, doch kann er auch ihn aufgrund seiner eigenen Rechtsstellung etwa als Mieter vom ungehinderten, unmittelbaren Zugriff auf die Sache ausschließen[541]. Konkret bedeutet das: Der Täter kann den Eigentümer zwar vielleicht durch die Täuschung bereits *enteignen*, weil der unmittelbare Be-

---

539 Vgl. auch *Dencker (usw.)*, Einführung in das 6.StrRG, S.19, und *Jäger* JuS 2000, 651, die darauf hinweisen, daß die *Unterscheidung von Selbst- und Drittzueignung* nur die ***Aneignungskomponente*** betrifft, während die *Enteignungskomponente unberührt* bleibt.

540 Vgl.dazu etwa *Maiwald*, Zueignungsbegriff, S.202: Allgemein wird der Hintermann als Täter eingestuft, wobei sich (mangels ausdrücklicher Erfassung der Drittzueignungsvariante) eine Differenzierung bislang erübrigte. Die im Folgenden erörterte Frage einer "Drittzueignung in mittelbarer Täterschaft", orientiert allein am äußerlichen Geschehen, kann sich überhaupt erst *nach* der Reform ergeben.

541 Vgl. auch die Ausführungen zur Tatherrschaft bei *Maiwald*, Zueignungsbegriff, S.243f.

sitzer die Sache für ihn und nicht mehr für den wahren Berechtigten besitzt, er kann aber selbst auch nicht auf die Sache zugreifen, denn daran ist er durch das Besitzrecht des unmittelbaren Besitzers auf Zeit gehindert. Solange er aber nicht auf die Sache zugreifen kann, solange er das Verhalten des unmittelbaren Besitzers nicht steuern kann, kann er die Sache auch nicht beherrschen. Der Umstand, daß der unmittelbare Besitzer die Sache nach der Täuschung auch im Miet-Fall für den Täter besitzt und der Täter die Sache für sich haben will, steht der jederzeitigen Möglichkeit, die Herausgabe zu verlangen, wie sie im Verwahrungs-Fall besteht, nicht gleich: Denn der wahre Eigentümer verfügt als Berechtigter über eine Rechtsstellung, die dem Täter als "selbsternanntem Eigentümer" (angemaßtem Sachherrn) fehlt; dieses Minus in der rechtlichen Stellung kann er nur durch eine stärkere tatsächliche Stellung kompensieren. Erst dann kann vollendete Zueignung angenommen werden, wenn er diese Stellung für sich erlangt hat. Dabei steht die künftige Zugriffsmöglichkeit der jederzeitigen nicht gleich. Zur Prüfung dieses Ergebnisses muß man sich vorstellen, die Entwicklung bräche im mutmaßlichen Moment der Vollendung abrupt ab oder nähme eine neue Wendung. Nachdem der Mieter infolge der Täuschung seinen Besitzerwillen geändert und für den Täter besessen hat, überzeugt ihn der Eigentümer von der wahren Eigentumslage; der unmittelbare Besitzer gibt die Sache daraufhin nach Ablauf der Mietzeit an den wahren Berechtigten zurück. Hier wäre zwar versuchte, nicht aber vollendete Zueignung anzunehmen. Denn die *Aneignung* steht noch aus. Mithin wäre im Miet-Fall auch bei der Selbstzueignung der Ablauf der Mietzeit und damit das Ende des Besitzrechts des unmittelbaren Besitzers abzuwarten.

Teil V. Die einzelnen Tatbestände der Zueignungsdelikte

A. Der Diebstahl (§ 242)

I.) Grundlagen

Einen Diebstahl begeht, wer eine fremde bewegliche Sache einem anderen in der Absicht rechtswidriger Zueignung (an sich selbst oder an einen Dritten) wegnimmt. Mit Vollendung der Wegnahme ist auch der Diebstahl vollendet[542]. Der Tatbestand ist, wie alle Zueignungsdelikte[543], durch das 6. StrRG um die Drittzueignung ergänzt worden.

Wegnahme bedeutet nach der tradierten und allgemein konsentierten Definition den *Bruch fremden und die Begründung neuen (nicht notwendig tätereigenen*[544]*) Gewahrsams*[545]. Die wohl h.M.[546] sieht neben dem Eigentum auch den Gewahrsam als Rechtsgut des § 242 an, während eine Mindermeinung[547] nur das

---

542 BayObLG StV 1998, 205; *Lackner/Kühl* § 242 Rn.18; Sch/Sch/*Eser* § 242 (Rn.67); *Tröndle/Fischer* § 242 Rn.13.

543 Der "räuberische Diebstahl" (§ 252) nimmt die Drittzueignung dadurch auf, daß er an einen Diebstahl (§ 242) als Vortat anknüpft und damit auch die Drittzueignungsvariante in sich aufnimmt.

544 So die für die Fälle der mittelbaren Täterschaft erweiterte Definition. Vgl etwa *Kindhäuser*, BT II/1, S.54 (Rn.29); *Lackner/Kühl* § 242 Rn.15; *Maurach/Schroeder/Maiwald*, BT 1, S.329; NK-*Kindhäuser* § 242 Rn.30; Sch/Sch/*Eser* § 242 Rn.22, 42; SK-*Hoyer* § 242 Rn.20; *Tröndle/Fischer* § 242 Rn.13. - A.A. *Bittner*, Gewahrsamsbegriff, S.280 sowie offenbar auch *Charalambakis*, Unterschlagungstatbestand, S.140, 226 und *Lampe* GA 1966, 225 (228, 234), die tätereigenen Gewahrsam verlangen.

545 Vgl. etwa *Arzt/Weber* LH3, S.29; *Gössel* ZStW 85 (1973), 591 (640); *ders.*, BT 2, S.84; *Lackner/Kühl* § 242 Rn.8; *Otto*, Strafrecht, S.148 (Rn.15); *Roth*, Eigentumsschutz, S.26; *Samson* JA 1980, 285 (286); *Welzel*, Strafrecht, S.347. Besonders betont bei *Haffke* GA 1972, 225 (227). - Abl. nur *Kargl* JuS 1996, 971 (976) sowie *H.Mayer* JZ 1962, 617 (618), dessen Ansicht aber keine Gefolgschaft gefunden hat.

546 *Gössel*, BT 2, S.77; *Haft*, BT, S.136; *Lampe* GA 1966, 225 (228), *Laubenthal* JA 1990, 38 (39); *Lackner/Kühl* § 242 Rn.1; *Maurach/Schroeder/Maiwald*, BT 1, S.317; SK-*Hoyer* Vor § 242 Rn.11, § 242 Rn.20; wohl auch *Eser* StR IV, S.17; aus dem älteren Schrifttum *Harburger* VDB VI, S.221. Hinweisend *Gropp* JuS 1999, 1041; *Krey*, BT 2, S.7 (Rn.11); *Tröndle/Fischer* § 242 Rn.1.

547 *Bittner*, Gewahrsamsbegriff, S.88ff (91f); *Kindhäuser*, BT II/1, S.47 (Rn.6); *Maiwald*, Zueignungsbegriff, S.203ff (208); *Mitsch*, BT II/1, S.4 (Rn.5f); NK-

Eigentum als Schutzgut anerkennt. Der Streit hat allerdings nur im Hinblick auf die Person des Verletzten (und damit für die Antragsbefugnis) praktische Bedeutung[548]: Nach der wohl h.M. ist auch der bloße Gewahrsamsinhaber Verletzter eines Diebstahls. - Ein Gewahrsams*bruch* liegt vor, wenn der Gewahrsam des ursprünglichen Gewahrsamsinhabers *gegen oder ohne dessen Willen aufgehoben* wird[549]. Daran fehlt es, wenn der Berechtigte mit dem Gewahrsamswechsel einverstanden ist (*tatbestandsausschließendes Einverständnis*)[550]. Dazu genügt der natürliche Wille[551]; unerheblich ist auch, warum der Berechtigte einverstanden ist

---

Kindhäuser Vor §§ 242 bis 248c Rn.7; *Otto* Jura 1989, 137 (138); *ders.*, Strafrecht, S.145 (Rn.4); *ders.*, Struktur, S.273ff; *Wessels/Hillenkamp*, BT 2, S.19 (Rn.57). Kritisch auch *Eser* JuS 1964, 477 (479).

548 So auch *Bittner*, Gewahrsamsbegriff, S.91f, *Eser* JuS 1964, 477 (479), *Heubel* JuS 1984, 445, *Kindhäuser*, BT II/1, S.47 (Rn.7), *Mitsch*, BT II/1, S.4 (Rn.5), NK-*Kindhäuser* Vor §§ 242 bis 248c Rn.8, *Otto*, Strafrecht, S.145 (Rn.5), *ders.*, Struktur, S.275f und wohl auch *Gropp* JuS 1999, 1041. - Dagegen ausdrücklich *Arzt/Weber* LH3, S.29; Sch/Sch/*Eser* § 247 Rn.10 und wohl auch *Gössel*, BT 2, S.77, die dem Streit jedenfalls für das Antragsrecht des Verletzten keine Bedeutung zugestehen. - Vgl. dazu schon Mat., S.463: Kein Diebstahl, wenn die Sache mit Einwilligung des Eigentümers, aber gegen den Willen des (von diesem verschiedenen) Besitzers durch einen Dritten zugeeignet wird; "denn es ist dann nicht die Zueignung, sondern nur die Besitzergreifung eine widerrechtliche" (i.E. ebenso *Gössel*, BT 2, S.127).

549 OLG Düsseldorf NJW 1988, 922; *Gössel*, BT 2, S.95; *Kindhäuser*, BT II/1, S.61 (Rn.49); *Lackner/Kühl* § 242 Rn.14; *Mitsch*, BT II/1, S.26 (Rn.60); Sch/Sch/*Eser* § 242 Rn.35; SK-*Hoyer* § 242 Rn.46. – Entscheidend ist also der Wille des Gewahrsamsinhabers, nicht der des Eigentümers; ist der Gewahrsamsinhaber mit der Wegnahme einverstanden, so kommt nur noch Unterschlagung in Betracht, wenn die Einwilligung des Eigentümers in die Zueignung fehlt. Vgl. schon Mat., S.463; *Harburger*, VDB VI, S.208.

550 *Eser* StR IV, S.56; *Gössel*, BT 2, S.98; *Kindhäuser*, BT II/1, S.61 (Rn.49); *Lackner/Kühl* § 242 Rn.14; *Maiwald*, Zueignungsbegriff, S.251; *Mitsch*, BT II/1, S.30 (Rn.69); *Samson* JA 1978, 564 (565); SK-*Hoyer* § 242 Rn.46; *Tröndle/Fischer* § 242 Rn.17. *Welzel*, Strafrecht, S.350 spricht (wie Mat., S.463; begrifflich unscharf) von einer Einwilligung in die Wegnahme; gegen diesen Fehlgebrauch *Mitsch*, BT II/1, S.30 (Rn.69).) - Nach BGHSt 8, S.273 ist die "Zueignung einer fremden Sache, die nur im Mitgewahrsam des Täters steht, [...]Unterschlagung, wenn alle übrigen Mitgewahrsamsinhaber mit der Zueignung einverstanden sind" [Leitsatz]; vgl. dazu auch *Mitsch*, BT II/1, S.30 (Rn.70) (m.w.N.); Sch/Sch/*Eser* § 242 Rn.36.

551 *Heubel* JuS 1984, 445 (447); *Gössel*, BT 2, S.99; *Krey*, BT 2, S.16 (Rn.31); *Rengier*, BT 1, S.16f (Rn.31); SK-*Hoyer* § 242 Rn.46f; *Wessels/Hillenkamp*, BT 2, S.36 (Rn.107); vgl. schon *Frank* § 242, S.516f.

(das Einverständnis kann also z.B. auch durch Täuschung erwirkt werden[552]) und ob der "Täter" etwas vom Vorliegen dieses Einverständnisses weiß[553].

Das spielt vor allem bei der sog. "*Diebesfalle*" eine Rolle. Stellt der Berechtigte selbst die Falle, so tut er dies, *damit* der Täter die Sache wegnimmt, um so dessen Überführung zu ermöglichen. Das heißt aber, daß er mit der Wegnahme einverstanden ist (h.M.[554]); es liegt also nur Versuch vor (sofern der Täter von dem Einverständnis nichts weiß und also von einer Wegnahme ausgeht)[555]. Selbstverständlich fehlt es aber an einem wirksamen Einverständnis, wenn die Diebesfalle von einem Nichtberechtigten gestellt wird[556]. Die Gegenauffassung[557] geht davon aus, der Berechtigte wolle seinen Gewahrsam behalten und sei mit der Wegnahme also nicht einverstanden; deshalb überwache er auch das Geschehen: Er wolle die "Wegnahme", nicht den Gewahrsamsverlust und nehme daher nur eine *Gewahrsamslockerung* in Kauf. Bei einer bloßen Gewahrsamslokkerung[558] bleibt es aber bei einem Gewahrsamsbruch und damit bei der Vollendung der Tat[559]. - Diese Argumentation überzeugt jedoch nicht: Da die (Vollendung der) Wegnahme einen Gewahrsamsverlust *voraussetzt*, kann man logisch nicht "die Wegnahme wollen", ohne den Gewahrsamsverlust zu wollen. Wer als Berechtigter eine Diebesfalle aufstellt, der nimmt um der Überführung willen wohl oder übel auch den Gewahrsamsverlust mit in Kauf, ist also "einverstanden".

---

552 *Haft*, BT, S.142; *Mitsch*, BT II/1, S.36 (Rn.79); auch SK-*Hoyer* § 242 Rn.47.

553 Vgl. etwa *Krey*, BT 2, S.17 (Rn.34); *Samson* JA 1980, 285 (288).

554 OLG Celle JR 1987, 253f; *Lackner/Kühl* § 242 Rn.14; *Maurach/Schroeder/Maiwald*, BT 1, S.340; SK-*Hoyer* § 242 Rn.52; *Welzel* GA 1960, 257 (262 Fn.8).

555 OLG Celle JR 1987, 253 (254) mit zust. Anm. *Hillenkamp* JR 1987, 254 ("*untauglicher* Versuch"); *Lackner/Kühl* § 242 Rn.29 (wo zusätzlich Unterschlagung angenommen wird, vgl. § 246 Rn.3; ebenso *Maurach/Schroeder/Maiwald*, BT 1, S.340, m.w.N.); Sch/Sch/*Eser* § 242 Rn.41, § 246 Rn.24 ("Idealkonkurrenz" mit vollendeter Unterschlagung); SK-*Hoyer* § 242 Rn.52; *Tröndle/Fischer* § 242 Rn.17 (wo neben "untauglichem Versuch" vollendete Unterschlagung für möglich gehalten wird). Vgl. schon Mat., S.463.

556 *Gössel*, BT 2, S.97.

557 So schon *Harburger*, VDB VI, S.208f. Differenzierend *Gössel*, BT 2, S.97. - Unklar *Otto* (vgl. einerseits Jura 1989, 137 (140), JZ 1993, 559 (562f), andererseits Jura 1989, 200 (204)).

558 Eine solche ist insbesondere in den Fällen des *Trickdiebstahls* anzunehmen, der vom ***Betrug*** abzugrenzen ist: Für einen Betrug fehlt es an einer Vermögensverfügung. Vgl. *Biletzki* JA 1995, 857.

559 Vgl. statt vieler *Mitsch*, BT II/1, S.36 (Rn.78); *Rengier*, BT 1, S.16 (Rn.30).

Erforderlich ist nach allgemeiner Auffassung, daß der bisherige Gewahrsamsinhaber durch den Täter aus seiner Stellung vollständig verdrängt wird[560] und der Täter diese Stellung (wenigstens mittelbar, d.h. ggf. vermittelt durch einen Mittäter oder ein Werkzeug) einnimmt[561]. *Kahlo*[562] befürwortet eine Orientierung des Gewahrsamsbegriffs am Inhalt des Eigentums: Die Vollendung der Wegnahme setze die Herstellung einer "Sach-Lage" voraus, "die es dem Handelnden ermöglicht, sich den erwähnten Zuweisungsgehalt zumindest teilweise nutzbar machen zu können". Von diesem Standpunkt erscheint es dann konsequent, wenn *Ling* im Anschluß an *Eser* die Forderung erhebt, es müsse sich um eine Sachherrschaftsbeziehung mit Zukunft, also mindestens mit einer günstigen Bestandsprognose handeln, da es dem Gewahrsamserwerber sonst nicht möglich sei, die neu begründete Sachherrschaft zweckentsprechend zu nutzen[563]; man könnte schon zweifeln, ob hier überhaupt ein "Sachherrschafts-Verhältnis" vorliegt.

Wann der ursprüngliche Gewahrsam aufgehoben ist und wann neuer Gewahrsam begründet ist, hängt von der Definition des Gewahrsams ab. So geht nach fast einhelliger Auffassung der Gewahrsam an kleinen, handlichen Gegenständen schon mit dem Einstecken in eine Tasche (insbesondere eine in der Kleidung, etwa eine Hosentasche) auf den Täter über[564], da eine engere und stärkere Herrschaftsbeziehung zu einer Sache kaum denkbar ist. Sogar das bloße Ergreifen und Festhalten kleiner Gegenstände kann schon genügen (Apprehensionstheorie)[565]. Das bloße Berühren (Kontrektationstheorie) genügt demnach nicht; andererseits ist weder das Fortschaffen der Sache vom Tatort (Ablationstheorie) noch

---

560 BGHSt 4, S.210 (211) (Verlust der tatsächlichen Einwirkungsmöglichkeit); BGH JR 1963, 466; *Martin* JuS 1998, 890; *H.Mayer* JZ 1962, 617 (618); ähnlich RGSt 52, S.75 (76); *Rengier* BT 1, S.13 (Rn.23); *Tröndle/Fischer* § 242 Rn.12.

561 *Eser* JuS 1964, 477 (478, 482); ähnlich *Rengier*, BT 1, S.13 (Rn.23); *Tröndle/Fischer* § 242 Rn.14; *Wessels/Hillenkamp*, BT 2, S.37 (Rn.109).

562 in: Vom unmöglichen Zustand des Strafrechts, S.123 (135f).

563 So auch *Kahlo*, in: Vom unmöglichen Zustand des Strafrechts, S.123 (137).

564 RGSt 52, S.75 (76); BGHSt 16, S.271 (Leitsatz), 273f; OLG Celle NJW 1967, 1921 (1923); OLG Düsseldorf NJW 1988, 922 (923 m.w.N.); LG Gera NJW 2000, 159 (160) (weitere Fundstellen bei *Bittner*, Gewahrsamsbegriff, S.282); *Lackner/Kühl* § 242 Rn.16; *Maurach/Schroeder/Maiwald*, BT 1, S.328; *Welzel*, Strafrecht, S.349. Kritisch *Kargl* JuS 1996, 971f und *Ling* ZStW 110 (1998), 919, die aber (JuS 1996, 975 bzw. ZStW 110 (1998), 940) mit abweichender Begründung zum gleichen Ergebnis kommen.

565 BGH GA 1969, 91; OLG Düsseldorf NJW 1988, 922 (923 m.w.N.); *Lackner/Kühl* § 242 Rn.16; *Maurach/Schroeder/Maiwald*, BT 1, S.329; Sch/Sch/*Eser* § 242 Rn.37; *Tröndle/Fischer* § 242 Rn.15f. Kritisch dazu *Ling* ZStW 110 (1998), 919.

ihre Bergung (Illationstheorie) erforderlich[566]. Bei großen, sperrigen Gegenständen, die der Täter nur mit Mühe "beherrschen" kann, wird allerdings doch ein Fortschaffen vom Tatort gefordert[567], was faktisch auf ein Fortschaffen der Sache hinausläuft; zum Teil liegt in solchen Fällen sogar eine Bergung der Sache vor. *Gössel*[568] hat daher nicht ganz zu Unrecht bezweifelt, daß der Gesetzgeber durch die von ihm gewählte Tatbestandsfassung (durch die er sich für die Apprehensionstheorie entschieden hat[569]) den "Krieg der lateinischen Vokabeln"[570] tatsächlich beendet habe. - Letztlich ist die Entscheidung über die Vollendung der Wegnahme nach den Umständen des Einzelfalles zu treffen[571], d.h. danach ob die Kriterien für das Vorliegen von Gewahrsam noch bzw. schon erfüllt sind oder nicht. Erst eine Gesamtschau der Umstände des konkreten Falles ergibt die Grundlage für die Beurteilung von Gewahrsamsfragen. Allerdings kann dabei nach der ganz h.M. entgegen *Hellmuth Mayer*[572] kein Unterschied danach gemacht werden, ob der (potentielle) Gewahrsamsinhaber zum Gewahrsam berechtigt ist oder nicht (mit der Folge, daß der Gewahrsam des Diebes ein engerer wäre als der des bestohlenen Berechtigten).[573]

Maiwald[574] weist in diesem Zusammenhang auf den "***Diebstahl vom Dieb***" hin: Schon die bloße Möglichkeit einer solchen Konstellation zeige, daß es nicht auf die Rechtmäßigkeit des gebrochenen Gewahrsams ankommen könne. Dem ist hinzuzufügen, daß es für das *Handlungs*unrecht, das der zweite Dieb verwirklicht, keine Rolle spielen kann, *wen* er bestiehlt bzw. ob der von ihm Bestohlene

566 Communis opinio. Vgl. statt aller etwa Sch/Sch/*Eser* § 242 Rn.37. So i.E. auch *Kargl* JuS 1996, 971 (975). - Zweifelhaft daher BGH JR 1963, 466 (467). - Eingehend zu den einzelnen Theorien *Gössel* ZStW 85 (1973), 591 (604ff).

567 *Kindhäuser*, BT II/1, S.59 (Rn.44); *Krey*, BT 2, S.20 (Rn.41); *Lackner/Kühl* § 242 Rn.16; *Otto* ZStW 79 (1967), 59 (64).

568 in: ZStW 85 (1973), 591 (616).

569 Mat., S.461f; *Bittner*, Gewahrsamsbegriff, S.233; *Harburger*, VDB VI, S.206; *Lampe* GA 1966, 225 (233); *Otto*, Struktur, S.127. - A.A. *H.Mayer* JZ 1962, 617 (gegen ihn *Geilen* JR 1963, 446 (448f)).

570 Ausdruck von *Gössel* ZStW 85 (1973), 591 (604).

571 St. Rspr. und ganz h.M. RGSt 52, S.75 (76); OLG Düsseldorf NJW 1988, 922; BayObLG StV 1998, 205; *H.Mayer* JZ 1962, 617 (620); *Rengier*, BT 1, S.13 (Rn.23); auch Sch/Sch/*Eser* § 242 Rn.38; einschränkend *Bittner*, Gewahrsamsbegriff, S.286f. Mit Bezug auf die Beurteilung von Gewahrsamsverhältnissen im allgemeinen auch *Tröndle/Fischer* § 242 Rn.9.

572 in: JZ 1962, 617 (618). Gegen ihn vor allem *Maurach/Schroeder/Maiwald*, BT 1, S.326. Vgl. ferner auch *Kargl* JuS 1996, 971 (973); *Kindhäuser*, BT II/1, S.54ff (Rn.32, 34); *Mitsch*, BT II/1, S.21 (Rn.49).

573 Vgl. etwa Sch/Sch/*Eser* § 242 Rn.25.

574 Zueignungsbegriff, S.206ff.

seinerseits zum Besitz berechtigt war oder nicht[575]: Entscheidend ist der rechtswidrige Gewahrsamsbruch, der *widerrechtliche Angriff* auf das fremde Tat*objekt*[576]. Der "Diebstahl vom Dieb" wird nicht deshalb bestraft, weil (und wenn) damit die Position des Eigentümers in Bezug auf die Rückerlangung seiner Sache verschlechtert wird[577], weil der erste Dieb eine rechtlich geschützte Vermögensposition innehat, die der zweite Dieb verletzt[578] oder weil auch der erste Dieb im Interesse des Eigentümers in ein besonderes, um des Eigentümers willen rechtlich geschütztes Verhältnis zu der Sache trete[579]. Das *Erfolgs*unrecht ist nämlich im *rechtswidrigen Sachtransfer durch den Täter* und nicht etwa (nur) in der Entziehung der Sache (ganz gleich, wem sie entzogen wird) zu erblicken. (Das zeigen die gesetzliche Unterscheidung von Transferdelikten und reinen Schädigungsdelikten sowie die Straflosigkeit der Sachentziehung.) Das strafrechtliche Verbot der Rechtsgutsverletzung kann nicht davon abhängig gemacht werden, ob der Rechtsgutsträger durch die Tat einen (zivilrechtlichen) Schaden erleidet. Eine rein viktimodogmatische Sichtweise verkürzt den Begriff des Rechtsguts und die Möglichkeiten seiner Verletzung in unzulässiger Weise und wandelt das Unrecht der Tat in eine für den Berechtigten fühlbare Vermögenseinbuße um. - Damit überzeugt auch der Standpunkt von *Roth*[580] nicht, der die Zueignungsdelikte "auch als Perpetuierungsdelikte" deutet und daraus folgert, eine Perpetuierung genüge. Aus dem von ihm vertretenen, hier kritisierten Standpunkt ergibt sich scheinbar eine Verbindung der Frage nach der Wiederholbarkeit einer Zueignung mit derjenigen nach der Möglichkeit des "Diebstahls vom Dieb"[581], zumal in beiden Fällen dem Eigentümer der Sache i.d.R. kein weitergehender Schaden zugefügt wird und da mit dem ersten Sachtransfer das Handlungs- und Erfolgsunrecht möglicher Zueignungen (unabhängig davon, von wem sie begangen werden) entweder erschöpft oder noch vertiefungsfähig erscheinen (womit beide Fragestellungen parallel zu behandeln wären). Demgegenüber bleibt festzuhalten, daß beide Fragen mit dem Wesen der Zueignung zu tun haben, wobei aber die Frage nach deren Wiederholbarkeit mit der Natur der Zueignung (als einmaligem Akt oder als wiederholbarem Geschehen) zusammenhängt, während die Möglichkeit des "Diebstahls vom Dieb" vom Strafgrund und Un-

575 So i.E. schon RGSt 70, S.7 (8f) (Unterschlagung einer gestohlenen Sache durch den Hehler) und *Frank* § 242, S.515.

576 Ähnlich *Bittner*, Gewahrsamsbegriff, S.64f; *Maiwald*, Zueignungsbegriff, S.264.

577 Kritisch dazu auch *Otto*, Struktur, S.90ff; *Roth*, Eigentumsschutz, S.75f, jeweils m.w.N.

578 So aber *Bittner*, Gewahrsamsbegriff, S.60.

579 So *Maiwald*, a.a.O., S.207.

580 Eigentumsschutz, S.76, 78f.

581 Vgl. *Roth*, Eigentumsschutz, S.15, 76, 78f.

rechtsgehalt der Zueignungsdelikte abhängt. Daher überzeugt auch der Vorschlag *Kindhäuser*s[582] nicht, einen Dieb, der bewußt einem bösgläubigen Besitzer den Gewahrsam entzieht, maximal mit der Höchststrafe des Unterschlagungstatbestandes zu belegen: Das Unrecht des zweiten Diebes wird allein durch das Unrecht des ersten nicht gemindert; die Normen des Strafrechts richten sich allein nach der Verletzung des jeweiligen Rechtsguts (des [fremden] Eigentums), nicht nach der Schädigung des jeweiligen Rechtsgutsträgers (dem seine Sache entzogen wird).

Probleme hat die Beurteilung vor allem in den seit den sechziger Jahren diskutierten Fällen des Diebstahls von Waren in Selbstbedienungsläden bereitet. Während eine Auffassung beim beobachteten Diebstahl die Vollendung mit der Erwägung verneint, daß es dem Berechtigten möglich sei, seine Sache zurückzuerlangen[583], beruft sich die herrschende Gegenansicht darauf, daß Diebstahl "kein heimliches Delikt ist"[584] und der Berechtigte zunächst Gewalt gegen den Täter üben müßte, um seine ursprüngliche Herrschaft *wiederzuerlangen* (ergo hat er sie mit dem Einstecken verloren)[585]. Dem ist zwar insoweit zuzustimmen, als der Täter seine Herrschaft bei Beobachtung in der Regel nicht lange wird aufrecht erhalten können[586], doch ist dies, wie die Gegenauffassung hervorhebt, eine Frage der Gewahrsamssicherung und damit der Beendigung, nicht dagegen der Vollendung[587]. *Welzel* konstatiert daher: "Vollendeter Diebstahl ist auch dann anzu-

---

582 BT II/1, S.56 (Rn.35).

583 *Huschka* NJW 1960, 1189 (1190); *H.Mayer* JZ 1962, 617 (621); i.E. wohl auch *Seier* JA 1985, 387 (392), dessen Unterscheidung zwischen den "Beobachtungs"-Fällen, die er anscheinend mit der herrschenden Gegenauffassung entscheiden will, und den Fällen elektronisch gesicherter Waren, bei denen er eine Vollendung ablehnt, aber nicht überzeugt.

584 BGH GA 1969, 91f; LG Gera NJW 2000, 159 (160); *Haft*, BT, S.143; *Rengier*, BT 1, S.14 (Rn.25); SK-*Hoyer* § 242 Rn.52; auch *Kindhäuser*, BT II/1, S.64 (Rn.60). - So aber das mittelalterliche deutsche Recht (vgl. z.B. *Haft*, BT, S.136; *Harburger*, VDB VI, S.185, 217; *Maurach/Schroeder/Maiwald*, BT 1, S.318; *Maiwald*, Zueignungsbegriff, S.19 m.w.N.), gegen das dieser Hinweis den heutigen Tatbestand offenbar abgrenzen will.

585 OLG Celle NJW 1967, 1921 (1923); *Cordier* NJW 1961, 1340; *Krey*, BT 2, S.22 (Rn.44); *Rengier*, BT 1, S.14 (Rn.25); *Wessels/Hillenkamp*, BT 2, S.39 (Rn.114). Vgl. auch *Arzt/Weber* LH3, S.33; *Kindhäuser*, BT II/1, S.64 (Rn.59); *Welzel*, Strafrecht, S.349. - Anders ist nur dann zu entscheiden, wenn der Täter bei der Tat derart ***durch Polizei beobachtet*** wird, daß er von vornherein keine Chance hat, mit der Beute zu entkommen; dann liegt nur Versuch vor (ebenso für die **Erpressung** BGH StV 1998, 661).

586 Vgl. *Seier* JA 1985, 387 (392) zum parallel gelagerten Fall der Wegnahme elektronisch gesicherter Waren.

587 Vgl. dazu *Rengier*, BT 1, S.35 (Rn.70); *Wessels/Hillenkamp*, BT 2, S.41 (Rn.119). - Vgl. ferner BGH NStZ 1999, 511 (Beendigung der Wegnahme liegt vor,

nehmen, wenn noch innerhalb [der Räume des Berechtigten] der Gegenstand in eine solche Lage gebracht wird, daß der Täter die tatsächliche Verfügungsgewalt über sie hat und der Gewahrsam des Bestohlenen daran - sei es auch nur vorübergehend bis zur Entdeckung oder zur Festnahme des flüchtigen Diebes - ausgeschlossen wird."[588] Weiter heißt es: "Die faktische Möglichkeit, daß der bisherige Inhaber den Vorgang sofort wieder rückgängig machen kann, wenn er ihn beobachtet hat und die Kraft dazu besitzt, ändert nichts daran, daß, solange das nicht geschehen ist, der weggenommene Gegenstand sich in der Herrschaftssphäre des Wegnehmenden befindet."[589] Positivrechtlich ist dabei auch auf § 252 StGB hinzuweisen[590]. - Allerdings könnte sich eine andere Beurteilung der Vollendungsfrage aus dem Umstand ergeben, daß der beobachtete Täter in aller Regel keine Chance hat, die erworbene Sachherrschaft irgendwie zu nutzen, da ihm die Sache sofort wieder abgenommen wird. Dies könnte insofern relevant sein, als der Wegnehmende "in der Absicht" handeln muß, "die Sache sich oder einem Dritten zuzueignen". Fordert man daher mit der oben zitierten Meinung für die Gewahrsamsverschiebung eine gewisse Dauer des neu begründeten Sachherrschaftsverhältnisses[591] oder wenigstens eine "günstige Bestandsprognose"[592], die es dem Wegnehmenden immerhin theoretisch ermöglichen würde, seine Absicht auch zu verwirklichen, so ergeben sich beim beobachteten Diebstahl Zweifel an der Vollendung. - Daß es auf die Möglichkeit der Verwirklichung der Zueignungsabsicht ankomme, ist wohl der - unausgesprochene - Grundgedanke dieser Ansicht, die selbst aber nur auf die (Möglichkeit zur) Sach-"Herrschaft" abstellt. Soweit man in der Zueignungsabsicht nichts weiter als eine überschießende Innentendenz erblickt, kann man in der Argumentation auch isoliert auf die Sachbeherrschung verweisen. Gerade die ausdrückliche Bezugnahme auf die Formel "Zueignung durch Wegnahme" bezieht aber den Inhalt der Zueignung, die ja nach dieser Ansicht mit der Wegnahme verwirklicht ist, mit ein, die Wegnahme

---

wenn die Tatbeteiligten "eine hinreichend sichere Verfügungsgewalt für die Beute erlangt" haben), ebenso *Isenbeck* NJW 1965, 2326 (2327), der darauf hinweist, "daß für die Wegnahme ... die Errichtung ungesicherten Gewahrsams genügt"; i.E. auch *Kindhäuser*, BT II/1, S.109 (Rn.182); *Tröndle/Fischer* § 242 Rn.15a; *Wessels/ Hillenkamp*, BT 2, S.37 (Rn.109). Vgl. insoweit auch *Kahlo*, in: Vom unmöglichen Zustand des Strafrechts, S.123 (138), der aus den im Folgenden genannten Gründen aber gleichwohl die Vollendung des Diebstahls verneint.

588 in: GA 1960, 257 (259).

589 A.a.O., S.267.

590 Vgl. dazu *Welzel*, Strafrecht, S.356.

591 *Kahlo*, in: Vom unmöglichen Zustand des Strafrechts, S.123 (137).

592 So i.E. *Ling* ZStW 110 (1998), 919 (941ff). Damit knüpft er an Sch/Sch/*Eser* § 242 Rn.37, 40 an, die konstatieren, daß "praktisch immer eine *die Möglichkeit der Ablation begründende Apprehension*" verlangt werde. [Hervorhebung im Original]

muß die Zueignung also miteinschließen. - Um die Frage der Vollendung der Wegnahme beim beobachteten Diebstahl zu klären, muß auf den Gewahrsamsbegriff eingegangen werden.

Eine wesentliche Hilfe bei der Beurteilung von Gewahrsamsfragen bietet ein *Vergleich des Gewahrsams mit der Zueignung*. Wer den Diebstahl als "Zueignung durch Wegnahme" versteht[593], hat damit bereits einen wesentlichen Schritt in Richtung einer Annäherung beider Begriffe vollzogen[594]. *Ling* resümiert treffend: "Die Frage, warum etwas Wegnahme ist, wird aus dem Umstand der Verdrängung des bisherigen durch den nunmehrigen Gewahrsamsinhaber beantwortet: Das Einrücken in dessen Position ist das 'se ut dominum gerere' der Zueignung 'in objektiv erkennbarer Weise' und damit die Unterscheidung der Geister in foro externo."[595] Wenn auch immer wieder zu Recht betont wird, der Gewahrsam sei ein von der Zueignung streng zu unterscheidender Begriff, so sollte man doch die Gelegenheit, beiden Begriffen durch den direkten Vergleich schärfere Konturen zu verleihen, auf keinen Fall ungenutzt lassen; denn beide Begriffe sind nach weit über hundertjähriger Diskussion nach wie vor so unscharf, daß die meisten Abgrenzungen vage bleiben. - Ist die "Zueignung" ein "sich-zu-eigen-Machen", das "zu-Führen" der Sache "als eigene" (an sich selbst oder an einen Dritten), so besteht der Gewahrsam in der ungehinderten und unmittelbaren Sachbeherrschung. Erfordert die Zueignung notwendig ein vorsätzliches Handeln, so setzt die Beherrschung den Willen voraus, Einfluß auszuüben. (Was man nicht beherrschen *will*, das *könnte* man [potentiell] vielleicht beherrschen, aber faktisch beherrscht man es eben nicht.) Wenn die Herrschaft schließlich die *tatsächliche* Möglichkeit zur Beherrschung voraussetzt (denn ein Herrschaftsverhältnis ohne Herrschaft wäre ein Widerspruch in sich), dann setzt die Zueignung als Sachtransfer auch die Möglichkeit zum Transfer (zur Verschiebung) voraus, und die besteht nur dann, wenn der Betreffende Einfluß auf die Sache hat, wenn er sie beherrschen kann. - So wie bei der Zueignung der alte Sachinhaber (der Eigentümer) vollständig aus seiner Stellung verdrängt werden muß und der Täter diese Stellung erlangen oder sie einem Dritten verschaffen muß, so muß beim Gewahrsamsbruch der alte Gewahrsamsinhaber vollständig aus seiner Stellung verdrängt werden (jeglichen Zugriff auf die Sache verlieren) und der Erwerber des neuen Gewahrsams die Sache seinerseits ungehindert beherrschen können.

Beide Begriffe haben also einen festen *gemeinsamen Kern*, gehen aber (wie konzentrische Kreise) über den jeweils anderen Begriff hinaus, und zwar in ent-

---

593 Vgl. dazu sogleich.

594 *Ling* ZStW 110 (1998), 919 (934f).

595 *Ling* ZStW 110 (1998), 919 (935). Ähnliche Überlegungen, allerdings mit Bezug auf § 246 a.F., finden sich schon bei *Charalambakis*, Unterschlagungstatbestand, S.156f.

gegengesetzten Richtungen. Denn ein Sachtransfer kann auch durch eine nur mittelbare Sachbeherrschung bewerkstelligt werden (der Täter als mittelbarer Besitzer der Sache verhindert, daß der Eigentümer seine Sache zurückerhält oder veranlaßt den unmittelbaren Besitzer, die Sache auf einen Dritten zu übertragen; täuscht der Täter den unmittelbaren Besitzer und handelt er also in mittelbarer Täterschaft, dann besteht sein mittelbarer Besitz sogar nur bei der und durch die Zueignung [den Sachtransfer]). Die Beziehung zur Sache kann also lockerer gestaltet sein als beim Gewahrsam, der Einfluß muß nur gerade so weit reichen, daß der Täter den Transfer der Sache (auf sich oder auf einen Dritten) bewirken kann; die *unmittelbare* Beherrschung ist dazu nicht erforderlich. – Umgekehrt kann der Gewahrsam als die unmittelbare Sachbeherrschung mit ganz unterschiedlichen Intentionen bestehen, z.B. auch als Fremdbesitz (insbesondere für den Eigentümer oder Berechtigten) oder nur zum Zwecke der Vernichtung oder Entziehung der Sache (Gewahrsam erlangt auch derjenige, der eine Sache wegnimmt, um sie an einem anderen Ort zu zerstören). Wie die Zueignung kann der Gewahrsam vorübergehend bestehen, doch anders als die Zueignung muß er nicht auf die dauernde Verdrängung eines früheren Sachinhabers angelegt sein: Wer eine Gebrauchsanmaßung begeht, wird, wenn er die Sache dazu mitnimmt, vorübergehend auch den Gewahrsam erwerben und den Berechtigten vom Zugriff ausschließen (also eine Wegnahme begehen), doch fehlt es an der *dauernden* Verdrängung.

Ein *zeitliches* Moment im Sinne einer konkreten Herrschaftsdauer oder gar einer Dauerwirkung (Enteignungswirkung) ist dem Gewahrsam also nicht immanent, doch kann man von einem Beherrschungsverhältnis, von einer "tatsächlichen Sachherrschaft" sinnvoll nur dann sprechen, wenn überhaupt irgendeine *Möglichkeit* zur Beherrschung der Sache besteht. Es zeigt sich an dieser Stelle, daß die "günstige Bestandsprognose" bei der Gewahrsamsneubegründung zwar mit dem Transferakt (der Wegnahme) selbst nicht unmittelbar zusammenhängt, daß dies Merkmal aber keineswegs ein von außen an Wegnahme und Gewahrsam herangetragener Fremdkörper ist, der als "zusätzliches (ungeschriebenes) Tatbestandserfordernis" hinzugefügt würde: Die Sachbeherrschung setzt vielmehr wesensmäßig eine gewisse (Mindest-)Dauer voraus. - Trotzdem wird man einen Gewahrsamswechsel nicht ohne weiteres verneinen können, wenn der Täter keine Chance hat, mit der Sache zu entkommen. Insoweit kommt es nämlich entscheidend auf die Wegnahme an[596]. Reißt etwa A dem B eine Sache aus der Hand, die B im nächsten Augenblick wieder an sich bringt, so wird man an einer Wegnahme zweifeln müssen: Entweder hatte B die Sache immer noch, oder die Zuordnungsverhältnisse an der Sache waren für einen Moment unklar. Der Umstand,

596 Vgl. schon RGSt 52, S.75 (76), RGSt 53, S.144 (145) sowie die h.M.

daß A die Sache ganz kurz "in die Finger bekommen" hat, sie aber sofort darauf wieder verloren hat, wird niemanden dazu veranlassen, *ihm* (dem A) die Sache zuzuordnen; es läge im Fallbeispiel also nur eine versuchte Wegnahme vor. Steckt der A die Sache dagegen ein, so wird man sie ihm für einen Moment zuordnen, denn im Moment ist *er* es, der die Sache beherrscht. Es ist nicht einmal sicher, daß der Berechtigte die Sachherrschaft zurückerlangt: In einem Fall z.B. hatte ein beobachteter und gestellter Dieb die Sache schnell vernichtet, damit auch der Eigentümer sie nicht mehr habe. Zwar mag dies ein Extrembeispiel sein, doch genügt in der Regel das Einstecken der Sache in eine mitgeführte Tasche, um "eigene Sachherrschaft" zu begründen. (Allerdings sollte der Ladendetektiv nicht gerade neben oder hinter dem Wegnehmenden stehen, um ihm die Sache wieder abzunehmen, denn dann wird man dem Wegnehmenden nicht ohne weiteres eine Beherrschungsmöglichkeit zuerkennen können.)

Demnach ist also nicht erforderlich, daß der Wegnehmende Aussichten hat, mit der Sache unbehelligt zu entkommen, er muß aber (wenigstens für eine kurze Zeit) die Möglichkeit haben, die Sache zu beherrschen (ungehindert irgendwie auf sie einzuwirken) und *dadurch* zugleich den ursprünglichen Gewahrsamsinhaber für diese Zeit von jeglichem Zugriff auf die Sache ausschließen. Und in der Tat ist der Sachinhaber von der Sachherrschaft ausgeschlossen, wenn der Dieb die Sache nicht etwa offen in der Hand trägt oder in den Einkaufswagen gelegt hat, sondern sie in eine Tasche gesteckt hat. Die Frage nach der "günstigen Bestandsprognose" des neuen Sachherrschaftsverhältnisses ist also im Ansatz berechtigt: Nur dann ist die Sache ihrem ursprünglichen Inhaber "genommen" (oder genauer: "weggenommen"), wenn man sagen kann, daß sie jetzt "ein anderer hat". Wie lange dann dieser andere die Sache hat und wie seine Chancen stehen, sie zu behalten, ist gleichgültig[597]: Es genügt die Wegnahme in Zueignungsabsicht. D.h.: Wenn beim Diebstahl die Zueignung "durch Wegnahme" erfolgt, dann genügt zur Vollendung des Diebstahls die (auch nur kurzzeitige) Begründung von Eigenbesitz durch Wegnahme. Wer allerdings noch um die Sache kämpft, der "hat" sie eben noch nicht; er "nimmt weg" (Versuch), aber er "hat noch nicht weggenommen" (Vollendung).

In einer neueren Entscheidung hat das BayObLG[598] darauf hingewiesen, daß das Verlassen einer Abteilung oder gar des Ladenlokals entgegen der bis dahin

597 *Kargl* JuS 1996, 971 (975, 976).

598 BayObLG NJW 1997, 3326; *Martin* JuS 1998, 890 weist darauf hin, daß eine solche Fallgestaltung soweit ersichtlich bisher nicht obergerichtlich entschieden worden ist.

wohl h.A.[599] nicht unter allen Umständen als vollendeter Diebstahl gelten kann, da einerseits der Gewahrsamsverlust des Ladeninhabers nach den Umständen zu beurteilen ist und andererseits nicht auszuschließen ist, daß ein Kunde das Geschäft vorübergehend mit unbezahlter Ware verläßt, um zunächst vor dem Geschäft weitere Ware zu besichtigen und anschließend zur Bezahlung in das Geschäft zurückkehrt[600]. Der Umstand, daß dem kein Aufschrei der Entrüstung in der Literatur gefolgt ist, könnte ein Hinweis darauf sein, daß die bislang h.A. in dieser Frage bereit ist, ihre Position zu überdenken[601]. - Jedenfalls demonstriert der Fall deutlich, wie kompliziert die Beurteilung im konkreten Fall sein kann.

II.) Das Verhältnis von Zueignung und Wegnahme

Einige Autoren sehen die *Wegnahme als Spezialfall der Zueignung* an: Diebstahl sei "Zueignung durch Wegnahme"[602]. Der Verweis auf die Zueignungsabsicht bedeutet dann keine Vorverlegung der Strafbarkeit und verlagert die Zueignung nicht vom objektiven in den subjektiven Bereich[603]. Vielmehr charakterisiert er die Wegnahme näher und stellt so die notwendige Abgrenzung von Diebstahl (Wegnahme zwecks Zueignung) und furtum usus (Wegnahme zwecks vorübergehenden Gebrauches) sicher. Auch bei den Wegnahmedelikten liegt nach dieser Auffassung also stets eine vollendete Zueignung vor[604].

---

599 Vgl. etwa *Kahlo*, in: Vom unmöglichen Zustand des Strafrechts, S.123 (137, 138); *Otto* Jura 1989, 137 (142).

600 Zustimmend *Martin* JuS 1998, 890 (893).

601 Vgl. dazu auch *Ling* ZStW 110 (1998), 919 (925, 934).

602 *Bittner*, Gewahrsamsbegriff, S.85ff, 280; *Hirsch* JZ 1963, 149f Fn.8; *Welzel*, Strafrecht, S.339; i.E. auch *Kindhäuser*, BT II/1, S.71f (Rn.79); *ders.*, in: Geerds-FS, S.655 (660); *Maiwald*, Zueignungsbegriff, S.177ff; *Post*, Unterschlagungstatbestand, S.3f, 32; *Wallau* JA 2000, 248 (249) und wohl auch *Ling* ZStW 110 (1998), 919 (936). Unklar *Lampe* GA 1966, 225 (236ff) (dazu *Maiwald*, a.a.O., S.179f). *Otto* ZStW 79 (1967), 59 (88 Fn.74 mit Verweis auf *Jagusch*, LK II, § 242 Anm. III 2) nimmt dagegen an, daß mit der Wegnahme die *Aneignung* vollzogen sei (beachte ferner auch *Otto*, Struktur, S.126ff, 168: Wegnahme in Zueignungsabsicht ist Zueignung durch Wegnahme [bei der Formulierung S.168 "... Wegnahme durch Zueignung ..." handelt es sich offensichtlich um einen Druckfehler], 267: Diebstahl als Zueignung durch Wegnahme), während *Maiwald*, a.a.O., S.172, die Wegnahme als "*eine* Art und Weise" ansieht, "wie die Entziehungsseite der Zueignung verwirklicht werden kann". [Hervorhebung im Original] - Zur historischen Auslegung vgl. *Maiwald*, a.a.O., S.24 mit Verweis auf *Feuerbach* und S.172ff m.w.N.

603 *Welzel*, Strafrecht, S.347.

604 *Bittner*, Gewahrsamsbegriff, S.86f; *Welzel*, Strafrecht, S.347.

Die ganz überwiegende Ansicht[605] hält die Zueignung dagegen für nicht (bzw. nicht notwendig) mit der Wegnahme verwirklicht[606]. Sie sieht die Zueignungs*absicht* daher als *Verschiebung* der Zueignungskomponente *in den subjektiven Tatbestand*[607] an und deutet den Diebstahl folgerichtig als *kupiertes Erfolgsdelikt*, als *Delikt mit überschießender Innentendenz*[608]. Zur Bekräftigung verweist sie auf Fälle, in denen das Erlangen der Sachsubstanz noch nicht den vom Täter erstrebten Vorteil bringt; insbesondere beruft sie sich auf die Gebrauchs- und Verwertungsfälle sowie auf die Sparbuchfälle. Letztere müssen freilich nach der hier vertretenen *strengen Substanztheorie* gänzlich aus dem Anwendungsbereich der Zueignungsdelikte ausgeschieden werden und unterfallen keinem der Tatbestände. Der Hinweis geht überhaupt fehl, da die Mindermeinung ja nicht die Verwertungsakte, sondern die "Wegnahme in Zueignungsabsicht" als Zueignung ansieht. Man kann nach dieser Ansicht daher nicht von einem Zusammenfallen von Zueignung und Wegnahme, sondern muß vielmehr von deren Identität sprechen: Durch die Wegnahme wird der Zueignungswille betätigt und damit die Zueig-

---

605 *Arzt/Weber* LH3, S.41; *Bockelmann* ZStW 65 (1953), 571 (576); *ders.* JZ 1960, 621 (622 Fn.7); *Bloy* JA 1987, 187; *Charalambakis*, Unterschlagungstatbestand, S.222, 226, 232f; *Gössel*, BT 2, S.94; *Gropp* JuS 1999, 1041; *Haft*, BT, S.140; *Heubel* JuS 1984, 445 (448); implizit *Lackner/Kühl* § 242 Rn.25; *Maurach/Schroeder/Maiwald*, BT 1, S.325; *Mitsch*, BT II/1, S.17 (Rn.35), 50f (Rn.101); *Paulus*, Sachzueignung, S.197; *Roth*, Eigentumsschutz, S.57f; *Schaffstein* GA 1964, 97 (105f); SK-*Hoyer* Vor § 242 Rn.10; *Tenckhoff* JuS 1980, 723 (726); *Wessels/ Hillenkamp*, BT 2, S.41 (Rn.119), 50 (Rn.150); wohl auch *Gribbohm* JuS 1963, 106; *Haberkorn* MDR 1962, 704 (706); *Lampe* GA 1966, 225 (229f, 237f); *Samson* JA 1980, 285 (291); Sch/Sch/*Eser* § 242 (Rn.62). Zum älteren Schrifttum vgl. *Frank* § 242, S.521; *Harburger*, VDB VI, S.209, 221f.

606 *Bockelmann* ZStW 65 (1953), 571 (576); *Maurach/Schroeder/Maiwald*, BT 1, S.325; *Seelmann* JuS 1985, 288; *Wessels/Hillenkamp*, BT 2, S.19 (Rn.57). (Vgl. schon die Argumentation in RGSt 39, S.239 (243f) sowie bei *Harburger*, VDB VI, S.209, 222.) Einschränkend *Arzt/Weber* LH3, S.41, *Charalambakis*, Unterschlagungstatbestand, S.226 Fn.2 und *Tenckhoff* JuS 1980, 723 (726), die die Zahl der Fälle, in denen die Zueignung nach der Wegnahme noch aussteht, zu Recht für gering halten.

607 *Gropp* JuS 1999, 1041; *Seelmann* JuS 1985, 288; *Tenckhoff* JuS 1980, 723 (726); implizit *Küper*, BT, S.437. - *Lampe* GA 1966, 225 (228, 231f, 235), schließt daraus, "der *Erfolg* des Diebstahls [werde] allein durch die *Wegnahme* typisiert" (S.228). [Hervorhebungen im Original] - Damit findet *Lampe*s Ansicht im Gesetz, das zusätzlich zur Wegnahme ausdrücklich eine "Zueignungsabsicht" verlangt, keine Stütze.

608 *Arzt/Weber* LH3, S.94; *Bloy* JA 1987, 187; *Gössel*, BT 2, S.121f; *Heubel* JuS 1984, 445 (448); *Maurach/Schroeder/Maiwald*, BT 1, S.325; *Roth*, Eigentumsschutz, S.57; *Samson* JA 1990, 5 (8); Sch/Sch/*Eser* § 242 Rn.46; SK-*Hoyer* Vor § 242 Rn.10, § 242 Rn.67, 111. - A.A. *Lampe* GA 1966, 225 (236).

nung *per definitionem* vollendet[609]. Aus dem gleichen Grund geht auch der Einwand fehl, die Wegnahme könne nicht als "Zueignung" definiert werden, weil sie letztlich auch ganz anderen Zielen (wie etwa der Gebrauchsanmaßung oder der Sachentziehung oder -zerstörung) dienen könne[610]: Nach dem Verständnis der Mindermeinung ist eben per definitionem *nur* diejenige Wegnahme eine Zueignung, die "*in Zueignungsabsicht*" erfolgt[611].

Welcher dieser beiden Auffassungen man folgt, bleibt sich letztlich gleich, da die Ergebnisse bei beiden grundsätzlich identisch sind. Eine Ausnahme kann sich allerdings ergeben: Wenn man die Zueignung für nicht wiederholbar hält, hängt die Möglichkeit einer Unterschlagung nach einem Diebstahl davon ab, ob die Wegnahme bereits eine Zueignung darstellt oder nicht. Auch hier ergeben sich aber allenfalls insofern Differenzen hinsichtlich der strafrechtlichen Gesamtwürdigung des Geschehens als derjenige, der in der Wegnahme eine Zueignung erblickt, die Unterschlagung für den Dieb nicht mehr in Ansatz bringen und für einen Teilnehmer an der Unterschlagung entweder auf Hehlerei zurückgreifen oder auf dessen Verurteilung verzichten wird.

Schließlich nimmt *Kindhäuser*[612] an, daß für die Zueignung schon die Begründung von Eigenbesitz genüge, weshalb die Zueignung zeitlich mit der Wegnahme zusammenfalle. - Das OLG Celle[613] nimmt Tateinheit zwischen (im entschiedenen Fall versuchtem) Diebstahl und vollendeter Unterschlagung an.

Nach der hier vertretenen Auffassung erfordert die Zueignung einen Sachtransfer und eine Manifestationshandlung. Die Wegnahme beim Diebstahl bewirkt dabei einerseits den Sachtransfer (die Überleitung der Sache aus dem Herrschaftsbereich des Eigentümers oder sonstigen Berechtigten) und bildet andererseits dessen äußerlich erkennbare Manifestation. Damit gelangt der Verfasser zum Ergebnis der Mindermeinung, daß die Zueignung beim Diebstahl durch die Wegname in Zueignungsabsicht bewirkt wird.

---

609 *Bittner*, Gewahrsamsbegriff, S.86f.

610 So z.B. *Gössel* ZStW 85 (1973), 591 (598); *Roth*, Eigentumsschutz, S.58; SK-*Hoyer* Vor § 242 Rn.10.

611 Vgl. *Bittner*, Gewahrsamsbegriff, S.87; *Welzel*, Strafrecht, S.350.

612 BT II/1, S.71f (Rn.79).

613 in: JR 1987, 253 (254).

III.) Subjektiver Tatbestand und Rechtswidrigkeit der Zueignung. Täterschaft und Teilnahme. Wahlfeststellung

1.) Subjektiv muß die Zueignungsabsicht schon im Moment der Wegnahme vorgelegen haben[614]; beschließt der Täter erst später, sich die entwendete Sache zuzueignen, so kommt nur Unterschlagung in Betracht[615]. Hinsichtlich der ***Aneignung*** ist nach allgemeiner Auffassung *Absicht* erforderlich, d.h. zielgerichtetes Wollen[616]; nach einer anderen Ansicht[617] ist nichts anderes als dolus directus ersten Grades gemeint. Bei der ***Enteignung*** läßt die ganz h.M.[618] schon *dolus eventualis* genügen, während eine Mindermeinung[619] auch hier Absicht fordert. Da die Mindermeinung aber in praktisch allen diskutierten Zueignungsfällen eine Enteignungs-"Absicht" konstatieren dürfte, bestehen i.E. fast keine Unterschiede zwischen ihr und der h.M.[620]. Allerdings zieht *Bittner* aus seinem Postulat einer Enteignungs*absicht* die Folgerung, daß die bloße Preisgabe eines entwedeten Kraftfahrzeuges nicht genüge, da es "dem

---

614 Allgemeine Auffassung. Vgl. nur *Lackner/Kühl* § 242 Rn.20; *Maurach/Schroeder/Maiwald*, BT 1, S.339; *Rengier*, BT 1, S.20 (Rn.38); Sch/Sch/*Eser* § 242 (Rn.66); *Tröndle/Fischer* § 242 Rn.23; *Wessels/Hillenkamp*, BT 2, S.65 (Rn.191). So schon *Frank* § 242, S.517.

615 *Heubel* JuS 1984, 445 (450); *Kindhäuser*, BT II/1, S.107 (Rn.176) (auch S.83 (Rn.109), 84 (Rn.110)); *Krey*, BT 2, S.32 (Rn.66); *Lackner/Kühl* § 242 Rn.20; *Maurach/Schroeder/Maiwald*, BT 1, S.339; *Rengier*, BT 1, S.20 (Rn.38); Sch/Sch/*Eser* § 242 (Rn.66); *Tröndle/Fischer* § 242 Rn.23; *Wessels/Hillenkamp*, BT 2, S.65 (Rn.191). So schon *Frank* § 242, S.517, 521.

616 *Eser* StR IV, S. 47; *Gössel*, BT 2, S.121; *Haft*, BT, S.147; *Kindhäuser*, BT II/1, S.107 (Rn.176); *Krey*, BT 2, S.29 (Rn.57), 42 (Rn.84), 43ff (Rn.89ff); *Küper*, BT, S.432, 437; *Lackner/Kühl* § 242 Rn.25; *Maurach/Schroeder/Maiwald*, BT 1, S.325; *Park* JuS 1999, 887 (891); *Rengier*, BT 1, S.21 (Rn.40); *Schaffstein* GS 103, 292 (310); *ders.* GA 1964, 97 (102ff); Sch/Sch/*Eser* § 242 (Rn.61); *Tenckhoff* JuS 1980, 723 (726); *Tröndle/Fischer* § 242 Rn.24; *Wessels/Hillenkamp*, BT 2, S.50 (Rn.150).

617 *Arzt/Weber* LH3, S.59; *Bloy* JA 1987, 187 (188); *Graul* JuS 1999, 562 (563); *Gropp* JuS 1999, 1041 (1043); *Heubel* JuS 1984, 445 (450); *Mitsch*, BT II/1, S.63 (Rn.120); *Otto*, Struktur, S.200, 205; *Roth*, Eigentumsschutz, S.58; *Samson* JA 1980, 285 (292); *Schlüchter*, Bochumer Erläuterungen, S.74; SK-*Hoyer* § 242 Rn.106.

618 *Eser* StR IV, S.73; *Kindhäuser*, BT 2, S.99; *Lackner/Kühl* § 242 Rn.25; *Maurach/Schroeder/Maiwald*, BT 1, S.339; *Mitsch*, BT II/1, S.53 (Rn.107); Sch/Sch/*Eser* § 242 (Rn.64); SK-*Hoyer* § 242 Rn.107; *Tröndle/Fischer* § 242 Rn.24.

619 *Gössel*, BT 2, S.124; anscheinend auch *Bittner*, Gewahrsamsbegriff, S.70; *Otto*, Struktur, S.205. *Maiwald*, Zueignungsbegriff, S.176f, fordert dolus directus [zweiten Grades]. Kritisch gegenüber der h.M. (daher wohl i.S. der Mindermeinung) auch *Arzt/Weber* LH3, S.59.

620 So auch *Wessels/Hillenkamp*, BT 2, S.50 (Rn.150). Vgl. insbesondere die Argumentation bei *Bittner*, Gewahrsamsbegriff, S.67.

Täter, der ein benutztes Kraftfahrzeug irgendwo stehen läßt, so gut wie nie darum [geht], es dem Eigentümer zu nehmen"[621]. In diesem einen Punkt wird die "Absicht" der Enteignung allerdings relevant.

Dencker[622] hat bei der ***Drittzueignung*** das Absichtserfordernis nochmals hervorgehoben; an einer solchen Absicht, dem Dritten die Sache zuzueignen, fehle es, wenn der Handelnde selbst kein Interesse an der Zueignung habe, so insbesondere im "Gänsebucht"-Fall. Dort scheitere ein Diebstahl am Fehlen der (Dritt-)Zueignungs*absicht*. Dem wird man so nicht zustimmen können: Es ist zu vermuten, daß der Gesetzgeber von 1871 mit seiner Formulierung "in der Absicht wegnimmt, dieselbe sich rechtswidrig zuzueignen" vornehmlich zwei Ziele verfolgte: Zum einen wollte er klarstellen, daß für den Diebstahl die Wegnahme erforderlich, aber auch ausreichend ist (womit er sich, wie bereits ausgeführt, für die Apprehensionstheorie entschied), zum anderen wollte er die Zueignungsdelikte von der Gebrauchsanmaßung, der Sachbeschädigung und der Sachentziehung abgrenzen. Die Formulierung "in der Absicht wegnimmt, die Sache sich ... zuzueignen" bedeutet nichts weiter als: "wegnimmt, um sie sich ... zuzueignen".

2.) Die ganz h.M.[623] sieht in der ***Rechtswidrigkeit*** der erstrebten Zueignung ein (von der Rechtswidrigkeit der Tat zu unterscheidendes) Tatbestandsmerkmal, das sich im wesentlichen auf die Frage bezieht, ob der Täter einen Anspruch auf die von ihm zugeeignete Sache hat. Nach dieser Ansicht muß der Täter nicht nur mit Zueignungsabsicht handeln, sondern sein Vorsatz muß auch die Rechtswidrigkeit dieser Zueignung umfassen. In Bezug auf die Rechtswidrigkeit der Zueignung soll allerdings nach allgemeiner Meinung *dolus eventualis* ausreichen[624]. Nach wohl überwiegender Auffassung bildet die Zueignung aber nur den Gegenstand einer überschießenden Innentendenz und ist damit im subjektiven Tatbestand angesiedelt. Da sich der Vorsatz aber nur auf die Merkmale des objektiven Tatbestands zu beziehen braucht, könnte die h.M.

---

621 Gewahrsamsbegriff, S.69f. Beachte auch *Gössel*, BT 2, S.124f, der der h.M. entgegenhält, ihre Position führe zu einer kriminalpolitisch bedenklichen Ausweitung der Strafbarkeit.)

622 in: Einführung in das 6.StrRG, S.18.

623 *Dencker (usw.)*, Einführung in das 6.StrRG, S.20; *Kindhäuser*, BT II/1, S.100 (Rn.150), 177 (Rn.72); *Lackner/Kühl* § 242 Rn.28; NK-*Kindhäuser* § 242 Rn.145; *Otto*, Strafrecht, S.161 (Rn.78); *Rengier*, BT 1, S.33 (Rn.64); *Schröder* DRiZ 1956, 69; SK-*Hoyer* § 242 Rn.96, § 246 Rn.33; *Tröndle/Fischer* § 246 Rn.23.

624 *Gropp* JuS 1999, 1041 (1044); *Kindhäuser*, BT II/1, S.108 (Rn.177); *Krey*, BT 2, S.49 (Rn.96); *Maurach/Schroeder/Maiwald*, BT 1, S.340; Sch/Sch/*Eser* § 242 (Rn.65); SK-*Hoyer* § 242 Rn.108; *Wessels/Hillenkamp*, BT 2, S.65 (Rn.190); i.E. auch *Gössel*, BT 2, S.125f.

bzgl. der *Rechtswidrigkeit* der Zueignung auch auf Vorsatz verzichten und die Absicht der *Zueignung* ausreichen lassen. - Dagegen ist nach Ansicht der Mindermeinung, der sich der Verfasser im Ergebnis angeschlossen hat, die Zueignung beim Diebstahl bereits mit der Wegnahme in Zueignungsabsicht verwirklicht. Damit wird auch die Zueignung durch Wegnahme und mit ihr die Rechtswidrigkeit der Zueignung Teil des objektiven Tatbestands des Diebstahls. Folglich muß auch sie vom Vorsatz umfaßt werden. - *Hirsch*[625], der auch die im Tatbestand der Zueignungsdelikte ausdrücklich erwähnte Rechtswidrigkeit nur als allgemeines Verbrechensmerkmal versteht, nimmt folgerichtig an, daß sich der Vorsatz nicht auf sie zu erstrecken brauche.

3.) ***Täterschaft*** (also auch Mittäterschaft) setzt Zueignungsabsicht beim Betreffenden voraus[626]. - Die h.M.[627] hält eine ***Teilnahme*** auch nach Vollendung des Diebstahls (also nach Vollendung der Wegnahme) bis zur Beendigung der Tat (durch endgültige Sicherung der Beute) für möglich. Dieser Ansicht ist insoweit zuzustimmen als auch bei der Sicherung der Beute noch entscheidende Hilfeleistungen durch Dritte möglich sind. Gleichwohl hat die Mindermeinung, die eine ***Teilnahme*** nur bis zur Vollendung des Diebstahls (also bis zur Vollendung der Wegnahme) für möglich hält[628], die besseren Argumente auf ihrer Seite, zumal nicht ersichtlich ist, wie "die Tat" (das ist hier die *Wegnahme* in Zueignungsabsicht) nach Deliktsvollendung noch "gefördert" werden soll. Die Mindermeinung sieht daher in der Ausdehnung der Teilnahme durch Rechtsprechung und h.M. bis in die Beendigungsphase einen Verstoß gegen Art.103 Abs.2 GG. In der Beendigungsphase ist also keine Beihilfe mehr möglich; es kommt nur noch Begünstigung in Betracht[629].

4.) ***Wahlfeststellung*** zwischen Diebstahl und Hehlerei oder Diebstahl und Begünstigung ist möglich[630].

---

625 in: JZ 1963, 149 (155).

626 *Gössel*, BT 2, S.128; *Ingelfinger* JuS 1998, 531 (535); *Krey*, BT 2, S.46 (Rn.90c); *Mitsch*, BT II/1, S.66 (Rn.127); *Rengier*, BT 1, S.36 (Rn.73).

627 Vgl. nur BGH StV 1999, 151 (Leitsatz); Sch/Sch/*Eser* § 242 (Rn.73).

628 Ebenso *Gössel*, BT 2, S.128f, *Kindhäuser*, BT II/1, S.111f (Rn.187) und *Mitsch*, BT II/1, S.43f (Rn.90) (m.w.N.)

629 *Gössel* ZStW 85 (1973), 591 (647); *Isenbeck* NJW 1965, 2326 (2329).

630 Vgl. statt vieler nur *Fahl* JuS 1999, 903 (904), *Kindhäuser*, BT II/1, S.112 (Rn.190) und Sch/Sch/*Eser* § 242 (Rn.79), jeweils m.w.N. - Zur Möglichkeit einer Wahlfeststellung zwischen Diebstahl und Unterschlagung bei "Tatsachenalternativität" *Paulus*, Sachzueignung, S.199.

B. Die Unterschlagung (§ 246)

I.) Grundlagen

Nach der Fassung, die der Tatbestand durch das 6.StrRG erhalten hat, macht sich wegen Unterschlagung strafbar, wer eine fremde bewegliche Sache sich oder einem Dritten rechtswidrig zueignet.

Das Kernelement des Tatbestandes, das einzige Tatbestandsmerkmal[631], ist damit die Zueignung. Diese ist oben bereits eingehend analysiert worden. An dieser Stelle interessiert daher nur mehr die Frage nach der innertatbestandlichen Konstruktion und der Stellung der Unterschlagung im System der Zueignungsdelikte.

Rechtsgut der Unterschlagung ist das Eigentum[632]. Sie erfaßt in ihrem Tatbestand einen Grundtatbestand der *einfachen Unterschlagung* (Zueignung einer fremden beweglichen Sache) und eine *Qualifikation*[633], die ***veruntreuende Unterschlagung*** sog. "*anvertrauter*" Gegenstände[634]. Eine Sache ist dem Täter dann "anvertraut", wenn er sie mit der Maßgabe erhalten hat, mit ihr in bestimmter Weise zu verfahren oder sie zurückzugeben[635]. Es handelt sich dabei um ein besonderes persönliches Merkmal i.S.v. § 28 Abs.2[636]. Für ein solches Anvertrautsein genügt nach der h.M. schon die vertragliche Besitzeinräumung durch einen anderen[637]. Damit bildet die Qualifikation (das Anvertrautsein) in der Praxis den Normalfall, der Grundtatbestand nach der Zahl der Fälle die Ausnahme[638].

---

631 Vgl. auch *Duttge/Fahnenschmidt* ZStW 110 (1998), 884 (910f, 915); *Hörnle* Jura 1998, 169 (170f).

632 Communis opinio. *Eser* StR IV, S.16; *Gössel* BT 2, S.177; *Lackner/Kühl* § 242 Rn.1; *Maurach/Schroeder/Maiwald*, BT 1, S.361; *Mitsch*, BT II/1, S.164 (Rn.5); NK-*Kindhäuser* § 246 Rn.3; Sch/Sch/*Eser* § 242 (Rn.1); SK-*Hoyer* § 246 Rn.1; *Tröndle/Fischer* § 246 Rn.2.

633 *Kindhäuser*, BT II/1, S.157 (Rn.3); *Lackner/Kühl* § 246 Rn.13; *Maurach/Schroeder/Maiwald*, BT 1, S.371 (ähnlich S.363); *Mitsch*, BT II/1, S.165 (Rn.6), 200 (Rn.61); NK-*Kindhäuser* § 246 Rn.1; *Schlüchter*, Bochumer Erläuterungen, S.75; SK-*Hoyer* § 246 Rn.42; *Tröndle/Fischer* § 246 Rn.1, 20.

634 Zur historischen Entwicklung und kriminalpolitischen Bewertung der Veruntreuung vgl. *Harburger*, VDB VI, S.341f.

635 BGHSt 9, S.90 (91); BGHSt 16, S.280 (282) (jeweils m.w.N.); *Kindhäuser*, BT II/1, S.179 (Rn.81); Sch/Sch/*Eser* § 246 Rn.29; *Tröndle/Fischer* § 246 Rn.20. Vgl. schon Mat., S.499; *Frank* § 242, S.541.

636 Vgl. nur *Lackner/Kühl* § 246 Rn.13; *Maurach/Schroeder/Maiwald*, BT 1, S.371; Sch/Sch/*Eser* § 246 Rn.29; SK-*Hoyer* § 246 Rn.42; *Tröndle/Fischer* § 246 Rn.22.

637 BGHSt 9, S.90 (91); BGHSt 16, S.280 (282) (jeweils m.w.N.); *Lackner/Kühl* § 246 Rn.13; *Maurach/Schroeder/Maiwald*, BT 1, S.371; *Tröndle/Fischer* § 246 Rn.20.

Derjenige, durch den die Besitzeinräumung erfolgt, muß nicht notwendig der Berechtigte sein, doch greift die Qualifikation nach wohl überwiegender Auffassung[639] nicht ein, wenn die Besitzeinräumung gegen die Interessen des Berechtigten erfolgt (z.B. zur Aufbewahrung für den Dieb). Gegen diese Beschränkung wenden sich *Gössel*[640], *Otto*[641] und *Maiwald*[642]. Letzterer nimmt (in der Sache wenig überzeugend) eine Art rechtlicher Stellvertreterstellung des Diebes für den Eigentümer an: Der Dieb sei verpflichtet, sich im Interesse des Eigentümers um die Sache zu kümmern und werde daher auch geschützt. Hinsichtlich des Handlungsunrechts bei der Zueignung ist es (wie oben bei der Frage des "Diebstahls vom Dieb" ausgeführt) jedoch ohne Bedeutung, von wem der (Zweit-) Täter seinen Besitz ableitet; wohl aber macht es einen Unterschied, ob ihm seine Verpflichtungen im Rahmen des Vertrauensverhältnisses von einem Berechtigten oder von einem Nichtberechtigten auferlegt werden. (Auch *Maiwald*[643] will bei der Treuepflicht nach den Interessen des Eigentümers differenzieren und weicht damit von seiner eigenen Argumentation ab.) - Zu folgen ist damit im Ergebnis der h.M.

Kürzlich ist von einem Autor[644] vorgeschlagen worden, die Veruntreuung nach der Neufassung weiter zu interpretieren als bisher. Da Besitz und Gewahrsam für die Unterschlagung nun nicht mehr erforderlich seien, setze die veruntreuende Unterschlagung auch kein "Hingeben oder Überlassen des Gewahrsams an einer Sache" mehr voraus[645]; es genüge vielmehr, daß dem Täter im Rahmen eines Vertrauensverhältnisses eine gewisse "Verfügungsgewalt" über die Sache eingeräumt worden sei[646]. Die veruntreuende Unterschlagung würde damit sozu-

---

So schon *Frank* § 242, S.541. - Kritisch einschränkend dagegen SK-*Hoyer* § 246 Rn.45f, der angesichts des hohen Strafrahmens der veruntreuenden Unterschlagung (er entspricht dem der Untreue) verlangt, daß dem Täter der Besitz *ohne jede Nutzungsbefugnis* eingeräumt worden ist (wie z.B. bei einem Verwahrungs- oder Pfandrecht).

638 *Kindhäuser*, BT II/1, S.179f (Rn.81); *Maurach/Schroeder/Maiwald*, BT 1, S.371; *Wessels/Hillenkamp*, BT 2, S.116 (Rn.296).

639 *Friedl* wistra 1999, 206 (207); *Jordan* Jura 1999, 304 (312); *Lackner/Kühl* § 246 Rn.13; *Rengier*, BT 1, S.87 (Rn.26); *Tröndle/Fischer* § 246 Rn.20; *Wessels/Hillenkamp*, BT 2, S.116 (Rn.296) sowie schon *Frank* § 242, S.541; hinweisend *Krey*, BT 2, S.95 (Rn.169). Noch stärker einschränkend *Kindhäuser*, BT II/1, S.180 (Rn.82f); Sch/Sch/*Eser* § 246 Rn.30; SK-*Hoyer* § 246 Rn.47.

640 BT 2, S.195.

641 Strafrecht, S.180 (Rn.28f).

642 Zueignungsbegriff, S.209f.

643 Zueignungsbegriff, S.209f.

644 *Friedl* wistra 1999, 206ff.

645 *Friedl* wistra 1999, 206 (208).

646 *Friedl* wistra 1999, 206 (208).

sagen zur "kleinen Untreue". - Demgegenüber ist zu bedenken, daß dieser Vorschlag schon zur Bestrafung wegen veruntreuender Unterschlagung gelangen müßte, wenn der Täter z.B. am Telefon Sachen einer anderen Person verschenkt, die ihm (dem Täter) im Rahmen eines Vertrauensverhältnisses Verfügungsgewalt (in welchem Umfang überhaupt?) über diese Sachen zugestanden hat, und zwar unabhängig davon, ob die Sachen dadurch dem "Opfer" verloren gehen oder unverändert bei ihm verbleiben. Der Verfasser des Aufsatzes will diese Konsequenz dann aber offenbar doch nicht ziehen; vielmehr bestehen in allen vom ihm gebildeten Beispielsfällen Besitz- oder Gewahrsamsverhältnisse des Täters zu der Sache (wenigstens durch eine vermittelte Zugriffsmöglichkeit im Rahmen einer mittelbaren Täterschaft). Es ist die Frage, ob der Autor in praxi bereit wäre, die Konsequenzen aus seiner eigenen Theorie tatsächlich zu ziehen. - Auch sein Vorschlag, das Erfordernis einer Vermögensbetreuungspflicht bei der Untreue durch die subsidiäre Bestrafung aus § 246 Abs.2 zu umgehen und den Tatbestand so zu einem Auffangtatbestand nicht nur für die Zueignungsdelikte, sondern auch für die Untreue umzufunktionieren[647], ist kriminalpolitisch zweifelhaft und wird systematisch nicht fundiert. Bezeichnenderweise will der Autor zu der Frage, ob die Ergebnisse "aus kriminalpolitischer Sicht sinnvoll" sind, dann auch nicht Stellung nehmen[648].

Im Verhältnis zur **Untreue** ist darauf hinzuweisen, daß eine Vermögensbetreuungspflicht gegenüber einer bestimmten Person i.d.R. dazu führt, daß die Gegenstände aus der zu betreuenden Vermögensmasse anvertraut sind. Allerdings sind damit nicht notwendig alle Sachen derjenigen Person, der gegenüber die Verpflichtung besteht, automatisch dem Täter anvertraut: Handelt es sich etwa um eine geschäftliche Vermögensbetreuungspflicht (z.B. eines vom Unternehmensinhaber eingestellten Firmenchefs oder Verwalters), so wird man nicht davon ausgehen können, daß auch private Gegenstände des Vermögensinhabers dem Täter automatisch mitanvertraut sind. Wegen der Subsidiarität der Unterschlagung gegenüber Delikten, die eine schwerere Strafe androhen (dazu unten), dürfte die Frage, ob neben einer Untreue zusätzlich auch noch eine veruntreuende Unterschlagung vorliegt, allerdings keine praktische Bedeutung erlangen.

Nach der *alten Fassung*, wie sie bereits seit dem PrStGB von 1851 unverändert bestand[649], konnte eine Unterschlagung nur begehen, wer das Tatobjekt (eine

647 *Friedl* wistra 1999, 206 (208).
648 *Friedl* wistra 1999, 206 (208).
649 Die Fassung des Diebstahls- und des Unterschlagungstatbestandes im PrStGB von 1851 und im RStGB dürfte auf die historische Unterscheidung von "dieblichem Nehmen" und "dieblichem Behalten" zurückgehen (vgl. *Harburger*, VDB VI, S.184f, 198f: Gewahrsam sei "die Grundlage für das durchschlagende Unterschei-

fremde bewegliche Sache) "in Besitz oder Gewahrsam" hatte (sog. "Gewahrsamsklausel"). *Bockelmann*[650] hat betont, daß die Unterschlagung nach dem Willen des historischen Gesetzgebers[651] Besitz oder Gewahrsam schon *bei* oder *vor* dem Zueignungsakt erforderte (sog. *strenge Auslegung*). Der bisherige Streit um die Gewahrsamsklausel des Unterschlagungstatbestandes ist durch dessen Neufassung nach allgemeiner Meinung obsolet geworden[652]. Gleichwohl vermag die historische Entwicklung für die Fälle der *Fundunterschlagung* noch Argumentationsmaterial zu liefern. Im Gegensatz zur wohl herrschenden Auffassung wollte nämlich vor der Neufassung eine Mindermeinung[653] an der Ansicht des Gesetzgebers von 1851 festhalten, daß die erstmalige Besitzbegründung auch dann, wenn sie in deliktischer Absicht erfolgt, den Tatbestand der Unterschlagung noch nicht erfüllt. Die Formulierung in § 226 PrStGB ist insoweit eindeutig: "Einer Unterschlagung wird es gleich geachtet, wenn derjenige, welcher eine fremde bewegliche Sache gefunden oder durch Zufall in seine Gewahrsam bekommen hat, dieselbe zum Nachtheile des Eigenthümers, Besitzers oder Inhabers veräußert, verpfändet, verbraucht oder bei Seite schafft, oder die Gewahrsam derselben der Obrigkeit wider besseres Wissen ableugnet." Die *Motive* von 1869 gingen sogar noch einen Schritt hinter das PrStGB zurück, indem sie es "nicht mehr als Fundunterschlagung" werten wollten, "wenn Jemand die zufällig erlangte Gewahrsame einer Sache, der Obrigkeit gegenüber, wider besseres Wissen ableugnet"[654] - Nach der Gegenauffassung[655] sollte schon die Besitzbegründung

---

dungsmerkmal zwischen Diebstahl und Unterschlagung, zwischen 'dieblichem Nehmen' und dieblichem Behalten' [...]: Wer eine Sache aus fremdem Gewahrsam behufs rechtswidriger Aneignung wegnimmt, macht sich eines Diebstahls, wer eine in seinem 'Besitz oder Gewahrsam' befindliche Sache sich rechtswidrig aneignet, einer Unterschlagung schuldig.").

650 in: MDR 1953, 3 (5ff) mit umfassenden Nachweisen. Ebenso *Dutt-ge/Fahnenschmidt* Jura 1997, 281 (284); *Schünemann* JuS 1968, 114 (116); *Seelmann* JuS 1985, 699 (700); *Maiwald*, Zueignungsbegriff, S.108 Fn.127 (mit eingehender Analyse der umstrittenen Passage in den Motiven).

651 Vgl. etwa Mat., S.458f.

652 Vgl. etwa *Dencker (usw.)*, Einführung in das 6.StrRG, S.22; *Lackner/Kühl* § 242 Rn.3; *Otto* Jura 1998, 550 (551).

653 *Maiwald* JA 1971, 147 (150); *ders.*, Zueignungsbegriff S.108ff; *Schünemann* JuS 1968, 114 (117 Fn.46, 118); *Seelmann* JuS 1985, 699 (700); *Bittner*, Gewahrsamsbegriff, S.300ff; bedingt zustimmend *Charalambakis*, Unterschlagungstatbestand, S.54. ***Nach der Reform*** grundsätzlich weiterhin *Rengier*, BT 1, S.81 (Rn.11).

654 Mot., S.167. Hinweisend *Schünemann* JuS 1968, 114 (116). Vgl. ferner *Maiwald*, Zueignungsbegriff, S.110, 215.

655 *Charalambakis*, Unterschlagungstatbestand, S.124f Fn.2; *Kindhäuser*, BT II/1, S.166 (Rn.30); *Krey*, BT 2, S.88 (Rn.162a); *Ranft* JA 1984, 277 (286); *Rengier*, in: Lenckner-FS, S.801 (806f); *Wessels/Hillenkamp*, BT 2, S.113f (Rn.292).

bestraft werden können, wenn die Umstände des Falles (auffälliges Verhalten des Täters am Tatort, z.B. mehrmaliges Umsehen nach allen Seiten vor dem Einstekken der Sache) auf dessen deliktische Absichten schließen lassen. (Demgegenüber meint *Samson*[656] pauschal, daß "keinem Finder nachzuweisen sein [wird], daß er den Zueignungsvorsatz bereits in dem Augenblick gefaßt hat, in dem er die Sache an sich nahm".) – Nach der erstgenannten Meinung sollte auch ein solches Verhalten noch nicht tatbestandlich sein, weil die Besitzbegründung als solche "eine rechtswidrige nicht sein werde"; vielmehr sei diese ein nach bürgerlichem Recht erlaubtes Verhalten[657]. Auch bedürfe es der Bestrafung schon beim Aufnehmen und Einstecken der Fundsache nicht, zumal man auf spätere Zueignungsakte abstellen könne[658]. Die entgegengesetzte Auffassung wies dagegen auf die Schwierigkeit hin, des Täters noch habhaft zu werden, nachdem dieser mit der Sache verschwunden sei. - Die Rechtsprechung scheint nie Anlaß gehabt zu haben, sich mit dieser Frage auseinanderzusetzen; jedenfalls liegt, soweit ersichtlich, keine einschlägige Entscheidung vor. Die Frage war also von jeher rein theoretischer Natur.

Die Argumentation der (wohl überwiegenden) Auffassung zur alten Rechtslage deutet darauf hin, daß es sich hier nicht um ein materiell-rechtliches Problem handelt, sondern um eine schlichte Beweisfrage[659]. Dies spricht für die Ansicht des Verfassers, daß für den bloßen Sachtransfer schon Besitz oder Gebrauch im Interesse des Täters oder eines nichtberechtigten Dritten genügen. An den Nachweis der Zueignung sind aber hohe Anforderungen zu stellen: Der bloße Anschein deliktischer Absichten kann nicht genügen; vielmehr muß deren Annahme so plausibel sein, daß ein "vernünftiger Zweifel" am Vorliegen einer Unterschlagung nicht bestehen kann. Daher ist das Aufnehmen einer fremden Sache als Manifestationsakt auch dann nicht ausreichend, wenn es in deliktischer Absicht erfolgt. Selbst ein auffälliges Verhalten am Tatort kann zwar den Versuch einer Fundunterschlagung begründen, nicht aber deren Vollendung. Es ist also mit der Mindermeinung zur alten Gesetzesfassung für eine Bestrafung wegen vollendeter

---

656 in: JA 1990, 5 (7).

657 *Maiwald* JA 1971, 147 (150); wohl auch *Charalambakis*, Unterschlagungstatbestand, S.54.

658 *Kindhäuser*, BT II/1 (*1.Auflage 1998*), S.155.

659 Vgl. auch die Ausführungen der Motive zum Ableugnen des Besitzes gegenüber der Obrigkeit beim "Funddiebstahl": "Denn eine solche Bestimmung kann höchstens dazu dienen, eine V e r m u t h u n g der beabsichtigten Unterschlagung zu begründen [*sic*!], sie ist aber nicht geeignet, den Thatbestand einer Unterschlagung selbst herzustellen." (Mot. S.167; Hervorhebung im Original.) Auch wenn die Ausführungen im Entwurf eindeutig davon ausgehen, daß der *objektive Tatbestand* eine *Manifestation* der Zueignung verlange, läuft die Argumentation auf eine bloße Beweisfrage hinaus.

Unterschlagung ein weiterer, der Besitzbegründung nachfolgender Manifestationsakt abzuwarten.

Alle übrigen nach der alten Fassung "problematischen" Konstellationen, namentlich das Problem des bloß mittelbaren Besitzes und einer Mittäterschaft ohne Mitgewahrsam ("Papierrollen"-Fall[660]) können über die Neufassung des § 246 mühelos erfaßt werden[661], nach der beim Zueignungsbegriff gemachten Einschränkung allerdings nur dann, wenn mindestens einer der am Geschehen Beteiligten mindestens mittelbaren Besitz erlangt[662] und dem Berechtigten mindestens den unmittelbaren Besitz auf Dauer entzieht[663].

II.) Die systematische Einordnung des neugefaßten Unterschlagungstatbestandes

Nach der *Neufassung* des Gesetzes sind vor allem die systematische Einordnung der Unterschlagung und die Bedeutung und Auslegung der neu eingeführten Subsidiaritätsklausel umstritten. Eine gefestigte Praxis konnte sich in der Kürze der Zeit natürlich noch nicht herausbilden. Daher können hier auch nur die bisherigen Ansätze[664] für eine Auslegung referiert werden.

Systematisch hat der Gesetzgeber die Unterschlagung im 6.StrRG ausdrücklich als ***Auffangtatbestand*** konzipiert[665]. Dies wollte er äußerlich durch das Einfügen der Subsidiaritätsklausel sicherstellen[666]. An diesen Willen des Gesetzge-

---

660 BGHSt 2, S.37; dazu *Rengier*, in: Lenckner-FS, S.808f (seit der Reform: Täterschaft).

661 *Dencker (usw.)*, Einführung in das 6.StrRG, S.22; *Mitsch*, BT II/1, S.180ff (Rn.29ff); *Rengier*, BT 1, S.82f (Rn.13ff); *ders.*, in: Lenckner-FS, S.801 (808ff); auch *Tröndle/Fischer* § 246 Rn.1.

662 *Mitsch*, BT II/1, S.180ff (Rn.29, 31).

663 *Mitsch*, BT II/1, S.174 (Rn.21).

664 Es scheint sogar noch zu früh, von Auslegungs*modellen* zu sprechen (i.E. ebenso *Murmann* NStZ 1999, 14f). Die meisten Äußerungen stellen eine Problemdiskussion dar und versuchen, ein Bewußtsein für die neu auftauchenden Fragenkreise zu schaffen.

665 *Duttge/Fahnenschmidt* ZStW 110 (1998), 884 (886); *Hörnle* Jura 1998, 169 (171); *Krey*, BT 2, S.82 (Rn.152); *Küper*, BT, S.448; *Rengier*, BT 1, S. 77 (Rn.3); SK-*Hoyer* § 246 Rn.7; *Wessels/Hillenkamp*, BT 2, S.20 (Rn.58); *Wolters* JZ 1998, 397 (399). Vgl. schon die Ausführungen von *Bockelmann* JZ 1960, 621 (622) zum *E 1962* sowie *Gribbohm* JuS 1964, 233 (238).

666 *Duttge/Fahnenschmidt* ZStW 110 (1998), 884 (886); *Hörnle* Jura 1998, 169 (171); *Wessels/Hillenkamp*, BT 2, S.20 (Rn.58); *Wolters*, JZ 1998, 397 (399). Vgl. wiederum *Bockelmann* JZ 1960, 621 (622).

bers ist der Rechtsanwender aber nicht gebunden, wenn die besseren Gründe für eine andere Interpretation sprechen[667].

Die richtige systematische Einordnung des neugefaßten Unterschlagungstatbestandes, speziell sein Verhältnis zum Diebstahl wird vor allem von der Frage bestimmt, ob man auch beim Diebstahl von einer vollendeten Zueignung ausgeht oder ob die Zueignung dort nur beabsichtigt sein muß. Wenn man mit der Ansicht[668], die die (vom Zueignungswillen getragene) *Wegnahme als Form der Zueignung* auffaßt, davon ausgeht, daß die Wegnahmedelikte (§§ 242ff, 249, 252) eine Zueignung und damit (jedenfalls seit der Neufassung des § 246 StGB) auch eine Unterschlagung tatbestandlich *enthalten*, dann bieten sich folgende Deutungsmuster: Zunächst liegt es nahe, die Unterschlagung als *Grundtatbestand* anzusehen, von dem die Wegnahmedelikte *eigenständige Sonderformen* (Delikte *sui generis*) bilden[669]. Die Wegnahme ist dann eine spezielle, gesetzlich besonders vertypte Form der Zueignung[670]. § 246 wäre schon aus Gründen der Gesetzesspezialität nicht in Ansatz zu bringen; die Subsidiaritätsklausel wäre irrelevant[671]. Zwingend ist diese Deutung aber nicht. Man kann nämlich auch anders argumentieren: Während es für eine Zueignung beim Diebstahl mangels Gewahrsams des Täters vor der Tatbegehung schon genügt, daß der Täter dem Berechtigten mindestens den unmittelbaren Zugriff auf die Sache entzieht und sich selbst eine mindestens mittelbare Zugriffsmöglichkeit verschafft (Gewahrsamsbruch und Gewahrsamsneubegründung, also "Zueignung durch Wegnahme"), ist bei der Unterschlagung mehr zu verlangen. Da es an einem Gewahrsamsbruch fehlt, wären dann (entsprechend der Formel der sog. "großen berichtigenden

667 Besonders kritisch zum Vorgehen des Gesetzgebers bei der Konzeption des 6.StrRG *Boetticher/Sander* NStZ 1999, 292; *Dencker (usw.)*, Einführung in das 6.StrRG, S.2ff sowie mit Blick auf § 246 n.F. vor allem *Mitsch*, BT II/1, S.163 (Rn.2) und *Murmann* NStZ 1999, 14f. - Zu den Möglichkeiten der systematischen Einordnung des Tatbestandes vgl. schon die Ausführungen bei *Maiwald*, Zueignungsbegriff, S.220, in Bezug auf den (der heutigen Regelung insoweit parallel gestalteten) *E 1962*.

668 *Welzel*, Strafrecht, S.339, 346; wohl auch *Ling* ZStW 110 (1998), 919 (934ff).

669 *Welzel*, Strafrecht, S.339. Zu stark ist diese innere Verwandtschaft bei *Binding*, BT 1, S.254 betont: "Die Unterschlagung bildet das einfache Aneignungsverbrechen, der Diebstahl das einfach, der Raub das zweifach geschärfte." Ablehnend gegenüber dieser Betrachtungsweise auch *Welzel*, a.a.O., S.339. - Vgl. ferner *Kindhäuser*, BT II/1 (*1.Auflage 1998*), S.45, 47.

670 Vgl. *Maiwald*, Zueignungsbegriff, S.220, 222, der in der parallel gestalteten Fassung des *E 1962* die Unterschlagung als Grundtatbestand und den Diebstahl als Qualifikation einordnet. Ähnlich auch *Kindhäuser*, BT II/1, S.158 (Rn.5), 173 (Rn.58); *Post*, Unterschlagungstatbestand, S.3f, 32.

671 *Kindhäuser*, BT II/1, S.179 (Rn.78).

Auslegung"[672], die in der Gewahrsamsklausel nur ein schlecht formuliertes Abgrenzungskriterium für Diebstahl und Unterschlagung sah[673]) durch § 246 alle Fälle einer Zueignung ohne Gewahrsamsbruch erfaßt[674]. In diesem Fall wäre § 246 ein vollkommen *selbständiger Tatbestand*, der systematisch *neben* den Diebstahl tritt und zu diesem im Verhältnis der Alternativität steht[675]. Schließlich könnte der neugefaßte § 246 (dem Willen des Reformgesetzgebers entsprechend) aber auch einen *Auffangtatbestand* bilden, der tatbestandlich alle Fälle des § 242 (nach der Mindermeinung stets vollendete Zueignung wie bei § 246!) erfaßt[676], wobei er lediglich auf der Konkurrenzebene über die Subsidiaritätsklausel hinter § 242 zurücktreten würde[677].

Wenn man dagegen annimmt, daß die Strafbarkeit beim Diebstahl schon vor Vollendung der Zueignung eintritt, daß die Zueignung also nur beabsichtigt ist und es sich somit bei § 242 um ein *Delikt mit überschießender Innentendenz* handelt, so müßte man die Unterschlagung als "*mitbestrafte Nachtat*" hinter das

---

672 Vertreten z.B. von *Binding*, BT 1, S.275f; *Welzel*, Strafrecht, S.339f, 344f; wohl auch *Puppe* JR 1984, 229 (231f); *Rosenfeld* ZStW 37 (1916), 159 (167). Zu weitgehend gleichen Ergebnissen gelangen auch *Maurach/Schroeder/Maiwald*, BT 1, S.363 und *Post*, Unterschlagungstatbestand, S.57ff, jedoch ohne die große berichtigende Auslegung zu vertreten. - *Paulus*, Sachzueignung, S.187, 190f, 219 und *Post*, a.a.O., S.35ff (37), 42ff (49f) glaubten zwar, diese Auffassung entspreche dem Willen des historischen Gesetzgebers, hielten sie aber gleichwohl im Hinblick auf die Wortlautgrenze und Art.103 Abs.2 GG sowie § 2 Abs.1 StGB ("nulla poena sine lege") (nach der alten Rechtslage) für unvertretbar. - I.E. ähnlich war ferner der Vorschlag *Harburgers*, VDB VI, S.374 aus dem Jahr 1907 für eine Gesetzesreform.

673 Zu dieser Abgrenzung kommt auch *Bittner*, Gewahrsamsbegriff, S.110.

674 So *Ling* ZStW 110 (1998), 919 (936); i.E. auch *Heubel* JuS 1984, 445; *Tenckhoff* JuS 1984, 775 sowie *Haft*, BT, S.136, 148, 152, *Ranft* JA 1984, 1 (2) (m.w.N.) und *Sonnen* JA 1984, 569 (571), die Exklusivität von Diebstahl und Unterschlagung annehmen. - Kritisch speziell zu dieser Einordnung *Wessels/Hillenkamp*, BT 2, S.19 (Rn.57).

675 So *Maurach/Schroeder/Maiwald*, BT 1, S.363. Vgl. auch *Gössel* BT 2, S.193 und *Rosenfeld* ZStW 37 (1916), 159 (167), die davon ausgehen, daß beide Tatbestände sich gegenseitig ausschließen, sowie *Hillenkamp* Anm. zu OLG Celle JR 1987, 254 (255), der i.E. ebenfalls zu einer Alternativität von Diebstahl (Gewahrsamserlangung durch Gewahrsamsbruch) und Unterschlagung (Gewahrsamserlangung ohne Gewahrsamsbruch) gelangt.

676 So *Duttge/Fahnenschmidt* ZStW 110 (1998), 884 (899); anscheinend schon OLG Celle JR 1987, 253 (254), wo Tateinheit von (im entschiedenen Fall versuchtem) Diebstahl mit vollendeter [*sic*!] Unterschlagung angenommen wird.

677 So *Bernbeck* JuS 1999, 465 (466), der damit implizit (wenn auch unausgesprochen) bei § 242 die Formel von der "Zueignung durch Wegnahme" vertritt (vgl. nämlich unten die Ausführungen zum Anwendungsbereich der Subsidiaritätsklausel: Diese ist nur bei Gleichzeitigkeit der Taten anwendbar).

Wegnahmedelikt zurücktreten lassen[678]. Zum gleichen Ergebnis wie die Gegenansicht, die die Wegnahme als Form der Zueignung begreift, kommt man, wenn man davon ausgeht, daß Wegnahme und Zueignung (stets oder im konkreten Fall) zusammenfallen (weil schon das bloße Haben der Sache genügt)[679]. Im letzteren Fall läge zeitliche Koinzidenz beider Delikte (Zusammenfallen der Vollendung der Wegnahme mit der Zueignung) vor, so daß die Subsidiaritätsklausel ihrem Wortlaut nach anwendbar wäre; die Unterschlagung könnte also als Auffangtatbestand begriffen werden, der auf der Konkurrenzebene als subsidiär zurücktritt[680]. Folgt die Zueignung der Wegnahme dagegen mit einem gewissen zeitlichen Abstand nach, so ist die Subsidiaritätsklausel zumindest nicht unmittelbar anwendbar; allenfalls wäre eine analoge Anwendung zu erwägen (mit der Folge, daß § 246 wiederum als Auffangtatbestand einzustufen wäre)[681]. – Letztlich geht es nicht so sehr um die Frage nach der Bewertung im konkreten Fall: Ist eine Konstellation als Diebstahl zu erfassen, so scheidet eine Unterschlagung spätestens auf der Konkurrenzebene aus. Es geht also nur um die Systematik der Zueignungsdelikte.

Historisch handelt es sich, wie oben bei der Zueignung dargelegt, um einen *eng eingegrenzten Sondertatbestand* mit festen Konturen und bewußt eingeschränktem Anwendungsbereich. Die "Gewahrsamsklausel" sollte eben nicht nur eine (mißlungene) Abgrenzung von den Wegnahmedelikten, insbesondere dem Diebstahl bilden, sie sollte den Anwendungsbereich auf Fallkonstellationen beschränken, in denen der Täter sich eine Sache "zueignet", die er bereits hat. Auch nach dem Willen des historischen Gesetzgebers sollte die Unterschlagung damit *nicht* den *Grundtatbestand* der Zueignungsdelikte bilden, wie die enge Begrenzung des Anwendungsbereiches und die Regelung *hinter* den Diebstahlsvorschriften (gleichsam unter "ferner liefen") beweisen. War dem Täter die Sache "anvertraut" worden, so schien die Bestrafung offenbar unbedenklicher, als wenn überhaupt keine Beziehung zwischen Täter und Opfer besteht und der Täter den

---

678 *Murmann* NStZ 1999, 14 (17). - Vgl. ferner *Charalambakis*, Unterschlagungstatbestand, S.227: "Man könnte sagen, daß jedem vollendeten Diebstahl eine Unterschlagung folgt."

679 So wohl *Gropp* JuS 1999, 1041 (1045); *Wessels/Hillenkamp*, BT 2, S.19 (Rn.57), 106 (Rn.277); i.E. ebenso *Androulakis* JuS 1968, 409 (414).

680 So *Wessels/Hillenkamp*, BT 2, S.106 (Rn.277), 113 (Rn.291); wohl auch *Gropp* JuS 1999, 1041 (1051).

681 Vgl. dazu *Murmann* NStZ 1999, 14 (15ff), der allerdings bezweifelt, daß es sich tatsächlich um einen Auffangtatbestand handelt, wenn die Zueignung der Wegnahme nachfolgt und die Unterschlagung damit ein in den Wegnahmedelikten nicht enthaltenes, zusätzliches Merkmal aufweist.

Besitz nicht auf verbotene Weise erlangt hat[682]. Auch das Festhalten an der tradierten Kasuistik zur Unterschlagung, die einen abschließenden Katalog strafbarer Fälle aufstellte und damit zugleich Handlungen (Akte) verlangte, weist eindeutig auf den Willen des historischen Gesetzgebers hin, hier einen Tatbestand mit festen Konturen zu schaffen. Schließlich mag noch von historischem Interesse sein, daß Unterschlagung und Diebstahl im Entwurf von 1869 "in von einander getrennten Abschnitten selbstständig behandelt" werden sollten, um deutlich zu machen, daß es sich bei der Unterschlagung um "ein der Art nach von dem Diebstahle verschiedenes Vergehen" handele[683].

Daß sich der Gesetzgeber des 6.StrRG davon abgewendet hat, erscheint in der Form, in der dies geschehen ist, nicht unbedenklich. Erinnert sei an dieser Stelle an die Warnung von *Harburger*[684] aus dem Jahre 1907: "*Binding*, Normen II S.540 und Lehrb. I S.254, ferner *Merkel* und *Meyer* stellen die Unterschlagung voraus, weil sie das einfachste von den Zueignungsdelikten sei; für die vorliegende Arbeit erscheint mir dies schon deshalb als ausgeschlossen, weil die Darstellung im ganzen Werk sich der Legalordnung anschließt. Zudem zeigen das norwegische StrGB von 1902 und das russische von 1903, die diese, unter Umständen für pädagogische Zwecke empfehlenswerte, Umstellung angenommen haben, daß sie für die sachliche Behandlung in einem Gesetzbuch zum mindesten unerheblich, wenn nicht sogar bedenklich ist; wenigstens zeichnen sich die Begriffsbestimmungen von Diebstahl und Unterschlagung in den beiden Gesetzbüchern nicht durch besondere Klarheit und Schärfe aus." - In gleichem Sinne fällt die Kritik bei *Krey*[685] aus. Offensichtlich wollte der Gesetzgeber unter dem Eindruck der Jahrzehnte währenden Diskussion einen hinreichend "weiten" (*nicht* "flexiblen") Tatbestand schaffen, um alle als "strafwürdig und strafbedürftig" bezeichneten Fälle erfassen zu können[686]. Die Debatte im Schrifttum und in den Reformkommissionen hatte seit langem Strafbarkeitslücken zwischen den Wegnahmedelikten und der Unterschlagung beklagt, ohne sich mit der Frage auseinanderzusetzen, welche *Funktion* die Unterschlagung ihrer Auffassung nach im Gefüge der Zueignungsdelikte *de lege ferenda* haben sollte. Der Vorschlag des

---

682 Vgl. dazu Mot., S.166 sowie oben die Argumentation bei der Fundunterschlagung und *Haffke* GA 1972, 225 (226). Ferner *Mitsch*, BT II/1, S.165 (Rn.5).

683 Mot., S.166. - Vgl. insoweit auch *Mitsch*, BT II/1, S.5 (Rn.8), der die Unterschlagung als "einen zwar diebstahlsähnlichen, aber doch davon verschiedenen eigenständigen Straftatbestand" bezeichnet.

684 in: VDB VI, S.187 Fn.1.

685 BT 2, S.82 (Rn.152), 89ff (Rn.163c ff), 102 (Rn.183).

686 Vgl. auch die harte, aber treffende Kritik bei *Mitsch*, BT II/1, S.163 (Rn.2), 173 (Rn.20) sowie den Hinweis auf die Gesetzesmaterialien bei *Murmann* NStZ 1999, 14 (15).

Entwurfes von 1962 etwa, der ebenfalls eine Subsidiaritätsklausel vorsah und dem die Fassung des § 246 durch das 6.StrRG weitgehend entspricht, wollte dadurch ersichtlich nur Strafbarkeitslücken schließen[687], befaßte sich aber nicht mit der Frage, ob die Anordnung der Subsidiarität sich zugleich auf die Auslegung des Tatbestandes auswirken könne.

Entsprechende Unklarheit herrschte darüber, wie die schließlich realisierte Neufassung dogmatisch und systematisch zu beurteilen sei. Während einige Autoren meinten, der Gesetzgeber habe "die große berichtigende Auslegung in Gesetzesform gegossen"[688], wiesen andere Stimmen darauf hin, daß die geltende Gesetzesfassung über die "große berichtigende Auslegung" noch hinausgeht, indem sie nicht nur die "Zueignung ohne Wegnahme", sondern *jedwede* Form der Zueignung (mithin theoretisch auch den Diebstahl) erfaßt[689]. Während einige die systematische Einordnung des Gesetzgebers als "Auffangtatbestand" übernahmen[690], sprachen andere von einem "Grundtatbstand" aller Zueignungsdelikte[691].

Zunächst ist zu bedenken, daß der historische Gesetzgeber bei der Unterschlagung bis zum 6. StrRG von einem klar umrissenen Tatbestandsbild mit festen Konturen ausgegangen war. Die Anordnung der Subsidiarität und die Konzeption als "Auffangtatbestand" legen aber einen Tatbestand *ohne Konturen* und *ohne eigenständigen* (originären) *Anwendungsbereich* nahe[692]. Es gehört zum Wesen von Auffangtatbeständen, unter ihrem Bereich ein Netz zu spannen und

---

687 *Schünemann* JuS 1968, 114 (117 Fn.44) bemerkt dazu kritisch, daß "auch § 240 E 62 ... damit der allg. Tendenz zur Vielstraferei bereitwillig nachgegeben hat".

688 *Lesch* JA 1998, 474 (475); so auch *Bussmann* StV 1999, 613 (615); *Dencker (usw.)*, Einführung in das 6.StrRG, S.5 (beachte aber S.21; vgl. nä. Fußnote); *Ling* ZStW 110 (1998), 919 (936); *Schlüchter*, Bochumer Erläuterungen, S.73; *Stächelin* StV 1998, 98 (99); *Wolters* JZ 1998, 397 (399).

689 *Dencker (usw.)*, Einführung in das 6.StrRG, S.21 (vgl. aber S.5: "Änderung des § 246 im Sinne der bisher so genannten großen berichtigenden Auslegung"); *Duttge/Fahnenschmidt* ZStW 110 (1998), 884 (898f); *Gropp* JuS 1999, 1041 (1045); *Küper*, BT, S.448; *Tröndle/Fischer* § 246 Rn.1; auch *Wessels/Hillenkamp*, BT 2, S.20 (Rn.58), 113 (Rn.291), 117 (Rn.300).

690 *Bussmann* StV 1999, 613 (616f); *Haft*, BT, S.136, 151; *Kreß* NJW 1998, 633 (640); *Kudlich* JuS 1998, 468 (472f); *Schlüchter*, Bochumer Erläuterungen, S.73; *Tröndle/Fischer* § 246 Rn.1; *Wessels/Hillenkamp*, BT 2, S.20 (Rn.58), 106 (Rn.277); *Wolters* JZ 1998, 397 (399); wohl auch *Rengier*, BT 1, S.77 (Rn.3).

691 *Kindhäuser*, BT II/1, S.45 (Rn.2), 158 (Rn.4); *Lesch* JA 1998, 474 (475); NK-*Kindhäuser* Vor §§ 242 bis 248c Rn.9, § 246 Rn.1; *Otto*, Strafrecht, S.146 (Rn.8); *ders.* Jura 1998, 550 (551). - Dagegen ausdrücklich *Wessels/Hillenkamp*, BT 2, S.20 (Rn.58) m.w.N.

692 Ähnlich *Krey*, BT 2, S.82 (Rn.152).

alles zu erfassen, was nicht von anderen Delikten erfaßt wird[693]. Damit entsteht die Schwierigkeit der Eingrenzung des von ihnen erfaßten Gebietes: Soll wirklich alles von ihnen potentiell erfaßt werden, was sich irgendwie unter ihren Wortlaut subsumieren läßt? Diese Frage erscheint um so dringlicher, wenn der Tatbestand (wie hier) nur aus einem einzigen Merkmal (nämlich der Zueignung) besteht und begrenzende Zusatzerfordernisse (wie vormals die "Gewahrsamsklausel") nicht existieren[694]. Erst jetzt zeigen sich die Defizite der bisher vorherrschenden Auffassung[695] mit voller Schärfe. Sie hatte sich im wesentlichen darauf beschränkt, Strafbarkeitslücken aufzuspüren und zu monieren. Die Frage, ob die Zueignung einer Sache auch dann möglich ist, wenn diese sich zum fraglichen Zeitpunkt im Gewahrsam des Berechtigten befindet und dort auch verbleibt[696], stellt sich in dieser Form erst jetzt. Langsam setzt sich das Bewußtsein durch, daß es dringend erforderlich ist, der "Zueignung" dadurch Konturen zu verleihen, daß man sich wieder auf ihr Tatobjekt (die Sach*substanz*) zurückbesinnt, daß man sie als "*Erfolgsdelikt*" (nicht bloß als "Gefährdungsdelikt") begreift und daß die Grenze zum Versuchsbeginn, die die untere Grenze der Strafbarkeit bildet, hier wie bei allen anderen Erfolgsdelikten auch durch die Rechtsguts*gefährdung* bestimmt wird, was in concreto (nach der Vorstellung des Täters) jedenfalls die *Möglichkeit zur Tatbegehung* voraussetzt. D.h.: Greift das vom Täter intendierte Verhalten nicht dauerhaft in die Beherrschung der Sachsubstanz ein, so scheidet eine Zueignung aus. Hat der Täter zu keinem Zeitpunkt, zu dem sein Vorsatz besteht, auch nur die (wenigstens von ihm vorgestellte) Möglichkeit zur Zueignung der

693 *Stächelin* StV 1998, 98 (99) spricht daher in Anlehnung an eine Bemerkung *Hellmuth Mayers* kritisch von einem "nunmehr ... totalen Eigentumsschutz". - Schon lange vor der Reform sprach *Baumann* NJW 1961, 1141 (1142f) von der "völligen Richtungslosigkeit des Unterschlagungstatbestandes", schrieb diesem aber gleichwohl eine "Lückenschließungsfunktion" zu, die er für unverzichtbar hielt, "um gleich strafwürdige Fälle nicht straflos lassen zu müssen".

694 *Stächelin* StV 1998, 98 (99) spricht davon, daß nach der Neufassung "eine Gewahrsamsbeziehung zwischen dem Täter und der Sache als Voraussetzung einer Unterschlagung obsolet" sei.

695 *Mitsch*, BT II/1, S.173 (Rn.20) räumt etwa ein, daß "die 'Zueignung' so, wie sie sich im Spiegel der Rechtsprechung und Literatur darstellte, nicht gerade ein Musterbeispiel an rechtsstaatlich vorbildlicher Bestimmtheit und Konturenschärfe [war]". Daher wirkt sein Vorschlag (a.a.O., S.163 (Rn.3)), "den bis dahin [d.h.: bis zum 6.StrRG] erzielten Erkenntnisstand der Strafrechtsdogmatik als Interpretationsrichtlinie" für die Auslegung des § 246 n.F. heranzuziehen, eher gegenstandslos.

696 Vgl. *Mitsch*, BT II/1, S.173 (Rn.19). Wohl bejaht nach der Sachwerttheorie, wenn der Täter dem Berechtigten vorspiegelt, er (der Täter) sei Eigentümer und dem Berechtigten die Sache zum Kauf anbietet. Allgemein verneint, wenn die Sache an einen außenstehenden Dritten ohne Zugriffsmöglichkeiten verkauft wird. Daher i.E. durch die Unterscheidung inkonsequent.

Sache, so kann nicht einmal der Versuch einer Unterschlagung vorliegen. (Damit ist derjenigen [auch vom Verfasser bereits oben vertretenen] Auffassung beizutreten, die das Innehaben von Gewahrsam als Teil der "Zueignung" und damit als tatbestandliche Voraussetzung für eine Unterschlagung begreift.) Auch um die Straflosigkeit der Sachentziehung und die Abgrenzung der (grundsätzlich straflosen) Gebrauchsanmaßung zu den Zueignungsdelikten zu gewährleisten, ist eine möglichst scharfe Konturierung der "Zueignung" als dem einzigen Tatbestandsmerkmal wünschenswert.

Genau das widerspricht aber dem Bild von einem Auffangtatbestand. Die Unterschlagung stellt nach dem nunmehr wohl allgemein geforderten Tatbestandsverständnis ein genau bestimmtes Verhalten unter Strafe und erfaßt nicht nur (wie vom Gesetzgeber kurzsichtig geplant) einen nicht näher bestimmten, vielmehr von ihr grob umschriebenen Bereich strafbarer Eigentumsgefährdungen und -verletzungen. Unabhängig von den im einzelnen vertretenen Ansichten dürfte dies communis opinio unter den Stellungnahmen seit dem 6. StrRG sein[697]. Dann handelt es sich bei der Unterschlagung aber *de facto* (wenn auch nicht *de iure*) um einen selbständigen Tatbestand. Geht man mit derjenigen Auffassung, die die Wegnahme als besondere Form der Zueignung ansieht, davon aus, daß *auch die Wegnahmedelikte* tatbestandlich eine *vollendete* (nicht nur beabsichtigte) *Zueignung enthalten*, dann stellt sich die Unterschlagung als das *allgemeinere Delikt* dar[698], das den *Grundtatbestand* aller Zueignungsdelikte bildet. Geht man dagegen davon aus, daß die *Zueignung bei den Wegnahmedelikten nur beabsichtigt ist*, und nimmt an, daß ein der Wegnahme nachfolgender Zueignungsakt wenigstens einmal den Unterschlagungstatbestand erfüllen kann (vgl. oben), dann ist die Unterschlagung *mitbestrafte Nachtat* zum Wegnahmedelikt.

Die Subsidiaritätsklausel, die bei Gleichzeitigkeit von Wegnahme und Zueignung jedenfalls grundsätzlich anzuwenden wäre, würde entweder in solchen Fällen, in denen das Grunddelikt ohnehin nicht zur Anwendung gelangt, systemwidrig dessen Subsidiarität anordnen, oder die Anwendung der Klausel wäre durch teleologische Reduktion ihres Anwendungsbereiches auf das Verhältnis zu anderen Deliktsgruppen (Betrug, Erpressung, Hehlerei; vgl. dazu unten) zu beschränken. – Nach der Gegenauffassung, die eine "mitbestrafte Nachtat" annehmen müßte, die nach allgemeinen Grundsätzen "nicht mehr in Ansatz zu bringen ist", wäre diese "mitbestrafte Nachtat" kraft ausdrücklicher gesetzlicher Regelung "subsidiär", sofern man die Subsidiaritätsklausel für anwendbar hält. Dabei würde dann aber die Frage auftauchen, ob eine Vorschrift, die schon "nicht in Ansatz zu bringen ist", überhaupt noch als subsidiär "zurücktreten" kann (was an sich

697 Besonders deutlich in dieser Hinsicht *Mitsch*, BT II/1, S.173f (Rn.20).
698 Vgl. auch *Rengier*, BT 1, S.76f (Rn.1f).

logisch voraussetzt, daß sie prinzipiell im Raum steht); es würde sich also ein "dogmatischer Wettlauf" zwischen der Subsidiarität und der Nichtveranschlagung ergeben, der wohl zu Gunsten der letzteren zu entscheiden wäre.

Wie immer der Streit um die Subsidiaritätsklausel und ihre Anwendung entschieden wird (vgl. dazu sogleich unter "3.)"), ist die Unterschlagung *letztlich nach keiner der im Schrifttum vertretenen Auffassungen als Auffangtatbestand anzusehen.* Nach der Ansicht des Verfassers und der wahrscheinlich künftigen h.M. bildet sie vielmehr den ***Grundtatbestand*** *aller Zueignungsdelikte*, nach der Gegenauffassung ist sie im Verhältnis zu den Wegnahmedelikten "*mitbestrafte Nachtat*".

III.) Die Subsidiaritätsklausel des § 246 Abs. 1 n.F.

§ 246 ordnet in einem Halbsatz am Ende des Abs. 1 die ***Subsidiarität*** der Unterschlagung für den Fall an, daß "die Tat" nicht in einer anderen Vorschrift "mit schwererer Strafe bedroht ist"[699]. Diese Regelung wirft eine Reihe von Fragen auf.

Die *dogmatische Natur* der Subsidiaritätsklausel kann als geklärt gelten[700]. Es handelt sich dabei um einen Unterfall der Gesetzeskonkurrenz[701]. Die Subsidiaritätsklausel kann also nur zur Anwendung kommen, wenn eine tatbestandliche, rechtswidrige und schuldhafte Unterschlagung vorliegt[702]. - Ferner ist zu beachten, daß die Subsidiaritätsklausel keine Aussage darüber trifft, *ob* in concreto konkurrierende Tatbestände vorliegen; sie beabsichtigt vielmehr nur, eine Regelung zu treffen, *wenn* sie vorliegen. (Im Extremfall wäre es also logisch möglich, daß die Subsidiaritätsklausel *überhaupt keinen praktischen Anwendungsbereich hat*, nämlich dann, wenn die *Art* von Fällen, die sie regeln will, nicht existiert.[703]) Es kann daher z.B. nicht grundsätzlich davon ausgegangen werden, daß neben

---

699 Schon dreieinhalb Jahrzehnte vor dem Inkrafttreten des 6.StrRG hatte sich *Schröder* in NJW 1963, 1958 (1961) dafür ausgesprochen, "daß bei gleichzeitiger Begehung eines anderen Vermögensdeliktes und einer Unterschlagung" die letztere als subsidiär behandelt werden solle, wenn sie die geringere Strafe androhe.

700 *Mitsch* ZStW 111 (1999), 65 (95).

701 *Mitsch*, BT II/1, S.205 (Rn.69); *ders.* ZStW 111 (1999), 65 (95).

702 Vgl. auch *Küper*, BT, S.449. - *Krey*, BT 2, S.96f (Rn.171), spricht dagegen von *tatbestandlicher* Subsidiarität. Dies entspricht nicht dem Wesen der Subsidiarität als Konkurrenzregelung.

703 Dies gegen *Graul* JuS 1999, 562 (567), *Küper*, BT, S.449 und *Wessels/Hillenkamp*, BT 2, S.117 (Rn.300) m.w.N., die meinen, der Klausel *müsse* ein Anwendungsbereich gesichert werden.

einer Hehlerei stets auch eine Unterschlagung verwirklicht werde. Beide Tatbestände sind vielmehr selbständig und unabhängig zu prüfen.

Die *Stellung der Subsidiaritätsklausel* innerhalb des Tatbestands wirkt "wenig durchdacht"[704], zumal sie den Eindruck erweckt, sich nur auf den ersten Absatz (die vollendete einfache Unterschlagung) zu beziehen. Demgegenüber ist klarzustellen, daß sie selbstverständlich auch auf den Versuch (Abs. 3)[705] und auf die Qualifikation des Abs. 2[706] zu beziehen ist. Sie ist also in praxi wie ein Abs. 4 zu lesen[707].

1.) Der *zeitliche Anwendungsbereich* der Klausel wird durch die Formulierung "die Tat" markiert. Die äußerste Grenze der Anwendbarkeit bildet der "prozessuale Tatbegriff" als der weiteste. Auf voraufgegangene oder nachfolgende Taten (i.d.R. also bei Realkonkurrenz[708]) ist die Klausel daher nicht (zumindest nicht unmittelbar) anwendbar[709]. Schon *Bockelmann*[710] hatte dazu ausgeführt: "Aber von wirklicher Subsidiarität des Unterschlagungstatbestandes in Beziehung auf die Tatbestände des Diebstahls, des Betrugs, der Erpressung usw. kann doch nur dort, wo *eine* Handlung zu beurteilen ist, die Rede sein, nicht dort, wo eine *Mehrheit* von Handlungen (Verschaffungs- und Verwertungshandlung, Vor- und Nachtat) rechtlich zu werten ist. ...daß eine zweite Zueignungshandlung nicht als Unterschlagung strafbar ist, wenn ihr eine erste, den Tatbestand eines Vermögensdelikts verwirklichende Zueignungshandlung vorangegangen ist, kann nicht aus Subsidiaritätserwägungen, sondern nur aus dem Prinzip des ökonomischen Gebrauchs der Strafdrohungen erklärt werden". - Eine analoge Anwendung wäre nur zulässig, wenn sie zugunsten des Täters erfolgen würde oder zumindest für diesen neutral bliebe; fraglich ist aber, ob eine analoge Anwendung sinnvoll sein kann.

2.) Ferner ist die *inhaltliche Grenze* der Anwendbarkeit zu untersuchen.

---

704 *Mitsch* ZStW 111 (1999), 65 (95).

705 *Mitsch*, BT II/1, S.206 (Rn.71).

706 *Küper*, BT, S.449; *Mitsch*, BT II/1, S.206 (Rn.71); *Rengier*, BT 1, S.88 (Rn.28); *Tröndle/Fischer* § 246 Rn.27. - A.A. *Kindhäuser*, BT II/1, S.180 (Rn.86).

707 Vgl. *Mitsch* ZStW 111 (1999), 65 (95).

708 Vgl. *Mitsch* ZStW 111 (1999), 65 (96); *Murmann* NStZ 1999, 14 (16f).

709 Daher ist die Subsidiaritätsklausel auf mehrere, aufeinanderfolgende Zueignungsakte auch dann nicht anwendbar, wenn man grundsätzlich eine Wiederholbarkeit der Zueignung annimmt. Vgl. *Krey*, BT 2, S.98 (Rn.174); *Küper*, BT, S.449; *Murmann* NStZ 1999, 14 (16f); *Rengier*, BT 1, S.86 (Rn.24); *Tröndle/Fischer* § 246 Rn.27 sowie schon *Paulus*, Sachzueignung, S.221. - *Mitsch*, BT II/1, S.207f (Rn.72) beschränkt ihren Anwendungsbereich sogar ausdrücklich auf Fälle der Tateinheit i.S.v. § 52 Abs.1; er legt bei der Anwendung der Subsidiaritätsklausel des § 246 den materiellen Tatbegriff zu Grunde.

710 in: JZ 1960, 621 (625). [Hervorhebung im Original]

a) Der Wortlaut der Klausel ist zu weit geraten: Scheinbar erfaßt sie jeden Tatbestand mit einer höheren Strafdrohung. Sachlich gerechtfertigt ist die Anwendung aber nur bei Tatbeständen, die (wie die Unterschlagung) selbst auch das Eigentum oder das Vermögen schützen[711]. In diesem Sinne ist zu fragen, ob "die Tat" hier überhaupt schon "in anderen Vorschriften" mit Strafe bedroht ist.

b) Keine Anwendung findet die Subsidiaritätsklausel, wenn der Täter bei der Tat mehrere Gegenstände unterschlägt, die verschiedenen Eigentümern gehören, so daß es bzgl. der Gesamttat *mehrere Verletzte* gibt[712]. Erfüllt das Täterverhalten bzgl. bestimmter Verletzter weitere Tatbestände, durch die es mit höherer Strafe bedroht ist (so etwa, wenn bestimmten Verletzten gegenüber eine Vermögensbetreuungspflicht des Täters bestand, so daß diesen gegenüber auch § 266 verwirklicht ist), so tritt die Unterschlagung jeweils nur gegenüber *dem* Eigentümer zurück, der selbst Verletzter des vorrangigen Tatbestands ist; auf die anderen Unterschlagungen ist die Subsidiaritätsklausel dagegen nicht anwendbar[713]. – Entsprechend findet die Klausel bei *Mittäterschaft* auch auf denjenigen Mittäter keine Anwendung, der selbst nicht aus dem vorrangigen Tatbestand zu verurteilen ist. ("Tat" i.S. der Subsidiaritätsklausel ist also nicht die "Gesamttat" aller Mittäter, sondern die des einzelnen Täters.)[714]

c) Besondere Probleme bereitet die Formulierung "mit schwererer Strafe bedroht".

Zunächst ist zu klären, ob die abstrakte Bedrohung ausreicht oder ob auch konkret eine Strafe nach dem betreffenden Delikt verhängt werden muß. Voraussetzung für die Anwendbarkeit der Subsidiaritätsklausel ist i.E., daß der Täter aus dem vorrangigen Delikt zumindest schuldig gesprochen wird; es handelt sich also um eine "*Anwendungssubsidiarität*"[715].

---

711 *Mitsch*, BT II/1, S.209 (Rn.76); *ders.* ZStW 111 (1999), 65 (95f); SK-*Hoyer* § 246 Rn.48; *Wessels/Hillenkamp*, BT 2, S.118 (Rn.300). *Otto* Jura 1998, 550 (551), der die gleiche Auffassung vertritt, und *Tröndle/Fischer* § 246 Rn.17 weisen im übrigen kritisch darauf hin, daß die neueste Rechtsprechung gesetzlich uneingeschränkte Subsidiaritätsklauseln auch im Verhältnis zu artverschiedenen Tatbeständen anwende. (Zu Einzelheiten vgl. die Nachweise bei *Otto*, a.a.O., Fn.11.)

712 *Mitsch*, BT II/1, S.210 (Rn.77).

713 *Mitsch* ZStW 111 (1999), 65 (96).

714 *Mitsch* ZStW 111 (1999), 65 (96).

715 *Mitsch* ZStW 111 (1999), 65 (96f). - *Küper*, BT, S.450 geht sogar davon aus, "daß sich der Täter nach dem anderweitigen Delikt *strafbar* gemacht haben muß". [Hervorhebung im Original]

Weiter stellt sich die Frage, ob die Ermittlung der "*Schwere*" abstrakt (anhand des gesetzlichen Strafrahmens) oder konkret (anhand der zu verhängenden Strafe) zu ermitteln ist. Für die Maßgeblichkeit des abstrakten Strafrahmenvergleichs spricht, daß dies die einzige praktikable Methode ist, wenn der Täter entweder überhaupt nicht "bestraft" wird (so im Jugendstrafrecht) oder "die Strafe nicht dem Strafrahmen des verdrängenden Strafgesetzes entnommen wird" (so, wenn die Strafe einem dritten Straftatbestand zu entnehmen ist)[716].

IV.) Mögliche Sperrwirkungen im Zusammenhang mit § 246

Zu berücksichtigen ist schließlich die unbedingte Vorrangigkeit einer eventuellen *Sperrwirkung* gegenüber der Anwendung der Subsidiaritätsklausel. Zu unterscheiden sind dabei zwei Konstellationen: Entweder soll die Unterschlagung durch andere Tatbestände gesperrt werden (in Betracht kämen hier § 248b, der den § 246 bzgl. der Zueignung von Benzin und Motoröl sperren soll[717], sowie die "Anschlußdelikte" der §§ 257-259, sofern man ihnen einen abschließenden Regelungscharakter zuspricht[718]), oder die Unterschlagung soll selbst einen anderen Tatbestand sperren (in Betracht käme dabei vor allem ein "Sicherungsbetrug", wenn man einen solchen grundsätzlich anerkennt[719]). Die erste Fallkonstellation gewinnt dann an Bedeutung, wenn die andere (vorrangige) Vorschrift am Fehlen bestimmter Tatbestandsmerkmale scheitert (es also auch zu keinem Schuldspruch aus dieser Vorschrift kommt). Gleichwohl können systematische Erwägungen dafür sprechen, auch nicht wegen einer Unterschlagung zu verurteilen (da "die Tat",

---

716 *Mitsch*, BT II/1, S.214f (Rn.84f); *ders.* ZStW 111 (1999), 65 (97). – Ausführlich zum Ganzen *Mitsch*, BT II/1, S.213ff (Rn.81ff).

717 Communis opinio. Vgl. z.B. *Arzt/Weber* LH3, S.84; *Mitsch*, BT II/1, S.210 (Rn.78); *Tröndle/Fischer* § 248b Rn.9; *Welzel*, Strafrecht, S.359. (Soweit sich die Stellungnahmen auf § 242 beziehen, gelten sie selbstverständlich auch für § 246.) - *Küper*, BT, S.450 nennt ferner den Fall, daß "die Beurteilung nach dem an sich strengeren konkurriereden Delikt im Einzelfall für den Täter *günstiger* [ist] - wie etwa beim strafbefreienden Rücktritt vom Versuch dieses Delikts -, dann muß diese Vergünstigung dem Täter allerdings auch nach § 246 StGB zugutekommen: kein Rückgriff auf die subsidiäre Unterschlagung." [Hervorhebung im Original]

718 Vgl. dazu (mit Bezug auf die Wiederholbarkeit der Zueignung) *Gössel*, BT 2, S.183 und *Murmann* NStZ 1999, 14 (15); beachte aber *Mitsch*, BT II/1, S. 210f (Rn.79), der bei einer Begünstigung mit beachtlichen Gründen einen Vorrang des § 246 annimmt. - Zum Verhältnis zur Hehlerei (i.E. nimmt *Mitsch* Idealkonkurrenz von § 246 und § 259 an) vgl. ebd.

719 Vgl. dazu SK-*Hoyer* § 246 Rn.49.

d.h. das konkrete Verhalten des Täters, nur nach der Sondervorschrift beurteilt werden soll). Liegt umgekehrt der Schwerpunkt des Gesamtgeschehens bei der Unterschlagung (so etwa, wenn der Täter sich den Besitz erschwindelt, um die Sache zu unterschlagen), so kann diese Wertung dazu führen, auch schwerere Delikte nicht in Ansatz zu bringen und "nur" wegen Unterschlagung zu verurteilen (weil die Besitzerlangung als Zwischenziel in der Zueignung als dem Endziel enthalten ist). In beiden Fällen führen jeweils systematische Erwägungen (die das Verhältnis der Delikte zueinander oder die Bewertung des Gesamtgeschehens betreffen) zu Ergebnissen, die entweder über die Subsidiaritätsklausel nicht erreicht werden können oder durch deren Anwendung gar vereitelt würden. Eine eventuelle Sperrwirkung ist daher stets *vorrangig* gegenüber der Subsidiaritätsklausel und somit auch vor deren Anwendung zu prüfen.

Erst wenn nach anderen (sozusagen "externen") konkurrenzrechtlichen Gründen die grundsätzlich in Ansatz zu bringenden Tatbestände zusammengestellt sind, kann die Subsidiaritätsklausel (als gewissermaßen "interne" Konkurrenzregelung) geprüft werden. Sie kann mithin nur in solchen Fällen zur Anwendung kommen, in denen bei Fehlen der Klausel Idealkonkurrenz vorliegen würde, in denen also keine "mitbestrafte Begleittat" vorliegt und die Unterschlagung bei Fehlen der Subsidiaritätsklausel nach Spezialitätsgrundsätzen zu beurteilen wäre.

V.) Subjektiver Tatbestand. Teilnahme. Wahlfeststellung

1.) **Subjektiv** genügt es nach nahezu einhelliger Auffassung, wenn der Täter mit bedingtem Vorsatz handelt[720]. - *Küper*[721] hat allerdings angeregt, das Absichtserfordernis bei der Aneignungskomponente auch in den Unterschlagungstatbestand hineinzulesen, um hinsichtlich der Anforderungen an die subjektive Tatseite eine Übereinstimmung mit dem Diebstahl zu erzielen. Es sei nicht einzusehen, warum bei der Unterschlagung weniger verlangt werden solle als beim Diebstahl. In diesem Zusammenhang wäre aber zu fragen, ob der Gesetzgeber durch das Absichtserfordernis nicht womöglich einen Ausgleich für geringere Anforderungen im objektiven Bereich hat schaffen wollen: Sollte er nämlich davon ausgegangen sein, daß die Zueignung beim Diebstahl nicht (oder nicht notwendig) schon durch die Wegnahme verwirklicht werde, dann wäre der Wunsch nach einem solchen "Ausgleich" durchaus

---

720 *Gössel*, BT 2, S.191; *Lackner/Kühl* § 246 Rn.8, 9; *Maurach/Schroeder/Maiwald*, BT 1, S.369; *Mitsch*, BT II/1, S.197 (Rn.57); Sch/Sch/*Eser* § 246 Rn.24; SK-*Hoyer* § 246 Rn.40.

721 in: BT, S.442, 444.

verständlich. Daß sich der Gesetzgeber bei der Formulierung des Diebstahlstatbestandes überhaupt Gedanken darüber gemacht hat, ob die Zueignung schon durch die Wegnahme verwirklicht wird oder dieser erst nachfolgt, ist allerdings eher unwahrscheinlich; mithin kann auch von einer bewußten "Kompensation" geringerer Anforderungen im objektiven Bereich durch gesteigerte Anforderungen an die subjektive Tatseite nicht ausgegangen werden. Überhaupt ist der Sinn gesteigerter Anforderungen im subjektiven Bereich nicht recht erkennbar: Wenn der Täter sich oder einem Dritten die Sache zukommen lassen *will*, dann hat er die notwendige Zueignungs*absicht*. *Küper* kommt zu seiner Auffassung durch die Annahme der h.M., "Zueignung" i.S.v. § 246 StGB sei nichts als eine bloße "Manifestation des Zueignungswillens". Während also einige Autoren die These entwickelt haben, beim Diebstahl vollziehe sich die Zueignung "durch Wegnahme", führt *Küper* diesen Gedanken gewissermaßen weiter, indem er in der Wegnahme (freilich unausgesprochen) ebenfalls eine "Manifestation" erblickt. Dieser Gedanke ist auch bei anderen Autoren schon angeklungen. Damit erscheint es (von diesem Standpunkt aus) folgerichtig, an beide Zueignungsformen (Kundgabe des Zueignungswillens "durch Wegnahme" oder "in sonstiger Weise") die gleichen Anforderungen zu stellen. - Indessen hat die Untersuchung ergeben, daß bei der Zueignung nicht die Kundgabe eines verbrecherischen Willens, sondern der Sachtransfer im Vordergrund steht. Wenn der Täter den Sachtransfer bewußt und gewollt herbeiführt, so muß dies *auf jeden Fall genügen*. Man könnte auch sagen, daß er die Zueignung *immer* "erstrebt". Daß der Täter eine Zueignung herbeiführt, die er nur "für möglich hält" oder die ihm "gleichgültig" ist, ist kaum vorstellbar: Entweder will er die Sache (sich oder einem Dritten) zueignen oder nicht; tertium non datur. Hier Reflexionen darüber anzustellen, wie wichtig dem Täter die Tat oder der Erfolg ist, wäre verfehlt[722]. Andernfalls wäre es auch beim Diebstahl zweifelhaft, ob derjenige, der die Tat halbherzig begeht und dem die Sache im Grunde recht unwichtig ist (er stiehlt etwa aus reiner Langeweile, sozusagen zum Zeitvertreib, oder er nutzt nur die "günstige Gelegenheit", da er meint, die Sache "später vielleicht einmal gebrauchen zu können"), noch einen Diebstahl begeht.

Die Ansicht von *Wessels/Hillenkamp*[723], es genüge, wenn der Täter die Zueignung gewissermaßen "hinnehme", dehnt den Bereich möglicher Zueig-

---

722 Vgl. dazu *Wessels/Hillenkamp*, BT 2, S.108 (Rn.280). Insofern sind auch die Beispiele bei *Krey*, BT 2, S.43ff (Rn.89ff) irreführend: Die Beispiele lassen sich in solche Fälle, in denen dem Betreffenden an der Drittzueignung nichts gelegen ist (ihm damit auch jedweder "Zueignungswillen" fehlt) und solche, in denen dem Täter an der Drittzueignung gelegen ist (er mit Drittzueignungsabsicht handelt) gruppieren.

723 BT 2, S.108 (Rn.280).

nungen allerdings erheblich zu weit aus[724]. Unwesentlich ist demnach nur, *warum* der Täter die Zueignung will: Die Sache selbst kann ihm bei der Tat vergleichsweise unwichtig sein, *die Tat* muß aber für ihn von Bedeutung sein; es kann nicht sein, daß sich jemand aus Desinteresse oder purer Gleichgültigkeit oder Unentschlossenheit eine fremde Sache "zueignet", nur die "Motive" für seine Tat können diffus sein. - *Wessels/Hillenkamp*[725] nehmen ferner an, es genüge zur ***Drittzueignung***, daß der Täter einem Dritten die Zueignung *ermöglichen* wolle. Dabei verzichten sie ausdrücklich auf die Einschränkung, der Dritte müsse tatsächlich Eigenbesitz an der Sache begründen. Dem kann so nicht zugestimmt werden, zumal bei einer derartigen Formulierung die Abgrenzung von Zueignung und Sachentziehung wiederum in Gefahr gerät. Im Ergebnis dürfte diese Ansicht freilich der hier vertretenen entsprechen (mit dem Unterschied, daß zur Vollendung eben eine Eigenbesitzbegründung durch den Dritten erforderlich wäre und dies vom Täter gewollt sein müßte.)

2.) **Teilnahme** ist bis zur *Beendigung* möglich[726], wobei nach Vollendung stets streng zu prüfen ist, ob der fragliche Gehilfenbeitrag "die Tat" wirklich noch in irgendeiner Weise "fördert".

3.) **Wahlfeststellung** ist möglich gegenüber Diebstahl, Betrug, Untreue und Hehlerei[727].

C. Sondervorschriften für Diebstahl und Unterschlagung

In den §§ 247[728] und 248a[729] sind *Strafantragserfordernisse* (keine Privilegierungen[730]) für die §§ 242 bis 246 vorgesehen[731]. Diese gelten nach ganz über-

---

724 Vgl. dazu die Ausführungen zur Abgrenzung von Zueignung und Sachentziehung.

725 BT 2, S.51 (Rn.153), 107 (Rn.279).

726 *Maurach/Schroeder/Maiwald*, BT 1, S.370.

727 *Maurach/Schroeder/Maiwald*, BT 1, S.371.

728 Zu den Vorläuferbestimmungen in den Partikulargesetzbüchern vgl. *Harburger*, VDB VI, S.277ff.

729 Entscheidend für die Geringwertigkeit ist der objektive (nicht der vom Täter irrig vorgestellte) Wert der Sache. *Kindhäuser*, BT II/1, S.187f (Rn.22); *Lackner/Kühl* § 248b Rn.5; *Tröndle/Fischer* § 248b Rn.5; *Welzel*, Strafrecht, S.357; *Wessels/Hillenkamp*, BT 2, S.85 (Rn.240), 122 (Rn.311). Die Auslegung der Geringwertigkeitsklausel in § 248a weicht damit erheblich von derjenigen zu § 243 Abs.2 ab (eingehend dazu *Wessels/Hillenkamp*, BT 2, S.85 (Rn.240)).

730 *Kindhäuser*, BT II/1, S.185 (Rn.15); *Mitsch*, BT II/1, S.5f (Rn.8); *Seelmann* JuS 1985, 699 (703); wohl auch *Gropp* JuS 1999, 1041. - A.A. die h.M.: *Bittner*,

wiegender Auffassung *nur innerhalb des neunzehnten Abschnitts*, also nur für den Diebstahl (nebst Abwandlungen) und die Unterschlagung.

Wie im ersten Teil der Untersuchung festgestellt wurde, kann nach der hier vertretenen strengen Sachsubstanztheorie nur die Sache in ihrer Substanz zugeeignet werden; für den *Tatbestand* der Zueignungsdelikte ist der Wert der Sache irrelevant. Für die Frage der *Schuld* ist der Wert der zugeeigneten Sache (als Frage des durch die Tat verursachten Schadens) dagegen durchaus relevant. Deshalb wird die Zueignung geringwertiger Sachen in Strafgesetzen traditionell milder beurteilt. Das deutsche Recht hat in § 248a den Diebstahl und die Unterschlagung geringwertiger Sachen zum relativen Antragsdelikt erklärt. Mit dieser "prozessualen Lösung" hat es zugleich zum Ausdruck gebracht, daß der Wert des Tatobjekts aus materiell-rechtlicher Sicht (für die Frage, ob der Täter aus einem Zueignungsdelikt zu strafen ist) grundsätzlich keine Rolle spielt. (Indirekt wird dies noch durch die Existenz der §§ 153, 153a StPO bestätigt, die allgemein die Möglichkeit einer Verfahrenseinstellung wegen geringer Schuld oder nicht entgegenstehender Schwere der Schuld vorsehen: Die Frage der Schwere der Schuld ist bei voller Schuldfähigkeit des Täters nach geltendem Recht materiell-rechtlich irrelevant und nur auf prozessualer Ebene von Bedeutung.) Das entspricht vollkommen der Auffassung, daß auch der sofortige Ersatz des Wertes des Tatobjekts am Vorliegen eines Zueignungsdelikts nichts zu ändern vermag, und harmoniert mit der Tradition der Partikulargesetzbücher, die allenfalls eine Strafmilderung eintreten ließen, oft aber auch nur Sonderregelungen für die Ahndung trafen[732]. Materiell-rechtliche Bedeutung erlangt die Geringwertigkeit *de lege lata* somit nur im Rahmen des § 243 Abs.2 StGB (Ausschließung eines besonders schweren Falles des Diebstahls). - Hinzuweisen ist ferner auf das Referat über das *englische Recht* der Jahrhundertwende bei *Harburger*[733], demzufolge von den Diebstahlsvorschriften "alles Eigentum im Werte von mehr als ein sh[illing]" geschützt wurde, was aber nicht bedeutet, daß Sachen im Wert von höchstens 1 Shilling keinen Schutz genossen hätten[734]. - Kritisch gegenüber solchen materi-

---

Gewahrsamsbegriff, S.110; *Haft*, BT, S.138; *Heubel* JuS 1984, 445; *Maurach/Schroeder/Maiwald*, BT 1, S.323; *Otto*, Struktur, S.232. - Begrifflich unzutreffend *Wessels/Hillenkamp*, BT 2, S.20f (Rn.59), 120f (Rn.305ff), die von "Privilegierungen" sprechen, ihnen aber keine materiell-rechtliche Qualität zubilligen; eben deshalb handelt es sich nicht um Privilegierungen, weil jene (wie umgekehrt auch Qualifikationen) per definitionem Tatbestandsqualität aufweisen.

731 *Heubel* JuS 1984, 445; *Mitsch*, BT II/1, S.165 (Rn.6); *Rengier*, BT 1, S.89 (Rn.1); Sch/Sch/*Eser* § 247 Rn.2.

732 Vgl. *Harburger*, VDB VI, S.284f.

733 in: VDB VI, S.228.

734 Vgl. *Harburger*, VDB VI, S.289.

ell-rechtlichen Regelungen äußert sich allerdings *Paulus*[735], der auch bei geringwertigen Sachen für die grundsätzliche Strafbarkeit einer Zueignung eintritt. Es ist nicht zu bestreiten, daß eine solche materiell-rechtliche Lösung erhebliche Gefahren mit sich bringen kann, wohl aber muß bezweifelt werden, daß bei den gegenwärtigen massenhaften Verfahrenseinstellungen (angesichts einer kaum zu bewältigenden Verfahrensflut) die geltende Handhabung tatsächlich einen effektiveren Eigentumsschutz für geringwertige oder wertlose Objekte gewährt: Möglicherweise würde sich im Ergebnis durch eine solche materiell-rechtliche Lösung wie die bei *Harburger* referierte nicht viel ändern.

Soweit ersichtlich, hat sich lediglich *Burkhardt*[736] dafür ausgesprochen, die Geringwertigkeitsklausel des § 243 Abs.2 auch auf Raub und räuberische Erpressung anzuwenden. Diese Frage ist in der Diskussion mit der vergleichbaren Regelung in §§ 247, 248a in Verbindung gebracht worden. Der Vorschlag ist schon systematisch fragwürdig, zumal eine entsprechende Regelung dort ebenso fehlt wie eine Verweisung auf die Delikte des zwanzigsten Abschnitts in §§ 247, 248a; daß die Verweisung bzw. eine entsprechende Regelung in einem *benachbarten* Abschnitt vom Gesetzgeber "vergessen" worden ist, kann wohl ausgeschlossen werden[737]. Ferner wäre zu prüfen, ob beide Tatbestände dann nicht auch auf die (räuberische) *Sach*erpressung (§§ 253, 255) anzuwenden wären[738]. Auch kriminalpolitisch ist diesem Vorschlag aber mit Recht widersprochen worden. *Burkhardt* glaubt, im Raub oder räuberischen Diebstahl einer geringwertigen Sache ein ähnlich geringeres Unrecht zu erkennen wie im Diebstahl bzw. in der Unterschlagung geringwertiger Sachen. Indessen ist doch fraglich, ob es nicht sogar viel verwerflicher ist, für eine geringwertige Sache (also aus vergleichsweise nichtigem Anlaß) zu den schweren Nötigungsmitteln des Raubes bzw. räuberischen Diebstahls zu greifen als für eine "lohnende" Beute[739]; man kann auch umgekehrt fragen: Wenn der Täter schon bei geringwertigen Tatobjekten zu solchen Mitteln greift, was würde er dann erst bei einer wertvolleren Beute getan haben[740]? – Die ganz herrschende Auffassung[741] lehnt eine (analoge) Anwendung

---

735 Sachzueignung, S.62 (m.w.N.).

736 in: NJW 1975, 1687f

737 Das räumt auch *Burkhardt* NJW 1975, 1687 selbst ein.

738 So *Burkhardt*, NJW 1975, 1687 (1688). Vgl. dazu BGH NStZ-RR 1998, 103.

739 *Geilen* Jura 1979, 53; *Schünemann* JA 1980, 349 (350). Gleiches gilt beim "räuberischen Diebstahl" geringwertiger Sachen; vgl. *Geilen* Jura 1979, 669 und Jura 1980, 43 (46). - Hier ist das Mißverhältnis von Zweck (Anlaß) und Mittel (Begehungsweise) besonders kraß; vgl. auch die parallele Diskussion zur *besonderen Verwerflichkeit* beim Mord, wenn der erstrebte Gewinn nicht ausreicht, um Habgier zu bejahen.

740 In gleichem Sinne hatte sich schon *Harburger*, VDB VI, S.373 ablehnend gegenüber einer milderen Bestrafung im Falle der Zueignung geringwertiger Sachen unter erschwerenden Umständen geäußert.

der Geringwertigkeitsklausel des § 243 Abs.2 ebenso wie der §§ 247 und 248a auf die Delikte des neunzehnten Abschnitts daher mit guten Gründen ab.

Die §§ 247, 248a statuieren jeweils *Antragserfordernisse*; § 247 ist ein absolutes, § 248a dagegen nur ein relatives Antragsdelikt[742]. Es handelt sich damit um rein *strafprozessuale* (nicht wie bei § 243 Abs.2 um materiell-rechtliche) Regelungen. Die Antragsberechtigung richtet sich nach der Verletzteneigenschaft[743] und hängt damit von der Person des Rechtsgutsträgers ab.

D. Der Raub (§ 249)

Der Raub ist ein *verselbständigtes Sonderdelikt*, ein *delictum sui generis*[744]. Er ist aus Diebstahl und Nötigung zusammengesetzt; beide Tatbestände sind vollständig im Raub enthalten[745]. Beide sind aber auf besondere Art miteinander verbunden und nicht etwa nur zu einem neuen Tatbestand "addiert": Die Nötigung muß *zum Zwecke der Wegnahme* erfolgen[746]. Der *Versuch* beginnt daher schon mit dem Ansetzen zur Nötigung (nicht erst mit dem Beginn der Wegnahmehandlung). - Gegenüber Nötigung und Diebstahl ist der Raub *lex specialis*[747].

Umstritten ist, ob die Nötigung für die Wegnahme objektiv *kausal* sein muß, ob sie die Wegnahme also tatsächlich erleichtern oder ermöglichen muß[748] oder ob es genügt, daß der Täter sie subjektiv *zwecks* Ermöglichung bzw. Erleichte-

741 BGH NStZ-RR 1998, 103; *Lackner/Kühl* § 247 Rn.1; Sch/Sch/*Eser* § 247 Rn.2; *Maurach/Schroeder/Maiwald*, BT 1, S.374. Vgl. schon *Frank* § 242, S.548, 553.

742 *Mitsch*, BT II/1, S.215 (Rn.87).

743 *Mitsch*, BT II/1, S.215 (Rn.88).

744 *Frank* § 242, S.548; *Geilen* Jura 1979, 53; *Kindhäuser*, BT II/1, S.243 (Rn.1); *Mitsch*, BT II/1, S.220 (Rn.3); *Roth*, Eigentumsschutz, S.26; *Schünemann* JA 1980, 349; *Welzel*, Strafrecht, S.339, 359; ähnlich *Maurach/Schroeder/Maiwald*, BT 1, S.374; *Tröndle/Fischer* § 249 Rn.1.

745 *Maurach/Schroeder/Maiwald*, BT 1, S.373f; *Mitsch*, BT II/1, S.220 (Rn.3); *Rengier*, BT 1, S.93 (Rn.1); *Roth*, Eigentumsschutz, S.26; *Welzel*, Strafrecht, S.339, 359.

746 *Eser* NJW 1965, 377 (378f); *Krey*, BT 2, S.107 (Rn.189); *Otto*, Strafrecht, S.185 (Rn.3); *Seelmann* JuS 1986, 201 (203); *Schünemann* JA 1980, 349; *Haft*, BT, S.158; *Rengier* BT 1, S.93 (Rn.1); *Tröndle/Fischer* § 249 Rn.3. Vgl. schon Mat., S.514, 517f.

747 *Haft*, BT, S.148, 157, 159; *Otto*, Strafrecht, S.184 (Rn.2); *Rengier*, BT 1, S.93 (Rn.1); *Seelmann* JuS 1985, 201; *Schünemann* JA 1980, 393 (397).

748 So *Seelmann* JuS 1986, 201 (203f).

rung der Wegnahme einsetzt[749]. Der Wortlaut steht der letztgenannten weiteren Auffassung jedenfalls nicht entgegen. Ihr ist daher der Vorzug zu geben, da die Vorschrift sonst unangemessen eingeschränkt würde (auf Fälle, in denen die objektive Kausalität nachweisbar ist; die Tat kann ebenso strafwürdig sein, wenn der Täter sich in gleicher Weise verhält und dabei von der Kausalität der Nötigung für den Wegnahmeerfolg nur irrig ausgeht[750]. Dadurch wird die *Kausalität* des Verhaltens freilich durch dessen bloße *Finalität* ersetzt[751].)

An der Kausalität (und auch der Finalität) fehlt es allerdings, wenn die Nötigung nicht zum Zweck der Wegnahme angewendet wurde und der Täter sich erst *nach Abschluß der Nötigungshandlung zur Wegnahme entschließt.* Dann ist zu differenzieren: Die bereits vollständig abgeschlossene Nötigungshandlung kann grundsätzlich nicht einfach mit dem nachfolgenden Diebstahl zu einem Raub "addiert" werden, da sie in solch einem Fall weder objektiv noch subjektiv (nach der Vorstellung des Täters) "als Mittel der Wegnahme" diente (Verbot des "dolus subsequens")[752]. Die Nötigung kann aber vom Täter aufrecht erhalten oder erneuert und nunmehr *zur* Wegnahme eingesetzt werden (eine voraufgegangene Drohung kann ausdrücklich oder konkludent erneuert werden, oder im Verhalten des Täters bei der Wegnahme kann nach erfolgter und abgeschlossener Gewaltanwendung die [konkludente] Drohung liegen, bei einer Gegenwehr des Opfers erneut Gewalt anzuwenden). Die Nötigung ist dann im Zeitpunkt der Wegnahme nicht abgeschlossen, sondern verbindet sich final mit dem Diebstahl (Wegnahme bei andauernder Nötigung) zu einem Raub[753]. Selbst dann, wenn die Nötigung bereits vollendet ist und nicht erneuert wird, kann der Täter sich eines Raubes schuldig machen, wenn die *Wirkung* der abgeschlossenen Nötigung im Zeitpunkt der Wegnahme noch *fortdauert* (etwa dann, wenn der Täter sein Opfer gefesselt

---

749 So BGHSt 4, S.210 (211); BGH NStZ 1999, 510; *Geilen* Jura 1979, 165; *Kindhäuser*, BT II/1, S.248f (Rn.22f); *Lackner/Kühl* § 249 Rn.4; *Otto*, Strafrecht, S.185 (Rn.7); *Schünemann* JA 1980, 349 (352).

750 *Geilen* Jura 1979, 165 (166); *Krey*, BT 2, S.108 (Rn. 191); *Wessels/Hillenkamp*, BT 2, S.127 (Rn.322). Dazu ferner auch *Otto*, Strafrecht, S.185 (Raub kann nicht daran scheitern, daß der Täter die Sache auch ohne die Gewaltanwendung hätte an sich bringen können).

751 Vgl. *Geilen* Jura 1979, 221; *Graul* JuS 1999, 562 (563); *Kindhäuser*, BT II/1, S.248f (Rn.22f); *Krey*, BT 2, S.104 (Rn.186b), 108 (Rn.191); *Lackner/Kühl* § 249 Rn.4; *Otto*, Strafrecht, S.185 (Rn.7); *Wessels/Hillenkamp*, BT 2, S.125 (Rn.316), 126f (Rn.322).

752 *Geilen* Jura 1979, 165; *Krey*, BT 2, S.108 (Rn.193); *Lackner/Kühl* § 249 Rn.4; *Wessels/Hillenkamp*, BT 2, S.131f (Rn.333ff).

753 BGH NStZ 1999, 510 (m.w.N.); *Geilen* Jura 1979, 165; *Kindhäuser*, BT II/1, S.249f (Rn.24); *Krey*, BT 2, S.108 (Rn.193); *Lackner/Kühl* § 249 Rn.4; *Wessels/Hillenkamp*, BT 2, S.131f (Rn.334); auch *Tröndle/Fischer* § 249 Rn.3.

oder eingesperrt hat: Mit der Fesselung bzw. dem Einsperren ist die Nötigung abgeschlossen [vollendet], ihre Wirkung dauert aber solange an, bis das Opfer befreit ist). Hier kann über die Annahme von Ingerenz eine Pflicht des Täters konstruiert werden, die von ihm durch die Nötigung herbeigeführte Zwangslage des Opfers zu beenden; tut er dies nicht, so übt er Gewalt *durch Unterlassen* (der Beseitigung der Zwangs*wirkung*) aus, was als Gewalt für den Raub ausreichen soll[754]. – *Eser*, auf den dieser Lösungsvorschlag zurückgeht, hat selbst darauf hingewiesen, daß die Zurechnung der Gewaltwirkung *voraussetzt*, daß der Täter in concreto überhaupt dazu in der Lage ist, die Wirkung seiner Nötigung zu beseitigen; andernfalls kann von ihm die *Verhinderung* des mißbilligten Erfolges durch pflichtgemäßes Handeln (Beendigung der fortdauernden Zwangswirkung beim Opfer) nicht verlangt werden, weil sie ihm nicht möglich ist. An dieser Möglichkeit fehlt es, wenn die Beseitigung der Zwangswirkung nicht in der Macht des Täters liegt (wenn das Opfer also z.B. bewußtlos geschlagen oder betäubt ist oder nach einer Drohung unter Schock steht); der besonders brutal vorgehende Täter, der es sich selbst unmöglich macht, die Wirkung seines nötigenden Verhaltens zu beseitigen, kann nicht erfaßt werden und wird so faktisch "privilegiert" – ein sicher unbefriedigendes, aber unvermeidbares Ergebnis[755].

Wie beim Diebstahl setzt **Täterschaft** auch beim Raub eine *Zueignungsabsicht* des Beteiligten voraus.

E. Der räuberische Diebstahl (§ 252)

Der räuberische Diebstahl ist ein raubähnliches Sonderdelikt[756] (also wie der Raub ein delictum sui generis[757]) und übernimmt in seinem Tatbestand die Aus-

754 *Eser* NJW 1965, 377 (379f); *Lackner/Kühl* § 249 Rn.4; differenzierend *Kindhäuser*, BT II/1, S.250 (Rn.28) m.w.N. (Rn.27f); gegen eine Nötigung durch Unterlassen beim Raub *Krey*, BT 2, S.105 (Rn.186e, f), 108f (Rn.193) und *Wessels/Hillenkamp*, BT 2, S.132f (Rn.336f); abl. i.E. auch *Graul* Jura 2000, 204 (205) m.w.N.

755 *Eser* NJW 1965, 377 (380); *Geilen* Jura 1979, 165; *Krey*, BT 2, S.109 (Rn.193). Schon bei Mat., S.518 wird auf die Konsequenz aus dem "Kausalnexus" von Nötigung und Wegnahme hingewiesen, daß kein Raub vorliegt, wenn der Täter "erst hinterher den willenlosen, zum Widerstande unfähigen Zustand des Anderen benutzt, um denselben zu bestehlen. Hier liegt also lediglich Konkurrenz von Diebstahl und Körperverletzung oder dem sonst beabsichtigten Verbrechen vor."

756 *Eser* StR IV, S.17, 102; *Geilen* Jura 1979, 613 (614); *Krey*, BT 2, S.120 (Rn.209); *Mitsch*, BT II/1, S.220 (Rn.4); *Otto*, Strafrecht, S.184 (Rn.2), 192 (Rn.50); *Rengier*, BT 1, S.121 (Rn.1); *Wessels/Hillenkamp*, BT 2, S.21 (Rn.60), 145 (Rn.361); i.E. ähnlich *Maurach/Schroeder/Maiwald*, BT 1, S.323; *Tröndle/Fischer* § 252

führungen der *Motive* von 1869, welche auch in jenen Fällen Raub annehmen wollten[758]. *Drehers* Ansicht, daß die Gewaltanwendung *nach* Vollendung der Wegnahme *bis zur Beendigung* der Tat noch einen Raub darstelle, entspricht damit einer historischen Auffassung *vor* Schaffung des § 252. Einerseits schränkt sie den Anwendungsbereich des § 252 bis zu dessen praktischer Bedeutungslosigkeit ein[759]; andererseits kann eine Gewaltanwendung nach Vollendung der Wegnahme logischerweise nicht mehr deren Mittel sein[760]. Schließlich setzt die Beendigung der Wegnahme die Sicherung der Beute und den Abschluß des deliktischen Geschehens voraus, so daß nicht recht vorstellbar ist, inwiefern der Täter noch "auf frischer Tat betroffen" sein soll (d.h. ein räuberischer Diebstahl ist nur bis zur Beendigung des Diebstahls, also bis zur Sicherung des Gewahrsams möglich[761]) – wäre nach *Dreher*s Ansicht etwa derjenige Fall als räuberischer Diebstahl zu erfassen, daß der Täter nach Tagen vom Berechtigten betroffen wird und gegen dessen (widerrechtliche) Reokkupationsversuche (berechtigte!) Notwehr übt[762]? - *Drehers* Ansicht hat daher keine Gefolgschaft gefunden und kann heute wohl als erledigt gelten. Auch die Einführung des § 252 als eines selbständigen Tatbestandes widerlegt sie. Damit gilt folgende Abgrenzung: Werden die Nötigungsmittel bis zur Vollendung der Wegnahme eingesetzt, so liegt Raub (§ 249) vor; werden sie dagegen erst nach Vollendung der Wegnahme angewendet, so kommt nur räuberischer Diebstahl (§ 252) in Betracht[763].

Daraus erhellt sich auch die Motivation für den identischen Strafrahmen, über die vor allem im Schrifttum viel gerätselt worden ist. Um die hohe (dem Raub entsprechende) Strafdrohung zu rechtfertigen, sind verschiedene Thesen entwikkelt worden. Eine Ansicht nimmt an, daß es sich um eine Kompensation der er-

---

Rn.1. - Ältere Auffassungen betonten dagegen z.T. die Nähe zum Diebstahl, vgl. *Harburger*, VDB VI, S.260f (m.w.N.), 370.

757 *Geilen* Jura 1979, 613 (614); *Mitsch*, BT II/1, S.283 (Rn.7); ähnlich *Tröndle/Fischer* § 252 Rn.1.

758 Vgl. Mot., S.168. Zur historischen Entwicklung des "räuberischen Diebstahls" von den Partikulargesetzbüchern bis zum RStGB *Harburger*, VDB VI, S.260.

759 Vgl. z.B. *Krey*, BT 2, S.120 (Rn.208) m.w.N.

760 *Schünemann* JA 1980, 393 (398); *Wessels/Hillenkamp*, BT 2, S.147 (Rn.366).

761 *Arzt/Weber* LH3, S.113; *Otto* JZ 1993, 559 (570).

762 In gleichem Sinne fällt die Kritik bei *Wessels/Hillenkamp*, BT 2, S.145f (Rn.365) aus. Vgl. auch *Geilen* Jura 1979, 669 (670), der zu Recht kritisiert, daß der Bereich des räuberischen Diebstahls nach *Dreher*s Auffassung erst da beginnt, wo er nach ganz überwiegender Ansicht endet, was zu expansiven Strafbarkeitstendenzen führen würde, die bei einem so schwerwiegenden Delikt bedenklich erscheinen.

763 *Bittner*, Gewahrsamsbegriff, S.287f; *Eser* StR IV, S.103; *Kindhäuser*, BT II/1, S.268 (Rn.1); *Lackner/Kühl* § 252 Rn.1; *Mitsch*, BT II/1, S.282 (Rn.4); *Tröndle/Fischer* § 252 Rn.4; *Welzel*, Strafrecht, S.355f; hinweisend *Maurach/Schroeder/Maiwald*, BT 1, S.373, 374. So schon *Frank* § 249, S.549.

höhten Gefährlichkeit des Täters handele, der in der Bedrängnissituation zu Kurzschlußhandlungen neigen mag[764]. Eben dann aber verfehlt der Normappell seine Wirkung, da der Täter eben nicht nüchtern und rational handelt. Auch seine Schuld erscheint damit gemindert. Nach einer anderen Auffassung geht es um die Stärkung zivilrechtlicher Besitzkehransprüche durch das Strafrecht[765]. Indessen scheint es doch kriminalpolitisch bedenklich, wenn das Strafrecht (noch dazu auf so drastische Art) zivilrechtliche Ansprüche stärken soll, wobei auch offen bleibt, ob das überhaupt geboten ist. Strenggenommen müßte man sich also den Zweifeln im Schrifttum anschließen und § 252 in seiner Anwendung auf solche (seltenen) Fälle beschränken, in denen die Nötigung nach Vollendung der Wegnahme (§ 252) der Nötigung als Mittel der Wegnahme (§ 249) wertungsmäßig wirklich gleichsteht. Indessen ging der historische Gesetzgeber mit erschreckender Unbekümmertheit davon aus, daß es keinen Unterschied mache, ob der Täter die Gewalt *vor* (§ 249) oder *nach* (§ 252) Vollendung der Wegnahme einsetze[766]. Psychologisch und damit auch kriminologisch ist es aber sehr wohl ein Unterschied, ob der Täter sofort Gewalt anwendet, um seinen Besitz*erlangungs*willen zu realisieren, oder ob er erst dann zur Gewalt übergeht, wenn er überrascht wird und das bereits Erbeutete nur mit Besitz*erhaltungs*willen verteidigt[767]. Den sorglosen Formulierungen der *Motive* zufolge muß man annehmen, daß der Gesetzgeber das Problem überhaupt nicht erkannt hat[768], daß seine Entscheidung also reichlich unmotiviert war.

---

764 *Arzt/Weber* LH3, S.113; *Geilen* Jura 1979, 669; wohl auch *Rengier*, BT 1, S.121 (Rn.1).

765 *Roth*, Eigentumsschutz, S.107 m.w.N.

766 Vgl. schon Mat., S.516; ähnlich *Wessels/Hillenkamp*, BT 2, S.146 (Rn.362); hinweisend *Harburger*, VDB VI, S.260. - *Arzt/Weber* LH3, S.115 nennen als ratio des § 252 die "Behandlung eines dem Räuber nahestehenden Diebes als Räuber". Vgl. ferner *H.Mayer* JZ 1962, 617 (619). - Aufschlußreich ist auch das Referat über die zeitgenössische Rechtslage im Ausland bei *Harburger*, VDB VI, S.273ff, wo der räuberische Diebstahl unterschiedlich behandelt wurde; bei der Beurteilung im konkreten Fall ließen auch andere Staaten (namentlich Frankreich) z.T. eine gewisse Unsicherheit erkennen.

767 *Geilen* Jura 1979, 613 (614). Kritisch auch *Kindhäuser*, BT II/1, S.268ff (Rn.2ff), der die Regelung i.E. aber weitgehend billigt.

768 Der *E 1962* wollte gar (noch weiter gehend) neben der Beutesicherungsabsicht auch die selbstbegünstigende Strafvereitelung ("um sich oder einen anderen Beteiligten der Bestrafung zu entziehen") einbeziehen (§ 247). Dieser Vorschlag ist auch *de lege ferenda* gänzlich indiskutabel, weil nicht sachgerecht: Selbstbegünstigung und Strafvereitelung in eigener Sache sind wegen der verständlichen Motivationslage ebenfalls nicht strafbar. - Schon die Motive von 1869 (S.168) hatten dazu bemerkt: "Wenn aber das Belgische Strafgesetzbuch Art. 469. auch für diesen Fall die Strafen des Raubes androht, so hat der Gesetzentwurf geglaubt, diesem Beispiele nicht fol-

Versucht man, Fälle zu bilden, in denen eine solche Vergleichbarkeit vorliegt, so schrumpft der Anwendungsbereich des räuberischen Diebstahls enorm zusammen. Ohnehin hätte dieser nach der ursprünglichen Konzeption der Vorschrift den zweiten Satz des ersten Absatzes von § 249 ("als Raub ist es auch anzusehen, wenn ...") bilden müssen, allenfalls als ein selbständiger Absatz zwei ("der Täter ist gleich einem Räuber zu strafen, wenn ...") konzipiert werden dürfen. Die Einbettung in einen selbständigen Tatbestand verleiht ihm ein Gewicht und einen Grad an Selbständigkeit, den er seiner Genese zufolge nach dem Willen seines Schöpfers gar nicht haben sollte. Von einer echten Vergleichbarkeit kann man aber nur ausgehen, wenn der Täter *schon beim Diebstahl* (bei der Wegnahme) *zur Gewaltanwendung entschlossen oder wenigstens bereit* gewesen ist. Denn beim Raub entschließt sich der Täter schon vor Begehung der Tat, die Sache *durch (qualifizierte) Nötigung an sich zu bringen*: Von Anfang an will er gewaltsam oder mit Drohungen gegen das Opfer vorgehen. Beim besonders schweren Fall des Diebstahls (§ 243) und in den Fällen des § 244 hat er die Eskalation der Situation im Sinne einer gewaltsamen Auseinandersetzung im Zusammenhang mit der Tat offenbar zumindest für möglich gehalten, wenn nicht vorausgesehen. Eventuell hatte er dort sogar (noch weitergehend) einen Raub avisiert, für den er sich "gerüstet" hatte, wobei sich eine Nötigung bei der Begehung der Tat dann aber erübrigte, da er niemanden antraf. Hat der Täter die Gewalt schon vor der Tatbegehung einkalkuliert, so mag es tatsächlich keinen Unterschied machen, ob er sie vor oder nach der Wegnahme anwendet[769]. Bricht z.B. der R in die Villa des E ein, um dort Diamanten zu stehlen, und ist er von Anfang an bereit, auch gewaltsam bzw. mit qualifizierten Drohungen gegen E vorzugehen, so macht es keinen Unterschied, ob R dem E schon beim Betreten des Hausflurs begegnet und diesen nötigt, die Wegnahme der Diamanten zu dulden, oder ob er dem E erst beim Verlassen des Hauses begegnet, als er die Diamanten bereits eingesteckt hat (nach richtiger Auffassung vollendete Wegnahme!), und diesen nötigt, ihn (den R) mit den Diamanten verschwinden zu lassen. – Selbst wenn die Gewaltanwendung im ursprünglichen Tatplan nicht vorgesehen war, kann sie doch noch bis zur Vollendung der Wegnahme in den Tatplan aufgenommen werden. Ging der R irrig davon aus, die Villa des E sei zur Tatzeit leer und hört er, als er vor den Diamanten steht, hinter sich plötzlich die Stimme

---

gen zu dürfen, sich vielmehr mit den anderen neueren Gesetzgebungen in Übereinstimmung gehalten." Vgl. schon Mat., S.517: Der Gesetzgeber habe "ausdrücklich nur die Gewalt zum Schutze des gestohlenen Gutes qualifizieren wollen".

769 In den Motiven zum Entwurf von 1869 (S.168) heißt es: "Diese ... Gleichstellung findet ihre Rechtfertigung darin, daß die Gewaltanwendung und die Bedrohung hierbei *in ursächlichem Zusammenhange mit der Vollendung* oder Ausnutzung *des Diebstahles stehen.*" [Hervorhebungen vom Verfasser.]

des E ("Was machen Sie da?!"), so kann es keinen Unterschied machen, ob er sich zuerst umdreht, den E bedroht oder niederschlägt und dann die Diamanten einsteckt oder ob er erst die Diamanten einsteckt, sich dann umdreht und dieselbe Nötigungshandlung vornimmt.

In einem solchen extremen Fall sind beide Verhaltensweisen wirklich vergleichbar und gleich strafwürdig. Es würde aber eine kriminalpolitisch nicht zu verantwortende Einschränkung des Anwendungsbereichs bedeuten, wenn man die Anwendung des § 252 auf solche zugespitzten Fallkonstellationen beschränken wollte: Auch wenn der Täter den Entschluß zum Einsatz von Nötigungsmitteln zwar spontan faßt, aber dennoch wohl überlegt handelt, ist sein Verhalten dem eines Räubers gleichzustellen[770]. Man wird die Vorschrift (besonders mit Blick auf die weitgehende systematische Eigenständigkeit des räuberischen Diebstahls) daher auch in Fällen anwenden können, in denen der Täter sich ohne weiteres seiner Beute entledigen könnte oder erst recht, wenn sie ihm bei der Flucht sogar hinderlich ist. Schleppt der Täter z.B. einen vollen Sack oder einen schweren Gegenstand mit sich, so spricht der Umstand, daß er ihn auch bei der Verfolgung *nicht* fallen läßt, stark für die Annahme, er habe *die Beute* (und nicht nur sich) gewaltsam verteidigen wollen. Auch dies gilt aber nicht ohne Ausnahme: Will der Täter die Rückerlangung der Beute nur verhindern, um seine eigene Überführung zu verhindern, und entledigt er sich der Beute alsbald wieder, so handelt es sich nur um straflose Selbstbegünstigung (Strafvereitelung in eigener Sache)[771] - Nur wenn der Täter mit **Beutesicherungsabsicht** handelt, ist sein Verhalten tatbestandsmäßig[772]. Die Beuteerhaltungsabsicht ist in gewisser Weise eine Fortsetzung der Zueignungsabsicht im Vollendungsstadium[773]. *Schünemann*[774] sieht in diesem egoistischen, beutebezogenen Moment die alleinige Rechtfertigung für die Gleichstellung des § 252 mit § 249. - Mithin erscheint folgende vermittelnde Auslegung vorzugswürdig: Sofern der Täter nüchtern und bedacht handelt, mag es für die Anwendbarkeit keinen Unterschied machen, ob er schon vor Vollendung der Wegnahme die Anwendung von Nötigungsmitteln (zumindest eventualiter) einkalkuliert hatte oder ob er sich in der Situation spon-

---

770 Insoweit richtungsweisend die Annahme *Otto*s, Strafrecht, S.192 (Rn.54), Grund für die Gleichstellung von Raub und räuberischem Diebstahl sei die "Einheit des Geschehens".

771 So auch *Eser* StR IV, S.105; *Schünemann* JA 1980, 393 (399); kritisch einschränkend auch *Tröndle/Fischer* § 252 Rn.9.

772 Vgl. z.B. *Kindhäuser*, BT II/1, S.275 (Rn.26ff); *Krey*, BT 2, S.121 (Rn.212); *Lackner/Kühl* § 252 Rn.5; *Otto*, Strafrecht, S.193 (Rn.60); *Tröndle/Fischer* § 252 Rn.9; *Wessels/Hillenkamp*, BT 2, S.149 (Rn.370).

773 So auch *Geilen* Jura 1980, 43 (45).

774 in: JA 1980, 393 (398).

tan dazu entschließt; hier kann die Raubstrafe in voller Höhe verhängt werden. In denjenigen Fällen, in denen die Nötigung sich lediglich als Panikreaktion darstellt, wird man bei der Strafzumessung die geringere Schuld des Täters zu berücksichtigen haben.

Die enge Formulierung ("*bei* einem Diebstahl – auf *frischer* Tat – *betroffen*") spricht ebenfalls eindeutig für einen engen Anwendungsbereich der Vorschrift, eventuell auch für eine restriktive Auslegung, wie sie ganz überwiegend auch praktiziert wird. Verfehlt wäre es, das von der herrschenden Meinung für ein **Betreffen** geforderte "*raum-zeitliche Zusammentreffen*" von Täter und Genötigtem stark auszudehnen, obwohl in dem berühmten Autofahrt-Fall richtigerweise entgegen der ganz herrschenden Auffassung wohl nicht auf die räumliche *Entfernung des Autos* bei der Entdeckung des Diebstahls *von seinem Ort bei der Begehung* des Diebstahls, sondern auf das *Auto selbst* als *beweglichen Tatort* hätte abgestellt werden müssen[775]: Allein die *zeitliche* Komponente hätte über die Verneinung der *Tatfrische* zur Verneinung eines räuberischen Diebstahls führen dürfen (und müssen). Auch ist derjenigen Auffassung beizupflichten, die das raumzeitliche Zusammentreffen von Täter und Genötigtem für die Tat bereits ausreichen läßt. Nicht erforderlich ist nach dieser Ansicht, daß es sich bei dem Genötigten (tatsächlich) um eine "schutzbereite" Person handelt oder daß der Täter vom Genötigten als Verdächtiger (eventuell sogar als Täter des von ihm begangenen Diebstahls) wahrgenommen wird[776]. Eine beachtliche Meinung[777] fordert aber unter Berufung auf den Wortlaut, daß der Täter vom Genötigten vor oder bei der Nötigung *überhaupt* als Person wahrgenommen werden müsse; andernfalls könne man nicht mehr sinnvoll von einem "Betroffenwerden" sprechen, das bloß faktische Zusammentreffen von Täter und Genötigtem reiche nicht aus. Daher sei eine Bestrafung vom Wortlaut des § 252 nicht mehr gedeckt, wenn der Täter seinem *Betroffenwerden zuvorkommt*, indem er den arglos hinzukommenden Genötigten (sozusagen "präventiv") ausschaltet (etwa, indem er ihn niederschlägt oder betäubt). Die Gegenansicht[778] will dagegen auch eine "präventive" Nötigung ausreichen lassen; sie beruft sich vor allem auf kriminalpolitische Bedürfnisse und auf die Vergleichbarkeit der Tatsituation: Der Täter, der seinem

---

775 Vgl. auch *Arzt/Weber* LH3, S.113 Fn.2.

776 Vgl. *Otto*, Strafrecht, S.193 (Rn.58); *Seelmann* JuS 1986, 201 (206); *Wessels/Hillenkamp*, BT 2, S.148 (Rn.368).

777 *Eser* StR IV, S.104; *Seelmann* JuS 1986, 201 (206); *Wessels/Hillenkamp*, BT 2, S.148 (Rn.368); wohl auch *Krey*, BT 2, S.121 (Rn.211) mit umfassendem Nachweis zum Meinungsstand.

778 *Geilen* Jura 1980, 43; *Kindhäuser*, BT II/1, S.271f (Rn.9ff, 13); *Lackner/Kühl* § 252 Rn.4; *Schünemann* JA 1980, 393 (398); *Tröndle/Fischer* § 252 Rn.6; unklar *Otto*, Strafrecht, S.192f (Rn.55).

Betroffenwerden zuvorkommt, indem er "potentielle Gegner" von vornherein "ausschaltet", gehe besonders brutal und rücksichtslos vor und handele daher sogar in erhöhtem Maße verwerflich. Das leugnet auch die Gegenansicht nicht. Das eminente kriminalpolitische Bedürfnis nach einer Bestrafung des Täters aus § 252 (und nicht nur aus §242 in Realkonkurrenz zu § 240) ist nicht von der Hand zu weisen; andererseits können Strafwürdigkeit und Strafbedürftigkeit allenfalls eine ausdehnende Wortlautinterpretation, nicht aber die Begründung einer im Gesetz nicht vorgesehenen Strafbarkeit durch Überschreitung der Wortlautgrenze (verbotene Analogie) rechtfertigen. Diese Grenze ist aber eingehalten, wenn man für ein Betreffen mit der extensiven Auslegung ein raumzeitliches Zusammentreffen ausreichen läßt (vgl. die obige Definition)[779]: "Bei der Tat betroffen" ist der Täter auch dann, wenn er vor Tatvollendung mit einer anderen Person am Tatort oder in dessen Nähe zusammentrifft. Das entspricht auch dem Sinn der Vorschrift, da auch ein Täter, der seiner Entdeckung zuvorkommt, häufig mit Beuteerhaltungsabsicht handeln wird.

Wegen der Notwendigkeit einer Restriktion ist auch jener Ansicht zuzustimmen, die die **Tatfrische** nicht stets erst mit der Beendigung der Tat, sondern im Einzelfall (je nach den Umständen) schon vorher aufhören lassen will[780]. Begegnet z.B. der Täter auf seinem längeren Heimweg mit der Beute erst nach Stunden und rein zufällig dem Berechtigten oder einer anderen (zumindest vermeintlich) schutzbereiten Person und übt er jetzt Gewalt, so ist die Tat zwar noch nicht beendet, weil er die Beute noch nicht an ihren Bestimmungsort gebracht hat (der Tatplan also noch nicht völlig ausgeführt ist), die Tat ist aber nicht mehr "frisch", weil die Vollendung schon längere Zeit zurückliegt und der bereits einigermaßen gefestigte Gewahrsam des Täters erst jetzt in Frage gestellt wird[781].

Zur **Vollendung** genügt die Vornahme der Nötigungshandlung in Besitzerhaltungsabsicht (Beutesicherungsabsicht); die erfolgreiche Verteidigung des Diebesguts ist dagegen nicht erforderlich. Ein voraufgegangener Diebstahl geht in § 252 vollständig auf[782]. Neben § 249 kommt § 252 normalerweise nicht selbständig zum Ansatz[783]. Etwas anderes gilt nur, wenn § 252 nach § 250 oder nach

---

779 *Kindhäuser*, BT II/1, S.271 (Rn.13); *Lackner/Kühl* § 252 Rn.4.

780 *Geilen* Jura 1979, 669 (670); *Seelmann* JuS 1986, 201 (206); *Schünemann* JA 1980, 393 (398).

781 Vgl. schon die Ausführungen bei Mat., S.516f, wo die Tatfrische eindeutig als Kriterium zur zeitlichen Eingrenzung des Tatbestandes behandelt wird.

782 *Geilen* Jura 1980, 43 (46); *Kindhäuser*, BT II/1, S.277 (Rn.36) ("Gesetzeskonkurrenz"); *Otto*, Strafrecht, S.194 (Rn.63); *Schünemann* JA 1980, 393 (399).

783 *Geilen* Jura 1980, 43 (46); *Kindhäuser*, BT II/1, S.278 (Rn.37); *Schünemann* JA 1980, 393 (399); *Tröndle/Fischer* § 252 Rn.12; *Wessels/Hillenkamp*, BT 2, S.151 (Rn.377).

§ 251 qualifiziert ist, während im Rahmen des § 249 keine qualifizierenden Merkmale verwirklicht wurden; dann wird § 249 von § 252 verdrängt[784].

784 *Geilen* Jura 1980, 43 (46); *Kindhäuser*, BT II/1, S.278 (Rn.37); *Krey*, BT 2, S.124 (Rn.220) ("Gesetzeskonkurrenz"); *Otto*, Strafrecht, S.195 (Rn.68) ("Konsumtion"); *Schünemann* JA 1980, 393 (399); *Tröndle/Fischer* § 252 Rn.12.

Literaturverzeichnis

Androulakis, Nikolaos: Objekt und Grenzen der Zueignung im Strafrecht - *OLG Celle*, NJW 1967, 1921; in: JuS 1968, 409ff (*zitiert*: *Androulakis* JuS 1968, 409)

Arzt, Gunther/*Weber*, Ulrich: Strafrecht, Besonderer Teil. Ein Lehrbuch in 5 Heften.

—:-LH 3: Vermögensdelikte (Kernbereich). 2.Aufl., Bielefeld 1986 (*zitiert*: *Arzt/Weber* LH 3)

Baumann, Jürgen: Amtsunterschlagung und Betrug; in: NJW 1961, 1141ff (*zitiert*: *Baumann* NJW 1961, 1141)

—: Zum Zueignungsbegriff - Bemerkungen zu dem Buch von Manfred Maiwald: Der Zueignungsbegriff im System der Eigentumsdelikte; in: GA 1971, 306ff (*zitiert*: *Baumann* GA 1971, 306)

Bernbeck, Michael: Der praktische Fall - Strafrecht: Die Glücksfee; in: JuS 1999, 465ff (*zitiert*: *Bernbeck* JuS 1999, 465)

Biletzki, Gregor C.: Die Abgrenzung von Diebstahl und Betrug; in: JA 1995, 857ff (*zitiert*: *Biletzki* JA 1995, 857)

Binding, Karl: Lehrbuch des gemeinen deutschen Strafrechts, Besonderer Teil (in zwei Bänden, Band 2 in zwei Abteilungen). Neudruck. Aalen 1969. Band 1: Neudruck der 2.Aufl. Leipzig 1902. (*zitiert*: *Binding*, BT 1)

Bittner, Wolfgang: Der Gewahrsamsbegriff und seine Bedeutung für die Systematik der Vermögensdelikte. Diss. Göttingen1972. (*zitiert*: *Bittner*, Gewahrsamsbegriff)

Bloy, René: Der Diebstahl als Aneignungsdelikt - Bemerkungen zum Beschluß des OLG Düsseldorf vom 22. 10. 1985 - 5 Ss 294/85; in: JA 1987, 187ff (*zitiert*: *Bloy* JA 1987, 187)

Bockelmann, Paul: Buchbesprechung: Edmund *Mezger*, Strafrecht II, Besonderer Teil; in: ZStW 65 (1953), 571ff (*zitiert*: *Bockelmann* ZStW 65 (1953), 571)

—: Ist eine berichtigende Auslegung des § 246 StGB statthaft?; in: MDR 1953, 3ff (auch veröffentlicht in: Paul *Bockelmann*, Strafrechtliche Untersuchungen. Göttingen 1957. S.216ff) (*zitiert*: *Bockelmann* MDR 1953, 3)

—: Anmerkung zu BGH, Urt. v. 26. 3. 1959 - 2 StR 61/59, JZ 1959, S.493; in: JZ 1959, 495ff (*zitiert*: *Bockelmann* Anmerkung zu BGH JZ 1959, 493)

—: Zur Konkurrenz der Vermögensdelikte - Bemerkungen zum Beschluß des Großen Strafsenats BGHSt 14, 38; in: JZ 1960, 621ff (*zitiert*: *Bockelmann* JZ 1960, 621)

Boetticher, Axel/*Sander*, Günther M.: Das erste Jahr des § 250 StGB n. F. in der Rechtsprechung des BGH; in: NStZ 1999, 292ff (*zitiert*: *Boetticher/Sander* NStZ 1999, 292)

Burkhardt, Björn: Die Geringwertigkeit des Weggenommenen bei Raub und raubgleichen Delikten; in: NJW 1975, 1687f (*zitiert*: *Burkhardt* NJW 1975, 1687)

Bussmann, Kai D.: Konservative Anmerkungen zur Ausweitung des Strafrechts nach dem Sechsten Strafrechtsreformgesetz; in: StV 1999, 613ff (*zitiert*: *Bussmann* StV 1999, 613)

Charalambakis, Aristotelis: Der Unterschlagungstatbestand de lege lata und de lege ferenda. Diss. München 1982. (*zitiert*: *Charalambakis*, Unterschlagungstatbestand)

Cordier, Franz: Diebstahl oder Betrug in Selbstbedienungsläden; in: NJW 1961, 1340f (*zitiert*: *Cordier* NJW 1961, 1340)

Dencker, Friedrich/*Struensee*, Eberhard/*Nelles*, Ursula/*Stein*, Ulrich: Einführung in das 6. Strafrechtsreformgesetz 1998 - Examensrelevante Änderungen im Besonderen Teil des Strafrechts. München 1998. (*zitiert*: *Dencker (usw.)*, Einführung in das 6.StrRG)

Deubner, Karl G.: Anmerkung zu OLG Celle, Urt. v. 16. 3. 1967 - 1 Ss 10/67, NJW 1967, S.1921; in: NJW 1967, 1921f (*zitiert*: *Deubner* Anmerkung zu OLG Celle NJW 1967, 1921)

Dietmeier, Frank: Anmerkung zu BGH, Urt. v. 12. 2. 1998 - 4 StR 428/97 (BGHSt. 44, 34), JR 1998, S.467; in: JR 1998, 470ff (*zitiert*: *Dietmeier* Anmerkung zu BGH JR 1998, 467)

Duttge, Gunnar/*Fahnenschmidt*, Willi: Zueignung durch Gewahrsamsbegründung: ein Fall der Unterschlagung? - oder: die kleine zu berichtigende Auslegung; in: Jura 1997, 281ff (*zitiert*: *Duttge/Fahnenschmidt* Jura 1997, 281)

—: § 246 StGB nach der Reform des Strafrechts: Unterschlagungstatbestand oder unterschlagener Tatbestand?; in: ZStW 110 (1998); 884ff (*zitiert*: *Duttge/Fahnenschmidt* ZStW 110 (1998), 884)

Ebel, Hermann: Die Zueignung von Geldzeichen; in: JZ 1983, 175ff (*zitiert*: *Ebel* JZ 1983, 175)

Eckstein, Ernst: Die unbefugte Veräußerung fremder Gegenstände; in: GA 59 (1912), 414ff (*zitiert*: *Eckstein* GA 59, 414)

—: Über den Begriff der strafrechtlichen Zueignung; in: GS 80 (1913), 283ff (*zitiert*: *Eckstein* GS 80, 283)

Entwurf eines Strafgesetzbuches (StGB), E 1962, mit Begründung. Bundesratvorlage. Bonn 1962. (*zitiert*: *E 1962*)

Eser, Albin: Zur Zueignungsabsicht beim Diebstahl - *OLG Hamm*, NJW 1964, 1427; in: JuS 1964, 477ff (*zitiert*: *Eser* JuS 1964, 477)

—: Zum Verhältnis von Gewaltanwendung und Wegnahme beim Raub; in: NJW 1965, 377ff (*zitiert*: *Eser* NJW 1965, 377)

—: Strafrecht IV - Schwerpunkt Vermögensdelikte. 3., überarbeitete und ergänzte Aufl., München 1979. (*zitiert*: *Eser* StR IV)

Fahl, Christian: Anmerkung zu OLG-*Hamm*, Beschl. v. 1. 12. 1998 - 2 Ss 1356/98, wistra 1999, 112 = StraFo 1999, 65; in: JA 1999, 539ff (*zitiert*: *Fahl* JA 1999, 539)

Frank, Reinhard: Raub und Erpressung. (Abschnitt 20 des II. Teiles des RStrGB.); in: Vergleichende Darstellung des Deutschen und Ausländischen Strafrechts. Band VI. Berlin 1907. S.1ff. (*zitiert*: *Frank*, VDB VI)

—: Das Strafgesetzbuch für das Deutsche Reich. 18., neubearbeitete Aufl., Tübingen 1931. (*zitiert*: *Frank*)

Fricke, Torsten: Wertminderung oder Teilfunktionsentzug als Voraussetzung der Enteignungskomponente bei der Zueignungsabsicht in § 242 StGB?; in: MDR 1988, 538ff (*zitiert*: *Fricke* MDR 1988, 538)

Friedl, Markus: Die Veruntreuung gemäß § 246 Abs. 2 StGB nach dem 6. StrRG 1998; in: wistra 1999, 206ff (*zitiert*: *Friedl* wistra 1999, 206)

Gallas, Wilhelm: in: Niederschriften über die Sitzungen der Großen Strafrechtskommission. 6.Band. Besonderer Teil. 59.-66.Sitzung. (*zitiert*: *Gallas*, in: Niederschriften VI)

Geilen, Gerd: Wegnahmebegriff und Diebstahlsvollendung - Kritische Betrachtungen zu BGH 5 StR 86/63; in: JR 1963, 446ff (*zitiert*: *Geilen* JR 1963, 446)

—: Raub und Erpressung (§§ 249-256 StGB); in: Jura 1979, 53f, 109f, 165f, 221f, 277f, 333f, 389f, 445f, 501f, 557f, 613f, 669f, Jura 1980, S.43ff (*zitiert*: *Geilen* Jura 1979, 53/pp., Jura 1980, 43)

Gössel, Karl Heinz: Über die Vollendung des Diebstahls; in: ZStW 85 (1973), 591ff (*zitiert*: *Gössel* ZStW 85 (1973), 591)

—: Über den Gegenstand der strafbaren Zueignung und die Beeinträchtigung von Forderungsrechten. in: 140 Jahre Goltdammer's Archiv für Strafrecht. Eine Würdigung zum 70. Geburtstag von Paul-Günter Pötz. Heidelberg 1993. S.39ff (*zitiert*: *Gössel*, in: GA-FS, S.39)

—: Strafrecht, Besonderer Teil, Band 2: Straftaten gegen materielle Rechtsgüter des Individuums. Heidelberg 1996. (*zitiert*: *Gössel*, BT 2)

Goltdammer: Die Materialien zum Straf=Gesetzbuche für die Preußischen Staaten, aus den amtlichen Quellen nach den Paragraphen des Gesetzbuches zusammengestellt und in einem Kommentar erläutert. Theil II. Den besonderen Theil enthaltend. Berlin 1852. (*zitiert*: Mat.)

Graul, Eva: Die kriminelle Auswertung eines wertvollen Gemäldes – Lösungshinweise mit Punkteverteilung; in: JuS 1999, 562ff (*zitiert*: *Graul* JuS 1999, 562)

—: Überfall in der Tiefgarage; in: Jura 2000, 204ff (*zitiert*: *Graul* Jura 2000, 204)

Gribbohm, Günter: Zur Problematik des Zueignungsbegriffes - *BGHSt* 9, 348; in: JuS 1963, 106ff (*zitiert*: *Gribbohm* JuS 1963, 106)

—: Zur Problematik des Zueignungsbegriffs; in: MDR 1965, 874f (*zitiert*: *Gribbohm* MDR 1965, 874)

—: Schaden, Bereicherung und das Erfordernis ihrer Stoffgleichheit bei Diebstahl und Unterschlagung; in: NJW 1968, 1270f (*zitiert*: *Gribbohm* NJW 1968, 1270)

Gropp, Walter: Der Diebstahlstatbestand unter besonderer Berücksichtigung der Regelbeispiele; in: JuS 1999, 1041ff (*zitiert*: *Gropp* JuS 1999, 1041)

Haberkorn, Kurt: Zum Zueignungsbegriff des § 246; in: MDR 1962, 704ff (*zitiert*: *Haberkorn* MDR 1962, 704)

Haffke, Bernhard: Mitgewahrsam, Gewahrsamsgehilfenschaft und Unterschlagung; in: GA 1972, 225ff (*zitiert*: *Haffke* GA 1972, 225)

Haft, Fritjof: Strafrecht, Besonderer Teil. Die wichtigsten Tatbestände des Besonderen Teiles des Strafgesetzbuches. 7.Aufl., München 1998. (*zitiert*: *Haft*, BT)

Harburger, Heinrich: Diebstahl und Unterschlagung. (Abschnitt 19 des II. Teiles des RStrGB.); in: Vergleichende Darstellung des Deutschen und Ausländischen Strafrechts. Band VI. Berlin 1907. S.183ff. (*zitiert*: *Harburger*, VDB VI)

Haß, Gerhard: Gibt es eine Zueignung nach der Zueignung?; in: SchlHA (Schleswig-Holsteinische Anzeigen [Justizministerialblatt für Schleswig-Holstein]) 1972 (Teil A), 176f (*zitiert*: *Haß* SchlHA 1972, 176)

Heinrich, Bernd: Der neue Radiowecker; in: Jura 1999, 585ff (*zitiert*: *Heinrich* Jura 1999, 585)

Heubel, Horst: Grundprobleme des Diebstahlstatbestandes; in: JuS 1984, 445ff (*zitiert*: *Heubel* JuS 1984, 445)

Hillenkamp, Thomas: Anmerkung zu OLG-*Celle*, Urt. v. 13. 1. 1987 - 1 Ss 475/86, JR 1987, S.253; in: JR 1987, 254ff (*zitiert*: *Hillenkamp* Anmerkung zu OLG Celle JR 1987, 254)

Hirsch, Hans Joachim: Eigenmächtige Zueignung geschuldeter Sachen, Rechtswidrigkeit und Irrtum bei den Zueignungsstrafbestimmungen; in: JZ 1963, 149ff (*zitiert*: *Hirsch* JZ 1963, 149)

Hörnle, Tatjana: Die wichtigsten Änderungen des Besonderen Teils des StGB durch das 6. Gesetz zur Reform des Strafrechts; in: Jura 1998, 169ff (*zitiert*: *Hörnle* Jura 1998, 169)
Huschka, Hubert: Diebstahl oder Betrug im Selbstbedienungsladen?; in: NJW 1960, 1189f (*zitiert*: *Huschka* NJW 1960, 1189)
Ingelfinger, Ralph: Der praktische Fall - Strafrecht: die untreuen Helfer; in: JuS 1998, 531ff (*zitiert*: *Ingelfinger* JuS 1998, 531)
Isenbeck, Helmut: Beendigung der Tat bei Raub und Diebstahl; in: NJW 1965, 2326ff (*zitiert*: *Isenbeck* NJW 1965, 2326)
Jäger, Christian: Diebstahl nach dem 6. Strafrechtsreformgesetz – Ein Leitfaden für Studium und Praxis; in: JuS 2000, 651ff (*zitiert*: *Jäger* JuS 2000, 651)
Kahlo, Michael: Begriffliche Rechtsbestimmung und synkretistische Auslegung im Zusammenhang tragender Zuordnungsbeziehungen im Diebstahlstatbestand; in: Vom unmöglichen Zustand des Strafrechts. Frankfurt am Main 1995. (*zitiert*: *Kahlo*, in: Vom unmöglichen Zustand des Strafrechts)
Kargl, Walter: Gesinnung und Erfolg im Unterschlagungstatbestand - Die Manifestation der Zueignung; in: ZStW 103 (1991), 136ff (*zitiert*: *Kargl* ZStW 103 (1991), 136)
—: Gewahrsamsbegriff und elektronische Warensicherung - BayObLG, NJW 1995, 3000; in: JuS 1996, 971ff (*zitiert*: *Kargl* JuS 1996, 971)
Kindhäuser, Urs: Gegenstand und Kriterien der Zueignung beim Diebstahl; in: Kriminalistik und Strafrecht. Festschrift für Friedrich Geerds zum 70. Geburtstag. Lübeck 1995. S.655ff (*zitiert*: *Kindhäuser*, in: Geerds- FS, S.655)
—: Strafrecht, Besonderer Teil II: Straftaten gegen Vermögenswerte - Teilband 1: Eigentumsdelikte. 1. Aufl., Baden-Baden 1998; 2. Aufl., Baden-Baden 1999). (*zitiert*: *Kindhäuser*, BT II/1 [*zitiert nach der 2.Aufl., wenn nicht anders angegeben*])
Krauß, Detlef: Zum Begriff der straflosen Nachtat; in: GA 1965, 173ff (*zitiert*: *Krauß* GA 1965, 173)
Kreß, Claus: Das Sechste Gesetz zur Reform des Strafrechts; in: NJW 1998, 633ff (*zitiert*: *Kreß* NJW 1998, 633)
Krey, Volker: Strafrecht, Besonderer Teil 2: Vermögensdelikte. 12., völlig neubearbeitete Aufl., Stuttgart/Berlin/Köln 1999. (*zitiert*: *Krey*, BT 2)
Kudlich, Hans: Das 6. Gesetz zur Reform des Strafrechts; in: JuS 1998, 468ff (*zitiert*: *Kudlich* JuS 1998, 468)
—: Strafrecht: Eine Robbe auf Reisen; in: JuS 1999, Lernbogen L 61ff (*zitiert*: *Kudlich* JuS 1999, L61)
Küper, Wilfried: Der ungetreue Verwalter; in: Jura 1996, 205ff (*zitiert*: *Küper* Jura 1996, 205)

—: Strafrecht, Besonderer Teil. Definitionen mit Erläuterungen. 3., neubearbeitete Aufl., Heidelberg 1999. (*zitiert*: *Küper*, BT)

—: Buchbesprechung: Wolfgang *Mitsch*, Strafrecht Besonderer Teil 2, Vermögensdelikte (Kernbereich)/Teilband 1; in: JZ 1999, 615f (*zitiert*: *Küper* JZ 1999, 615)

Lackner, Karl/*Kühl*, Kristian: Strafgesetzbuch mit Erläuterungen. 23., neubearbeitete Aufl., München 1999. (*zitiert*: *Lackner/Kühl*)

Lampe, Ernst-Joachim: Objektiver und subjektiver Tatbestand beim Diebstahl; in: GA 1966, 225ff (*zitiert*: *Lampe* GA 1966, 225)

Laubenthal, Klaus: Einheitlicher Wegnahmebegriff im Strafrecht?; in: JA 1990, 38ff (*zitiert*: *Laubenthal* JA 1990, 38)

Leipziger Kommentar. Strafgesetzbuch. Großkommentar. 11., neubearbeitete Aufl., Berlin/New York 1994. Hrsg. von Burkhard *Jähnke*, Heinrich Wilhem *Laufhütte*, Walter *Odersky*. 15.Lieferung: §§ 242 - 262. §§ 242 - 248 c, 257 - 262: Wolfgang *Ruß* §§ 249 - 256: Gerhard *Herdegen* (*zitiert*: LK-*Ruß*/LK-*Herdegen*)

Lesch, Heiko Hartmut: Das Sechste Gesetz zur Reform des Strafrechts (6.StrRG); in: JA 1998, 474ff (*zitiert*: *Lesch* JA 1998, 474)

Ling, Michael: Zum Gewahrsamsbruch beim Diebstahl, besonders in Selbstbedienungsläden; in: ZStW 110 (1998), 919ff (*zitiert*: *Ling* ZStW 110 (1998), 919)

Löhnig, Martin: Anmerkung zu BayObLG, Beschl. v. 10.10.1996 - 2St RR 148/96, StV 1997, S.80; in: JA 1998, 184ff (*zitiert: Löhnig* Anmerkung zu BayObLG JA 1998, 184)

Maiwald, Manfred: Der Zueignungsbegriff im System der Eigentumsdelikte. Habil. Heidelberg 1970. (*zitiert*: *Maiwald*, Zueignungsbegriff)

—: Der Begriff der Zueignung im Diebstahls- und Unterschlagungstatbestand, in: JA 1971, 147ff, 165ff (*zitiert*: *Maiwald* JA 1971, 147/165)

—: Unbefugtes Plakatieren ohne Substanzverletzung keine Sachbeschädigung? - Zugleich Anmerkung zu *BGH* JZ 1980, 67; in: JZ 1980, 256ff (*zitiert*: *Maiwald* JZ 1980, 256)

Martin, Sigmund P.: Gewahrsamsbruch in und vor Selbstbedienungsläden - BayObLG, NJW 1997, 3326; in: JuS 1998, 890ff (*zitiert*: *Martin* JuS 1998, 890)

Maurach, Reinhart/*Schroeder*, Friedrich-Christian/*Maiwald*, Manfred: Strafrecht, Besonderer Teil 1: Straftaten gegen Persönlichkeits- und Vermögenswerte. Ein Lehrbuch. 8.Aufl., Heidelberg 1995. (*zitiert*: *Maurach/Schroeder/Maiwald*, BT 1)

Mayer, Hellmuth: Zum Begriff der Wegnahme; in: JZ 1962, 617ff (*zitiert*: *H.Mayer* JZ 1962, 617)

Merkel, Adolf : Die Eigenthumsverletzungen; in: Handbuch des deutschen Strafrechts, hrsg. von Fr. v. *Holtzendorff.* 3. Band. Berlin 1874. (*zitiert*: *Merkel*, Eigenthumsverletzungen; in: Holtzendorffs Handbuch, III)

Meyer, Dieter: Die Nichtbenachrichtigung des Sicherungs-(Vorbehalts-)eigentümers von einer bei dem Besitzer durchgeführten Pfändung der Sache - Betrug oder Unterschlagung?; in: MDR 1974, 809ff (*zitiert*: *D.Meyer* MDR 1974, 809)

Miehe, Olaf: Zueignung und Sachwert - Zwischen Rechtsanwendung und Rechtsfortbildung im Besonderen Teil des Strafrechts; in: Richterliche Rechtsfortbildung. Erscheinungsformen, Auftrag und Grenzen. Festschrift der Juristischen Fakultät zur 600-Jahr-Feier der Ruprecht-Karls-Universität Heidelberg. Heidelberg 1996. S.481ff (*zitiert*: *Miehe*, in: Heidelberg-FS, S.481)

Mitsch, Wolfgang: Strafrecht, Besonderer Teil 2, Vermögensdelikte (Kernbereich)/Teilband 1. Berlin/Heidelberg/New York/Barcelona/Budapest/Honkong/London/Mailand/Paris/Singapur/Tokio 1998. (*zitiert*: *Mitsch*, BT II/1)

—: Die Vermögensdelikte im Strafgesetzbuch nach dem 6. Strafrechtsreformgesetz; in: ZStW 111 (1999), 65ff (*zitiert*: *Mitsch* ZStW 111 (1999), 65)

—: Der praktische Fall - Strafrecht: Die wertvolle Uhr; in: JuS 1999, 372ff (*zitiert*: *Mitsch* JuS 1999, 372)

—: "Lösegeld für ein Gemälde"; in: JA 1999, 388ff (*zitiert*: *Mitsch* JA 1999, 388)

Mohrbotter, Kurt: Anmerkung zu OLG Celle, Urt. v. 19. 2. 1970 - 1 Ss 32/70, NJW 1970, S.1857; in: NJW 1970, 1857ff (*zitiert*: *Mohrbotter* Anmerkung zu OLG Celle NJW 1970, 1857)

—: Motive zu dem Entwurfe eines Strafgesetzbuches für den Norddeutschen Bund. Berlin 1869. (*zitiert*: Mot.)

Murmann, Uwe: Ungelöste Probleme des § 246 StGB nach dem 6. Gesetz zur Reform des Strafrechts (6. StrRG); in: NStZ 1999, 14 (*zitiert*: *Murmann* NStZ 1999, 14)

Nomos Kommentar zum Strafgesetzbuch. Gesamtredaktion Ulfried Neumann, Ingeborg Puppe, Wolfgang Schild.: Band II: Besonderer Teil (§§110-248b). 1.Aufl., 5.Lieferung, Baden-Baden 10/1998

—: §§ 242 ff: Urs *Kindhäuser* (*zitiert*: NK-*Kindhäuser*)

Otto, Harro: Zur Abgrenzung von Diebstahl, Betrug und Erpressung bei der deliktischen Verschaffung fremder Sachen; in: ZStW 79 (1967), 59ff (*zitiert*: *Otto* ZStW 79 (1967), 59)

—: Die Struktur des strafrechtlichen Vermögensschutzes. Habil. Berlin 1970. (*zitiert*: *Otto*, Struktur)

—: Die neuere Rechtsprechung zu den Vermögensdelikten; in: JZ 1985, 21ff, 69ff (*zitiert*: *Otto* JZ 1985, 21/69)
—: Strafrechtliche Aspekte des Eigentumsschutzes - Diebstahl, Unterschlagung und Sachbeschädigung in der neueren Lehre und Rechtsprechung; in: Jura 1989, 137ff, 200ff (*zitiert*: *Otto* Jura 1989, 137/200)
—: Die neuere Rechtsprechung zu den Vermögensdelikten; in: JZ 1993, 559ff, 652ff (*zitiert*: *Otto* JZ 1993, 559/652)
—: Unterschlagung: Manifestation des Zueignungswillens oder der Zueignung?; in: Jura 1996, 383ff (*zitiert*: *Otto* Jura 1996, 383)
—: Grundkurs Strafrecht - Die einzelnen Delikte. 5., neubearbeitete Aufl., Berlin/New York 1998. (*zitiert*: *Otto*, Strafrecht)
—: Die Erweiterung der Zueignungsmöglichkeiten in den §§ 242, 246 StGB durch das 6. StrRG; in: Jura 1998, 550ff (*zitiert*: *Otto* Jura 1998, 550)
Park, Tido: Der praktische Fall - Strafrecht: Das Revierderby; in: JuS 1999, 887ff (*zitiert*: *Park* JuS 1999, 887)
Paulus, Rainer: Der strafrechtliche Begriff der Sachzueignung. Neuwied/Berlin 1968. (*zitiert*: *Paulus*, Sachzueignung)
Post, Heinz: Der Anwendungsbereich des Unterschlagungstatbestandes (§ 246 StGB). Berlin 1956. (*zitiert*: *Post*, Unterschlagungstatbestand)
Puppe, Ingeborg: Exklusivität von Tatbeständen; in: JR 1984, 229ff (*zitiert*: *Puppe* JR 1978, 229)
Radtke, Henning: Buchbesprechung: *Wessels/Hillenkamp*, Strafrecht, Besonderer Teil 2; in: GA 1999, 497ff (*zitiert*: *Radtke* GA 1999, 497)
Ranft, Otfried: Grundfälle aus dem Bereich der Vermögensdelikte; in: JA 1984, 1ff, 277ff (*zitiert*: *Ranft* JA 1984, 1/277)
Rengier, Rudolf: Die "harmonische" Abgrenzung des Raubes von der räuberischen Erpressung entsprechend dem Verhältnis von Diebstahl und Betrug; in: JuS 1981, 654ff (*zitiert*: *Rengier* JuS 1981, 654)
—: Drittzueignung und allgemeiner Zueignungstatbestand - Zur Reform der §§ 242, 246, 249 StGB; in: Festschrift für Theodor Lenckner zum 70.Geburtstag. München 1998. S.801ff (*zitiert*: *Rengier*, in: Lenckner-FS, S.801)
—: Strafrecht, Besonderer Teil 1: Vermögensdelikte. 4.Aufl., München 2000. (*zitiert*: *Rengier*, BT 1)
Rosenfeld: Diebstahl oder Unterschlagung?; in: ZStW 37 (1916), 159ff (*zitiert*: *Rosenfeld* ZStW 37 (1916), 159)
Roth, Gerald: Eigentumsschutz nach der Realisierung von Zueignungsunrecht. Eine Neuorientierung im System der Vermögensdelikte. Schriften zum Strafrecht. Bd. 66. Berlin 1986. (*zitiert*: *Roth*, Eigentumsschutz)

Roxin, Claus: Geld als Objekt von Eigentums- und Vermögensdelikten; in: Festschrift für Hellmuth Mayer. Berlin 1966. S.467ff (*zitiert*: *Roxin*, in: H.Mayer-FS, S.467)
—: Täterschaft und Tatherrschaft. 7.Aufl., Berlin/New York 2000. (*zitiert*: *Roxin*, Täterschaft und Tatherrschaft)
Rudolphi, Hans-Joachim: Der Begriff der Zueignung; in: GA 1965, 33ff (*zitiert*: *Rudolphi* GA 1965, 33)
Ruß, Wolfgang: Die Aneignungskomponente bei Wegnahme eines Behältnisses - Eine Würdigung der Rechtsprechung zum Handtaschendiebstahl(-raub); in: Strafrecht, Unternehmensrecht, Anwaltsrecht. Festschrift für Gerd Pfeiffer. Köln/Berlin/Bonn/München 1988. S.61ff (*zitiert*: *Ruß*, in: Pfeiffer-FS, S.61)
Samson, Erich: Grundprobleme des Betrugstatbestandes; in JA 1978, 469ff, 564ff, 625ff (*zitiert*: *Samson* JA 1978, 469/564/625)
—: Grundprobleme des Diebstahls (§ 242 StGB); in: JA 1980, 285ff (*zitiert*: *Samson* JA 1980, 285)
—: Grundprobleme des Unterschlagungstatbestandes (§ 246 StGB); in: JA 1990, 5ff (*zitiert*: *Samson* JA 1990, 5)
Schaffstein, Friedrich: Der Begriff der Zueignung bei Diebstahl und Unterschlagung; in: GS 103 (1933), 292ff (*zitiert*: *Schaffstein* GS 103, 292)
—: Zur Abgrenzung von Diebstahl und Gebrauchsanmaßung, insbesondere beim Kraftfahrzeugdiebstahl; in: GA 1964, 97ff (*zitiert*: *Schaffstein* GA 1964, 97)
Schlüchter, Ellen (Hrsg.): Bochumer Erläuterungen zum 6. Strafrechtsreformgesetz. Thüngersheim/Frankfurt am Main 1998.
—: §§ 242, 246, 249: Torsten *Noack*
—: §§ 250, 251: Jörg *Becker* (*zitiert*: *Schlüchter*, Bochumer Erläuterungen)
Schmid, Michael J.: Zur Frage der Unterschlagung durch Unterlassen; in: MDR 1981, 806ff (*zitiert*: *Schmid* MDR 1981, 806)
—: Nochmals: Zur Frage der Unterschlagung durch Unterlassen. Eine Erwiderung; in: MDR 1982, 374f (*zitiert*: *Schmid* MDR 1982, 374)
Schmid-Hopmeier, Sabine: Das Problem der Drittzueignung bei Diebstahl und Unterschlagung. Eine Untersuchung der Notwendigkeit und Geeignetheit der diesbezüglichen Neuregelung durch das 6. Strafrechtsreformgesetz. Diss. Frankfurt am Main/Berlin/Bern/Bruxelles/New York/Wien 2000. (*zitiert*: *Schmid-Hopmeier*, Drittzueignung)
Schmidhäuser, Eberhard: Über die Zueignungsabsicht als Merkmal der Eigentumsdelikte; in: Festschrift für Hans-Jürgen Bruns zum 70. Geburtstag. Köln/Berlin/Bonn/München 1978. S.345ff (*zitiert*: *Schmidhäuser*, in: Bruns-FS, S.345)
Schönke, Adolf/*Schröder*, Horst: Strafgesetzbuch. Kommentar. 25., neubearbeitete Auflage, München 1997.

—: §§ 242ff: Albin *Eser* (*zitiert*: Sch/Sch/*Eser*)
—: § 263: Peter *Cramer* (*zitiert*: Sch/Sch/*Cramer*)
Schroeder, Friedrich-Christian: Das neue Bild des Strafgesetzbuchs; in: NJW 1999, 3612ff (*zitiert*: *Schroeder* NJW 1999, 3612)
Schröder, Horst: Rechtswidrigkeit und Irrtum bei Zueignungs- und Bereicherungsabsicht; in: DRiZ 1956, 69ff (*zitiert*: *Schröder* DRiZ 1956, 69)
—: Konkurrenzprobleme bei Untreue und Unterschlagung; in: NJW 1963, 1958ff (*zitiert*: *Schröder* NJW 1963, 1958)
Schünemann, Bernd: Die Stellung der Unterschlagungstatbestände im System der Vermögensdelikte – *BGHSt* 14, 38; in: JuS 1968, 114ff (*zitiert*: *Schünemann* JuS 1968, 114)
—: Raub und Erpressung; in: JA 1980, 349ff, 393ff, 486ff (*zitiert*: *Schünemann* JA 1980, 349/393/486)
Schürmann, Hannes: Nochmals: Zur Frage der Unterschlagung durch Unterlassen. Glosse zu Dr. Michael J. Schmid in MDR 1981, 806; in: MDR 1982, 374 (*zitiert*: *Schürmann* MDR 1982, S.374)
Seelmann, Kurt: Grundfälle zu den Eigentumsdelikten; in: JuS 1985, 199ff, 288ff, 454ff, 699ff, JuS 1986, 201ff (*zitiert*: *Seelmann* JuS 1985, 199/288/454/699, JuS 1986, 201)
Seier, Jürgen: Der Schutz vor Ladendiebstahl durch Sicherungsetiketten - *Zugleich eine Anmerkung zu OLG Stuttgart, NStZ 1985, 76*; in: JA 1985, 387ff (*zitiert*: *Seier* JA 1985, 387)
Seier, Jürgen/*Schlehofer*, Horst: Der hinterhältige Kommilitone; in: JuS 1983, 50ff (*zitiert*: *Seier/Schlehofer* JuS 1983, 50)
Sonnen, Bernd-Rüdiger: Der Diebstahl nach § 242 StGB; in: JA 1984, 569ff (*zitiert*: *Sonnen* JA 1984, 569)
Stächelin, Gregor: Das 6. Strafrechtsreformgesetz - Vom Streben nach Harmonie, großen Reformen und höheren Strafen; in: StV 1998, 98ff (*zitiert*: *Stächelin* StV 1998, 98)
Stoffers, Kristian F.: Die entgeltliche Rückveräußerung einer gestohlenen Sache an deren Eigentümer durch einen Dritten; in: Jura 1995, 113ff (*zitiert*: *Stoffers* Jura 1995, 113)
Systematischer Kommentar zum Strafgesetzbuch: Band II: Besonderer Teil (§§ 80 - 358). Hans-Joachim *Rudolphi*, Eckhard *Horn*, mitbegründet von Erich *Samson*, fortgeführt von Hans-Ludwig *Günther*.
—: 6. Aufl., 47. Lieferung, Neuwied/Kriftel/Berlin 2/1999. §§ 242, 246: *Hoyer*. (*zitiert*: SK-*Hoyer*)
—: 5. Aufl., 37. Lieferung, Neuwied/Kriftel/Berlin 6/1996. § 263: *Samson/Günther*. (*zitiert*: SK-*Samson/Günther*)

Tenckhoff, Jörg: Der Zueignungsbegriff bei Diebstahl und Unterschlagung; in: JuS 1980, 723ff (*zitiert*: *Tenckhoff* JuS 1980, 723)
—: Die Unterschlagung (§ 246 StGB); in: JuS 1984, 775ff (*zitiert*: *Tenckhoff* JuS 1984, 775)
Thoss, Peter: Dogmatik gegen Strafbedürfnis; in: Jura 1998, 425ff (*zitiert*: *Thoss* Jura 1998, 425)
Tröndle, Herbert/*Fischer*, Thomas: Strafgesetzbuch und Nebengesetze. Kurzkommentar. 49., neubearb. Aufl., München 1999. (*zitiert*: *Tröndle/Fischer*)
Ulsenheimer, Klaus: Der Zeignungsbegriff im Strafrecht; in: Jura 1979, 169ff (*zitiert*: *Ulsenheimer* Jura 1979, 169)
Wallau, Rochus: Sachbeschädigung als Zueignung?; in: JA 2000, 248ff (*zitiert*: *Wallau* JA 2000, 248)
Weiß, Axel: Anmerkung zu BGH, Urt. v. 9. 12. 1993 - 4 StR 416/93 (BGHSt. 40, 8), JR 1995, : S.26; in: JR 1995, 29ff (*zitiert*: *Weiß* Anmerkung zu BGH JR 1995, 26)
Welzel, Hans: Der Gewahrsamsbegriff und die Diebstähle in Selbstbedienungsläden; in: GA 1960, 257ff (*zitiert*: *Welzel* GA 1960, 257)
—: Das Deutsche Strafrecht - Eine systematische Darstellung. 11. neubearbeitete und erweiterte Aufl., Berlin 1969. (*zitiert*: *Welzel*, Strafrecht)
Wessels, Johannes: Die Entwendung von Dienstgegenständen zu vorübergehendem Gebrauch; in: JZ 1965, 631ff (*zitiert*: *Wessels* JZ 1965, 631)
—: Zueignung, Gebrauchsanmaßung und Sachentziehung; in: NJW 1965, 1153ff (*zitiert*: *Wessels* NJW 1965, 1153)
Wessels, Johannes/*Hillenkamp*, Thomas: Strafrecht, Besonderer Teil 2: Straftaten gegen Vermögenswerte. 22., neubearb. Aufl., Heidelberg 1999. (*zitiert*: *Wessels/Hillenkamp*, BT 2)
Widmann, Hans Joachim: Die Grenzen der Sachwerttheorie; in: MDR 1969, 529ff (*zitiert*: *Widmann* MDR 1969, 529)
Wolters, Gereon: Das sechste Gesetz zur Reform des Strafrechts; in: JZ 1998, 397ff (*zitiert*: *Wolters* JZ 1998, 397)

Friederike Mußgnug

Das Recht des polizeilichen Schußwaffengebrauchs

Frankfurt/M., Berlin, Bern, Bruxelles, New York, Oxford, Wien, 2001. 288 S.
Europäische Hochschulschriften: Reihe 2, Rechtswissenschaft. Bd. 3132
ISBN 3-631-37878-5 · br. DM 89.– / € 45.50*

Die Vorschriften der Polizeigesetze über den Schußwaffengebrauch sind von den Schwierigkeiten geprägt, einen adäquaten sprachlichen Rahmen für diese Maßnahme zu finden. Die Gesetzgeber haben sich mit der Übernahme strafrechtlicher Wertungen beholfen. Bei den Voraussetzungen für den Schußwaffengebrauch und den Notrechtsvorbehalt zeigt sich indessen, daß die Gleichung Polizeirecht – Strafrecht nicht aufgeht und deren Rest vor allem den Störer belastet. Die Arbeit zeigt die Schwachstellen, zu denen die Verbindung der inkongruenten Rechtsgebiete führt, befaßt sich mit den verfassungsrechtlichen Grundlagen des Eingriffs und stellt einen Vorschlag für eine aus den polizeilichen Wertungen entwickelte, schlüssigere Regelung des präventiven Schußwaffengebrauchs vor.

Aus dem Inhalt: Ermächtigung des Freiwilligen Polizeidienstes in Baden-Württemberg zum Schußwaffengebrauch · Notwendigkeit einer gesetzlichen Regelung des finalen Rettungsschusses · Verwirkung des Schutzes als Unbeteiligter · Bedeutungslosigkeit der Notrechte für die Polizeivollzugsbeamten · Pflicht der Polizei zum Tragen und zum Einsatz der Schußwaffen · Anspruch des Opfers auf den Schußwaffengebrauch · Vorschlag für eine sachgerechtere Regelung des Schußwaffengebrauchs

Kolibri 360 GmbH
Ferdinand-Jühlke-Straße 7
99095 Erfurt, Deutschland
produktsicherheit@kolibri360.de

Druck:
CPI Druckdienstleistungen GmbH
im Auftrag der
Kolibri 360 GmbH
Ferdinand-Jühlke-Str. 7
99095 Erfurt